财政部"十三五"规划教材
新编管理学系列教材

财务管理学
Financial Management

刘海英 主编 张立达 刘卫东 副主编

中国财经出版传媒集团
经济科学出版社
Economic Science Press

图书在版编目（CIP）数据

财务管理学/刘海英主编. —北京：经济科学出版社，2019.3
新编管理学系列教材
ISBN 978 – 7 – 5218 – 0330 – 3

Ⅰ.①财… Ⅱ.①刘… Ⅲ.①财务管理 – 高等学校 – 教材 Ⅳ.①F275

中国版本图书馆 CIP 数据核字（2019）第 039045 号

责任编辑：宋　涛
责任校对：郑淑艳
责任印制：李　鹏

财务管理学

刘海英　主编

张立达　刘卫东　副主编

经济科学出版社出版、发行　新华书店经销
社址：北京市海淀区阜成路甲 28 号　邮编：100142
总编部电话：010 – 88191217　发行部电话：010 – 88191522
网址：www.esp.com.cn
电子邮件：esp@esp.com.cn
天猫网店：经济科学出版社旗舰店
网址：http://jjkxcbs.tmall.com
北京密兴印刷有限公司印装
787 × 1092　16 开　29 印张　530000 字
2019 年 5 月第 1 版　2019 年 5 月第 1 次印刷
印数：0001—2000 册
ISBN 978 – 7 – 5218 – 0330 – 3　定价：73.00 元
（图书出现印装问题，本社负责调换。电话：010 – 88191510）
（版权所有　侵权必究　打击盗版　举报热线：010 – 88191661）
QQ：2242791300　营销中心电话：010 – 88191537
电子邮箱：dbts@esp.com.cn）

前　言

按照《新编管理学系列教材》的总体安排和编写要求，继《初级会计学》《中级财务会计》之后，我们编写了这本《财务管理学》教材。

财务管理理论和方法的学习建立在会计学的基础上，《财务管理学》是会计学和财务管理学专业重要的主干课程之一，也是学习其他后续课程的基础，同时也是从事财务管理实践所必备的理论知识。结合财务管理学的特点，本书主要体现了以下特色。

1. 构建了新颖的内容框架

本书依据财务管理理论方法和财务管理决策实践之间的关系，构建了基于公司价值管理的财务管理内容框架，在内容上更加系统、实用和新颖。全书的内容包括12章，五个模块。第一模块是本书的概述部分。讨论的是以价值管理为核心的财务管理内容及环境，进行财务管理活动是在特定的财务环境之中，包括外部金融环境和内部经营与治理环境。第二模块是报表分析、营运资金管理、财务预测与利润规划。包括第二章财务分析，第三章营运资本管理，第四章财务预测与利润规划。讨论的是以价值管理为核心的财务报表分析、营运资本管理策略、短期资产管理，以及财务预测与利润规划等财务管理问题。第三模块是财务管理的基本方法和估值。包括第五章货币时间价值与证券估值，第六章资本市场风险与收益。讨论的是货币时间价值的计算方法、风险收益的历史经验数据以及投资组合的风险与收益的计量，债券和股票的估值等。第四模块是资本预算理论与实务。包括第七章项目投资决策和第八章项目投资决策实务。讨论的是资本预算项目评价指标含义与计算，项目现金流量的估计，以及项目风险投资决策的调整。第五模块是资本成本、资本结构和股利政策。包括第九章长期筹资方式，第十章资本成本，第十一章资本结构，第十二章股利政策。讨论的是公司长期筹资方式及评价，各种资本的成本以及加权平均资本成本，资本结构与公司价值以及股东收益率的关系，股利政策等。

2. 条理化了知识模块间的逻辑关系

内容框架的五大知识模块，分别是财务管理学的基本理论、财务分析与流动性管理、财务管理的基本方法和估值、项目投资决策以及融资与资本结构分析。这些模块包含了财务管理学营运资本管理、投资决策、融资决策的核心内容，每个模块中包含该模块主要核心知识点，而这些知识点又可能分属于不同的模块。例如，财务管理基本方法中货币时间价值的计算，在估值、投资决策原理与实务以及资本成本的计算中都有体现；风险的观念和计量不仅在证券投资组合中是重要的考虑因素，在投资决策实务中也是重要的决策因素。

3. 突出财务管理实践的最新成果

财务管理学是一门应用性很强的学科，关注我国资本市场的实践有助于深入理解财务管理学的基本理论知识和方法，同时，我国资本市场的实践也为财务管理理论增添了鲜活的案例。财务管理实务的最新进展包括：（1）公司法、会计法等法律法规的变化；（2）国务院国资委、财政部、证监会等最新颁布的法规、会计准则以及制度、资本市场监管政策以及政策细则等；（3）最新推出的资本市场工具；（4）财务信息的最新载体与提供平台，例如，公司定期公告、信息披露的时间、各类数据库（如国泰安数据库、万德数据库、同花顺以及瑞思等）以及各类研究报告等。

4. 强化案例教学的实施引导

近年来，在财务管理课程教学中我们越来越多地运用了案例教学的形式，案例研究的主要目的之一就是让学生结合某个企业的具体环境，去探讨一件或者多件事情，分析关键问题，并找出解决问题的方法。每一章中增加了引导案例，强化训练学生发现问题、分析问题和解决问题的能力，培养学生发现财务问题的敏锐度与提供解决方案的能力；训练学生案例与专题分析报告写作与评价的能力。

5. 关注学生的个人发展

现在大学生的就业压力大，就业市场对学生的教育影响也日益增大。在管理学专业特别是会计专业，注册会计师考试、CMA考试等对财务管理的教学产生了较大的影响。本书内容构建上，重视学生能力培养的同时，尽力考虑到学生的客观需要。

本书由刘海英担任主编，提出编写大纲，对全书进行了修改、补充和总纂，并最后定稿。张立达对书中内容提出了修改建议，并进行了部分修改和补充。全书共分十二章,各章撰写分工如下:刘海英,第一章、第五章、第六章、第七章、第八章、第九章、第十章、第十一章、第十二章;张立达,第二章;刘卫东,第三章、第四章。

  本书在编写过程中,参阅了国内外大量的财务管理学教材和文献,在参考文献中列出,当然不排除有遗漏的可能,在此一并致谢!

  限于作者的水平和时间,书中疏漏和错误之处在所难免,在此恳请得到各位同行、读者的批评和指正。

编 者

2018 年 9 于山东大学

目 录

第一章　财务管理导论 ... 1
第一节　企业组织形式 ... 2
第二节　财务管理的内容 ... 5
第三节　财务管理的目标 ... 8
第四节　财务管理的环境 ... 14
第五节　财务管理理论与本书的框架 ... 22

第二章　财务分析 ... 27
第一节　财务分析的意义和评价标准 ... 28
第二节　财务分析的基本方法 ... 34
第三节　财务比率分析 ... 39
第四节　杜邦财务分析体系 ... 59

第三章　营运资本管理 ... 66
第一节　营运资本概述 ... 67
第二节　现金与有价证券管理 ... 74
第三节　应收账款管理 ... 82
第四节　存货管理 ... 93
第五节　短期筹资管理 ... 102

第四章　财务预测与利润规划 ... 110
第一节　财务预测 ... 110
第二节　增长率 ... 114
第三节　利润规划 ... 117

第五章　货币时间价值与证券估值 ... 135
第一节　货币的时间价值 ... 135
第二节　债券估值 ... 152

第三节　股票估值 ·· 159

第六章　资本市场风险与收益 ··· 167
　　第一节　风险和收益的概念 ·· 167
　　第二节　单项资产的风险与收益 ·· 170
　　第三节　投资组合的风险与收益 ·· 175
　　第四节　资本资产定价模型 ·· 189

第七章　项目投资决策 ··· 201
　　第一节　项目投资概述 ·· 202
　　第二节　项目现金流量的估计 ··· 204
　　第三节　项目投资决策方法 ·· 209

第八章　项目投资决策实务 ·· 231
　　第一节　项目投资决策方法的应用 ·· 232
　　第二节　风险投资决策 ·· 240

第九章　长期筹资方式 ··· 266
　　第一节　普通股筹资 ··· 267
　　第二节　优先股筹资 ··· 280
　　第三节　长期借款筹资 ·· 283
　　第四节　公司债券筹资 ·· 287
　　第五节　租赁筹资 ·· 297
　　第六节　混合债券 ·· 305

第十章　资本成本 ·· 320
　　第一节　资本成本概述 ·· 321
　　第二节　个别资本成本的测算 ··· 325
　　第三节　加权平均资本成本 ·· 333
　　第四节　边际资本成本 ·· 337
　　第五节　投资项目的资本成本 ··· 339

第十一章　资本结构 ·· 346
　　第一节　资本结构理论 ·· 347
　　第二节　杠杆利益与风险的衡量 ·· 373
　　第三节　资本结构决策方法 ·· 383

第十二章 股利政策 ········· 401

第一节 企业利润分配顺序 ········· 402
第二节 股利理论 ········· 404
第三节 股利政策 ········· 411
第四节 股利支付程序与方式 ········· 419
第五节 股票回购 ········· 426

财务附表 ········· 441

参考文献 ········· 454

第一章
财务管理导论

学习目标

通过本章学习,掌握企业的组织类型和公司制企业的基本特征;理解财务管理学的主要内容;掌握财务管理的目标及其协调机制;了解财务管理的环境,我国金融市场的构成及特征,熟悉财务管理与金融市场的关系;掌握利率的构成要素以及利率期限结构的含义。

引导案例

固特异轮胎橡胶公司(The Goodyear Tire & Rubber Company)成立于1898年,至今已有百余年的历史。公司主要生产轮胎以及其他橡胶制品。固特异轮胎橡胶公司是全球最大的轮胎制造商之一,其全球员工总数超过8万名,在全世界28个国家90多个工厂中生产轮胎、工程橡胶产品和化学产品。固特异于1994年9月进入中国市场,在大连创建了大连固特异轮胎有限公司,成为第一家来华投资建厂的西方轮胎企业。2008年11月,固特异大连通过股份收购成为固特异的独资公司。

2015年3月23日,公司管理层宣布更新后的2014~2016年资本配置方案,更新后的资本配置方案旨在提升股东价值,并通过在投资者回报项目中投入约6.50亿美元,改善资产负债表,以及投资于高回报增长领域来实现这一目标。相关举措如下。

增加股东回报:在增长型资本支出项目中进一步投入3亿美元建新厂,为北美和拉美市场的乘用胎业务提供支持,挖掘和把握这两大区域内高附加值轮胎市场的预期增长潜力。从2015年9月起,普通股季度分红提高20%,从5%增加至6%。股票回购总额提高3.5亿美元,这将使固特异在2016年期间回购价值高达4.50亿美元的股票。以股东总回报为衡量基准的股价在2013年1月1日至2015年12月31日,公司在标准普尔500家上市公司中排名第30位。可见,公司的管理层在向股东传递的信息是管理层在尽力将股东利益最大化列为其首要目标,而这也正是股东希望达成的目标。

改善资产负债报表：为优化公司的杠杆指标，增加 4 亿美元资金以减少债务，以实现投资级信用评级的目标。

那么，公司的股东希望的财务管理目标是什么？当公司股东和管理层的目标发生冲突时，管理层持有公司的股票能够促使管理层从公司和股东的角度进行决策，更好地实现他们之间利益的协调。又该如何协调股东和债权人的利益？其他利益相关者是否有不同的动机和目的，本章的学习将帮助你理解相关问题。

财务管理学（公司财务学）有三个核心的领域：（1）宏观财务学。主要研究国家和区域乃至全球范围内资金流动和运作的规律，包括货币学、财政金融学、金融市场学等。其中金融市场学是最重要的组成部分之一。（2）投资学。主要研究证券及其投资组合的投资决策、分析与评价。（3）公司财务学。即企业财务管理或公司理财，主要研究与企业有关的投资决策、筹资决策理论与方法及日常管理，包括战略、计划、分析与控制。

第一节 企业组织形式

企业是指依法设立的以营利为目的的、独立核算的经济组织。

按企业财产的法律组织形式，可将企业组织分为三类，即独资企业、合伙企业和公司制企业。

一、独资企业

独资企业也称为个人独资企业（sole proprietorship），是指一个人拥有并独立经营的企业，又称业主制。独资企业是由一个自然人投资，财产为投资者个人所有，投资者以其个人财产对企业债务承担无限偿债责任的经营实体。从企业发展历史看，它是最早、最简单的一种企业形式。它的主要优点是建立成本非常低，受政府控制很少，并且只交纳个人所得税、不交纳企业所得税，税负较轻。它也有明显的缺点，主要有：（1）企业规模一般较小，结构简单，很难得到大量的投资进行大规模的投资活动；（2）业主对企业债务负有无限责任；（3）存续时间有限（通常依附于业主的寿命）。

大多数个人独资企业的规模较小，抵御风险和承担经济损失的能力不强，存续年限较短，部分个人独资企业能够发展壮大，进而发展成为合伙企业或者公司制企业。

二、合伙企业

合伙企业（partnership）是指自然人、法人和其他组织在中国境内设立的普通合伙企业和有限合伙企业，是由两个或两个以上的合伙人按照书面协议共同出资经营、共同拥有的企业组织。普通合伙企业由普通合伙人组成，合伙人对合伙企业债务承担无限连带责任。有限合伙企业由普通合伙人和有限合伙人组成，普通合伙人对合伙企业债务承担无限连带责任，有限合伙人以其认缴的出资额为限对合伙企业债务承担责任。

它同个人所有企业一样都是自然人企业，多数规模较小。合伙企业的优点与独资企业相类似，创立和营业成本很低，政府限制较少，税收较低，同时由于合伙人共同偿还债务，降低了风险，提高了其筹资能力。主要缺点有：（1）普通合伙人对企业债务负无限责任，合伙人之间承担连带责任；（2）合伙企业是依据合伙人之间的合约或协议建立的，每当一个合伙人退出或死亡，或一个新的合伙人被接纳，都必须重新建立合伙企业，这就限制了它的发展能力；而且由于重大决策都需要得到所有合伙人的同意，容易造成决策延误。此外，合伙企业寿命也有限，转换所有权困难，难以得到大量投资。

2006年施行的《合伙企业法》中新增了特殊的普通合伙企业。由于该种形式的合伙主要是在责任承担上与普通合伙有别，因此在国外其被称为"有限责任合伙"（limited liability partnership，LLP）。特殊的普通合伙仅适用于以专门知识和技能（如法律知识与技能、医学和医疗知识与技能、会计知识与技能等）为客户提供有偿服务的机构，因为这些专门知识和技能通常只为少数的、受过专门知识教育与培训的人才所掌握，而在向客户提供专业服务时，个人的知识、技能、职业道德、经验等往往起着决定性的作用，与合伙企业本身的财产状况、声誉、经营管理方式等都没有直接的和必然的联系，合伙人个人的独立性极强。

在特殊的普通合伙企业中，一个合伙人或者数个合伙人在执业活动中因故意或者重大过失造成合伙企业债务的，应当承担无限责任或者无限连带责任，而其他合伙人以其在合伙企业中的财产份额为限承担有限责任。合伙人在执业活动中非因故意或者重大过失造成的合伙企业债务以及合伙企业的其他债务，由全体合伙人承担无限连带责任。为了保护债权人利益，合伙企业法规定，特殊的普通合伙企业应当建立执业风险基金、办理职业保险。执业风险基金用于偿付合伙人执业活动造成的债务。

三、公司制企业

公司制企业（corporation）是现代企业最主要的组织形式。是依照公司法登记设立，以其全部财产对公司的债务承担责任，依法自主经营、自负盈亏的企业法人。公司是企业法人，有独立的法人财产，享有法人财产权。公司的产权分属于股东，股东有权分享公司的盈利，并以出资额为限对公司债务承担有限责任。股东能转让其所持股份。

同合伙制企业相比，公司制企业的优点：（1）股东只对企业债务承担有限责任，即只在其出资范围内对公司债务负责。一旦公司破产，债权人只能对公司的破产资产要求赔偿，而无权起诉股东或者要求股东以股本以外的财产来偿债。这样就使得公司成为筹集大量资本较佳的组织形式；（2）公司制企业具有独立生命，除非破产或歇业，它的生命是"永远延续"的。公司一旦建立，其业务不会因股东死亡或股权转让而终止。同时，公司设立董事会和监事会，聘请总经理，可以实现专家管理，保证决策的及时性、连续性和科学性。因此，公司制这种组织形式一旦出现就迅速发展起来。现在，它已成为社会经济生活中最重要的组成部分。

公司制组织形式的缺点主要有：（1）公司的设立程序复杂，不像个体企业那样可以随时建立和歇业，也不像合伙制企业那样仅仅由合伙者的协议决定，公司在成立条件、设立程序等方面均有严格要求；（2）由于所有权与经营权相分离，公司的经营者往往不是公司的所有者，二者的目标并不一致，因此产生了委托人（出资者）和代理人（经营者）之间复杂的委托—代理关系；（3）作为法人，公司必须缴纳企业所得税，而股东也要为股利缴纳个人所得税，因此有双重税负；（4）大多数国家对于公司制企业的注册资本额通常有最低限要求。

我国公司有两种基本形式：有限责任公司和股份有限公司。

有限责任公司是指由股东共同出资，每个股东以其认缴的出资额对公司承担有限责任，公司以其全部资产对其债务承担责任的企业法人。设立有限责任公司股东符合法定人数，有限责任公司股东为50人以下。股东人数只有上限没有下限，1个人也可以成立有限责任公司。特殊情况下，国家授权投资的机构或者国家授权的部门可以单独设立国有独资的有限责任公司。有限责任公司的特征有：（1）有限责任公司股东以其认缴的出资额对公司承担有限责任，公司以其全部资产对其债务承担责任；（2）有限责任公司实行资本金制度，但公司股本不分成等额股份；（3）股东人数为50人以下；（4）不能公开募股，不能发行股票；（5）股东的出资不能随意转让，如需转让，应经股东会或董事会讨论通过；（6）财务不必公开，但应当按公章程规定的期限将财务会计报告送交各股东。

股份有限公司是指全部资本由等额股份构成并通过发行股票筹集资本，股东以其所认购股份对公司承担责任，公司以其全部资产对公司债务承担责任的企业法人。股份有限公司的特征：（1）资本金划分为等额股份；（2）通过发行股票筹集资本；（3）股东人数无上限；（4）股票可以自由转让；（5）财务公开。

上述三类公司组织形式中，由于公司制企业的注册资本和经营规模较大，财务管理通常把公司制企业作为研究的对象，通常还进一步地界定为非金融类的公司制企业。

当然，我国的公司中还有国有独资组织形式，指国家单独出资、由国务院或者地方人民政府授权本级人民政府国有资产监督管理机构履行出资人职责的有限责任公司。国有独资公司的特征：（1）国有独资公司是一人公司，国有独资公司的投资人对其投资设立的公司的债务以其出资额承担有限责任；（2）国有独资公司的投资人只能是国家授权投资的机构或者国家授权的部门，而不能是其他的机构或者部门；（3）国务院确定生产特殊产品的公司或者属于特定行业的公司，应当采取国有独资公司的形式。

《中华人民共和国公司法》规定：国有独资公司不设股东会，由国有资产监督管理机构行使股东会职权；国有独资公司设董事会和监事会。

第二节 财务管理的内容

财务管理是企业管理的重要组成部分，财务资源取得与管理的完善是公司成功的最重要条件之一。企业从事生产经营活动的主要目的是为了谋求自身价值的扩大，从而满足各个利益相关者的要求。企业的基本活动是通过各种方式筹措资本，投资于生产经营性资产，并运用这些资产进行生产经营活动。资本在生产经营过程中得到增值后，将回收的原始投入资本和增值后留归企业使用的那部分利润重新投放到生产经营过程中，同时将增值的另一部分利润分配给公司的利益相关者。按照这一过程，资本反复地运行，形成了企业的资本流转循环。因此，企业财务管理活动的主要内容包括投资决策、筹资决策，以及在日常经营过程中涉及的短期流动资产和流动负债的管理（通常称为营运资本管理，或短期财务管理）；当然，企业也会遇到破产重组、兼并收购等特殊财务决策问题。

一、营运资本投资决策

营运资本是流动资产和流动负债的差额。

营运资本决策涉及企业的流动性管理，也就是指满足现金流支付义务的规模与时点。营运资本管理分为营运资本投资管理和营运资本筹资管理两部分。营运资本投资管理主要是制定营运资本投资政策，决定用于应收账款和存货的资本规模、决定保留多少现金以备支付的需要。营运资本筹资管理主要是制定营运资本筹资政策，决定向谁借入短期资本，借入多少短期资本，是否采用赊购的筹资政策等。

二、长期投资决策

长期投资是最重要的财务决策，是指公司对经营性长期资产进行的直接资本投放活动，其影响超过一年。投资管理主要研究和解决公司应该投资什么样的长期资产，投资规模是多大，以及时间和风险问题。

公司的投资不同于个人和专业机构的投资，公司的投资是直接投资，即把资本直接投放于生产经营性资产，以便获取利润的投资，并根据净现值的原理做出选择。公司的生产经营性资产包括厂房、建筑物、机器设备、运输设备、存货等。生产经营性资产投资包括长期资产投资和短期资产投资，长期资产投资的期限在一年以上，属于长期投资。短期投资是指期限在一年以内的投资。例如，应收账款、存货、短期交易性金融资产等。

个人和专业机构的投资是通过购买公司发行的股份，或者债券将现金投资于企业，企业再将现金投资于生产经营性资产，属于间接投资，又称证券投资或者金融资产投资，以便获取利息、股利以及资本利得收益的投资。金融资产投资包括股票、债券和衍生金融工具等。

上述两种投资在决策时具体方法是不同的。直接投资要事先创造一个或几个备选方案，通过对这些方案的分析和评价，从中选择一个足够满意的方案，核心是净现值原理。证券投资只能通过证券分析与评价，从证券市场中选择公司需要的股票和债券，核心是投资组合原理。

有时公司也会购买风险较低的股票和债券等。对于股票和债券的长期投资，在需要货币资本时可以相对容易的变现，而投资于经营性固定资产的投资难以变现。所以，长期投资专指经营性固定资产投资。

长期投资和短期投资的决策方法不同。由于长期投资涉及时间长、风险高，决策分析应该更重视时间价值和投资风险价值的计量。

无论是购买生产经营所需的各种资产，还是购买各种金融性资产，均表现为企业资本的流出。而当企业变卖其对内投资的各种资产或收回对外投资的本金和收益时，则表现为企业资本流入。运用不同的方法，对企业投资而产生的资本流入与流出进行分析决策，便构成了企业投资决策。

三、长期筹资决策

筹资是指公司资本的筹集。企业要从事生产经营，需要筹集一定数量的资本，这不仅是各国法律条文所要求的，也是企业运营所必需的。新设企业和已经成立的企业都需要大量的资本投入，因此筹集资本是企业财务管理的重要内容。

筹资决策要解决的问题是如何取得企业所需的资本，包括在什么时候、以什么成本、向谁、筹集多少资本以及确定各种长期资本来源所占的比重，即确定最佳资本结构等问题。企业发行股票、发行债券、长期借款、租赁等都属于筹资决策。

长期筹资是指公司筹集生产经营所需的长期资本。长期资本是指企业可以长期使用的资本，包括权益资本和长期借入资本。

权益资本是指公司股东提供的资本。权益资本在经营期间不需要归还，筹资风险较低；但股东预期报酬较高，加大了公司使用资本的成本。

长期借入资本是指债权人提供的资本，包括长期借款和长期债券。它有固定的还本付息的时间，有一定的筹资风险；但其要求的报酬通常低于权益资本。

股利分配政策是企业内部筹资决策，指在企业赚取的税后利润中，有多少作为股利分配给股东，有多少留存在企业内部作为再投资，留存部分税后利润实际上是向现有股东进行权益资本的筹集。从公司角度看，从外部筹资需要花费的时间长、费用高；而内部资本来源，即将利润作为留存收益，不必花费筹资费用，资本成本较低。

长期筹资决策的主要内容包括资本结构决策、债务结构决策和股利分配决策。所谓资本结构就是指公司长期资本来源中借入资本和权益资本的比例关系。一般来说，完全通过权益资本筹资是不明智的，不能得到负债经营的好处；但借入资本比例过大，风险也会随之提高，公司随时可能陷入财务危机。因此，筹资决策的一个重要内容就是确定最佳资本结构。长期债务的种类较多，成本和费用不同，选择债权人和债务类型，确定债务结构是长期筹资决策的重要内容之一。股利政策主要是确定利润分配和留存的比例，其制定受多种因素的影响，包括税法对股利和出售股票收益的不同处理、未来公司的投资机会、各种资本来源、机会成本、股东对当期收入和未来收入相对偏好等，公司必须根据具体情况制定出本公司的最佳股利政策。股利分配决策是长期筹资决策的重要内容。

第三节 财务管理的目标

企业财务管理是企业管理的组成部分，是涉及公司投资、资本筹集、营运资本管理的工作，企业财务管理的目标从属于企业的总目标。投资者设立公司和经营公司的目的是获取利润，尽管公司有承担社会责任、减少环境污染、研发新产品等目标，但是获取利润是公司维持生存和保持发展的前提，因此，公司的目标与公司财务管理的目标并不矛盾，即公司财务管理目标、公司财务目标和公司目标是一致的，用到的计量方法是财务计量。

财务管理目标指的是财务管理尤其是财务决策所依据的最高准则，是企业财务活动即资金运筹所要达到的最终目标。企业财务管理目标有以下主要观点。

一、财务管理的目标

（一）利润最大化

利润最大化是以微观经济学的理论为基础，是一种传统的观点。这一观点认为企业是营利性组织，盈利代表了企业新创造的财富，利润越多，则企业财富增加越多，所以企业必须追求利润最大化。将利润最大化作为企业财务管理的目标有其合理性。其理由主要有：（1）利润是企业新创造的价值，是企业生存和发展的必要条件；（2）利润是一个综合性指标，它反映了企业综合运用各种经济资源的能力和经营管理的效率，是评价企业绩效的重要指标；（3）企业追求利润最大化是市场经济体制发挥作用的基础。

但是将利润最大化作为企业财务管理的目标也有其缺点。具体表现为：（1）没有考虑利润的取得时间。例如，企业今年获利100万元和明年获利100万元，哪一个更符合企业的目标？如果不考虑货币的时间价值，就很难作出正确的判断。（2）没有考虑为获得利润而承担的风险。例如，企业有两个投资方案，一个会使企业获得确定的收入500万元，即稳定的现金流入，另一个方案可以获得500万元的收入，但是以有风险的500万元应收账款形式，它存在发生坏账损失的可能，哪一个方案符合企业的目标？同样如果不考虑风险因素，也很难作出正确的判断。（3）忽视了所获得利润与所投入资本之间的关系。利润是一个绝对值，不能反映单位投入资本的获利情况。(4) 短视行为。片面追求利润最大化会导致企业的短视行为。例如，企业可以通过推迟必要的维修等会计方法的选择，增加企业的短期会计利润，但却使企业的长远利益受到损害，影响企业长期利润实现。

（二）每股收益最大化

每股收益最大化观点认为，应将企业的利润和股东投入企业的资本联系起来考察，用每股收益来概括企业财务管理的目标，这种观点考虑了所获得利润与所投入资本之间的关系，克服了"利润最大化"观点的局限性。但从每股收益计算公式不难看出，其中的收益指标依然是会计净利润，因此每股收益最大化依然存在着利润最大化目标的其他局限性，即：(1) 没有考虑每股收益的取得时间；(2) 没有考虑为获得利润而承担的风险。

（三）股东财富最大化

股东财富最大化，是指为股东创造更多的财富是财务管理的目标。这种观点认为，股东之所以出资创办企业，是为了达到其财富最大限度的增值，因此企业的价值在于它能给股东带来报酬。

财务管理的目标也可以表述为企业价值最大化，企业价值包括股东价值和债务价值，假设债务的价值不变，企业价值最大化和股东财富最大化是一致的，因此，公司价值最大化与股东财富最大化是一致的。

财务管理的目标还可以表述为股票价格最大化，在股东投入资本不变的前提下，股价升降可以反映股东财富的增减，股票价格反映了资本和获利之间的关系，股票价格最大化与股东财富最大化是一致的。因此，股东财富最大化、股价最大化和企业价值最大化具有同等的意义。

与利润最大化相比，股东财富最大化的优点是：(1) 股东财富最大化考虑了现金流量的时间价值和风险因素，因为通常股价会对风险作出较敏感的反应；(2) 股东财富最大化在一定程度上能避免企业短期行为，因为不仅目前的利润会影响股票价格，预期未来的利润同样会对股价产生重要影响；(3) 对上市公司而言，股东财富最大化目标比较容易量化，便于考核和奖惩。

虽然将股东财富最大化作为企业财务管理的目标已经得到普遍的认可，但是随着债权人、员工、供应商等利益相关者在企业运营中的作用越来越重要，进而产生了利益相关者利益最大化的观点，该观点认为，企业不能单纯地以实现股东财富最大化为目标，而应该把股东利益与利益相关者利益同等看待，即实现包括股东在内的利益相关者利益最大化。

但是，持有股东财富最大化观点的学者认为，追求股东财富最大化并不损害其他利益相关者的利益，恰恰相反，股东财富最大化是以保证其他利益相关者利益为前提的。因为企业股东财富最大化目标的结果，也增加了企业的整体财富，其他利益相关者的利益也会得到更多的满足。如果企业不追求股东财富最大化，其他利益相关者的利益也会受损。另外，根据法律的规定，股东的报酬率是"剩余要求权"，是在其他利益相关者利益得到满足后的剩余权益，企业只有在向供应商支付了货款，向员工支付了报酬，向债权人支付了利息，向政府支付了税收之后，才能向股东支付回报。

从契约经济学的角度看，企业是各种利益相关者之间的契约组合。通过书面契约，管理层、员工、供应商等可以保护自己的利益不受股东的侵害；即使没有与某些利益相关者（如社会、政府等）订立书面契约，企业仍然受法律和道德的约束。而且，企业违反了契约的规定，利益相关者就会中断与企业的交易，企业股东的财富也终究会受到损失。

基于以上的分析，对股东财富最大化进行一定的约束后，股东财富最大化成为最佳的财务管理目标。这些约束条件是：（1）利益相关者的利益受到了完全的保护；（2）没有社会成本。企业在追求股东财富最大化的过程中所耗费的成本都能够归结于企业并由企业负担，例如，如果企业在经营中造成环境污染问题，必须由企业承担治理污染的费用，而不是由政府财政负担。

有了这些约束，企业追求股东财富最大化的过程中，不存在与利益相关者的利益冲突。因此，经营者就能够专注于股东财富最大化的企业财务管理目标，进而实现公司价值最大化。

股东财富最大化的目标对于上市公司容易实现，但是对于非上市公司而言，如何实现股东财富最大化的目标？从理论上说，非上市公司的价值等于公司在市场上出售的价值，或者是投资者转让其出资而获得的资金。对于一个正常经营的企业而言，很难用这种整体出售的价格来衡量。从实践上看，可以通过资产评估来确定非上市公司的价值，或者根据公司未来可获得的现金流量来进行估值。

二、财务管理目标的协调

股东和债权人为公司提供了财务资源，但是他们处在公司之外，只有经营者即管理层在公司里直接从事财务管理工作。股东、经营者和债权人之间构成了公司最重要的财务关系。公司是所有者即股东的公司，财务管理的目标是指股东的目标。股东委托经营者代表他们管理公司，为实现他们的目标而努力，但经营者和股东的目标并不完全一致。债权人把资本借给公司，并不是为了"股东财富最大化"，与股东的目标也不一致。公司必须协调这三方面的冲突，才能实现"股东财富最大化"的目标。

（一）股东和经营者的利益冲突与协调

（1）经营者的目标。在股东和经营者分离以后，股东的目标是使公司财富最大化，千方百计要求经营者以最大的努力去完成这个目标。经营者也是最大合理效用的追求者，其具体行为目标与委托人不一致。

经营者的目标是：①增加报酬，包括物质和非物质的报酬，如工资、奖金以及提高荣誉和社会地位等。②增加闲暇时间，包括较少的工作时间、工作时间里较多的空闲和有效工作时间中较小的劳动强度等。③避免风险。经营者努力工作可能得不到应有的报酬，他们的行为和结果之间有不确定性，经营者总是力图避免这种风险，希望付出一份劳动便得到一份报酬。

（2）经营者对股东目标的背离。经营者的目标和股东不完全一致，经营者有可能为了自身的目标而背离股东的利益。这种背离表现在两个方面：①道德风险。经营者为了自己的目标，不是尽最大努力去实现公司财务管理的目标。他们没有必要为提高股价而冒险，股价上涨的好处将归于股东，如若失败，他们的"身价"将下跌。工作缺少敬业精神，增加自己的闲暇时间。这样做的结果，并不构成法律和行政责任问题，只是道德问题，股东很难追究他们的责任。②逆向选择。经营者为了自己的利益而背离股东的目标。例如，装修豪华的办公室、买高档汽车等。

（3）防止经营者背离股东目标的方法。为了防止经营者背离股东的目标，一般有两种方法：

①监督。经营者背离股东的目标，其条件是双方的信息不一致，主要是经营者了解的信息比股东多。避免"道德风险"和"逆向选择"的出路是股东获取更多的信息，对经营者进行监督，在经营者背离股东时，减少其各种形式的报酬，甚至解雇他们。

但是，全面监督在实际上是行不通的。股东是分散的或者远离经营者，得不到充分的信息；经营者比股东有更大的管理优势，比股东更清楚什么是对公司更有利的行动方案；全面监督管理行为的代价是很高的，很可能超过它所带来的收益。股东支付审计费请注册会计师，往往仅审计财务报表，而不要求全面审查所有管理行为人。股东对于情况的了解和对经营者的监督总是必要的，但受到合理成本的限制，不可能事事都监督。监督可以减少经营者违背股东意愿的行为，但不能解决全部问题。

②激励。防止经营者背离股东利益的另一个方法是采用激励报酬计划，使经营者分享公司增加的财富，鼓励他们采取符合公司最大利益的行动。例如，公司盈利率提高或股票价格提高后，给经营者以现金、股票奖励。如果给予的报酬过低，则不足以激励经营者，股东不能获得最大利益；如果给予的报酬过高，股东付出的激励成本过大，也不能实现股东的最大利益。因此，激励可以减少经营者违背股东意愿的行为，但同样不能解决全部问题。

通常，股东同时采取监督和激励两种办法来协调自己和经营者的目标。尽管如此仍不可能使经营者完全按股东的意愿行动，他们可能仍然采取一些对自己有利而不符合股东最大化利益的决策，并由此给股东带来一定的损失。监督成本、激励成本和偏离股东利益而形成的损失之间此消彼长，相互制约。股东要权衡轻重，力求找出能使三项之和最小的解决办法，它就是最佳的解决办法。

（二）股东和债权人的利益冲突与协调

当公司向债权人借入资本后，两者也形成一种委托代理关系。债权人把资本交给公司，其目标是到期时收回本金，并获得约定的利息收入；公司借款的目的是用它扩大经营，投入有风险的生产经营项目，两者的目标并不一致。

债权人事先知道借款是有风险的，并把这种风险的应计报酬纳入利率。通常要考虑的因素包括：公司现有资产的风险、预计公司新添资产的风险、公司现有的负债比率、公司未来的资本结构等。

(1) 股东和债权人利益冲突。借款合同一旦成为事实，资本划到了公司账上，债权人就失去了控制权，股东可以通过经营者为了自身利益而伤害债权人的利益，其常用方式是：①股东不经债权人的同意，投资于比债权人预期风险要高的新项目。如果高风险的项目侥幸成功，超额的利润归股东独享；如果项目不幸失败，公司无力偿债，债权人与股东将共同承担由此造成的损失。尽管《中华人民共和国公司破产法》（以下简称《破产法》）规定，债权人先于股东分配破产财产，但多数情况下，破产财产不足以偿债。所以，对债权人来说，超额利润肯定拿不到，发生损失却有可能要分担。②股东为了提高公司的利润，不征得债权人的同意而迫使管理当局发行新债，致使旧债券的价值下降，使原债权人蒙受损失。旧债券价值下降的原因是发行新债券后公司的负债比例加大，公司破产的可能性增加，如果公司破产，原债权人和新债权人要共同分配破产后的财产，使旧债券的风险增加，其价值下降。尤其是不能转让的债券或其他借款，债权人没有出售债权来摆脱困境的出路，处境更加不利。

(2) 债权人保护措施。债权人为了防止其利益被侵害，除了寻求立法保护，如破产时优先接管，优先于股东分配剩余财产等外，通常采取以下措施：①在借款合同中加入限制性条款，如规定贷款的用途，规定不得发行新债或限制发行新债的数额等；②发现公司有剥夺其财产意图时，拒绝进一步合作，不再提供新的借款或提前收回借款。

（三）公司目标与社会责任

公司的目标和社会的目标在许多方面是一致的。公司在追求自己的目标时，自然会使社会受益。例如，公司为了生存，必须要生产出符合顾客需要的产品，满足社会的需求；公司为了发展，要扩大规模，自然会增加用工人数，解决社会的就业问题；公司为了获利，必须提高劳动生产率，改进产品质量，改善服务，从而提高社会生产效率和公众的生活质量。

公司的目标和社会的目标也有不一致的地方。例如，公司为了获利，可能生产伪劣产品，可能不顾工人的健康和利益，可能造成环境污染，可能损害其他公司的利益等。

股东只是社会的一部分人，他们在谋求自己利益的时候，不应当损害他人的利益。政府要保证所有公民的正当权益。为此，政府颁布了一系列保护公众利益的法律，如公司法、反暴利法、防止不正当竞争法、环境保护法、合同法、保护消费者权益法和有关产品质量的法规等。通过这些法律法规调节股东和社会公众的利益。

一般说来，公司只要遵守这些法律法规，公司在谋求自己利益的同时就会使公众受益。但是，这些法律法规不可能解决所有问题，况且目前我国的法制尚不够健全，公司有可能在合法的情况下从事不利于社会的事情。因此，公司还要受到商业道德的约束，要接受政府有关部门的行政监督，以及社会公众的舆论监督，进一步协调公司和社会的矛盾。

企业社会责任报告（简称CSR报告）指的是企业将其履行社会责任的理念、战略、方式方法，其经营活动对经济、环境、社会等领域造成的直接和间接影响、取得的成绩及不足等信息，进行系统的梳理和总结。

随着A股年报季落下帷幕，聚焦环保、公益等非财务信息的企业社会责任报告也随之披露完毕，润灵环球责任评级（RKS）统计，2017年沪深两市共有795家A股上市公司披露了其年度企业社会责任报告（含可持续发展报告），占全部上市公司的比例为 24.5%，这一数字 2016 年为 747 家，占全部上市公司的比例为 25.8%。795 家披露 CSR 报告的 A 股上市公司中，应规披露的企业有 417 家，同比减少 1.4%；自愿披露的企业有 378 家，同比增长 16.7%，增长速度明显优于应规发布情形。

第四节 财务管理的环境

财务管理环境是指对公司财务活动产生影响作用的各种内外部因素的总称。研究财务管理环境有助于提高公司财务管理对环境的适应能力，实现财务管理的目标，提高财务管理的效率。

一、财务管理环境的分类

在市场经济条件下，公司是市场的一个独立主体，是社会中的一个经营单位。公司的环境就是整个社会，社会中的各种因素或多或少、直接或间接地都会影响到公司的经营，影响到公司的财务活动。根据各种因素对公司经营的影响方式不同，可以把财务管理环境分为三个层次：

（1）微观环境。微观环境是直接与公司发生关系的各种因素，如公司的客户、竞争对手以及能源、资本、原材料、劳动力、技术资源的供应者和与公司直接发生关系的行政部门等。

（2）行业环境。行业环境通过微观环境影响到公司的经营，影响到公司的财务管理活动。

（3）宏观环境。宏观环境表现为社会所处状态的各种因素，如政治、经济、文化传统、科技水平等，也被称为公司财务活动的一般环境。宏观环境基本上是通过对行业的影响来影响公司的经营，也有一部分因素是直接通过对公司微观环境因素的影响来影响公司的经营。

作为公司财务管理人员，必须对这些环境因素给予一定的关注，注意它们的变化及对公司财务活动的影响情况。

金融市场是指企业财务活动的重要外部环境，企业投资与筹资都离不开金融市场。金融市场不仅为企业筹资提供了渠道和手段，同时也是企业投资的重要场所。金融市场的发达程度、金融机构的组织体制及运作方式，金融工具的丰富程度、金融市场参与者对报酬率的要求等，都会对企业财务决策产生重要的影响。可以说，金融市场是财务管理的诸多环境因素中最为直接和最为特殊的一个方面。在所有影响公司财务活动的环境因素中，金融市场和利率是与财务管理密切相关的因素，下面我们将分别予以专门的介绍。

金融机构主要由银行类金融机构和非银行类金融机构构成。银行类金融机构包括中央银行、商业银行、专业银行。非银行类金融机构主要指银行以外的各类金融机构。

二、金融市场

（一）金融市场的概念

金融市场有广义和狭义之分。广义的金融市场，是指一切资本流动（包括实物资本和货币资本的流动）的场所。广义金融市场的交易对象包括货币借贷、票据承兑和贴现、有价证券的买卖、黄金和外汇买卖、办理国内外保险、生产资料的产权交换等。狭义的金融市场一般是指有价证券市场，即股票和债券的发行和买卖市场。

（二）金融市场特征

金融市场的一般特征是：（1）交易的对象是资金；（2）金融市场是公开市场，买卖双方自由竞价，交易条件完全依据供求关系；（3）不包括超乎经济关系的私人关系，反对幕后交易；（4）大部分金融市场是抽象的、无形的，只有证券市场和少数地方的黄金市场才是有形的。

（三）金融市场的构成

与其他市场一样，金融市场的基本构成要素有以下四个方面：

（1）交易对象。金融市场的交易对象是货币资金。无论是银行的存贷款，还是证券市场上的证券买卖，最终都会发生货币资金的转移。然而，金融交易与商品买卖不同，它在大多数情况下发生的是货币资金使用权的转移，而商品交易则表现为商品所有权和使用权的同时转移。

（2）交易主体。交易主体即金融市场的参与者，是指参与金融交易活动的货币资金供应者和需要者。金融市场上作为资金供应者（金融工具的购买者）的经济主体主要有居民、企业、金融机构和政府。金融市场上资金需求者，是指通过发行金融工具融通资金的单位和个人，作为金融市场上资金供应者的居民、企业、金融机构和政府同样也是资金的需求者。

（3）交易工具。金融市场上的交易工具即金融工具，主要有商业票据、政府债券、公司债券、股票、可转让大额存单等。作为金融市场交易工具的金融工具需要具有较高的信用质量,而信用质量取决于金融工具发行者的信誉、金融工具的流动性和收益性等特征。

(4) 交易价格。金融市场的交易价格一般表现为利率。金融市场的利率主要有中央银行再贴现率、商业银行存贷款利率、同业拆借利率以及政府公债利率等。其中:中央银行再贴现率是基准利率,反映国家的货币政策和市场资金供求状况;商业银行存贷款利率反映企业资金供求状况;同业拆借利率是金融机构之间的短期借贷利率,反映各金融机构的资金状况,是货币市场上的代表性利率;政府公债利率是一种代表性的长期利率。证券市场的交易价格虽然不是以利率形式表现,但通常证券价格与利率有着密切联系,即利率上升,证券价格下跌;反之,利率下降,证券价格上升。

(四) 金融市场的分类

金融市场种类繁多,每个金融市场服务于不同的交易者,有不同的交易对象。金融市场可能是一个有形的交易场所,也可能是一个无形的交易场所,如通过通信网络进行交易。按照不同的标志可以进行不同的分类,其主要分类有:

(1) 按金融交易对象的期限性,金融市场可以分为货币市场和资本市场。货币市场是指交易的金融工具的偿还期限在一年以内的市场。包括短期存放款市场、银行同业拆借市场、票据市场、短期债券市场和可转让大额存单等。该市场的资金融通主要用于短期资金周转需要,因此,所涉及的金融工具偿还期限短,流动性较好,风险较小。资本市场是指交易的金融工具的偿还期限在一年以上或者不需偿还的市场,其金融工具的期限均在一年以上,多为3~5年,有的在10年以上,甚至无确定期限。包括长期存放款市场和债券市场等。该市场的资金融通主要是满足工商企业中长期投资需要和政府弥补财政赤字的需要,因此,所涉及的金融工具偿还期限较长或不需偿还,流动性相对较差,风险较高。

(2) 按有无固定交易场所分可以分为有形市场和无形市场。有形市场是指有固定交易场所和交易时间的金融市场。无形交易市场是指没有固定交易场所和交易时间,供求双方当面议定或通过电讯手段协商完成金融交易的、分散的市场。大部分金融市场都属于无形市场;而证券市场,包括股票、债券和期货市场一般属于有形市场。

(3) 按金融工具发行的顺序分可以分为初级市场和二级市场。初级市场即一级市场,是指新发金融工具的买卖市场。二级市场即流通市场,是指已发行上市的旧证券或票据等金融工具的买卖市场,也叫次级市场。

> 在美国有三个二级市场，即纽约证券交易所（New York Stock Exchange，NYSE）、美国证券交易所（American Stock Exchange，AMSE）、美国证券交易商协会（National Association of Securities Dealers，NASD）及其交易系统、全国证券交易商自动报价系统协会（National Association of Securities Dealers Automated Quotation System，NASDAQ）。
>
> 我国多层次的资本市场：我国于1990年底成立了上海证券交易所和深圳证券交易所，2004年6月25日在深圳证券交易所成立了中小板市场；2009年10月23日在深圳证券交易所成立了创业板市场；三板市场起源于2001年"股权代办转让系统"，称为"旧三板"。2006年，中关村科技园区非上市股份公司进入代办转让系统进行股份报价转让，称为"新三板"，2012年，国务院批准决定扩大非上市股份公司股份转让试点，首批扩大试点新增上海张江高新技术产业开发区、武汉东湖新技术产业开发区和天津滨海高新区。2013年12月31日起新三板市场面向全国接收企业挂牌申请。
>
> 与二级市场有关的两个术语是牛市（bull market）和熊市（bear market）。牛市是长期持续上涨的市场，牛市时股票价格普遍上涨。熊市是长期持续下跌的市场，熊市时股票价格普遍下跌。
>
> 对于熊市这一称谓的来源，最好的解释是猎人在猎熊之前就预先卖熊皮的做法，因此熊就成了卖空的代名词。手中没有股票预先在市场卖掉，希望股票下跌，再以低价买回来回补以获利，这种做法叫卖空。卖空是望跌，熊代表卖空者，下跌市场就叫成熊市。至于牛市的起源则没有这么生动的传说或者故事，但因在欧陆美洲数百年来，就有与熊相对的用法与文化，而牛行走的时候总是抬着头，用牛市来代表与熊市相对的上涨市场。古代还有一种十分风行的运动叫熊牛相争。真正解释股市熊与牛的文字出现在1785年英国人托马斯·莫蒂默（thomas mortimer）出版的《每个人都是自己的经纪》（*Every Man His Own Broker*）一书，文中并未用熊市或牛市，而是叫卖空者为熊，贷款买股者为牛，后来就演变成今日的牛市和熊市。

（4）按金融交易的交割时间分为现货市场和期货市场。现货市场是指金融工具买卖成交后，按成交价格几天之内买方付款，卖方交付金融工具的交易市场。期货市场是指买卖双方成交后，在双方约定的未来某个交易日才进行交割的市场。

> 我国有上海期货交易所、大连商品交易所、郑州商品交易所三大交易所和中国金融期货交易所（股指期货）。

（5）按交易的直接对象分为票据贴现市场、证券市场、黄金市场、外汇市场、保险市场等。票据贴现市场是银行以现金买进未到期的商业票据，对持票人提供资金的市场。证券市场主要指股票、债券等有价债券的发行和买卖的市场。外汇市场是从事外汇交易的市场。黄金市场是买卖黄金的交易场所。

（6）按金融交易地理区域划分，金融市场可以分为国际金融市场和国内金融市场。国际金融市场指国际性的资金借贷、结算、证券、黄金和外汇买卖等所形成的市场。国际金融市场可分为传统国际金融市场和离岸国际金融市场。传统的国际金融市场是国内市场的延伸，即从纯粹本国居民之间的金融业务发展到能经营居民与非居民之间国际金融业务而又接受当地政府法律管辖的金融市场。离岸国际金融市场是一种新型的国际金融市场，其基本特征一是以非居民交易为业务主体，故亦称为境外市场；二是基本不受市场所在国金融法规和税制的限制，欧洲货币市场就是离岸国际金融市场的典型代表。

国内金融市场的活动范围仅限于国内范围，交易者为本国的自然人和法人。它又可分为全国性、区域性和地方性金融市场。

（五）财务管理与金融市场

金融市场对企业的财务管理活动有着重大影响，主要表现在以下几个方面：

（1）金融市场是企业投资和筹资的场所。金融市场上有许多种筹集资本的方式，并且比较灵活。企业需要资本时，可以到金融市场选择适合自己需要的方式筹资。企业有了剩余的资本，也可以灵活选择投资方式，使资本增值。

（2）金融市场促进了公司长短期资本的灵活转化。企业持有的股票和债券是长期投资，在金融市场上随时可以转手变现，成为短期资本；远期票据通过贴现，可变为现金；大额可转让定期存单，可以在金融市场卖出，成为短期资本。同时，短期资本也可以在金融市场上转变为股票、债券等长期资产。

（3）金融市场为企业财务管理提供有意义的信息。金融市场的利率变动，反映资本的供求状况；有价证券市场的行市反映投资人对企业的经营状况和盈利水平的评价。金融市场还为企业财务管理提供了各种金融服务，使企业财务管理更加方便、快捷。

三、利息率

（一）利率的含义及构成要素

资本融通是以利率为价格基准的。筹集者为了获取资本，必须给资金供应者提供不低于其资本金机会成本的收益率，利息率（简称"利率"）是资本价格的一般表现形态。

（1）利率。利率是指单位时间内利息与其本金的比率，利率一般是指年利率。利息对于资本的使用者来说是使用资本的代价；而对于资本的提供者来说是让渡资本的使用权而获得的报酬，所以利率是资本使用权的价格。在完全的资本市场条件下，利率的高低是由资本的供求关系决定的。

（2）利率的构成要素。一般来说，资本的利率由三个部分组成，即纯利率、通货膨胀补偿和风险报酬，风险报酬又包含三个具体内容，即违约风险报酬、期限风险报酬和流动性风险报酬。利率构成的公式即可表达为：

$$K = K^* + IP + DRP + LP + MRP \qquad (1-1)$$

式中：K——名义市场利率；

K^*——实际无风险利率，也称为纯利率；

IP——通货膨胀率；

DRP——违约风险报酬率；

LP——流动性或可交易性报酬率；

MRP——期限风险报酬率。

①实际无风险利率。实际无风险利率或称为纯利率，是指无风险、无通货膨胀情况下的平均利率。影响纯利率的基本因素是资金供求关系和国家宏观调控。在无通货膨胀的情况下，国库券的利率可以近似地被认为是无风险利率，有时用 r_f 表示。实际中很难对无风险利率作出精确的计量，但大多数专家都认为无风险利率有1%~4%的波动范围。

②通货膨胀率。在存在通货膨胀的情况下，由于通货膨胀使货币的实际购买力受损。因此，货币资金的供应者在通货膨胀条件下就必须要求提高利率水平，以弥补其货币购买力损失。所以，无风险证券的利率，需要在纯利率之外加上通货膨胀率。假设纯利率为3%，预计下一年度的通货膨胀率为4%，则一年无风险证券的利率应该为7%。需要注意的是计入利率的通货膨胀率，并不是过去实际的通货

膨胀水平，而是未来通货膨胀水平的预期值。

③违约风险报酬率。违约风险是指债务人不能按时支付利息或按期偿还本金的可能性。债务人的违约风险越大，债权人要求的利率就越高。投资者由于违约风险的存在而多要求的报酬率称为违约风险报酬率。通常，政府债券被视为无违约风险的证券，故其利率较低。

企业债券的违约风险则取决于债券发行主体和债券信用等级。对于典型的投资者，并不直接判断违约风险，而是根据证券的信用评估来确定它的违约风险的大小。证券的信用评估由主要的信用评级机构，如穆迪投资者服务机构（Moody's Investor Service）和标准普尔投资者服务机构（Standard & Poor's）来进行。这些投资代理机构评定并公布债券的信用等级，以供投资者使用。在评定过程中，这些机构根据债券预计的违约可能性判定它们的等级，上述两个机构使用的信用评级表详见本书第九章。

信用等级越高，表明违约风险越低，从而利率也越低。在期限和流动性等因素相同的情况下，各信用等级债券的利率与政府无风险债券利率之间的差额，即可视为违约风险报酬率。

④流动性报酬率。流动性报酬率是指债券资产的变现能力强弱所产生的风险报酬。不同的债券具有不同的流动性，例如，政府债券和大公司发行的债券能为广大的投资者所接受，因此具有较大的流动性，投资者在需要资金时基本能以满意的价格出售，而不会发生太大的损失；但是一些小公司的债券，由于知名度低，流动性较差，投资者在需要现金时往往不能及时变现或要折价后才能变现。投资者因债券的流动性较差而多要求的报酬率称为流动性报酬率。

⑤期限风险报酬率。期限风险是指由于更长期限相应的更多的不确定性而导致的风险。为弥补因到期债券价格下降的风险而增加的利率，被称为期限风险报酬率。一般地说，债券的期限越长，在此期间利率变动的风险越大，投资者所要求的风险报酬率也就越大。

（二）利率的期限结构

利率的期限结构（term structure of interest rate）是指某个时点不同期限的即期利率与到期期限之间的关系及变化规律，即短期利率与长期利率之间的关系结构。在一般情况下，资本的长期利率会高于资本的短期利率。但情况并非总是如此，有时会出现反常的情况，即短期资本的利率高于长期资本的利率。

利率的期限结构可以用收益曲线来表示，用横轴表示债务的期限，纵轴表示利率，那么，利率与期限之间的关系有三种情况，如图1-1所示。

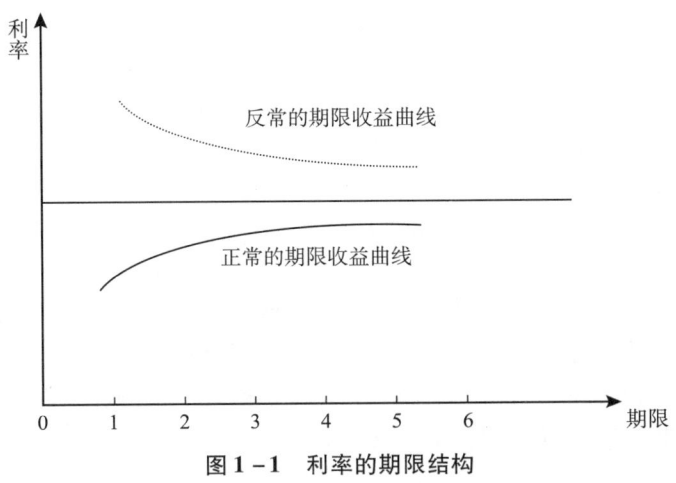

图 1-1 利率的期限结构

由图 1-1 可知：如果市场预知未来的利率趋于上升，则长期利率高于短期利率，利率曲线趋于上升，如图 1-1 中正常的期限收益曲线；如果市场预知未来的利率趋于下降，则长期利率低于短期利率，利率曲线趋于下降，如图 1-1 中反常的期限收益曲线；如果市场预知未来的利率稳定不变，则长期利率等于短期利率，利率曲线平行于横轴，如图 1-1 中的直线。

关于利率期限结构形状，西方出现了多种理论解释。其中比较流行的理论解释有以下三种。

(1) 分割市场理论。这种理论认为不同资金的供给者和需求者各有不同的期间偏好。例如，借款者借款的目的是投资于固定资产，则偏好于长期贷款；但如果借款者借款是为了满足临时资金周转的需要，则偏好于短期借款。对资金的供给者来说也是如此，例如，中年人储蓄是为养老做准备，则倾向于长期投资；而勤工俭学的学生为下学年生活费或学费储蓄，则偏好于短期储蓄。因此资金市场实际按不同的期限分割成若干个子市场，不同期限资金的供求关系决定了相应期限子市场资金的利率，可能长期资金的利率高于短期资金的利率，也可能相反。因此市场分割理论认为：收益曲线的形状取决于短期市场和长期市场的相对供求，收益曲线可以向上或者向下倾斜，也可以是平缓的。短期市场供大于求，而长期市场资金短缺时，收益曲线向上倾斜。同样收益曲线向下倾斜，就说明短期市场的需求强于长期市场。曲线平缓则表示两个市场持平。供求关系确定的利率都是合理的，不存在正常与反常问题。

(2) 期望值理论。期望值理论认为期限收益曲线的形态取决于人们对未来通货膨胀率的期望。如果预期未来通货膨胀率将下降，那么长期资金的利率将低于短期资金的利率；如果预期未来通货膨胀率将上升，那么长期资金的利率将高于短期资金的利率。和市场分割理论一样，期望值理论认为，期限收益曲线也不存在正常与反常的问题。

（3）流动性偏好理论。流动性偏好理论认为，投资者出于交易动机、预防动机和投机动机等原因，偏好于持有短期投资（短期资金的供给），而借款者出于减少偿债风险而偏好于长期负债（长期资金的需求），这样一来短期资金的供给较多而长期资金的需求较多，造成长期资金的利率高于短期资金的利率。因此流动性偏好理论认为：在正常情况下，存在着一个正的到期风险报酬率，并且到期风险报酬率随着时间的增长而增加，导致收益曲线向上倾斜，而长期资金的利率低于短期资金的利率是反常的。

利率的期限结构因环境因素的不同而变化。今天观察到的利率期限结构可能与一个月前的情形大不相同，也同样会与一个月后的情形有很大差异。

第五节 财务管理理论与本书的框架

一、财务管理理论

公司财务的学者们通常把投资组合理论、资本资产定价模型、资本结构理论、股利理论、有效市场假说、期权定价理论作为公司财务最主要的基本理论，这是由这几个基本理论对公司财务学理论与应用发展的影响程度所决定的。对这些理论做出学术贡献的八位财务经济学家中的七位被分别授予三个年度的诺贝尔经济学奖，其中被授予1990年诺贝尔经济学奖的有三位获奖者，分别是哈里·马克维茨（Harry Markowitz，投资组合理论）、威廉·夏普（William Sharp，资本资产定价模型）、莫顿·米勒（Merton H. Miller，资本结构理论）。被授予1997年诺贝尔经济学奖的两位获奖者分别是罗伯特·默顿（Robert Merton，期权定价理论）、迈伦·斯科尔斯（Myron Scholes，期权定价理论）。被授予1985年诺贝尔经济学奖的弗兰克·莫迪利亚尼（Franco Modigliani，资本结构理论）。被授予2013年诺贝尔经济学奖的尤金·法玛（Eugene F. Fama，有效市场理论）。

（一）投资组合理论

1952年，美国经济学家哈里·马克维茨首次在《证券组合选择》

的论文中提出投资组合理论（portfolio theory），并进行了系统、深入和卓有成效的研究，他因此获得了诺贝尔经济学奖。核心思想是：增加投资组合中的品种数量，从而规避非系统风险；品种的选择应选择协方差较低（为负）的组合。该理论包含两个重要内容：均值—方差分析方法和投资组合有效边界模型。所谓均值，是指投资组合的期望收益率，它是单只证券的期望收益率的加权平均，权重为相应的投资比例；所谓方差，是指投资组合的收益率的方差。我们把收益率的标准差称为波动率，它刻画了投资组合的风险。人们进行投资，本质上是在不确定性的收益和风险中进行选择。投资组合理论用均值—方差来刻画这两个关键因素。

（二）资本结构理论

1958年，美国经济学家弗兰克·莫迪利亚尼（Franco Modigliani）和莫顿·米勒（Merton Miller）在其经典性论文《资本成本、公司理财和投资理论》中提出该理论。核心思想是：在完美市场假设下，企业价值只与企业所有资产的预期收益额和企业所对应的资本化率有关，而与资本结构无关。任何企业的市场价值与其资本结构无关，而是取决于按照与其风险程度相适应的预期收益率进行资本化的预期收益水平。从20世纪60年代开始，围绕对MM定理的批评和争论，现代企业资本结构理论出现了两大流派，即税差学派和破产成本学派。前者探讨在引入税收制度后，各类税收差异与资本结构的关系；后者研究破产成本对资本结构的影响。资本结构理论还包括净收益理论、净营业收益理论、代理理论和优序融资理论等。

（三）股利政策

1956年哈佛大学约翰·林纳（John Lintner）首次提出了公司股利分配行为的理论模型，拉开了股利政策研究的序幕。股利无关论首先是由莫顿·米勒和弗兰克·莫迪利亚尼于1961年发表的《股利政策、增长和公司价值》一文中提出。核心思想是：关于股利与股票市价间的关系，存在着不同的观点，并形成了不同的股利理论。股利理论主要包括股利无关论、股利相关论、所得税差异理论及代理理论。

（四）资本资产定价模型

资本资产定价模型（capital asset pricing model）是由美国学者威廉·夏普（William Sharpe）、约翰·林纳、特里诺（Jack Treynor）和莫辛（Jan Mossin）等人于1964年在资产组合理论的基础上发展起来的，是现代金融市场价格理论的支柱，广泛应用于投资决策和公司理财领域。核心思想是：在一定的假设条件下，某项风险资产，比如某股票的必要报酬率,等于无风险报酬率加上风险报酬率。资本资产定价模型回答了为补偿风险,投资者应当获得多大报酬的问题。

(五) 有效市场理论

有效市场假说理论由芝加哥大学教授尤金·法玛(Eugene F. Fama)于1970年发表在《金融学学刊》的《有效资本市场:理论与经验研究综述》一文中正式提出,这篇文章的发表也标志着"有效市场假说"理论体系正式形成。核心思想是:有效资本市场意味着在这个市场上,股票和债券价格充分反映所有可得的信息。法玛(1970)提出了有效市场的三种形式:弱式有效市场、半强式有效市场、强式有效市场。①

诺贝尔奖得主及其理论——有效资本市场理论

(六) 期权定价理论

1973年,费雪·布莱克(Fischer Black)与迈伦·斯科尔斯(Myron Scholes Scholes)发表文章,提出了股票期权定价模型。这一理论沿用至今,称为"布莱克—斯科尔斯期权定价模型"。该模型提出了期权定价的简单方法,即在买入和卖出期权定价时,只需考虑5个可计量的变量,即期权的履约价格、公司股票的现行价格、期权合约的剩余有效期、股票收益的风险程度和无风险利息率。

(七) 代理理论

迈克尔·詹森(Michael Jensen)和威廉·麦克林(William Meckling Meckling)于1976年发表的《企业理论:经理行为、代理成本与所有权结构》中提出的。核心思想是:在利益冲突和信息不对称的环境下如何设计最优契约激励代理人。经济资源的所有者是委托人,负责使用以及控制这些资源的经理人员是代理人。代理双方签订代理契约以达到各自最大化财富,由于信息不对称、代理人自我寻利等会出现损害他方利益的情况,在委托人和代理人之间没有一方能以损害他人的财富为代价来增加自己的财富,为了保证契约程序上最大化各自的利益,委托人和代理人都会发生契约成本。代理理论在财务管理中的实际运用表现在财务分析(利润规划、预算编制)、财务控制(差异分析、业绩评价)、筹资决策(建立委托人的目标函数来找到最佳资本结构)、股利决策。

---

① 参见相关二维码中的内容。

二、本书的框架结构

本书探讨的是公司财务管理学相关问题，全书共分为五个部分。

第一部分是本书的概述部分。包括第一章财务管理导论，属于本书的开篇部分，讨论的是以价值管理为核心的财务管理内容及环境，进行财务管理活动都是在特定的财务环境之中，包括外部金融环境和治理环境。

第二部分是报表分析、营运资本管理、计划与预测。包括第二章财务分析、第三章营运资本管理和第四章财务预测。这一部分从管理的角度发现财务问题并进行计划和控制，讨论的是以价值管理为核心的财务报表分析、营运资本管理策略以及短期筹资管理，以及财务预测与利润规划等财务管理问题。

第三部分是财务管理的基本方法和估值。包括第五章货币时间价值与证券估值、第六章资本市场风险与收益，讨论的是货币时间价值、债券和股票的估值、资本市场风险与收益的历史经验数据以及计量、投资组合的风险与收益等。

第四部分是项目投资决策理论和实务。包括第七章项目投资决策、第八章项目投资决策实务，讨论的是资本预算项目评价指标体系与计算、项目现金流量的估计，以及项目风险投资。

第五部分是资本成本、资本结构和股利政策。包括第九章长期筹资方式、第十章资本成本、第十一章资本结构、第十二章股利政策。这一部分讨论的是公司长期筹资方式评价、各种资本的成本以及加权平均资本成本、资本结构与公司价值以及股东收益率的关系、公司的股利政策等。

本 章 小 结

本章主要知识点包括：

（1）企业组织的三种形式包括个人独资企业、合伙企业和公司制企业。

（2）财务管理的主要内容包括长期投资决策、长期筹资决策和营运资本投资决策。

（3）财务管理的目标代表性的观点有：利润最大化、每股收益最大化和股东财富最大化。股东财富最大化作为企业财务管理的目标已经得到普遍的认可，但是应该把股东利益与利益相关者利益同等看待，追求股东财富最大化目标，不妨碍社会责任的履行，同时注意协调股东与经营者、股东与债权人之间利益冲突，不发生与利益相关者的利益冲突，经营者就能够专注于股东财富最大化的企业财务管理目标,进而实现公司价值最大化。

(4) 财务管理环境有微观环境、行业环境和宏观环境,与公司财务管理关系最为密切的是金融市场和利息率。利率是指单位时间内利息与其本金的比率,利率一般是指年利率。在完全的资本市场条件下,利率的高低是由资金的供求关系决定的。一般来说,资金的利率由三个部分组成,即纯利率、通货膨胀补偿和风险报酬。利率的期限结构是指证券收益率与证券到期期限之间的关系。

(5) 财务管理理论为公司财务管理决策提供了理论基础。

本章重要术语

个人独资企业
合伙企业
公司制企业
股东财富最大化
利率
利率的期限结构
财务管理理论

复习与思考

1. 比较三种企业组织形式的优缺点。
2. 财务管理的目标有几种观点?各有什么优缺点?
3. 什么是代理关系?财务管理中有哪些主要的代理关系?
4. 如何理解财务管理目标的冲突与协调?
5. 如何理解财务管理的内容?
6. 什么是金融市场?如何理解金融市场与财务管理的关系。
7. 利率的构成要素有哪些?
8. 财务管理的基本理论有哪些?

网络练习

请选择一个你熟悉的上市公司,按下列的要求撰写一份不多于3 000 字的报告,报告内容应包括:(1) 分析该上市公司的财务管理目标。(2) 评论该上市公司怎样通过资本预算决策达到以上的财务管理目标。(3) 剖析该上市公司所选择的财务管理目标是否为最合适的企业财务管理目标。(4) 解释上市公司在制定其财务管理目标时应考虑的因素。(5) 企业是否应该为股东利益最大化而运作?其他利益相关者应该如何处理?若你选择的案例公司是国有企业,是否应该有不同的财务管理目标?

第二章 财务分析

学习目标

本章介绍财务分析的一般方法,包括比较法、趋势法、结构法和因素法;重点介绍利用报表数据计算各种比率指标并进行相关分析,包括偿债能力分析、营运能力分析、盈利能力分析、上市公司财务比率以及报表的综合分析。通过本章学习,了解财务分析的目的和作用,熟悉财务分析的内容和依据资料,掌握财务分析的基本方法及比率分析法,理解和认识杜邦分析体系的作用和意义。

引 导 案 例[①]

2018年3月26日,万科企业股份有限公司发布2017年度报告。年报显示,2017年,万科实现营业收入2 429亿元,实现归属于上市公司股东的净利润280.5亿元,增长33.4%;每股基本盈利2.54元,增长33.4%;全面摊薄的净资产收益率提升至21.1%,同比增加2.61个百分点;2017年公司上缴税金566亿元。

根据同日披露的2017年度分红派息预案,万科每10股拟派送人民币9.0元(含税)现金股息,以此计算,2017年度万科现金股利约为99.35亿元。

万科在"财富世界500强"位列第307位,比上一年提升49位。

报告期内,万科在全国商品房市场份额上升至3.96%,较2016年上升0.86个百分点。在开发业务已进入的76个境内城市中,万科在22个城市销售金额超百亿元;在37个城市销售排名位列当地前三,其中22个城市销售排名第一。

2017年万科获得绿色建筑标识项目面积达到4 372.4万平方米,绿色建筑面积累计达到1.12亿平方米。2017年开工的面积中,84%采用工业化技术,主流产品相比传统工艺实现工期提效20%。为最大限度

[①] 资料来源:摘自2018年3月27日《中国经济网》(有删改)。

地节约资源、保护环境和减少污染,持续推广绿色建筑而不懈努力。

面对房地产行业调控和融资收紧的宏观环境,万科坚持"以现金流为基础的持续真实价值创造"理念,持续强化资金管控。

2017 年,万科实现经营性现金净流入 823.2 亿元,同比增长 108%;截至 2017 年底,持有货币资金 1 741.2 亿元,远高于短期借款和一年内到期长期借款的总和(622.7 亿元);截至 2017 年底,万科净负债率(有息负债减去货币资金,除以净资产)为 8.8%,继续保持行业较低水平。

那么,什么是上市公司年度财务报告?其中哪些项目是财务分析重点关注的?什么是净资产收益率、每股盈利、每股股息、负债率?经营性现金流量对企业偿债能力的作用是什么?本章将系统讲解财务分析的主要方法。

第一节 财务分析的意义和评价标准

一、财务分析的意义

财务管理的基础工作之一就是财务分析(也称财务报表分析),它是以企业财务报表及其他有关财务资料为依据,对企业财务活动的过程和结果进行的研究评价过程,目的在于判断企业的财务状况,诊断企业经营活动的利弊得失,以便进一步分析企业未来的发展趋势,为财务计划、财务决策和财务控制提供依据。可见,财务分析是企业财务管理的重要环节,它既是财务管理活动的终点,又是起点。同时,财务分析所运用的财务比率是进行财务预测、开展日常管理所必须运用的财务指标,财务分析是研究企业财务管理各项具体内容的有效工具。

企业的财务活动是一个非常复杂的过程,某一单项的财务报告只能从一个侧面反映企业的财务状况,而整个企业财务状况的判断,需要从不同角度对多种财务报告进行分析比较;另外,企业的财务状况处于不断的变化过程中,要想了解企业财务状况的发展趋势,必须对不同时期的财务报告进行分析比较。财务分析就是通过对财务报告中的数据做进一步的加工处理,以揭示各项数据之间存在的内在联系,对企业的财务状况和经营成果做出综合的分析和评价。

财务分析的主要依据是财务报告,而财务报告的使用者除了公司内部管理当局外,还有投资者、债权人、财政部门等。不同的人员和单位都要通过财务分析做出正确的经济决策和财务预测,以便取得最佳的经济效益。但各个单位和个人进行财务分析的目的又有所不同。

（一）对企业投资者的意义

这里指的是广义的投资者，包括企业的现有投资者和市场上的潜在投资者，他们最关注的是企业的盈利能力状况，这也是财务分析最主要的目的。因为，盈利能力是保证投资者投入资本保值和增值的关键，企业财务状况的好坏会直接影响投资者的投资收益，并影响投入资本的安全性。当然，投资者（尤其是拥有较大股份的长期投资者）除了关注企业的盈利能力，还要研究企业的权益结构、变现能力及营运状况等。因此，作为投资者，要利用财务分析的结论，全面考察公司的经营状况、盈利能力及发展趋势，以及预测投资风险和投资报酬有多少，做出投资、继续投资或转移投资的决策。作为股份公司的投资者，还要了解公司每年股利发放情况以及股票市价的变化，以便决定买进、继续持有或抛出股票。另外，作为公司的投资者，利用财务分析的结论，可以了解经营者受托责任的完成情况，评价经营者的经营业绩，以决定对其进行解聘、继续聘用或者重用等。

（二）对企业经营者的意义

企业的经营者主要指受所有者委托对企业法人财产进行经营管理的企业内部管理当局，包括厂长、经理以及各职能部门、各车间、分店的负责人。在所有权与经营权分离的公司组织形式下，他们都负有不同层次的委托责任。他们所承担的经营管理责任要求他们全面分析企业财务报告，因此，他们进行财务分析的目的是综合的和多方面的。首先，从对企业所有者负责的角度，他们必须关心盈利能力，及时了解公司的财务及其他各项计划的完成情况，分析盈利变动的过程及原因，确保企业盈利目标的实现；其次，要进行资产结构分析、营运状况及效率分析、经营风险和财务风险分析、变现能力和偿债能力分析以及企业发展前景预测等，及时发现生产经营中存在的问题与不足，采取应对措施，达到充分利用有限的资源，不断提高管理水平的目的；最后，利用财务分析资料，考核、评价下级各部门责任的完成情况，查明原因，分清责任，以利奖惩。

（三）对企业债权人的意义

企业债权人包括向企业提供贷款的银行、其他金融机构和向企业提供商品和劳务并以赊销方式结算货款的供应商，以及购买企业债券的单位和个人等。他们的利益是一致的，即维护债权的安全性、流动性和收益性。因此，企业债权人进行财务分析的重点是企业的长期和短期偿债能力，衡量企业是否能够及时、足额地支付利息和清偿债务本金。另外，还要分析企业的收益状况与风险程度，将偿债能力与盈利能力结合起来分析,利用分析的结论做出是否借款以及对该企业借款额度、付款条件、利率水平、保障条款等方面的决策。

(四) 对其他利益相关者的意义

其他有关方面主要包括企业内部职工、与企业经营有关的企业、社会中介机构和国家行政管理与监督部门等。企业经营得好与坏,与其职工(包括个人和工会组织)的自身利益密切相关,企业职工通过财务分析,可以了解企业目前的经营状况、获利能力以及企业的经营前景,了解自己辛勤劳动的成果,本岗位职责完成的情况,工资、奖金和福利增加的可能性,判断公司的稳定性以及职业的保险程度,以便做出是否继续留在该公司的决策。

与企业经营有关的社会中介机构有会计师事务所、律师事务所、资产评估事务所以及经济咨询机构等。企业发行债券或股票、联营合资、股份制改造、发生经济案件、宣告破产清算以及每年度终了等环节都要通过会计师事务所对本企业的会计报告进行审计并做出财务分析,注册会计师进行财务分析的目的在于查找错误事项,揭示舞弊行为,验证公司的会计报表是否能正确反映其财务状况和经营成果并做出公正评价。另外,资产评估师进行财务分析的目的在于对评估对象进行正确估价,律师、经济分析师等其他专业人员为各类服务对象提供专门的咨询服务。

国家行政管理与监督部门主要指工商、物价、财政、税务以及审计等机构。它们对企业进行财务分析主要是为了了解公司纳税的会计信息,揭露偷、漏税现象,监督公司依法、及时、足额地缴纳税金;监督、检查国家的各项经济政策、法规、制度在公司的执行情况,及时揭露和阻止违法行为,维护全社会的共同利益;逐级汇总基层企业单位的会计信息资料,进行宏观的财务分析,为国民经济的综合平衡提供重要依据。

二、财务分析的资料依据

财务分析是以企业的财务信息资料为基础进行的。一般企业对外提供的财务信息资料主要是企业财务报告。企业财务报告是反映企业财务状况和经营成果的书面文件。它包括基本财务报表和其他应当在财务报告中披露的相关信息和资料,如报表附注、审计报告等。会计报表主要有资产负债表、利润表、现金流量表和所有者权益变动表。除此以外,还有企业内部管理报表和信息数据,它是企业内部管理资料,与对外报送的财务报表相比较,企业内部资料具有灵活性大、时效性强的特点。为了有效地进行财务分析,企业应具备的内部财务、成本管理报表有成本费用报表、责任会计报表等。

对于上市公司而言,由于其公开发行股票,并在证券交易所挂牌交易，必须要承担更为规范地公开披露信息的义务。按照我国证监会的规定，上市公司信息披露的主要内容有四个：招股说明书、上市公告书、定期报告和临时报告。

（一）招股说明书

招股说明书是股份公司公开发行股票时，就募股事宜发布的书面通告。招股说明书由股份公司发起人或股份化筹备委员会起草，送交政府证券管理机构审查批准，其有效期为自公告之日起 6 个月。其主要内容包括：公司状况；公司经营计划；公司业务现状和预测；专家对公司业务、技术和财务的审查意见；股本和股票发行；公司财务状况；公司近几年年度报告书；附公司章程及有关规定；附公司股东大会重要决议等事项。

招股说明书是发行股票时必备的文件之一，需经证券管理机构审核、批准，也是投资者特别是公众投资者认购该公司股票的重要参考。

（二）上市公告书

上市公告书是发行人于股票上市前，向公众公告发行与上市有关事项的信息披露文件，包括以下几个部分，即要览、绪言；发行企业概况；股票发行与承销；董事、监事及高级管理人员持股情况；公司设立、关联企业及关联交易；股本结构及大股东持股情况；公司财务会计资料；董事会上市承诺；主要事项揭示；上市推荐意见；备查文件目录。上市公告书的内容应当概括招股说明书的基本内容和公司近期的重要资料，因此应该与招股说明书对照着来看。

（三）定期报告

定期报告分为年度报告、中期报告和季报。

（1）年度报告，内容包括公司简介、会计数据和业务数据摘要、董事长或总经理的业务报告、董事会报告、监事会报告、股东会简介、财务报告（包括审计报告、财务报表和财务报表附注）、年度内发生的重大事件及其披露情况简介、关联企业、公司的其他有关资料等。

（2）中期报告，是公司在每个会计年度的前 6 个月结束后 60 日内编制完成的财务报告。它是上市公司每年应当定期披露的法律公告，是反映公司上半年度经营业绩和财务状况的重要文件。其主要内容有：公司简介、主要财务指标、股本变动和主要股东持股情况、经营情况的回顾与展望、重要事项、财务报表。

（3）季报，包括第一季度报告和第三季度报告，指上市公司在第三个月和第九个月后，在规定时期内编制并公布的，向证券管理机关提交并向社会公众公开的，反映第一季度或第三季度经营情况及财务状况的书面报告。内容包括公司基本情况、主要会计数据和财务指标以及规定披露的其他事项。

（四）临时报告

上市公司临时报告是指上市公司发生可能对上市公司股票交易价格产生较大影响，而投资者尚未得知的重大事件时，将有关该重大事件的情况向国务院证券监督管理机构和证券交易所提交并向社会公众公开的，说明事件的实质的书面报告。

临时报告内容主要有：公司的经营方针和经营范围的重大变化；公司的重大投资行为和重大的购置财产的决定；公司订立重要合同，而该合同可能对公司的资产、负债、权益和经营成果产生重要影响；公司发生重大债务和未能清偿到期重大债务的违约情况；公司发生重大亏损或者遭受超过净资产 10% 以上的重大损失；公司生产经营的外部条件发生的重大变化；公司的董事长、1/3 以上的董事，或者经理发生变动；持有公司 5% 以上股份的股东，其持有股份情况发生较大变化；公司减资、合并、分立、解散及申请破产的决定；涉及公司的重大诉讼，法院依法撤销股东大会、董事会决议；法律、行政法规规定的其他事项。

三、财务分析的评价标准

要衡量企业经营业绩或财务状况的好坏，首先就是选定适当的评价标准。正确的选择评价标准对于发现问题、找出差距、正确评价有着十分重要的意义。根据财务分析的目的不同，评价标准通常有以下几种：

（一）行业标准

行业标准是指根据行业生产经营特点制定的反映行业财务状况和经营状况的水平，它或是反映行业财务状况和经营状况的基本水平或平均水平，或是同行业某一先进企业的业绩水平。这种标准可以为该行业的企业进行财务分析时所使用，对其他相关行业也有一定的参考价值。在财务分析中运用行业标准，可以说明企业在行业中所处的相对地位和水平，正确判断企业的变动趋势。

但是，在使用行业标准进行评价时，要注意同行业的不同企业由于经营方式或采用的会计政策、方法不同，因此行业标准不具有可比性，所以应具体情况具体分析或做出必要的调整。

（二）经验标准

经验标准是通过人们长期、大量的实践经验的检验而形成的标准，如流动比率（流动资产/流动负债）的经验标准是不低于 2∶1，速动比率（速动资产/流动负债）的经验标准是不低于 1∶1 等。虽然这种标准有一定的主观性，缺乏科学论证，但因经实践检验，所以被很多公司采用。

（三）历史标准

历史标准是指以公司过去某一时间的实际状况或业绩为标准，可以选择企业的历史最好水平，也可以选择企业正常经营条件下的一般水平或平均水平。实际工作中，经常将本年度的财务状况与上年进行对比，此时上年企业的业绩水平便充当了一种历史标准。

采用历史标准进行财务评价，有较高的可靠性和可比性，有利于考察和把握企业本身发展变化的趋势。但需注意，企业过去某一时间的实际业绩必须具有一定代表性，才可以作为评价标准，同时还要注意外部环境的变化。

（四）计划（预算）标准

计划标准是公司对未来年度设想的理想标准，是企业根据自身经营条件或经营状况制定的目标或指标。与历史标准比较，它是在前者的基础上结合了企业现状以及外部有关环境等因素后确立的。这种标准对于一些缺少内部历史资料或外部可比资料的新建企业以及产品或业务特殊的行业尤为适用。

计划标准能够比较全面地反映企业实际状况，并具有较强的目标引导作用，较多地应用于考核企业各级、各部门的经营业绩和评价企业总体目标的实现情况。但是，计划标准作为企业内部自己制定的评价标准，难免受到人为因素的影响，缺乏合理性。另外，企业外部分析者很难获得计划标准的资料，也使其应用范围受到限制。

以上几种财务分析评价标准各有优劣，在实际运用过程中，要避免简单化和绝对化，应从不同角度对企业的经营成果和财务状况进行评价，综合考虑各种标准的分析结果，并在限定意义上使用分析结论。

第二节 财务分析的基本方法

企业财务分析的方法是由财务信息的使用者对财务分析的要求所决定的。尽管各个不同的分析主体进行财务分析的侧重点有所不同,但都要求通过财务分析来揭示企业的经营趋势、资产与负债以及资产与所有者权益之间的关系、公司盈利等方面的情况。财务分析的基本方法主要包括:比较分析法、趋势分析法、结构分析法、比率分析法(本章第三节专门讲述)和因素分析法。

一、比较分析法

比较分析法是把两个有关的可比经济指标进行对比,以揭露矛盾,从数量上确定差异的一种方法。经济指标进行对比后,如果出现数量上的差异,往往就说明有值得进一步分析的问题。比较分析法的主要作用就在于揭示财务活动中的数量关系和存在的差距,从中发现问题,为进一步分析原因、挖掘潜力指明方向。比较分析法按具体的评价标准又分为横向比较法和纵向分析法两种。

(一) 横向比较法

横向比较法是将企业本期实际指标与同行业企业的同类指标相比较。如将本期的实际指标与国内外同类企业的平均水平、先进水平相比较,目的在于找出差距,制定赶超目标,增强本企业的市场竞争能力。

(二) 纵向比较法

纵向比较法是将企业本期实际指标与前期实际指标相比较。这是一种同类指标的动态对比。通过这种对比,可以了解企业经营状况的发展变化过程。这种分析方法通过财务报表中两个时期的各种同项数据进行对比,以研究企业各项经营业绩或财务状况的发展变动情况。对比的方式有两种:一种是确定增减变动数量;另一种是确定增减变动率。具体公式如下:

$$变动量 = 本期某项指标的实际数 - 前期同项指标的实际数 \quad (2-1)$$

$$变动率 = \frac{变动量}{前期实际数} \times 100\% \quad (2-2)$$

表 2-1 为某公司利润表各主要项目的纵向比较结果。

表 2-1　　　某公司年度利润表比较分析　　　单位：万元

项目	2017 年度	2016 年度	变动量	变动率（%）
营业收入	484	424	60	14.15
减：营业成本	356	290	66	22.76
税金及附加	6	4	2	50.00
销售费用	46	40	6	15.00
管理费用	50	45	5	11.11
财务费用	10	8	2	25.00
资产减值损失	34	25	9	36.00
加：公允价值变动收益	0	0	0	0
投资收益	8	10	(2)	(20.00)
营业利润	58	72	(14)	(19.44)
加：营业外收入	2	1	1	100.00
减：营业外支出	1	2	(1)	(50.00)
利润总额	59	71	(12)	(16.90)

应用比较法对同一性质指标进行数量比较时，要注意所利用指标的可比性。所谓指标的可比性，是指相互对比的指标所代表的财务活动的规模应基本相同，指标所反映的时间长度应当相同，指标计算口径应当一致。如果对比的指标不可比，应做必要的调整，以便消除不可比因素。

二、趋势分析法

趋势分析法是将企业连续几个时期的同类指标数字两两相除，求出趋势比率，以确定分析期各有关项目的变动情况和趋势的一种财务分析方法。为了能真正看出趋势规律，趋势分析法要求至少考察连续三期以上的数据资料。

趋势分析法的具体计算又有两种形式：一是基期指数，即各比较期指标分别与固定基期的数字相除，计算与基期相比较的变化情况；二是环比指数，即各比较期指标分别与前一期指标相除，计算比前一期的变化情况。具体公式如下：

$$基期指数 = \frac{比较期指标数}{基期指标数} \times 100 \qquad (2-3)$$

$$环比指数 = \frac{比较期指标数}{上期指标数} \times 100 \qquad (2-4)$$

表 2-2 为某企业对其历年的销售额所做的趋势分析。

表 2-2　　　　　　　　　某企业销售额趋势分析

	2013 年	2014 年	2015 年	2016 年	2017 年
销售额（万元）	10 600	10 631	11 550	13 305	17 034
基期指数	100.0	100.3	109.0	125.5	160.7
环比指数	100.0	100.3	108.6	115.2	128.0

趋势分析法既可用于对会计报表的整体分析（即研究一定时期报表各项目的变动趋势），也可对某些主要指标的发展趋势进行分析。另外需注意以下两点：一是在计算基期指数时，要选择有代表性的年度数字作为基期，防止零或负数的出现；二是注意各期数字之间的可比性问题，在时间跨度较长时，应根据具体情况做出适当调整。

三、结构分析法

结构分析法是一种通过计算某项经济指标的各个组成部分占总体的比重，来反映部分与整体关系的分析方法。它是将企业财务报表中的某一关键项目作为总体并定为 100%（一般是某一类项目的合计数，如资产总额、销售总额等），分别计算其他有关项目占总体的百分比，以发现有显著问题的项目，为进一步分析指明方向。

表 2-3 为某企业以总资产为 100% 对其资产负债表各项目所做的结构分析。

表 2-3　　　　　　　　　资产负债表结构分析

资产	金额（万元）	百分比（%）	负债及所有者权益	金额（万元）	百分比（%）
流动资产			流动负债		
货币资金	43	0.50	应付票据	25	0.30
应收账款	1 864	22.80	应付账款	1 186	14.50
存货	2 383	29.20	应交税费	628	7.70
预付款项	134	1.60	流动负债合计	1 839	22.50
流动资产合计	4 424	54.10	非流动负债		
非流动资产			长期借款	2 085	25.50

续表

资产	金额（万元）	百分比（%）	负债及所有者权益	金额（万元）	百分比（%）
长期股权投资	980	12	长期应付款	434	5.30
固定资产	2 608	31.90	非流动负债合计	2 519	30.80
无形资产	158	2	所有者权益		
非流动资产合计	3 746	45.90	股本	37	0.50
			资本公积	885	10.80
			未分配利润	2 890	35.40
			所有者权益合计	3 812	46.70
资产总计	8 170	100	负债及所有者权益总计	8 170	100

结构分析法把原来不能直接进行比较的绝对数，转换为同一基础上的数据来进行比较，克服了比较分析法和趋势分析法的可比性差的问题。同时结构分析法还可以进一步将分析期各项目的比重与前期同类项目比重进行纵向比较，揭示企业各项结构内容的动态配置；或将本企业分析期各项目的比重与同行业平均水平或同类其他企业的可比项目比重进行横向比较，研究本企业所处地位及存在的差距。

四、因素分析法

因素分析法是根据分析指标与其若干影响因素之间的关系，通过一定的替代过程，来确定影响因素对分析指标的影响程度的一种分析方法。当有若干因素对分析对象发生影响作用时，这种方法首先假定其他各个因素都无变化，顺序确定每一因素单独变化所产生的影响。

因素分析法具体又分为以下几种：

(一) 差额计算法

它是利用各个因素实际数与标准数的差额来计算各因素脱离标准对分析对象的影响。如固定资产净值增加的原因可以分解为原值增加和折旧增加两部分。

(二) 指标分解法

它通过把某财务分析指标适当分解为若干其他财务指标来分析其他指标变化对该分析指标的影响。如资产报酬率，可分解为资产周转率和营业净利率的乘积。

（三）连环替代法

它是依次用分析值替代标准值，测定各因素对财务指标的影响。如影响成本降低的因素分析。

（四）定基替代法

它是分别用分析值替代标准值，测定各因素对财务指标的影响。如标准成本的差异分析。

在实际运用过程中，上述各种方法是结合使用的。

【例2–1】某企业2017年5月A材料费用的资料如表2–4所示。

表2–4　　　　A材料费用（5月份）计划数与实际数

项目	计划数	实际数
产品产量（件）	100	110
单位产品材料耗用量（千克）	16	15
材料单价（元）	5	6
材料费用总额（元）	8 000	9 900

试分析各因素变动对材料费用总额的影响程度。

解：A材料费用的计划指标和实际指标同有关因素的关系如下：

材料费用总额 = 产品产量 × 材料单耗 × 材料单价

则　计划指标：8 000 = 100 × 16 × 5

　　实际指标：9 900 = 110 × 15 × 6

以实际与计划的差异1 900（9 900 – 8 000）为分析对象，它同时受产品产量、材料单耗和材料单价三个因素影响。运用差额计算法可确定各因素的影响程度如下：

产品产量因素变动的影响：（110 – 100）× 16 × 5 = 800（元）

材料单耗因素变动的影响：110 ×（15 – 16）× 5 = – 550（元）

材料单价因素变动的影响：110 × 15 ×（6 – 5）= 1 650（元）

影响合计：800 +（– 550）+ 1 650 = 1 900（元）

通过以上分析看出，在材料费用总额增加的1 900元中，材料单耗表现为节约 – 550元，而产量提高带来的成本总额增加800元属于正常情况，材料单价提高带来的费用增加1 650元是材料费用上升的主要原因，也是下一步需要采取措施加以控制的。另外，上述分析虽然运用的是差额计算法，但其计算过程中同时使用了连环替代法，即依次使用产品产量、材料单耗、材料单价的实际值去替代相应的计划值。

因素分析法可以在复杂的多因素中,测定各因素对分析指标的影响程度,便于在财务分析中分清主次,找出主要因素,为进一步分析原因,采取针对性措施提供依据。

第三节 财务比率分析

比率分析法是将同一时期两个性质不同但又互相联系的指标相除,通过计算相关比率,来揭示企业各个方面的财务状况和经营状况,考察有联系的相关业务安排得是否合理,以保障生产经营活动能够顺畅进行。利用比率分析法可以把某些在不同条件下本来不可比的指标变为可比指标,使比较的范围扩大,比较的结果更容易判断,便于说明问题。

财务比率是根据财务报表数据计算而来的反映财务报表各项目之间相互关系的比值。这些比率涉及企业经营管理的各个方面,分别反映企业的短期偿债能力(即变现能力)、长期偿债能力、资产管理能力以及盈利能力等。另外,还有上市公司常用的财务比率也是投资者非常关注的,本节将分别介绍。

现将后面举例时需要用到的某公司资料列举如下:

【例2-2】ZX公司是一家上市公司,流通在外的普通股有816万股,每股面值为1元,每股市价为9元。2017年度共分配普通股现金股利84万元。2017年度的资产负债表、利润表和现金流量表如表2-5、表2-6、表2-7所示。①

表2-5　　　　　　　　　资产负债表

编制单位:ZX公司　　　2017年12月31日　　　　　　单位:万元

资产	年初数	年末数	负债及所有者权益	年初数	年末数
流动资产			流动负债		
货币资金	75	150	短期借款	135	180
交易性金融资产	36	18	应付票据	12	15
应收票据	33	24	应付账款	327	300
应收账款	600	1 200	预收款项	12	30
预付款项	12	66	应付职工薪酬	51	42

不看公司年报
你永远别想发财

① 参见相关二维码中的内容。

续表

资产	年初数	年末数	负债及所有者权益	年初数	年末数
其他应收款	66	36	应交税费	12	15
存货	978	357	应付股利	30	84
其他流动资产	33	255	其他应付款	39	42
流动资产合计	1 830	2 100	其他流动负债	42	192
非流动资产			流动负债合计	660	900
长期股权投资	135	90	非流动负债		
固定资产	2 865	3 714	长期借款	735	1 350
在建工程	66	24	应付债券	780	720
固定资产清理	75	30	长期应付款	180	150
无形资产	24	18	其他非流动负债	45	60
长期待摊费用	45	24	非流动负债合计	1 740	2 280
非流动资产合计	3 210	3 900	负债合计	2 400	3 180
			所有者权益		
			实收资本	816	816
			资本公积	30	48
			盈余公积	120	222
			未分配利润	1 674	1 734
			所有者权益合计	2 640	2 820
资产总计	5 040	6 000	负债及所有者权益总计	5 040	6 000

表 2-6　　　　　　　　　　　利润表

编制单位：ZX 公司　　　　　　2017 年　　　　　　　　　　单位：万元

项目	上年实际	本年累计
一、营业收入	8 550	9 000
减：营业成本	7 509	7 932
税金及附加	84	84
销售费用	120	138
管理费用	62	72
财务费用	288	330
资产减值损失	0	0

续表

项目	上年实际	本年累计
加：公允价值变动收益	0	0
投资收益	110	66
二、营业利润	597	510
加：营业外收入	123	150
减：营业外支出	15	60
三、利润总额	705	600
减：所得税费用	225	192
四、净利润	480	408
五、其他综合收益的税后净额	0	0
六、综合收益总额	480	408
七、每股收益	0.588	0.50

表 2-7　　　　　　　　　　　　　现金流量表

编制单位：ZX 公司　　　　　　　2017 年　　　　　　　　单位：万元

项目	金额
一、经营活动产生的现金流量	
销售商品、提供劳务收到的现金	6 524
收到的税费返还	1 026
收到其他与经营活动有关的现金	0
经营活动现金流入小计	7 550
购买商品、接受劳务支付的现金	2 461
支付给职工以及为职工支付的现金	2 119
支付的各种税费	1 709
支付其他与经营活动有关的现金	721
经营活动现金流出小计	7 010
经营活动产生的现金流量净额	540
二、投资活动产生的现金流量	.
收回投资所收到的现金	63
取得投资收益收到的现金	100
处置固定资产、无形资产和其他长期资产所收到的现金净额	286
收到其他与投资活动有关的现金	0
投资活动现金流入小计	449

续表

项目	金额
购建固定资产、无形资产和其他长期资产支付的现金	800
投资支付的现金	0
支付其他与投资活动有关的现金	0
投资活动现金流出小计	800
投资活动产生的现金流量净额	-351
三、筹资活动产生的现金流量	
吸收投资收到的现金	0
取得借款收到的现金	600
收到其他与筹资活动有关的现金	0
筹资活动现金流入小计	600
偿还债务支付的现金	318
分配股利、利润或偿还利息支付的现金	396
支付其他与筹资活动有关的现金	0
筹资活动现金流出小计	714
筹资活动产生的现金流量净额	-114
四、汇率变动对现金及现金等价物的影响	0
五、现金及现金等价物净增加额	75
加：期初现金及现金等价物余额	75
六、期末现金及现金等价物余额	150

一、变现能力比率

企业的偿债能力是以资产变现能力来衡量的，资产按变现能力或流动性强弱分为短期资产和长期资产，因此，偿债能力也分为短期偿债能力和长期偿债能力。我们首先来看一下反映短期偿债能力的有关指标。

短期偿债能力主要是用企业的流动资产偿付流动负债的能力，也就是当企业短期债务到期时，流动资产可以变现作为用于偿还流动负债的保证。所以，一般用变现能力比率来反映企业的短期偿债能力。

常用的反映企业变现能力的财务指标主要有：流动比率、速动比率、现金比率和流动负债经营活动净现金流比。

（一）流动比率

流动比率是流动资产与流动负债的比值，表示企业每一元流动负

债有几元流动资产作为偿还的保证,反映了企业短期内转变为现金的流动资产偿还到期流动负债的能力。计算公式如下:

$$流动比率 = \frac{流动资产}{流动负债} \qquad (2-5)$$

企业能否偿还短期债务,要看有多少债务,以及有多少可变现偿债的流动资产。流动资产越多,短期债务越少,则偿债能力越强。企业流动资产偿还全部短期债务后的余额称为营运资金,企业的营运资金越多,说明偿付债务的能力越强。

如果流动比率等于1,即流动资产等于流动负债,说明只要流动资产都能及时、足额地变现,不发生任何损失,清偿债务是有物质基础的,但资产变现过程中会遇到种种障碍,一旦某些流动资产不能足额变现,债务清偿就会遇到风险。所以流动比率仅仅等于1是不安全的。一般认为,流动比率为2∶1比较适宜,这是一种经验标准。即从清算角度考察,当企业解散时,如果流动资产变现程度能达到50%,企业仍然可抵付全部流动负债。当然,流动比率越高,企业变现能力越强。但对企业而言,流动比率越大,则企业流动资产占用资金越多,可能发生存货积压、应收账款收现期延长、流动资产周转速度减慢、盈利减少。

ZX公司2017年末的流动比率为2.33(2 100÷900),年初为2.77(1 830÷660),年末较年初降低0.44,偿债能力有所降低,这主要是由于年末较年初的流动负债增长大于流动资产增长,但流动比率仍大于2,变现能力较强。

事实上,只要企业是正常经营的,流动比率超过1,就可以对流动负债的偿还提供一定保证。然而有些企业流动比率虽然超过2,但财务状况并不一定良好,可能存货过多造成积压或因应收账款加大而难以收回;而有些企业流动比率小于2,但财务状况却良好,这可能是由于加快存货和应收账款周转速度而减少了流动资产占用。所以,衡量流动比率,应视企业的具体情况而定,如旺季与淡季、服务业与制造业、经济发达地区与经济落后地区等,应有不同的评价标准。

另外,仅以流动比率衡量企业的短期偿债能力也有局限性。因为该指标的分子为流动资产的总和,没有考虑其具体构成。流动资产中各项目的流动性各不相同。例如,存货项目流动性相对较弱,变现时间相对较长,而且遇到市场变动,还可能造成积压残次损失,尤其是制造性企业存货中的材料存货,要经过整个生产过程和销售过程才能变现,变现时间更长一些。这就可能出现有些企业流动比率很高,但实际资产流动性很差,偿债能力不足。因此,单纯用这个指标判断短期偿债能力还是不全面的。

（二）速动比率

速动比率是速动资产与流动负债的比值，它是衡量流动资产中可以立即用来偿付流动负债的能力。它与流动比率一起使用，用来判断和评价企业短期偿债能力。其计算公式如下：

$$速动比率 = \frac{速动资产}{流动负债} \qquad (2-6)$$

其中，速动资产＝流动资产－存货。

速动比率越高，企业短期偿债能力就越强。速动比率在美国习惯称为酸性试验比率（美国对足以证明某事物价值的决定性试验称为酸性试验）。

例如，ZX 公司 2017 年末的存货为 357 万元，则其速动比率为：

速动比率 = (2 100 - 357) ÷ 900 = 1.94

一般认为，速动比率等于 1 是合理的、安全的。因为速动比率等于 1，说明速动资产等于流动负债，若不遇到收款困难，每 1 元的流动负债，都有 1 元几乎可以立即变现的资产来偿付，公司不会遇到偿债压力。如果速动比率小于 1，即速动资产小于流动负债，意味着企业破产或清算时，必须依靠变卖存货才能偿付全部短期债务，债权人有遭受折价损失的风险，企业面临偿债的压力。

当然，速动比率越高，对债权人越有利。但速动比率过高，意味着企业存在较多的收益性差的货币资金，债权占有较多，从而延缓资金周转，降低收益。在进行财务分析时，速动比率多少为合适，还应根据不同性质的企业、不同的行业以及企业所处的市场环境等因素而定。以速动比率评价，上述 ZX 公司的偿债安全性较高。

虽然与流动比率相比，速动比率更能反映流动负债偿还的安全性和稳定性，但并不意味着流动比率和速动比率都低于一般公认标准，则其流动负债就不能得到偿还。实际上，只要企业的存货周转流畅、周转速度快，应收账款周转速度快、变现周期短，流动负债偿还所需现款能及时、足额获得即可。所以，分析企业的短期偿债能力，还必须结合存货周转速度、应收账款周转速度一起进行。

另外，流动比率和速动比率尽管都与企业偿债能力有关，却是两个不同的概念。我们不能从流动比率大进而推出速动比率亦大的结论；反之，也不能从速动比率大进而推出流动比率亦大的结论。例如，ZX 公司 2017 年末的流动比率 2.33 比年初 2.77 降低了 0.44；年末速动比率为 1.94，年初速动比率为：

(1 830 - 978) ÷ 660 = 1.29

可见，速动比率年末比年初提高了 0.65。出现这种现象的原因在于，该公司本年流动负债增加了 340 万元（900 - 660），但流动资产仅增加了 270 万元（2 100 – 1 830），从而造成了流动比率的下降；但该公司的速动资产却由于存货的大幅下降而增加了 891 万元（读者自己验证），使得速动比率提高。

（三）现金比率

现金比率是企业现金类资产与流动负债的比值。现金类资产包括企业所拥有的货币资金（现金、银行存款和其他货币资金）和持有的短期有价证券。实际上，现金类资产等于速动资产扣除应收账款后的余额。由于应收账款存在着发生坏账损失的可能，某些到期的账款也不一定能按时收回。因此，扣除应收账款后的速动资产更能反映企业直接偿付流动负债的能力。其计算公式如下：

$$现金比率 = \frac{货币资金 + 有价证券}{流动负债} \quad (2-7)$$

例如，ZX 公司 2017 年末货币资金为 150 万元，短期投资为 18 万元，则其现金比率为：

现金比率 =（150 + 18）÷ 900 = 0.19

现金比率过高，则意味着企业所筹集到的流动负债未能得到合理的运用，而经常以低收益的现金资产保持着。现金比率过低，则说明企业的直接支付能力较弱。至于这一比率多少为合适，要视企业所处的行业、生产经营等的不同来定。分析人员在利用现金比率进行财务分析时要将期末数与期初数及计划指标等作比较。

例如，ZX 公司 2017 年初的现金比率是 0.17（读者自己验证），年末现金比率较年初稍有增加，但总的来说，该公司在保持一定现金支付能力的前提下，较有效地运用其现金类资产，合理地安排资产结构，有助于提高资金的使用效益。

（四）流动负债经营活动净现金流比

流动负债经营活动净现金流比指标衡量企业产生的经营活动净现金流量对流动负债的保障程度。计算公式如下：

$$流动负债经营活动净现金流比 = \frac{经营活动净现金流量}{流动负债} \quad (2-8)$$

例如，ZX 公司 2017 年经营活动净现金流量 540 万元，则：

流动负债经营活动净现金流比 = 540 ÷ 900 = 0.6

与现金比率指标相比，该指标把企业现金资产存量换成了现金流量。实际上，真正能用于偿还债务的是现金流量，而企业经营活动产生的现金流量净额是企业偿债的基础，如果其经营活动净现金流量不足，则还要通过再筹资（借债）来偿付。该指标数值越大越好。如 ZX 公司该指标为 0.6，说明其流动负债的 60% 可以直接通过其经营活动产生的净现金流量来偿付。该指标还可以进一步与企业历史同期水平或同行业平均水平比较，以评价其优劣。

二、长期偿债比率

长期偿债能力是指企业偿还长期负债的能力，它不仅取决于企业在长期内的盈利能力，也受到企业资本结构的重大影响。企业的长期负债包括长期借款、应付长期债券等。企业的长期负债具有债务金额大、期限长、到期还本付息压力大等特点，与偿还流动负债不同，企业不可能靠变卖资产来还债，而只能靠实现利润来偿还债务；而当企业面临破产清算时，企业就只能变卖资产来清偿债务。一般的长期偿债能力分析侧重于对资本结构的分析，即企业资产对其债务保障程度的分析。因此，用来评价企业长期偿债能力的财务指标有：资产负债率、产权比率、有形净值债务率、已获利息倍数和现金债务总额比等。

（一）资产负债率

资产负债率是负债总额与资产总额的百分比，反映在总资产中有多大比例是通过借债而筹集的，用于衡量企业在清算时债权人利益受保护的程度。计算公式如下：

$$资产负债率 = \frac{负债总额}{资产总额} \times 100\% \qquad (2-9)$$

公式中的负债总额不仅包括长期负债，还包括短期负债，这是因为在现实偿债过程中，资产变现后一般先用于偿还短期债务，然后偿还长期债务。

例如，ZX 公司 2017 年末的资产总额为 6 000 万元，负债总额为 3 180 万元，则其资产负债率为：

资产负债率 =（3 180÷6 000）×100% = 53%

资产负债率这一指标对于不同的分析主体来说有不同的期望值。

（1）从债权人的角度看，他们最关心的是贷给企业的款项的安全程度，也就是能否按期收回本金和利息。如果股东所提供的资本与企业资本总额相比，只占较小的比例，即资产负债率较高，则企业的风险将主要由债权人承担，这对债权人来讲是不利的。因此，他们希望资产负债比例越低越好，企业偿债有保证，贷款不会有太大的风险。

（2）从股东的角度看，由于企业通过举债筹措的资金与股东提供的资金在经营中发挥的作用是相同的，所以，股东所关心的是全部资本利润率是否超过借入款项的利率（即借入资本的代价）。若企业所得的全部资本利润率超过借款利率，股东所得的利润就会加大；反之，则对股东不利，因为这时仅运用借款资金的获利不足以偿付借款利息，需要动用股东的利润来偿付。因此，从股东的立场看，当全部资本利润率高于借款利率时，资产负债率越高越好；反之，越低越好。

（3）从经营者的角度看，如果举债很大，超过债权人心理承受程度，则被认为是不保险的，企业将借不到钱。如果企业不举债，或负债比例很小，说明企业畏缩不前，利用债权人资本进行经营活动的能力很差。只要企业经营状况正常，在一定范围内，借款额度越大，越能说明企业对前途充满信心，活力充沛。

要判断资产负债率的高低，应通过不同时期指标对比，报告期与本公司的标准值对比，与行业平均值以及全国、本地区平均值对比，以分析本企业长期偿债能力的差距。

（二）产权比率

产权比率，又称债务股权比率，是负债总额与股东权益之间的比值。它反映所有者权益对债权人权益的保障程度。其计算公式如下：

$$产权比率 = \frac{负债总额}{股东权益总额} \times 100\% \qquad (2-10)$$

例如，ZX 公司 2017 年末的所有者权益合计为 2 820 万元，则其产权比率为：

产权比率 = (3 180 ÷ 2 820) × 100% = 113%

产权比率反映债权人提供的资本与所有者提供的资本的相对关系，反映了企业基本财务结构的稳定性。在不同的经济时期，对所有者而言，对产权比率有不同的期望值。在通货膨胀加剧时期，企业多借债可以把损失和风险转嫁给债权人；在经济繁荣时期，多借债可以多获利润；在经济萎缩时期，少借债可以减少利息负担和财务风险。如 ZX 公司的借入资本是自有资本的 1.13 倍，在经营不景气时，就会显得举债偏高，财务结构不甚稳定。

产权比率同时也表明债权人投入的资本受股东权益的保障程度，或者说企业清算时对债权人利益的保障程度。从 ZX 公司的情况看，若其进行清算，债权人利益会因股东权益比重较小而缺乏保障。

另外，产权比率与资产负债率两者之间还有如下关系：

$$\frac{1}{资产负债率} = \frac{1}{产权比率} + 1 \qquad (2-11)$$

公式表明，两者成正比关系，负债率越高，产权比率越高。

（三）有形净值债务率

有形净值债务率是企业负债总额与企业股东具有所有权的有形资

产的净值（即有形净值）的比值，其计算公式如下：

$$\text{有形净值债务率} = \frac{\text{负债总额}}{\text{股东权益} - \text{无形资产净值}} \times 100\% \qquad (2-12)$$

例如，ZX 公司 2017 年末的负债总额为 3 180 万元，所有者权益合计为 2 820 万元，无形资产净值为 18 万元，则其有形净值债务率为：

$$\text{有形净值债务率} = [3\,180 \div (2\,820 - 18)] \times 100\% = 113.5\%$$

有形净值债务率指标是产权比率指标的延伸。由于无形资产（包括商标、商誉、专利权及非专利技术等）的变现价值具有很大的不确定性，如果企业清算，它们不一定能用来还债，为谨慎起见，将其从分母中剔除。从长期偿债能力来讲，有形净值债务率越低越好，该指标其他方面的分析与产权比率相同。上述 ZX 公司无形资产相对较少，对此指标没有太大影响。

（四）已获利息倍数

已获利息倍数，也称利息保障倍数，是指企业息税前利润与负债利息的比值，用来衡量企业偿付借款利息的能力。其计算公式如下：

$$\text{已获利息倍数} = \frac{\text{息税前利润}}{\text{利息费用}} \qquad (2-13)$$

公式中的"息税前利润"是指利润表中未扣除利息费用和所得税之前的利润。它可以用"利润总额 + 利息费用"来测算。由于我国现行利润表中没有单列"利息费用"，而是混在"财务费用"项目之中，外部报表使用者只能利用"利润总额 + 财务费用"来做近似估计。

公式中的分母"利息费用"是指本期发生的全部应付利息，不仅包括财务费用中的利息费用，还应包括计入固定资产价值的资本化利息。因为，已获利息倍数指标重点衡量的是企业支付利息的能力，所以，无论是财务费用中的利息，还是资本化利息，都需要用息税前利润来支付。

例如，ZX 公司 2017 年度利润总额为 600 万元，利息费用（实际是财务费用）为 330 万元，该公司已获利息倍数为：

已获利息倍数 = (600 + 330) ÷ 330 = 2.82

若已获利息倍数小于（或等于）1，意味着企业实现的利润根本无法（或刚好）承担举债经营的利息支出，反映在利润表上即利润总额为负数（或零）。所以，已获利息倍数指标至少要大于 1，但要大到何种程度，才算偿付利息能力强，这要根据企业的往年经验结合行业特点来判断。在运用已获利息倍数分析时，应根据若干年指标进行对比，判断企业利息保障程度的稳定性；也可以在同一年度、同行业不同企业之间进行比较，以评价本公司的偿债能力在同行公司之间所处的位置。上述 ZX 公司的已获利息倍数大于 1，属有较强的偿付负债利息能力。

（五）现金债务总额比

现金债务总额比指标衡量企业产生的经营活动净现金流量对债务总额的保障程度。计算公式如下：

$$现金债务总额比 = \frac{经营活动净现金流量}{债务总额} \quad (2-14)$$

例如，ZX 公司 2017 年经营活动净现金流量 540 万元，债务总额 3 180 万元，则其现金债务总额比为：

现金债务总额比 = 540 ÷ 3 180 = 16.98%

该比率越高，企业承担债务的能力越强。ZX 公司最大的付息能力是 16.98%，即利息高达 16.98% 时企业仍能按时付息。只要能按时付息，就能借新债还旧债，维持债务规模。如果市场利率为 10%，那么该公司最大的负债能力为 540 ÷ 10% = 5 400（万元）。仅从付息能力看，公司还可以借债 2 220 万元（5 400 - 3 180）。可见该公司的举债能力是不错的。进一步考察该指标的优劣还需与企业历史同期水平或同行业平均水平比较。

三、资产管理比率

资产管理比率，也称作营运效率比率，它通过企业生产经营资金周转速度的有关指标来反映企业资金的利用效率，表明企业管理人员经营管理、运用资金的能力。企业生产经营资金周转速度越快，表明企业资金利用的效果越好，效率越高，企业管理人员的经营能力也越强。用于评价企业营运效率的指标主要有存货周转率、应收账款周转率、流动资产周转率和总资产周转率等。

（一）存货周转率

存货周转率，也称存货周转次数，是一定时期内企业营业成本与存货平均余额的比率。它是衡量和评价企业购入材料（存货）、投入生产、销售收回等各环节管理状况的综合性指标，它表明存货转换为现金或应收账款的速度。计算公式如下：

$$存货周转率 = \frac{营业成本}{平均存货} \quad (2-15)$$

$$平均存货 = (期初存货 + 期末存货) \div 2 \quad (2-16)$$

$$存货周转天数 = \frac{360}{存货周转率} \quad (2-17)$$

例如，ZX 公司 2017 年度产品营业成本为 7 932 万元，期初存货为 978 万元，期末存货为 357 万元。则该公司存货周转率为：

存货周转率 = 7 932 ÷ [(978 + 357) ÷ 2] = 11.88（次）

存货周转天数 = 360 ÷ 11.88 = 30（天）

一年中存货周转次数越多，每周转一次所用的时间就越短，周转速度越快，说明资金利用的效率越高；在成本利润率相同的情况下，盈利能力越大，存货积压的风险也相对降低。相反，每周转一次所用的时间越长，周转速度越慢，则说明存货积压，产品质量欠佳，或是销售部门工作不力，销售政策和销售方法不当等。

一般说来，企业的存货周转率越高越好，但也不能绝对化，不同类型的企业也又不同的要求。周转率过高有可能牺牲必要的库存储备，如果存货供应不能保证，则会给企业的生产、销售带来不利影响。因此，在进行存货周转率的分析时，应将报告期实际周转率与上年或计划比较，评价周转速度的快慢，而且要查明影响周转速度加快或减缓的原因，要了解到底是哪一阶段的存货周转速度的变化影响了总周转速度。

该比率不仅可用于评价企业存货的管理效率，而且可用于衡量企业存货的变现力。存货周转率越高，存货变现力越强；反之，变现力越差。通过分析一定时期内企业存货周转率的变动，还可以分析企业是否存在产品滞销问题。

（二）应收账款周转率

应收账款周转率是一定时期内赊销收入与平均应收账款的比率，也就是年度内应收账款转变为现金的平均次数，说明应收账款的流动速度。如果用时间表示周转速度就是应收账款周转天数，也叫应收账款平均收现期，表示企业从取得应收账款的权利到收回款项、转换为现金所需要的时间。计算公式如下：

$$应收账款周转率 = \frac{赊销收入}{平均应收账款} \qquad (2-18)$$

$$平均应收账款 = (期初应收账款 + 期末应收账款) ÷ 2 \qquad (2-19)$$

$$应收账款周转天数 = \frac{360}{应收账款周转率} \qquad (2-20)$$

公式（2 – 18）中的"赊销收入"数据不仅财务报表的外部使用者无法取得，就是财务报表的内部使用者也未必容易取得这项数据。因此，在实际工作中，通常把现销收入视为收账时间为零的赊销收入，也就是说在实际工作中通常用营业收入来代替赊销收入。

例如，ZX 公司 2017 年度营业收入为 9 000 万元，年初应收账款余额为 600 万元，年末应收账款余额为 1 200 万元。则该公司的应收账款周转率为：

应收账款周转率 = 9 000 ÷ [(600 + 1 200) ÷ 2] = 10（次）

应收账款周转天数 = 360 ÷ 10 = 36（天）

一般说来，应收账款周转率越高，平均收账期越短，表明应收账款回收速度越快，企业在应收账款方面的管理工作的效率越高，而且有利于提高企业资产的流动性和变现能力。否则，企业营运资金将过多地呆滞在应收账款上，严重影响正常的资金周转，且极易可能发生坏账损失，出现"账面有利润，银行无存款"的现象。

在运用应收账款周转率进行分析时，应将报告期实际指标与本企业前期指标、行业平均水平或其他类似企业的指标相比较，以判断该指标的高低。另外，以下因素也会造成该指标的波动：（1）季节性经营；（2）大量采用分期付款结算方式；（3）大量采用现金结算销售；（4）年末销售的急增或急减。

（三）流动资产周转率

流动资产周转率是营业收入与全部流动资产的平均余额的比值，它反映流动资产的周转速度。其计算公式如下：

$$流动资产周转率 = \frac{营业收入}{平均流动资产} \qquad (2-21)$$

$$平均流动资产 = (期初流动资产 + 期末流动资产) ÷ 2 \qquad (2-22)$$

例如，ZX 公司 2017 年初流动资产为 1 830 万元，年末流动资产为 2 100 万元。则其流动资产周转率为：

流动资产周转率 = 9 000 ÷ [(1 830 + 2 100) ÷ 2] = 4.58（次）

通常认为，流动资产周转率越高越好。因为，流动资产周转速度快，会相对节约流动资金，等于相对扩大资产投入，增强企业盈利能力；而延缓周转速度，需要补充流动资产参加周转，形成资金浪费，降低企业盈利能力。

（四）总资产周转率

总资产周转率是营业收入与平均资产的比值，该指标反映资产的周转速度。其计算公式为：

$$总资产周转率 = \frac{营业收入}{平均资产} \qquad (2-23)$$

$$平均资产 = (期初资产 + 期末资产) ÷ 2 \qquad (2-24)$$

例如，ZX 公司的总资产周转率为：

总资产周转率 = 9 000 ÷ [(5 040 + 6 000) ÷ 2] = 1.63（次）

同流动资产一样，总资产周转率也是越高越好。因为总资产周转越快，说明销售能力越强。企业可以通过薄利多销的办法，加速资产的周转，带来利润绝对额的增加。

总之，各项资产的周转指标用于衡量企业运用资产赚取收入的能力，与反映盈利能力的指标结合在一起使用，可全面评价企业的盈利能力。

四、盈利能力比率

盈利能力是指企业正常经营赚取利润的能力，是企业生存发展的基础。这种能力的大小通常以投入产出的比值来衡量。企业利润额的多少不仅取决于公司生产经营的业绩，而且还取决于生产经营规模的大小，经济资源占有量的多少，投入资本的多少以及产品本身价值大小条件的影响。不同规模的企业间或在同一企业的各个时期之间，仅对比利润额的多少，并不能正确衡量企业盈利能力的优劣。为了排除上述因素的影响，必须从投入产出的关系上分析企业的盈利能力。反映企业盈利能力的指标很多，通常使用的主要有营业毛利率、营业净利率、营业现金比率、资产净利率、资产现金回收率、净值报酬率以及营业活动收益质量等指标。

（一）营业毛利率

营业毛利率是毛利占营业收入的百分比，其中毛利是营业收入与营业成本的差。其计算公式如下：

$$营业毛利率 = \frac{营业收入 - 营业成本}{营业收入} \times 100\% \quad (2-25)$$

例如，ZX 公司的营业收入为 9 000 万元，营业成本为 7 932 万元，则其营业毛利率为：

营业毛利率 = [(9 000 - 7 932) ÷ 9 000] × 100% = 11.87%

营业毛利率，表示每一元营业收入扣除营业成本后，有多少钱可以用于各项期间费用和形成盈利。营业毛利率是企业营业净利率的最初基础和保障，没有足够大的毛利率便不能盈利。

（二）营业净利率

营业净利率是指净利与营业收入的百分比，其计算公式为：

$$营业净利率 = \frac{净利润}{营业收入} \times 100\% \quad (2-26)$$

例如，ZX 公司的净利是 408 万元，营业收入是 9 000 万元，则其营业净利率为：

营业净利率 = (408 ÷ 9 000) × 100% = 4.53%

这里的"净利"，在我国会计制度中是指税后利润。营业净利率这一指标反映每一元营业收入带来的净利润的多少,表示营业收入的收益水平。从营业净利率的指标关系看,净利润与营业净利率成正比关系,而营业收入额与营业净利率成反比关系。企业在增加营业收入额的同时,必须相应地获得更多的净利润,才能使营业净利率保持不变或有所提高。因此,企业在扩大销售的同时,必须注意改进经营管理,提高盈利水平。

另外,按照净利的形成过程,营业净利率还可以分解成为营业毛利率、营业税金率、营业成本率、营业期间费用率,进行更进一步的分析。

(三) 营业现金比率

营业现金比率是经营活动净现金流量与营业收入的比值,反映每一元销售得到的现金。计算公式如下:

$$营业现金比率 = \frac{经营活动净现金流量}{营业收入} \times 100\% \quad (2-27)$$

例如,ZX 公司 2017 年的经营活动净现金流量 540 万元,营业收入 9 000 万元,则其营业现金比率为:

营业现金比率 = 540 ÷ 9 000 = 6%

营业现金比率指标可以看作是对营业净利率的修正,反映了完成的销售中获得现金的能力,该指标排除了不能回收的坏账损失的影响。该指标通常越高越好。

(四) 资产净利率

资产净利率也称作资产净利润率、资产报酬率或资产收益率,是企业净利润与平均资产总额的百分比,它反映企业资产利用的综合效果。其计算公式为:

$$资产净利率 = \frac{净利润}{平均资产} \times 100\% \quad (2-28)$$

$$平均资产 = (期初资产 + 期末资产) \div 2 \quad (2-29)$$

例如,ZX 公司 2017 年度期初资产为 5 040 万元,期末资产为 6 000 万元,净利润为 408 万元,则其资产净利率为:

资产净利率 = {408 ÷ [(5 040 + 6 000) ÷ 2]} × 100% = 7.4%

资产净利率是一个综合指标,资产净利率指标越高,表明资产的利用效率越高,说明企业在增加收入和节约资金使用等方面效果良好,否则,相反。企业的资产由所有者权益资金和债务资金共同形成,净利的多少与企业资产的多少、资产的结构、经营管理水平有着密切关系。为了正确评价企业资产净利率的高低,挖掘提高盈利水平的潜力,可以用该项指标与本企业前期、与计划、与本行业平均水平或先进水平进行对比,分析形成差异的原因。

利用资产净利率还可以分析企业经营中存在的问题,提高营业利润率,加速资金周转。影响资产净利率高低的因素主要有:产品的价格、单位成本的高低、产品的产量和销售的数量、资金占用量的大小等。

(五) 资产现金回收率

资产现金回收率指标是经营活动净现金流量与平均资产总额的比值,反映企业全部资产产生现金的能力。计算公式如下:

$$资产现金回收率 = \frac{经营活动净现金流量}{平均资产} \times 100\% \qquad (2-30)$$

例如,ZX 公司 2017 年的经营活动净现金流量 540 万元,期初资产 5 040 万元,期末资产 6 000 万元,则其资产现金回收率为:

资产现金回收率 = $\{540 \div [(5\ 040 + 6\ 000) \div 2]\} \times 100\% = 9.78\%$

该指标可以看作是对资产净利率指标的修正,反映了企业经营全部资产获得现金的能力。该指标通常越高越好。

(六) 净资产收益率

净资产收益率是净利润与平均净资产的百分比,也称净值报酬率或权益报酬率。净资产收益率反映的是企业所有者权益的投资报酬率,是所有财务比率中综合性最强、最具代表性的一个指标。其计算公式为:

$$净资产收益率 = \frac{净利润}{平均净资产} \times 100\% \qquad (2-31)$$

$$平均净资产 = (期初净资产 + 期末净资产) \div 2 \qquad (2-32)$$

例如,ZX 公司 2017 年的净资产收益率为:

净资产收益率 = $\{408 \div [(2\ 640 + 2\ 820) \div 2]\} \times 100\% = 14.95\%$

对于上市公司而言,该公式的分母"平均净资产"也可以换成"年末净资产",即:

$$净资产收益率 = \frac{净利润}{年末净资产} \times 100\% \qquad (2-33)$$

因为,作为股份制企业,在增加股份时新股东一般要超面值缴入资本并获得同股同权的地位,期末的股东对本年的利润拥有同等的权利。同时,这样计算也可以和每股收益、每股净资产等指标的计算保持一致。

(七) 营业活动收益质量

营业活动收益质量指标是经营活动产生的现金净流量与营业利润的比值。其计算公式如下:

$$营业活动收益质量 = \frac{经营活动净现金流量}{营业利润} \quad (2-34)$$

例如，ZX 公司 2017 年经营活动净现金流量为 540 万元，营业利润为 510 万元，则其营业活动收益质量为：

营业活动收益质量 = 540÷510 = 1.06

营业活动收益质量表明了营业利润中以现金形式流入的部分，通常该指标越高说明营业利润的质量越高。

五、上市公司的财务比率

证券市场上的投资者，每天都会收到大量来自上市公司披露的财务信息，要想通过众多的信息正确把握企业的财务现状和未来，必须正确使用相关的财务比率。对于上市公司来说，比较重要的财务指标有每股收益、市盈率、每股净资产、净资产收益率等。净资产收益率前已述及，下面介绍其他相关指标。

（一）每股收益

每股收益是指本年净收益与年末普通股份总数的比值。其计算公式为：

$$每股收益 = \frac{净利润}{年末普通股股数} \quad (2-35)$$

例如，ZX 公司 2017 年净利润 408 万元，发行在外的普通股为 816 万股。所以：

每股收益 = 408÷816 = 0.50（元/股）

在计算每股收益时需注意：对于编制合并报表的公司，应以合并报表数据计算该指标；对于发行了不可转换优先股公司，要扣除优先股数及其分享的股利后进行计算，以使该指标反映普通股的收益状况。扣除优先股股利后的每股收益又称为"每股盈余"；由于本年净利润是整个年度内实收资本创造的，当普通股股数年度内发生增减变化时，为了保持比率计算的分子和分母口径一致，公式的分母应使用按月计算的加权平均普通股股数。公式为：

$$平均普通股股数 = 期初发行在外普通股股数 + 当期新发普通股股数$$
$$\times \frac{发行在外月份数}{12} - 当期回购普通股股数$$
$$\times \frac{回购月份数}{12} \quad (2-36)$$

每股收益，是衡量上市公司盈利能力最重要的财务指标，它反映普通股的获利水平。在分析时，可以进行公司间的比较，评价该公司相对的盈利能力；可以进行公司不同时期的比较，了解该公司盈利能力的变化趋势；可以进行经营业绩和盈利预测的比较，掌握该公司的管理能力。

（二）每股营业现金流量

每股营业现金流量指标是经营活动净现金流量与年末普通股总股数的比值。计算公式如下：

$$每股营业现金流量 = \frac{经营活动净现金流量}{年末普通股股数} \qquad (2-37)$$

例如，ZX 公司 2017 年经营活动净现金流量为 540 万元，发行在外的普通股为 816 万股，则其每股营业现金流量为：

每股营业现金流量 = 540 ÷ 816 = 0.66（元/股）

该指标是每股收益指标的修正，反映了利用权益资本获得经营活动净现金流量的能力。该指标通常越高越好。

（三）市盈率

市盈率，又称价格—盈余比率（price-earning ratio，P/E），是指普通股每股市价与每股收益的倍数。它是反映上市公司股票盈利状况的重要指标，也是投资者对从某种股票获得一元利润所愿意支付的价格。其计算公式为：

$$市盈率 = \frac{普通股每股市价}{普通股每股收益} \qquad (2-38)$$

续前例，ZX 公司的普通股每股收益为 0.50 元，每股市价为 9 元，依上式计算：

市盈率 = 9 ÷ 0.50 = 18（倍）

由于一般的期望报酬率为 5% ~ 10%，所以正常的市盈率为 20 ~ 10。

市盈率是人们普遍关注的指标，可以用来估计股票的投资报酬和风险。在市价确定的情况下，每股收益越高，市盈率越低，投资风险越小；反之则相反。在每股收益确定的情况下，市价越高，市盈率越高，风险越大；反之则相反。在成熟的股票市场上，不同公司的市盈率比较，市盈率越高，表明公司具有良好的前景，市场对公司的未来越看好。出于投机的动机，企业界通常是在市盈率较低时，以收购股票的方式实现对其他公司的兼并，然后进行改造，待到市盈率升高时，再以出售股票的方式卖出公司，从中获利。

使用市盈率指标时应注意以下问题：

（1）该指标受股票市场价格的影响较大，而股票市场瞬息万变，影响股票价格的因素除了公司经营业绩和发展前景外，还受到整个经济环境、政府宏观政策、行业发展前景以及经济以外因素（如灾害、战争)等的制约。因此，必须对股票市场的形势做出全面分析，才能对市盈率的升降做出正确评价。例如，充满扩展机会的新兴行业市盈率普遍较高，而成熟工业的市盈率普遍较低，这并不说明后者的股票没有投资价值。

(2) 该指标的分母是每股收益，当每股收益很小或亏损时，市价不会降至零，此时的市盈率可能接近无穷大，但这种过高的市盈率并不能说明任何问题，单纯利用市盈率指标往往会错误地估计企业的发展形势。所以，市盈率指标一般不宜独立作为评价企业盈利能力的依据，投资者还必须结合其他有关信息，才能做出正确判断。

(四) 每股股利

每股股利是股利总额与期末普通股份总数之比。其计算公式为：

$$每股股利 = \frac{股利总额}{年末普通股股数} \quad (2-39)$$

公式中的股利总额是指用于分配普通股现金股利的总额。

ZX 公司 2017 年分配普通股现金股利 84 万元，则：

ZX 公司每股股利 = 84 ÷ 816 = 0.10 (元/股)

(五) 股利保障倍数

股利保障倍数是每股营业现金流量与每股现金股利的比值。其计算公式为：

$$股利保障倍数 = \frac{每股营业现金流量}{每股股利} \quad (2-40)$$

ZX 公司 2017 年每股营业现金流量为 0.66 元/股，每股股利为 0.10 元/股，则其股利保障倍数为：

股利保障倍数 = 0.66 ÷ 0.10 = 6.6 (倍)

该指标越大，说明企业支付现金股利的能力越强。如果该指标较低，则说明企业必须靠借债才能维持当前的股利水平。具体该指标的高低，还应与本企业历史同期水平和同行业平均水平进行比较。

(六) 股利收益率

股利收益率是指每股股利与股票市价的比率，亦称市价股利比率或股利收益率。其计算公式为：

$$股利收益率 = \frac{普通股每股股利}{普通股每股市价} \times 100\% \quad (2-41)$$

ZX 公司的股利收益率 = (0.10 ÷ 9) × 100% = 1.1%

股利收益率反映股利和股价的比例关系，是衡量股票投资价值的主要依据之一。但它仅仅是股票投资价值非常保守的估计。因为，很多上市公司往往采用非常稳健的股利政策,留存大量的净利润用以扩充,在这种情况下分析股价的未来趋势成为评价股票投资价值的主要依据。只要股票持有人认为股价将上升,也会接受较低的股利收益率。

(七) 股利支付率

股利支付率是指净收益中股利所占的比重,它反映公司的股利分配政策和支付股利的能力。其计算公式为:

$$股利支付率 = \frac{普通股每股股利}{普通股每股收益} \times 100\% \qquad (2-42)$$

ZX 公司股利支付率 = (0.10 ÷ 0.50) × 100% = 20%

(八) 留存收益比率

留存收益与净利润的比率,称为留存收益比率,留存收益是指净利润减去全部股利的余额。公式如下:

$$留存收益比率 = \frac{每股收益 - 每股股利}{每股收益} \times 100\% \qquad (2-43)$$

ZX 公司留存收益比率 = [(0.50 - 0.10) ÷ 0.50] × 100% = 80%

留存收益比率的高低,反映企业的股利政策。如果企业需要从内部积累资金来扩大经营规模,经董事会同意往往采用较高的留存收益比率。反之,企业不需要资金或者可以利用其他筹资方式,就会降低留存收益的比率,满足股东取得现金股利的要求。实际上,留存收益比率与股利支付率呈如下关系:

$$留存收益比率 = 1 - 股利支付率 \qquad (2-44)$$

(九) 每股净资产

每股净资产,是期末净资产(即股东权益)与年度末普通股份总数的比值,也称为每股账面价值或每股权益。该指标反映发行在外的每股普通股所代表的净资产成本即账面权益。其计算公式为:

$$每股净资产 = \frac{年末股东权益}{年末普通股股数} \qquad (2-45)$$

其中,年末股东权益是指扣除优先股权益后的余额。

ZX 公司 2017 年末的每股净资产 = 2 820 ÷ 816 = 3.46(元/股)

从理论上讲,每股净资产指标提供了股票的最低价值。如果公司的股票价格低于每股净资产,说明公司已无存在价值,清算是股东最好的选择。这也是在新建公司时不允许股票折价发行的原因。但净资产是用历史成本计量的,既不反映净资产的变现价值,也不反映净资产的盈利能力,所以,在实际的投资分析中,只能有限地使用这个指标。

(十) 市价与面值比 (M/B)

市价与面值比,是把每股净资产和每股市价联系起来,反映每股市价和每股净资产关系的比率,也称为市净率。该指标说明市场对公司资产质量的评价。

$$市价与面值比 = \frac{每股市价}{每股净资产} \qquad (2-46)$$

ZX 公司的市价与面值比 = 9÷3.46 = 2.6（倍）

该指标中的每股净资产是股票的账面价值,而每股市价是它们的现在价值。如果市价高于账面价值,说明企业资产的质量好,有发展潜力;反之,则资产质量差,没有发展前景。一般情况下,优质股票的市价都超出每股净资产 3 倍以上。

第四节 杜邦财务分析体系

单独分析任何一项财务指标,都不足以全面地评价企业的财务状况和经营成果,而只有对各种财务指标进行综合的分析,才能对企业的财务状况做出合理的判断。财务综合分析的方法很多,其中应用比较广泛的是杜邦财务分析体系。

一、杜邦财务分析体系的概念

杜邦财务分析体系,是利用各主要财务比率间的内在联系,把反映企业偿债能力、营运能力和盈利能力等单方面指标结合起来,形成一套财务分析指标体系,借以综合评价企业财务状况的一种分析方法。该方法由美国杜邦化学公司率先倡导并使用,故称为杜邦系统 (the du pont system)。

图 2-1 为按照杜邦分析体系而建立的财务比率分析图。

在杜邦分析图中,所有者权益报酬率是一个核心指标,表示企业所有者投入资本的获利能力的大小。其取值的高低主要取决于两个方面:(1) 企业资产获取利润的能力,而这一能力又取决于单位销售额所提供的税后净利润与总资产周转率两个指标。权益报酬的高低能够敏感地反映企业经营管理水平的高低。因此,在评价企业盈利能力方面是个极其重要的指标。(2) 企业资本中的所有者权益所占比例,其值越小,意味着负债比重越大,权益报酬率越高,反映出企业能充分利用财务杠杆作用。

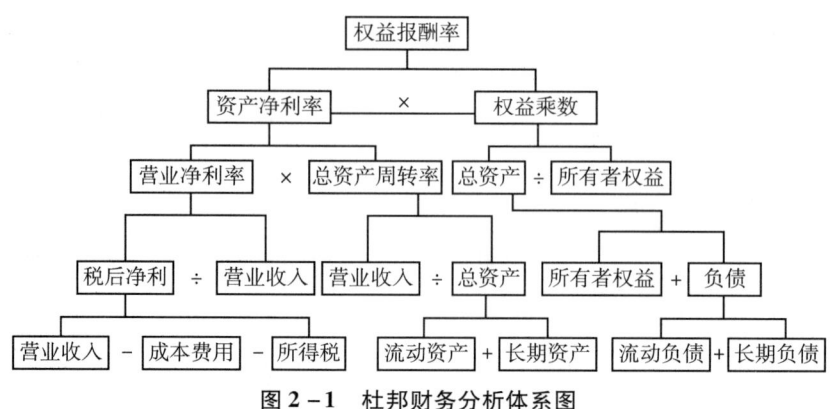

图 2-1 杜邦财务分析体系图

二、杜邦财务分析体系的应用

现在我们借助杜邦系统,以第三节中的 ZX 公司为例,说明其主要内容(见图 2-2)。图 2-2 中的权益乘数,表示企业的负债程度,权益乘数越大,企业负债程度越高。通常的财务比率都是除数,除数的倒数叫乘数。权益除以资产是资产权益率,权益乘数是其倒数,即资产除以权益。其计算公式为:

$$权益乘数 = \frac{总资产}{股东权益} = \frac{1}{1-资产负债率} \quad (2-47)$$

公式中的资产负债率是指全年平均资产负债率,它是企业全年平均负债总额与全年平均资产总额的百分比。

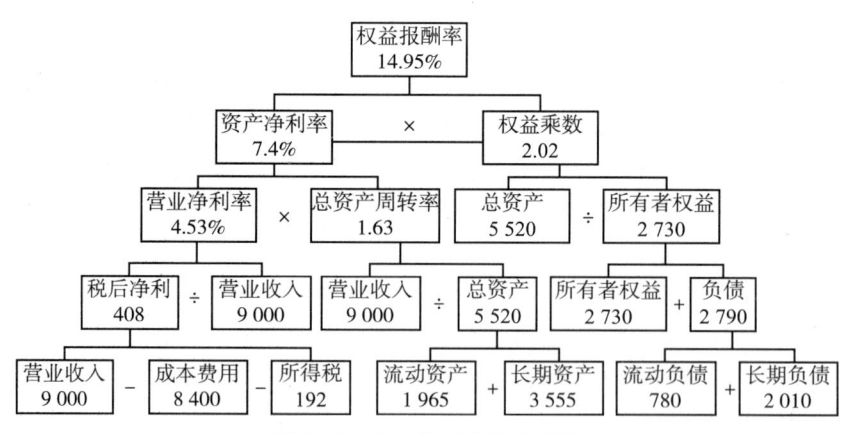

图 2-2 ZX 公司杜邦分析图

例如,ZX 公司 2017 年度年初负债总额为 2 400 万元,年末负债总额为 3 180 万元。依上式计算权益乘数为:

$$权益乘数 = 1 \div \left[1 - \frac{(2\ 400 + 3\ 180) \div 2}{(5\ 040 + 6\ 000) \div 2} \times 100\%\right] = 1 \div (1 - 50.54\%) = 2.022$$

权益报酬率就是净资产收益率,它是所有比率中综合性最强、最具有代表性的一个指标。

因为　　　权益报酬率＝资产净利率×权益乘数

　　　　　资产净利率＝营业净利率×资产周转率

所以　　权益报酬率＝营业净利率×资产周转率×权益乘数

(2-48)

从公式(2-48)看,决定权益报酬率高低的因素有三个方面:营业净利率、资产周转率和权益乘数。这样分解之后,可以把权益报酬率这样一项综合性指标发生升降变化的原因具体化,比只用一项综合性指标更能说明问题。

权益乘数主要受资产负债比率的影响。负债比例大,权益乘数就高,说明企业有较高的负债程度,给企业带来了较多的杠杆利益,同时也给企业带来了较多的风险。

营业净利率高低的因素分析,需要我们从销售额和营业成本两个方面进行。这方面的分析可以参见有关盈利能力指标的分析。当然,经理人员还可以根据企业的一系列内部报表和资料进行更详尽的分析,而企业外部财务报表使用人不具备这个条件。

资产周转率是反映运用资产以产生营业收入能力的指标。对资产周转率的分析,则需对影响资产周转的各因素进行分析。除了对资产的各构成部分从占用量上是否合理进行分析外,还可以通过对流动资产周转率、存货周转率、应收账款周转率等有关各资产组成部分使用效率的分析,判明影响资产周转的主要问题出在哪里。上一节已对上述指标的使用做过介绍,这里不再重复。

杜邦分析体系的这种指标分解,有助于我们运用因素分析法,来解释某些关键指标变动的原因和变动趋势,为采取措施指明方向。此外,通过与本行业平均指标或同类企业对比,也可以把握相关指标发展变动的规律。

【例2-3】 ZX 公司2016年和2017年的有关数据如表2-8所示。

表2-8　　　　ZX 公司因素分析的有关数据

年度	权益报酬率(%)	营业净利率(%)	总资产周转率	权益乘数
2016	18	5.61	1.54	2.08
2017	15	4.53	1.63	2.02

试分析该企业 2017 年权益报酬率下降的原因。

解：ZX 公司权益报酬率 2017 年比 2016 年下降了 3%（18% - 15%）。权益报酬率与其他因素的关系：

$$权益报酬率 = 营业净利率 \times 资产周转率 \times 权益乘数$$

以权益报酬率减少 3% 为分析对象，它同时受营业净利率、资产周转率和权益乘数三个因素影响。以 2016 年为基期，运用定基替代法可确定各因素的影响程度如下：

营业净利率因素变动的影响：$(4.53\% - 5.61\%) \times 1.54 \times 2.08 = -3.46\%$。

资产周转率因素变动的影响：$5.61\% \times (1.63 - 1.54) \times 2.08 = 1.05\%$。

权益乘数因素变动的影响：$5.61\% \times 1.54 \times (2.02 - 2.08) = -0.52\%$。

影响合计：$(-3.46\%) + 1.05\% + (-0.52\%) = -3\%$。

可见，ZX 公司 2017 年的资本结构没有太大改变（权益乘数变化仅使权益报酬率下降 0.52%），资产的使用效率也提高了，但由此带来的收益不足以抵补营业净利率下降造成的损失。至于营业净利率下降的原因是售价太低、成本太高还是费用过大，则需进一步通过分解指标来揭示。

应当指出，杜邦分析方法是一种分解财务比率的方法，而不是另外建立新的财务指标，它可以用于各种财务比率的分解。前面的举例，是通过资产净利率的分解来说明问题的，我们也可以通过分解利润总额和全部资产的比率来分析问题。总之，杜邦分析方法和其他财务分析方法一样，关键不在于指标的计算而在于对指标的理解和运用。

本 章 小 结

财务分析是以企业财务报表及其他有关财务资料为依据，对企业财务活动的过程和结果进行的研究评价过程，目的在于判断企业的财务状况，诊断企业经营活动的利弊得失，以便进一步分析企业未来的发展趋势，为财务决策、财务计划和财务控制提供依据。财务分析是以企业的财务信息资料为基础进行的。

根据财务分析的目的不同，评价标准通常有行业标准、经验标准、历史标准和计划标准等，这些评价标准各有优劣，在实际运用过程中，要避免简单化和绝对化，应从不同角度对企业的经营成果和财务状况进行评价，综合考虑各种标准的分析结果，并在限定意义上使用分析结论。

财务分析的基本方法主要包括比较分析法、趋势分析法、结构分析法、比率分析法和因素分析法。其中比率分析法是财务分析中最重要的分析方法，主要有变现能力比率、长期偿债比率、资产管理比率和盈利能力比率。对于上市公司来说，比较重要的财务指标有每股收益、市盈率、每股净资产、净资产收益率等。

在财务分析中，为了全面地评价企业的财务状况和经营成果，还需要对各种财务指标进行综合的分析，其中应用比较广泛的是杜邦财务分析体系。

本章重要术语

资产负债表
利润表
现金流量表
财务比率
流动比率
速动比率
负债比率
利息保障倍数
权益报酬率
杜邦分析体系

复习与思考

1. 什么是财务分析？企业进行财务分析的目的有哪些？
2. 财务分析的评价标准有哪些？它们分别有何特点？
3. 财务分析的基本方法有哪些？
4. 什么是企业的短期偿债能力和长期偿债能力？二者有何关系？
5. 衡量企业偿债能力、资产管理能力和盈利能力的指标主要有哪些？三类指标之间有何联系？
6. 试述杜邦分析体系中各指标间的关系，该分析体系的作用是什么？为什么说权益报酬率是综合性最强、最有代表性的核心指标？
7. 市盈率和市净率的区别是什么？为什么人们如此重视市盈率，市盈率高的股票一定好吗？
8. 某公司现有流动资产 100 万元，流动比率为 2∶1。试问下列独立交易对公司的流动比率影响如何？
（1）用 10 万元现金购置一台设备；
（2）借入 10 万元短期借款存入银行；
（3）增发 20 万元普通股，所得资金用于扩建生产线；
（4）通过提高应付账款来支付 8 万元的现金股利。
9. 某公司相关财务比率如下：

项目	比值
非流动负债与股东权益之比	0.5
营业毛利率	10%
存货周转率（存货按年末数计算）	9次
平均收现期（应收账款按年末数计算）	18天
总资产周转率（总资产按年末数计算）	2.5次
酸性试验比率	1

要求：利用上述资料，填充以下该公司资产负债表的空白部分。

资产	金额（万元）	负债及股东权益	金额（万元）
货币资金		应付账款	100
应收账款		非流动负债	
存货		实收资本	100
固定资产		未分配利润	100
总计		总计	

10. XY公司2017年资产负债表（简化格式）如下：

资产	金额（万元）	负债及所有者权益	金额（万元）
货币资金	81	流动负债合计	150
应收账款	90	非流动负债合计	200
存货	144	所有者权益合计	350
固定资产	385		
总计	700	总计	700

同时，该公司2016年度营业净利率为16%，总资产周转率为0.5次，权益乘数为2.5，权益报酬率为20%，2017年度营业收入为350万元，净利润为63万元。

要求：

（1）计算2017年末的流动比率、速动比率、资产负债率和权益乘数；

（2）计算2017年资产周转率、营业净利率和权益报酬率；

（3）分析营业净利率、资产周转率和权益乘数变动对权益报酬率的影响。

网络练习

结合本章引导案例,登录深圳证券交易所网站,查找"万科企业股份有限公司(证券代码:000002)"近三年年度财务报告,并利用本章第三节相关知识完成一篇对该公司财务状况的分析报告。

第三章
营运资本管理

学习目标

了解营运资本的概念与特征,理解营运资本管理策略的内容;理解并掌握现金的持有动机,掌握现金最佳持有量的确定方法,熟悉现金管理的日常控制;掌握应收账款的功能、成本及其管理目标,掌握信用政策的制定与决策;掌握存货的功能、成本及其管理目标,理解存货控制方法,掌握经济批量、再订货点和保险储备的计算;理解商业信用筹资的形式、条件及优缺点,了解短期负债筹资的分类及优缺点,掌握短期借款信用条件及利息支付方法。

引 导 案 例

2016年2月17日晚,江苏舜天船舶股份有限公司(以下简称"舜天船舶")发布公告称,江苏省南京市中级人民法院已裁定受理债权人对其进行重整的申请。这也意味着,这家江苏最大的造船企业不幸成为首家进入破产重整程序的国内上市船企。此前,因2014年年报被出具无法表示意见的审计报告,公司股票已于2015年4月30日被实行退市风险警示。进入重整程序后,公司股票将存在被终止上市的风险。

舜天船舶总部在江苏南京,2011年在深交所挂牌上市。根据法院的裁定书,公司于2014年11月14日向南通明德重工签发了2 150万元的商业承兑汇票,汇票到期日为2015年5月14日。明德重工在向中行崇川支行申请1 500万元融资时,出具了舜天船舶开具的上述商业承兑汇票提供质押担保。然而,汇票到期后,舜天船舶因资金周转困难,未能承兑上述商业汇票。

此后,2015年12月22日,中行崇川支行以舜天船舶不能清偿到期债务且现有资产不足以清偿全部债务为由,向南京中院申请对上市公司进行重整。后经法院查明,舜天船舶自2014年起陷入经营危机和财务危机,根据2015年第三季度财务报告,截至去年9月30日,舜天船舶合并报表范围内的资产总额为77.61亿元,账面负债总额为83.1亿元，净资产为-5.49亿元。

资金管理是企业面临的营运资本管理中的重要一环，日常运作保持良好的流动性至关重要，如果企业流动性出现问题，资金周转不灵的风险增大，对公司价值和股东财富都会产生负面影响，甚至导致公司破产。

那么，什么是公司的营运资本？公司营运资本的投融资策略有哪些？如何加强营运资本的管理？本章的学习将帮助你解决上述问题。

第一节 营运资本概述

营运资本有广义和狭义两种概念。广义的营运资本又称总营运资本或毛营运资本，是指在企业正常生产经营活动中在流动资产上占用的资金。狭义的营运资本是指净营运资本，即流动资产减流动负债后的差额。营运资本管理是指企业的流动资产管理和为维持流动资产而进行的融资活动管理。因此，营运资本的管理既包括对流动资产的管理，也包括对流动负债的管理。

> "一家公司即使有盈利，因现金流是负数也会破产，一家公司的营运资本处于良好状态便不容易倒闭。"
> ——李嘉诚

一、营运资本管理的意义与原则

（一）营运资本的特征

为了有效地管理企业的营运资本，必须研究营运资本的特征，以便有针对性地来进行管理，营运资本的本质特征是流动性，营运资本只有在不断流动的过程中，才能实现企业价值的补偿和增值。营运资本一般具有如下一些特征：

（1）营运资本的周转具有流动性。流动性是营运资本的本质特征，流动资产都是在一年或长于一年的一个营业周期内实现循环和周转，并在循环和周转过程中增值。所有的流动负债也均在一年或长于一年的一个营业周期内偿还。营运资本的不断流动，才能使企业不断地实现销售收入并产生利润。

（2）营运资本的实物形态具有易变现性。短期投资、应收账款、存货等流动资产一般具有较强的变现能力，如果由于意外情况，企业出现资金周转不灵、现金短缺时，便可迅速变卖这些资产，以获取现金，这对财务上应付临时性资金需求具有重要意义。

（3）营运资本的数量具有波动性。流动资产的数量会随着企业内外条件的变化而变化，时高时低，波动很大，季节性企业如此，非季节性企业也如此。随着流动资产数量的变动，流动负债的数量也会相应发生变动。

（4）营运资本的占用形态具有变动性。企业营运资本的实物形态是经常变化的，一般在现金、材料、在产品、产成品、应收账款、现金之间顺序变化。流动资金每次循环都要经过采购、生产、销售过程，并表现为现金、材料、在产品、产成品、应收账款等具体形态。因此，在进行流动资产管理时，必须在营运资本的各种占用形态上，合理配置资金数额，以促进资金周转顺利进行。

（5）营运资本的来源具有灵活多样性。企业筹集长期资金的方式一般比较少，只有吸收直接投资、发行股票、发行债券、银行长期借款等方式。而企业筹集营运资本的方式却十分灵活多样，通常有：银行短期借款、短期债券、商业信用、应交税费、应付职工薪酬、预收账款、留存收益等。

（二）营运资本管理的意义

企业加强对营运资本的管理有着十分重要的意义，体现在以下几个方面：

（1）企业现金流量预测上的不确定性以及现金流入和现金流出的非同步性，使营运资本成为企业生产经营活动的重要组成部分。另外，营运资本的持有额越多，其偿还到期债务的能力越强，这也要求企业保持一定数量的营运资本。

（2）营运资本周转是整个企业资本周转的依托，是企业生存与发展的基础。只有营运资本能够正常周转，企业供产销各个环节才能得以相继，进而通过实现销售收入来补偿生产经营中的耗费，并赚取一定的利润用于未来的发展。

（3）营运资本在企业资本总额中所占比例较高。如果营运资本管理不善，会导致企业营运资本周转不灵，乃至破产倒闭。因此，企业的财务经理常常把大量的时间用于营运资本管理，中小企业尤为如此。一个企业的经营失败及陷入财务危机往往也都首先表现为营运资本管理的失败。

（4）营运资本管理水平决定着财务报表所披露的企业形象。如现金管理水平直接影响着现金流量表；应收账款、存货管理水平直接影响着销售收入、销售成本，进而影响损益表；流动资产、流动负债管理水平直接影响着资产负债表等。

（三）营运资本管理原则

企业的营运资本在全部资金中占有相当大的比重，而且周转期短、形态易变，所以是企业财务管理工作的一项重要内容。企业进行营运资本管理，必须遵循以下原则。

1. 对风险和收益进行适当的权衡

由于流动资产比固定资产更易于变现，持有流动资产的风险要小于持有固定资产的风险，因此，其预期报酬率也就相应地要低于固定资产的预期报酬率。与此同时，由于流动负债的期限短，一般在一年以内，因现金流量不足等原因而导致的不能还本付息的风险就要高于长期负债和权益资本，但相应地短期负债的融资成本也低于长期负债和权益资本，从而有利于企业利润的提高。这样，在营运资本的管理过程中，就必须坚持风险—收益权衡原则。如果要获得较高收益，可以使流动资产占总资产的比例适当降低，使流动负债占总资产的比例适当增加，但相应地，要承担较高的风险，反之则相反。

2. 重视营运资本的合理配置

由于资本的有限性，营运资本管理必须重视资本的合理配置，以实现股东财富最大化的理财目标。贯彻合理配置原则要处理好以下几个比例关系：流动资产与固定资产等长期资产的比例关系；流动负债与长期负债、权益资本等长期资本的比例关系；流动资产内部，如现金、应收账款、存货等相互之间的比例关系；流动负债内部，如应付账款、短期借款等相互之间的比例关系；流动资产与流动负债之间的比例关系。

3. 加速营运资本周转，提高资本的利用效果

营运资本项目在不断地变现和再投入，各项目的变化会直接影响公司的现金周转，同时，由于现金的周转才使得营运资本不断循环运转，两者相辅相成。现金周转指的是持续性的现金流动，主要是通过营运资本各项目循环实现的。现金周转过程受存货周转、应收账周转和应付账款周转三个方面影响，如图 3-1 所示。其中，存货周转期，是指将原材料转化成产成品并出售所需要的时间；应收账款周转期，是指将应收账款转换为现金所需要的时间，即从产品销售到收回现金的期间；应付账款周转期，是指从原材料采购开始到现金支出之间所用的时间。图 3-1 说明，营运资本各项目变化与现金周转乃至现金流量密不可分，互相依存。非现金性流动资产转化成现金，就会形成现金流入；而偿还流动负债则会产生现金流出。现金流动的不平衡会造成未来经营的不确定性。因此，通过营运资本管理控制流动资产和流动负债，使现金流入和现金流出尽可能协调，实现现金的平衡运动。

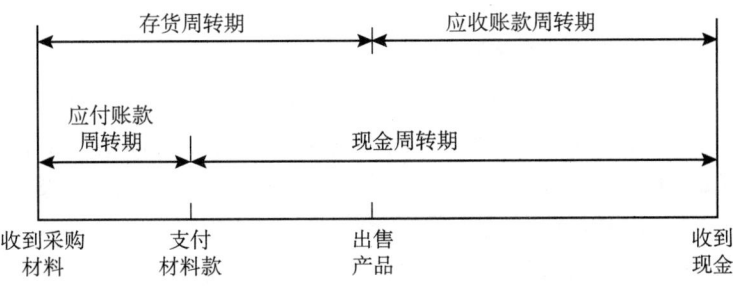

图 3-1 营运资本周转示意

当企业生产规模一定时，加快存货周转，缩短应收账款周转期，延长应付账款周转期，可以加速营运资本的周转，也就相应地提高了资金的利用效果。经营周期是指取得存货、卖掉存货、收回现金所花费的时间，具体包括存货周转期和应收账款周转期。部分公司 2007 年现金周转期如表 3-1 所示。

表 3-1　　　　　　　　2007 年部分公司现金周转期　　　　　　单位：天

	应收账款周转期	存货周转期	经营周期	应付账款周转期	现金周转期
苹果	24	5	29	64	-35
戴尔	36	3	39	65	-26
惠普	43	29	72	48	24

二、营运资本投资策略

营运资本的管理策略实际上就是营运资本战略的制定，包括营运资本的投资策略和营运资本的筹资策略。

一个企业的资产，可以分成流动资产和非流动资产两大部分。其中非流动资产包括固定资产、无形资产、长期股权投资等。营运资本的投资策略主要解决在既定的总资产水平下，流动资产和非流动资产各自占有比例的关系问题。一般而言，持有大量的流动资产可以降低企业的风险，因为企业出现不能及时清偿债务时，流动资产可以迅速地转化为现金，而非流动资产的变现能力则较差。因而，较多地投资于流动资产，可以减少企业的风险。但是，由于流动资产的收益性一般低于非流动资产，如果流动资产太多，大部分资金都投放在流动资产上，就会降低企业的收益率。因此，营运资本占用量的确定，就是在收益和风险之间进行权衡。可供企业选择的营运资本投资策略可归纳为以下三种：

（一）适中型投资策略

企业流动资产的数量按其功能可以分成两大部分：（1）正常需要量。正常需要量是指为满足正常的生产经营需要而占用的流动资产。（2）保险储备量。保险储备量是指为应对意外情况的发生在正常生产经营需要量以外而储备的流动资产。适中型营运资本投资策略就是在保证正常需要的情况，再适当地留有一定保险储备，以预防不测。在销售额一定的情况下，企业应尽量减少流动资产，因为此时增加流动资产不能带来额外利润,却会带来筹资成本和利息,因而会减少企业收益。当然,流动资产太少也会带来生产过程中断,无力偿债等风险。在采用中庸的营运资本投资策略时,企业的收益一般,风险一般。

(二)激进型投资策略

有的企业,在安排流动资产数量时,只安排正常生产经营需要量而不安排或只安排很少的保险储备量,以便提高企业的收益率。在采用激进型的策略时,企业的收益率较高但风险比较大。敢于冒险,偏好报酬的财务经理一般都采用此种策略。

(三)保守型投资策略

有的企业,在安排流动资产数量时,在正常生产经营需要量和正常保险储备量的基础上,再加上一部分额外的储备量,以便降低企业的风险。在采用保守的营运资本投资策略时,企业的收益率一般较低,而风险也较小。不愿冒险、偏好安全的财务经理都喜欢采用此种策略。

以上三种营运资本投资策略如图3-2所示。

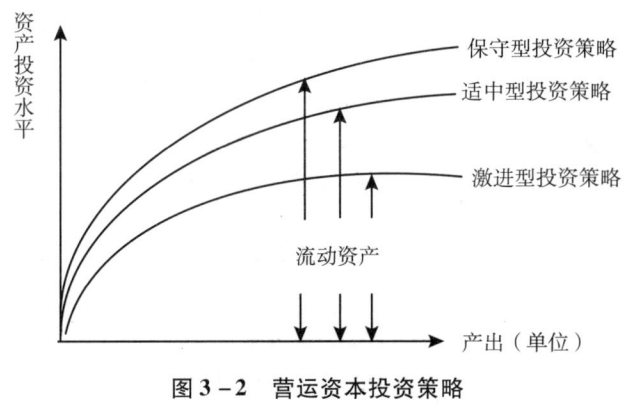

图3-2 营运资本投资策略

三、营运资本筹资策略

营运资本的筹资策略主要解决在既定的总资产水平下,企业营运资本中流动负债筹资额大小及其与长期资本筹资的比例关系问题。它是就如何安排流动资产的资金来源而言,一般分为以下三种:

(一)适中型筹资策略

流动资产按照投资需求的时间长短可以分为两部分:稳定性流动

资产和波动性流动资产。稳定性流动资产是指那些即使企业处于经营淡季仍然需要保留的，用于满足企业长期稳定运行的流动资产所需要的资金。波动性流动资产是指那些受季节性和周期性影响的流动资产，如季节性存货、销售旺季的应收账款。

适中型筹资策略的特点是：对那些受季节性、周期性影响的波动性流动资产所需资本用临时性负债筹集资金，而稳定性流动资产和长期资产所需资本则由长期负债、权益资本等长期资本来筹集。该政策可用以下公式表示：

$$稳定性流动资产 + 长期资产 = 自发性流动负债 + 长期负债$$
$$+ 股东权益 = 长期资本 \quad (3-1)$$
$$波动性流动资产 = 临时性流动负债 \quad (3-2)$$

其中，自发性流动负债是指企业在正常经营过程中所产生的，不需要正式安排，由于结算程序的原因自然形成的流动负债。比如，应付职工薪酬、应交税费等。临时性流动负债则是因为临时的资金需求而产生的负债，通过人为安排来满足对短期资金的需求，比如，短期借款等。

适中型筹资策略可用图3-3加以说明。

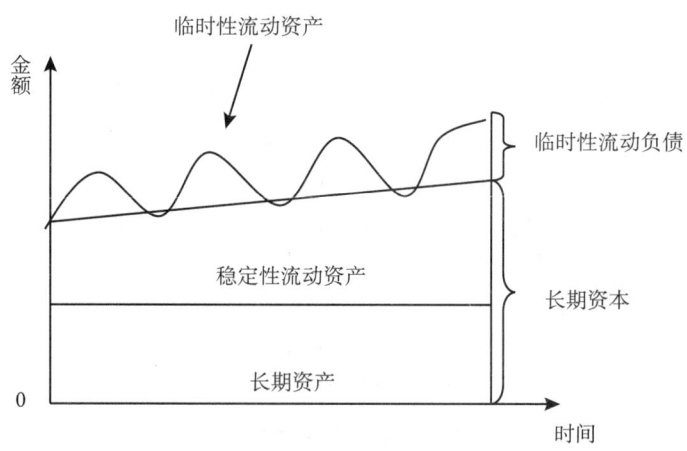

图3-3 适中型筹资策略

（二）激进型筹资策略

激进型筹资策略的特点是：临时性流动负债不但满足波动性流动负债的需求，还解决部分长期性资产的资金需要。这种策略的资金成本较低，因而，能减少利息支出，增加企业收益。但用短期资金来融通了一部分长期资产，风险较大。冒险型筹资策略如图3-4所示。

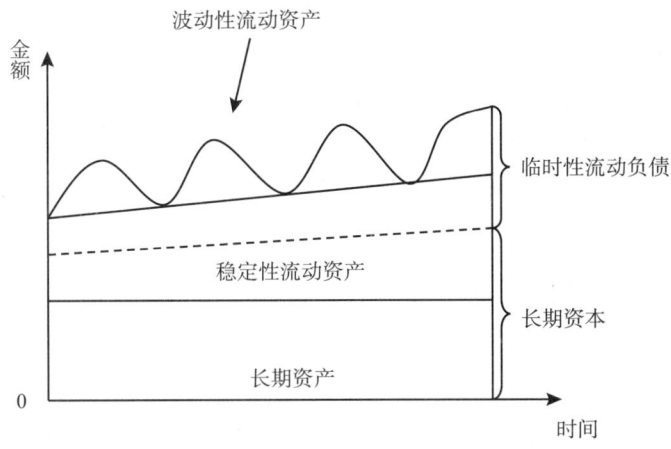

图 3-4 激进型筹资策略

(三) 保守型筹资策略

保守型筹资策略的特点是：临时性流动负债只满足部分波动性流动资产的需要，另外一部分波动性流动资产则由长期资本来支持。这种策略的风险较小，但成本较高，会使企业的利润减少。该政策如图3-5所示。

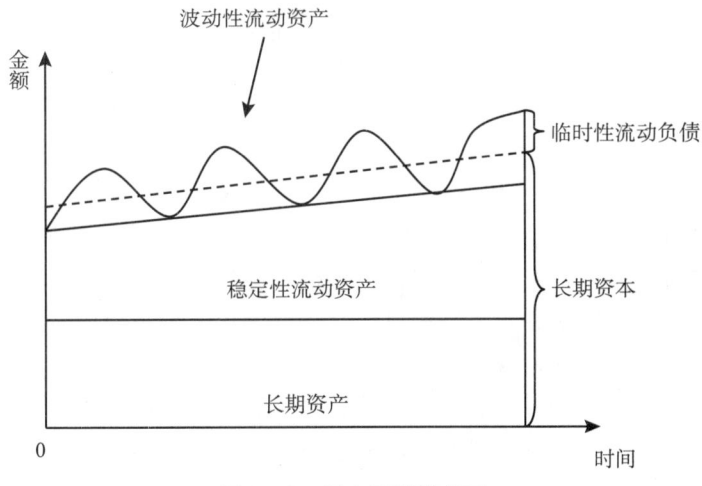

图 3-5 保守型筹资策略

不同的筹资组合可以影响企业的收益和风险。在资金总额不变的情况下，短期资金增加，可导致收益增加。也就是说，由于比较多地使用了成本较低的短期资金，企业的利润会增加。但此时如果流动资产的水准保持不变，则流动负债的增加会使流动比率下降，增加企业的财务风险。

综上所述，企业在营运资本投资、筹资策略的选择上，首要问题仍然是风险与收益的平衡，当然，行业因素、企业规模、利息率及企业经营决策等因素也会影响企业营运资本管理策略的选择。因此，企业应根据自身的具体情况，结合其对风险的态度和对收益的偏好程度等因素，做出以企业价值最大化为目标的相应选择。一般来说，不存在一种适应于所有企业的单一的最优营运资本管理策略。

第二节 现金与有价证券管理

现金是指生产经营过程中暂时停留在货币形态上的资金，包括库存现金、银行存款以及银行本票、银行汇票等其他货币资金。现金是企业中流动性最强的资产，它可以有效地立即用来购买商品、货物、劳务或偿还债务，具有普遍的可接受性。

有价证券是现金的一种转换形式。有价证券的变现能力强，可以随时兑换成现金。当企业有多余现金时，常将现金兑换成有价证券；而当现金流出量大于流入量需补充现金时，再出让有价证券换回现金。这样，有价证券作为企业现金的一种转换形式，成了现金的替代品，企业持有有价证券主要是为了获取一定的收益，避免资金的闲置。一般将有价证券视为"现金"的一部分。

一、现金持有动机

企业持有一定数量的现金，是由于存在着对现金的需求。这些需求主要包括如下几个方面：

交易性需求是指满足公司日常现金开支的需求。公司每天的现金收入和现金支出很少同时等额发生，保留一定的现金余额，可使公司在现金支出大于现金收入时，业务活动正常进行。

预防性需求是指公司为了预防意外事项的发生而保存一部分现金的需求。许多意外事件会影响公司现金的收入与支出，例如地震、水灾、火灾等自然灾害，主要顾客未能及时付款等，持有较多的现金，便可使公司更好地应付这些意外事件的发生。

投机性需求是指持有现金以便抓住有利可图的潜在投资机会，从中获得收益，例如有廉价的原材料或价格被低估的股票时，便可以用手头所保存的现金购入。投机性需求是由于公司在保证正常生产经营的基础上，还期望有一些回报率较高的投资机会。

公司如果不持有足额的现金，会发生不能满足交易性需求、预防性需求和投机性需求的损失，这种损失被称为现金短缺损失，具体地说主要有：(1) 公司没有足够的现金购买原材料而造成停工待料的损失；(2) 公司没有足够的现金购买商品物资而丧失购买机会的损失；(3) 公司没有足够的现金未能按期支付货款而丧失现金折扣的损失等。

但是，公司持有现金是有代价的，将大量的资产以收益性较低的现金形式存在，而不是将其投资到收益性较高的长期资产上，会造成投资收益上的损失，此外，保存现金还需要发生管理费用。

可见，持有现金太少，可能会出现由于现金短缺而影响生产经营活动的情况；而现金结余过多，会降低公司的收益。因此，公司现金管理的目标就是要在资产的流动性和收益性之间做出权衡，在保证公司生产经营所需现金的同时，从暂时闲置的现金中获得最大化收益。

概括起来讲，现金管理有以下几个目标：

(1) 流动性。企业应保证充足的现金，用以支付各项支出。

(2) 安全性。企业要对现金进行支付控制，以保证现金的支出是安全的。

(3) 盈利性。现金的过度占用会产生机会成本，从而影响企业的盈利性。

二、最佳现金持有量分析

从以上分析可以看出，企业现金管理的目标是在保证企业生产经营所需现金的同时，节约使用资金，使企业闲置的资金得以充分的利用以获取收益，始终保持最佳现金余额。下面介绍几种确定最佳现金持有量的方法模型。

(一) 成本分析模型

成本分析模型是通过分析持有现金的有关成本，进而求得使总成本最低的现金额度，以此作为最佳的现金持有金额。

企业持有现金的有关成本包括以下三种：

(1) 机会成本。企业由于持有一定数量的现金，从而必然要放弃将其用于其他投资机会而可能获得的利益，这种持有现金的代价就是机会成本。机会成本与现金持有额成正比，即现金持有额越大，机会成本越高。

$$机会成本 = 现金持有量 \times 有价证券利息率 \qquad (3-3)$$

(2) 管理成本。是指企业由于持有现金而发生的有关管理费用，如安全措施的建造、有关人员的工资等。管理成本是一种固定费用，在一定的相关范围内，与现金持有金额之间无明显的变化关系。

(3) 短缺成本。是指企业由于现金持有不足，不能满足业务开支所需而蒙受的损失或付出的代价。短缺成本与现金持有金额成反比,即现金持有金额越大,短缺成本越低。短缺成本一般可根据估计损失额确认。

如果我们能够相对比较准确地确定各相关成本的大小,就可以首先分别计算出个现金持有方案下的机会成本、管理成本、短缺成本及总成本,进而选出总成本最低时对应的现金额度,即最佳现金持有金额。

如果能够找出各种成本和总成本与现金持有金额之间的函数关系,那么,我们也可以用坐标图的方法来求解最佳的现金持有金额。成本分析模型如图3-6所示。

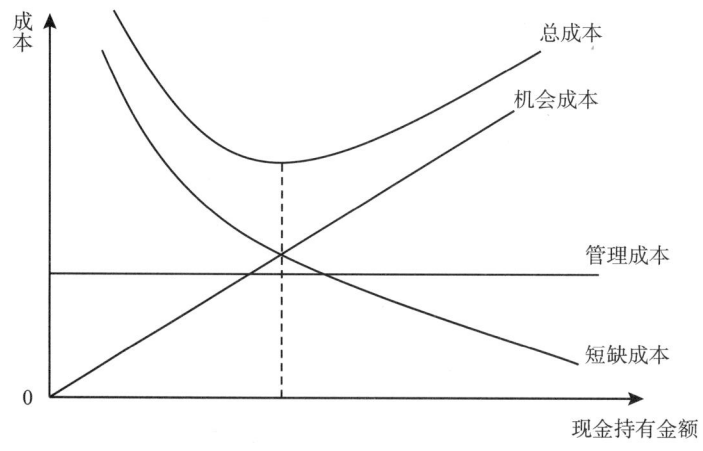

图 3-6　成本分析模型

相对来说,成本分析模型比较简单,易于操作,但要求能够比较准确地确定相关成本或有关的函数关系。

在实际工作中,运用成本分析模型确定最佳现金持有量的具体步骤为:

(1) 根据不同现金持有量测算并确定有关成本数值。

(2) 按照不同现金持有量及其有关成本资料编制最佳现金持有量测算表。

(3) 在测算表中找出总成本最低时的最佳现金持有量。

(二) 存货模型

存货模型来源于存货的经济批量模型。这一模型最早由美国学者鲍莫尔(W. J. Baumol)于1952年提出,因此又称鲍莫尔模型。该模型假设,公司的现金收入是每隔一段时间通过转让有价证券等发生一次,而现金支出在一定时期内均匀发生。图3-7形象地描述了这一过程。

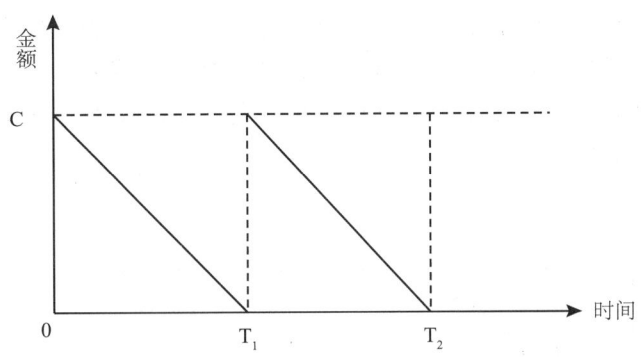

图 3-7 确定现金余额的存货模型

如图 3-7 所示，公司第 0 时点持有现金 C 元，T_1 时点公司的现金余额下降为零，此时公司通过转让价值为 C 元的有价证券来补充现金。这一过程不断重复。

在该模型下，持有现金的总成本包括两个方面：一是机会成本；二是交易成本，是指现金与有价证券转换的固定成本，与交易次数有关。

现金持有总成本可以表示为：

$$现金持有总成本 = 机会成本 + 交易成本$$
$$= \frac{C}{2} \times K + \frac{T}{C} \times F \quad (3-4)$$

式中：C——最佳现金持有量；

K——持有现金的机会成本；

T——公司在一定时期内现金的需求量；

F——每次现金与有价证券的交易成本。

此式一阶导数等于零时，可求出令总成本最小的现金持有量，即：

$$C = \sqrt{\frac{2FT}{K}} \quad (3-5)$$

【例 3-1】A 公司预计全年需要现金 150 000 元，现金与有价证券的转换成本为每次 200 元，有价证券的利息率为 15%，则该公司的最佳现金持有量为：

$$C = \sqrt{\frac{2 \times 150\,000 \times 200}{15\%}} = 20\,000（元）$$

（三）随机模型

随机模型假设每日现金净流量是一个随机变量，且在一定时期内近似地服从正态分布，每日现金净流量可能等于期望值，也可能高于或低于期望值。随机模型定义了两个现金控制额——上限为 H，下限为 L，R 线则为最优现金返回线，如图 3-8 所示。由图 3-8 可知，当现金余额上升到上限 H 时，表明现金余额过多，企业将购入有价证券，使现金余额回落到 R 线上；当现金余额下降到 L 时，企业将出售有价证券，使现金余额回升到 R 线上；现金在 H 和 L 之间波动时，企业不采取任何措施。

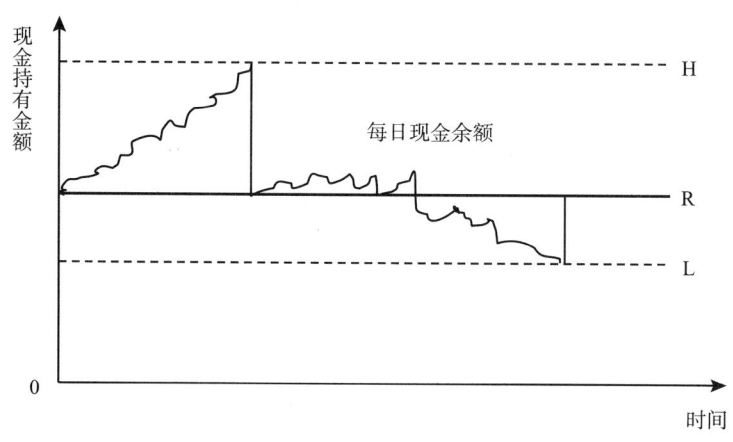

图 3-8 随机模型

公司在确定下限 L 的数额时，需要综合考虑公司每日最低现金需要、管理人员的风险承受倾向等因素的影响。

上限 H 的计算公式为：

$$H = 3R - 2L \tag{3-6}$$

均衡点 R 的计算公式为：

$$Z = \sqrt[3]{\frac{3F\sigma^2}{4K}} + L \tag{3-7}$$

平均余额计算公式为：

$$\frac{4R - L}{3} \tag{3-8}$$

式中：F——现金与证券之间每次转换成本；
σ——每日现金余额波动的标准差；
K——有价证券日利率；
R——目标现金余额；
H——现金余额上限；
L——现金余额下限。

【例 3-2】假设某公司有价证券年利率为 9%，每次转换有价证券的固定成本为 50 元，公司认为任何时候现金余额不能低于 2 000 元，根据以往经验测算出日现金净流量的标准差为 800 元。试计算确定最佳现金余额、最佳现金持有上限金额。

$$R = \sqrt[3]{\frac{3F\sigma^2}{4K}} + L = \sqrt[3]{\frac{3 \times 50 \times 800^2}{4 \times (9\% \div 360)}} + 2\,000 = 6\,579\,(元)$$

$$H = 3R - 2L = 3 \times 6\,579 - 2 \times 2\,000 = 15\,737\,(元)$$

(四) 现金周转模型

现金周转模型是从现金周转的角度出发，根据现金周转次数等指标来测算最佳现金余额的一种模式。其计算过程如下：

（1）计算现金周转期（天数）。前已述及，现金周转期是指公司从购买材料支付现金至销售商品收回现金的时间。

$$\text{现金周转期} = \text{存货周转期} + \text{应收账款周转期} - \text{应付账款周转期} \quad (3-9)$$

（2）计算现金周转次数。现金周转次数是指一年或一个经营期内现金的周转次数，其计算公式为：

$$\text{现金周转次数} = \frac{1}{\text{现金周转期}} \times \text{计算期天数} \quad (3-10)$$

（3）计算最佳现金持有金额。

$$\text{最佳现金持有金额} = \frac{\text{预计现金年总需求量}}{\text{现金周转次数}} \quad (3-11)$$

【例3-3】 某企业预计存货周转期为80天，应收账款周转期为30天，应付账款周转期为20天，预计全年需要现金800万元，计算最佳现金余额如下：

现金周转期 = 80 + 30 - 20 = 90（天）

现金周转次数 = 360/90 = 4（次）

最佳现金持有金额 = 800/4 = 200（万元）

现金周转模型操作比较简单，但需具备以下前提条件：（1）企业的生产经营一直持续稳定进行，现金支出均衡稳定，不确定因素较少，这样，未来年度的现金总需求可以根据产销计划比较准确地预计。（2）根据往年的历史资料可以较为准确地测算出现金周转次数，并且未来年度与历史年度的周转效率基本一致或者其变化率可以预计。

(五) 因素分析模型

因素分析模型是根据上年现金占用额和有关因素的变动情况，来确定最佳现金余额的一种方法，其计算公式如下：

$$\text{最佳现金余额} = (\text{上年现金平均占用额} - \text{不合理占用额}) \times (1 \pm \text{预计销售收入变化的百分比}) \quad (3-12)$$

【例3-4】 某企业2017年现金平均占用额为500万元，经分析，

"大多数公司的现金周期都为正，他们因而需要对存货和应收账款进行融资。现金循环越长，所需要的融资也越多。而且，公司现金周期的变化经常被作为一个预警信号进行监测。周期变长可能表明公司在流转存货或回收应收账款方面出现麻烦。公平地讲，这类问题也可能由于应付账款周转天数延长而被屏蔽，因而，二者都需要监测。"

——《公司理财精要》，斯蒂芬·罗斯

其中不合理占用额为 30 万元，2018 年销售收入预计较上年增长 10%。则 2018 年最佳现金余额为：

最佳现金余额 =（500 − 30）×（1 + 10%）= 517（万元）

因素分析模型考虑了影响现金余额高低的最基本因素，计算也比较简单。但是这种模型假定现金需求量与营业量同比例增长，有时情况并非完全如此。

三、现金收支管理

企业为了提高现金管理的效率，不仅要编制现金预算，而且要对日常的现金收支进行有效的规划和控制。

> 在很多世界五百强跨国企业，"资金不落地"已成为一种普遍做法。依靠全球联网的资金管理信息系统，跨国公司的一笔资金能够在全世界各主要区域市场之间不断地循环再利用，以此节约资金成本，让资本快速增值。而国内很多大中型集团企业普遍存在着企业层级多、集团对子公司的资金控制能力较弱等问题，比较典型的情况就是存款和贷款、财务费用三高。即集团内有钱的下属企业将资金存到某银行获得利息，而缺钱的企业却同时向另一家银行（或同一家银行）贷款，这无形当中就等于增加了财务费用。而借助专业的资金管理信息系统，集团可以对下属企业资金实行集中管理，子公司有剩余资金时，可通过第三方金融机构向集团委托存款；缺乏资金时，可通过第三方金融机构向集团申请委托贷款，这样就达到了充分利用自有资金的目的。
>
> 资金管理的理想状态是企业的每一分钱都不在银行账户上沉淀，而是在发挥作用。这不单单是应用一项信息技术，更涉及企业运作流程和管理制度方面的一系列变革。

（一）建立现金收支的内部控制制度

现金收支首先要保证其安全完整，不出差错，为此，必须建立严格的内部控制制度。

应明确现金收支的职责分工及内部牵制制度。所谓内部牵制制度，就是将同一项业务交由两个或两个以上的工作人员办理或执行，从而利用它们之间的相互牵制关系来防止差错和舞弊的出现。具体到现金管理上，主要表现为：现金的保管与记账应分离；现金收支的审批人与执行人应分离；定期轮岗等。

明确现金支出的批准界限。企业应建立明确的现金支出授权审批制度，划分总经理、部门经理等管理人员的批准界限，任何现金支出，必须经有关人员批准和授权方可使用。

做好收支凭证的管理及账目的核对。建立和完善收据、发票、支票等有关凭证的保管、领用及登记制度，定期核对有关账目。

（二）遵守现金收支结算纪律

具体要求包括：

（1）遵守国家规定的库存现金使用范围；
（2）核定库存现金限额；
（3）不得坐支现金；
（4）不能用不符合财务制度的凭证顶替库存现金，不能保存账外公款等；
（5）不得出租、出借或转让银行账户给其他单位或个人使用；
（6）不得签发空头支票及远期支票、不得套取银行信用；
（7）企业应严格按照中国人民银行规定的转账结算方式办理转账结算，可以选用的转账结算方式包括银行汇票、银行本票、商业汇票、支票、汇兑、委托收款、托收承付、信用证、信用卡等。

（三）加速收款

加速收款可以保证及时收回现金，避免本企业的资金被他人无偿占用。同时早日收回现金，可以使收回的现金尽早地投入到本企业的生产经营当中，从而加速现金周转的速度。为此，可以考虑采取下列措施：增加现款销售，减少赊销，如果经济上可行，尽量采用现金折扣；建立科学有效的收账政策，避免欠款逾期或出现坏账；采用安全快速的结算方式，加速客户汇款的速度；收到支票后尽快处理，指定专人办理大额款等。

西方企业常用的加速收款法有：

（1）锁箱法（lock system）。锁箱法以地域为基础，公司根据账单分布形势确定地区银行。在各地区银行所在地租用专门邮政信箱。授权当地银行每日开启信箱，取得支票后立即予以结算，并通过电汇再将款项拨给企业所在地银行。这种方法的现金收回过程开始于客户将支票寄至邮政专用信箱而非企业，不但缩短了支票邮寄时间，而且也免除支票了在企业的停留时间。

（2）集中银行制（concentration banking）。这是一种企业建立多个收款中心来加速收款的方法。企业指定一个主要开户行（一般为总部所在地）为集中银行，并在收款额较集中的若干地区设立若干个收款中心。特定区域内的客户被指定付款给那个区域内的收款中心，收款中心将收到的款项立即存入当地银行。超过这些地方银行最低存款余额的资金则从当地银行转入企业总部所在地的集中银行。

（3）电子付款方式。即通过电子清算系统及互联网进行结算，这种方式会大大简化收账系统和资金集中系统的设计，并日益占据重要地位。

（四）控制付款

企业在做好尽快收款的同时，还要有效地控制付款，尽可能地延缓现金的支出速度。具体措施有：

（1）使用现金浮游量（net float）。现金浮游量是指银行账户上的现金余额大于企业账户上所显示的现金余额的差额，这主要是因为在途支票未被支取。若能准确估计在途资金，就能利用现金浮游量，从而进行更有效的投资。

（2）延期付款。在不影响信誉的情况下，尽可能地推迟付款的时间，即支付应在到期日进行而不应提前。

（3）汇票付款。汇票不属于见票即付。它属于出票人开具并承兑的一种支付工具，在持票人将其提交给出票方开户银行收款时，银行要将汇票送交给签发者以获确认后，签发者才存入资金以支付该笔账项，这样就可以合法地延期付款。

> 公司开出支票就会产生支付浮游量，引起公司账面现金余额减少，但却不影响它的可用金额。
> 支付浮游量＝可用余额－账面余额（为正）
> 公司收到支票就会产生收款浮游量，增加账面余额，但是却不马上改变可用金额。
> 收款浮游量＝可用余额－账面余额（为负）
> 净效果，也就是总收款浮游量与总付款浮游量的和，叫做净浮游量。如果净浮游量为正，则支付浮游量大于收款浮游量，那可用余额会超过账面余额。
> ——《公司理财》，斯蒂芬·罗斯

第三节 应收账款管理

应收账款是企业流动资产的一个重要项目。随着市场经济的发展，商业信用的使用越来越普遍，企业应收账款数额明显增多，因而，它已成为流动资产管理中的一项重要内容。这里所说的应收账款是指因对外销售产品、材料、供应劳务及其他原因，应向购货单位或接受劳务的单位及其他单位收取的款项，包括应收销售款、其他应收款、应收票据等。

一、应收账款的功能与成本

企业提供商业信用，采取赊销、分期付款等销售方式，可以扩大销售，增加利润。但应收账款的增加，也会造成资金成本、坏账损失等费用的增加。

（一）应收账款的功能

应收账款的功能是指它在生产经营中的作用。概括起来主要有：

（1）增加销售的功能。在市场竞争比较激烈的情况下，赊销是促进销售的一个重要方法。对于同等的产品价格、类似的产品质量、一样的售后服务，实行赊销的产品的销售额将大于实行现销的销售额。

（2）减少存货的功能。公司持有产成品存货，要追加管理费、仓储费和保险费等支出，相反，公司持有应收账款，则无需上述支出。因此，当公司产成品存货较多时，一般都可采用较为优惠的信用条件进行赊销，把存货转化为应收账款，减少存货，节约支出。

（二）应收账款的成本

持有应收账款，也会付出一定的代价。应收账款的成本有：

（1）机会成本。企业资金如果不投放于应收账款，便可用于其他投资并获得收益，如投资于有价证券便会有利息收入。这种因投放于应收账款而放弃的其他收入，即应收账款的机会成本，这种成本一般按有价证券的利息率计算。

（2）管理成本。应收账款的管理成本包括为管理应收账款所花费的一切费用支出，主要包括：调查顾客信用情况的费用、收集各种信息的费用、账簿的记录费用、收账费用、其他费用等。

（3）坏账成本。应收账款因故不能收回而发生的损失，就是坏账成本。此项成本一般与应收账款发生的数量成正比。

应收账款管理的基本目标，就是在充分发挥应收账款功能的基础上，降低应收账款投资的成本，使提供商业信用、扩大销售所增加的收益大于有关的各项费用。

二、信用政策

信用政策即应收账款管理政策，是企业财务政策的一个重要组成部分，信用政策对销售会产生重要影响，如果我们的竞争对手放宽其信用政策而我们却不这样做，我们的政策将会给本企业营销能力产生负面影响。企业要管好用好应收账款，必须事先制定合理的信用政策。这主要包括信用标准、信用条件和收账政策三部分。

（一）信用标准

信用标准是企业用来衡量客户获得商业信用所应具备的基本条件。如果客户达不到信用标准，便不能享受企业的信用或只能享受较低的信用优惠。信用标准的高低对企业的销售收入和销售利润影响很大。企业的信用标准较严，只对信誉很好、坏账损失率很低的顾客给予赊销，则会减少坏账损失，减少应收账款的机会成本，但这可能不利于扩大销售量，甚至会使销售量减少。反之，如果信用标准较宽，虽然会增加销售,但会相应增加坏账损失和应收账款的机会成本。企业应根据具体情况进行权衡。

信用标准通常以预期的坏账损失率作为判别标准,进而划分信用等级。坏账损失率越高,信用等级越低,要求的信用标准就越高;坏账损失率越低,信用等级越高,要求的信用标准就越低。具体客户坏账损失率的确认,需要通过对客户进行信用评估来解决。

(二) 信用条件

信用条件是指公司要求顾客支付赊销款项的条件,包括信用期限、折扣期限和现金折扣。

信用期限是公司为顾客规定的最长付款时间;折扣期限是为顾客规定的可享受现金折扣的付款时间;现金折扣是为鼓励客户提前付款而给予的折扣优惠。如账单中的"2/10,n/30"就是一项信用条件,它规定如果在发票开出后10天内付款。可享受2%的折扣;如果不想享受折扣,这笔货款必须在30天内付清。在这里,30天为信用期限,10天为折扣期限,2%为现金折扣。

当公司想要通过延长信用期限来增加销售额时,必须考虑由此带来的应收账款成本的增加,将改变信用期限后成本的增加与收益的增加进行比较,然后做出决策。

【例3-5】E公司全年的计划赊销额为400 000元,现打算将原来的30天信用期限延长到60天,预计此项措施能使赊销额增加到600 000元。产品单位销售价格为50元,原产品平均单位成本为40元,预计产量增加后,产品平均单位成本可降至39元。假设公司管理费用和销售费用等并未随产量增加而改变。公司财务部门认为,如果此项措施可行,在应收账款上的投资至少要带来20%的收益。公司延长信用期限是否可行?

1. 计算信用条件的改变对利润的影响

由于管理费用和销售费用等并未随产量增加而改变,在以下计算利润增额过程中,只涉及了发生变动的费用项目。表3-2计算出了在信用期限分别为30天和60天条件下,在销售毛利中扣除收账费用和坏账损失后的销售净利,则延长信用期限所带来的额外利润为49 000元(123 000-74 000)。

> 现金折扣通常是销售条件的一部分。给予折扣的原因之一是为了加速应收账款收账。这样可能会产生减少已授信金额的后果,公司必须在它和折扣成本之间进行权衡。现金折扣的另一个原因是,对那些已经得到信用的客户收取较高的价格。从这个角度看,现金折扣是对那些被授予信用的客户收费的一种方便手段。
> ——《公司理财》,斯蒂芬·罗斯

表3-2　　　　　　　　两种信用标准测算结果　　　　　　　　单位:元

信用期项目	30天内按发票金额付款	60天内按发票金额付款
销售收入	400 000	600 000
销售成本	320 000	468 000

续表

信用期项目	30 天内按发票金额付款	60 天内按发票金额付款
销售毛利	80 000	132 000
收账费用	2 000	3 000
坏账损失	4 000	6 000
销售净利	74 000	123 000

2. 计算信用条件改变对应收账款平均占用资本量的影响

$$应收账款平均占用资本 = \frac{年赊销额}{应收账款周转次数} \quad (3-13)$$

在信用期限 30 天时,应收账款周转率为 12 次,则应收账款平均占用资本为:

400 000/12 ≈ 33 333(元)

在信用期限 60 天时,应收账款周转率为 6 次,则应收账款平均占用资本为:

600 000/6 = 100 000(元)

则信用期限延长后公司在应收账款上增加的投资为:

100 000 - 33 333 = 66 667(元)

增加的应收账款机会成本为:

66 667 × 20% = 13 333(元)

3. 做出决策

带来的额外利润为 49 000 元,增加的应收账款机会成本为 13 333 元,因此,延长信用期限是可行的。

向顾客提供现金折扣,主要目的是为了吸引顾客为享受现金折扣而提前付款,缩短公司的平均收账期。但提供现金折扣意味着公司要损失掉部分资本,判断现金折扣政策是否可行的标准是提供现金折扣所得到的收益是否大于现金折扣付出的代价。

【例 3-6】接【例 3-5】,若该公司提供的信用条件为"2/10,n/60",估计约有一半的客户(以销售额计)利用现金折扣,在 10 天内付款。假定该措施不会影响公司的销售额和相关费用项目。该措施是否可行?

(1) 计算现金折扣对应收账款占用资本的影响。

应收账款平均收账期 = 10 × 50% + 60 × 50% = 35(天)

即平均收账期由原来 60 天减少到 35 天,此时应收账款周转率为 10.3 次,则应收账款平均占用资本为:

$$\frac{600\ 000}{10.3} = 58\ 252(元)$$

则提供现金折扣后公司的应收账款减少投资 41 748 元（100 000 - 58 252）。

（2）计算由于应收账款投资减少而节约的机会成本。

41 748 × 20% = 8 349.6（元）

（3）计算现金折扣代价并做出决策。

现金折扣代价为 6 000 元（600 000 × 50% × 2%），由于 8 349.6 > 6 000，所以，公司提供在 10 天折扣期内给予 2% 的现金折扣的措施可行。

（三）收账政策

收账政策是指信用条件被违反时，企业采取的收账策略。企业如果采用较积极的收账政策，可能会减少应收账款投资，减少坏账损失，但要增加收账成本。如果采用较消极的收账政策，则可能会增加应收账款投资，增加坏账损失，但会减少收账费用。在实际工作中，可以按照测算信用标准、信用条件的方法来制定信用政策。一般而言，收账费用支出越多，坏账损失越少，但这两者并不一定存在线性关系。通常情况是：（1）开始花费一些收账费用，应收账款和坏账损失有小部分降低；（2）收账费用继续增加，应收账款和坏账损失明显减少；（3）收账费用达到某一限度以后，应收账款和坏账损失的减少就不再明显了，这个限度称为饱和点，如图 3 - 9 所示。在制定信用政策时，应权衡增加收账费用与减少应收账款和坏账损失之间的得失。

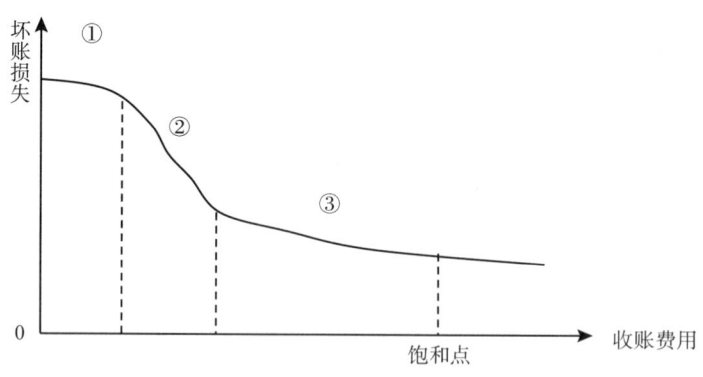

图 3 - 9　应收账款收账政策

【例 3 - 7】某企业在不同的收账政策条件下的有关资料如表 3 - 3 所示。该企业当年销售额为 2 400 000 元（全部为赊销），假设收账政策对销售收入没有影响。该企业应收账款的机会成本为 12%。问：该企业应选择哪一种收账政策？假设此时不考虑变动成本。

表 3-3　　　　　　　　不同收款政策比较　　　　　单位：元

项目	现行收账政策	建议收账政策
年收账费用	100 000	120 000
应收账款平均收账期	60	30
坏账损失率（%）	5	3

1. 计算由于应收账款减少而节约的机会成本

在现行收账政策下的应收账款平均占用资金为：

$$\frac{2\ 400\ 000}{360/60} = 400\ 000（元）$$

在建议收账政策下的应收账款平均占用资金为：

$$\frac{2\ 400\ 000}{360/30} = 200\ 000（元）$$

收账政策改变后可以节约的应收账款资金占用量为 200 000 元（400 000 - 200 000），可以节约的机会成本为 24 000 元（200 000 × 12%）。

2. 计算坏账损失成本的变化

收账政策改变后可以节约的坏账损失为：2 400 000 × (5% - 3%) = 48 000（元）

3. 计算应收账款的总成本变化并做出决策

应收账款总成本增量 = 收账费用增量 + 机会成本增量 + 坏账损失成本增量 = (120 000 - 100 000) + (-24 000) + (-48 000) = -52 000（元）

可见，企业共节约应收账款成本支出 52 000 元，所以建议的收账政策是可行的。

（四）综合信用政策

前面分析的是单项的信用政策，但要制定最优的信用政策，应把信用标准、信用条件、收账政策结合起来考虑，决策的原则仍是赊销的总收益应大于因赊销带来的总成本。

综合决策的计算相当复杂，计算中的几个变量都是预计的，有相当大的不确定性。所以，信用政策的制定并不能仅靠数量分析，在很大程度上要由管理的经验来判断决定。一般来说，应该根据客户的不同信用标准，给予不同的信用条件，并相应设计不同的收账政策，如表 3-4 所示。

表 3-4　　　　　　　　　综合信用政策的基本模式

信用标准：预计坏账损失率（%）	信用条件	收账政策
0~0.5	宽松信用条件	宽松收账政策
0.5~1	（60 天付款）	（拖欠 20 天不催收）
1~2	一般信用条件	一般收账政策
2~5	（45 天付款）	（拖欠 10 天不催收）
5~10	严格信用条件	严格收账政策
10~20	（30 天付款）	（拖欠立即催收）
20 以上	不提供商业信用	

三、应收账款的日常管理

信用政策建立以后，企业要做好应收账款的日常管理工作，进行信用调查和信用评价，以确定是否同意顾客赊欠货款，当顾客违反信用条件时，还要做好账款催收工作。

（一）信用调查

对顾客的信用进行评价是应收账款日常管理的重要内容。只有正确地评价顾客的信用状况，才能合理地执行公司的信用政策。要想合理地评价顾客的信用，必须搜集有关的信息资料，对顾客信用进行调查。

信用调查有直接调查和间接调查两类。直接调查是指调查人员直接与被调查单位接触，通过当面采访、询问、观看、记录等方式获取信用资料的一种方法。直接调查能保证搜集资料的准确性和及时性，但若不能得到被调查单位的合作，则会使调查资料不完整。

间接调查是以被调查单位以及其他单位保存的有关原始记录和核算资料为基础，通过加工整理获得被调查单位信用资料的一种方法。这些资料主要来自如下几个方面：

（1）财务报表。通过财务报表分析，基本上能掌握一个公司的财务状况和盈利状况。

（2）信用评估机构。通常专门的信用评估机构评估方法先进，评估调查细致，评估程序合理，可信度较高。

（3）银行。许多银行都设有信用部，为其顾客提供服务，但银行的资料一般仅愿在同业之间交流，而不愿向其他单位提供，因此，需要了解顾客的信用状况，可以通过当地开户银行，向其征询有关资料。

（4）其他。如财税部门、消费者协会、工商管理部门、公司的上级主管部门、证券交易部门等，另外，书籍、报纸、杂志等也可提供有关顾客的信用情况。

（二）信用评估

搜集好信用资料后，要对这些资料进行分析，并对顾客信用状况进行评估。信用评估的方法很多，这里介绍两种常见的方法：5C 评估法和信用评分法。

（1）5C 评估法。所谓 5C 评估法，是指重点分析影响信用的 5 个方面的一种方法。这五个方面英文的第一个字母都是 C，故称为 5C 分析法。这五个方面是：品德（character）、能力（capacity）、资本（capital）、担保品（collateral）和情况（condition）。现分述如下：

①品德。指当债务到期时，顾客愿意履行其付款义务的可能性。顾客是否愿意尽自己最大努力来归还货款，直接决定着账款的回收速度和数量。道德因素在信用评估中是最重要的因素。

②能力。指顾客偿还货款的能力。这主要根据顾客的经营规模和经营状况来判断。其中，财务报表分析，特别是分析客户的流动资产的数量、质量、短期偿债能力比率及日常运营状况，对判断客户的偿债能力有很大帮助。

③资本。指一个企业总的财务状况，即客户总的财务实力及可能偿还债务的背景。这主要根据有关的财务比率分析和对其近期销售前景的预测进行判断。

④担保品。指顾客在必要时能否为获取商业信用提供担保资产。如有担保资产，则对顺利收回贷款比较有利。

⑤情况。指总的经济情况对企业的影响，或某一地区的一些特殊情况对顾客偿还能力的影响。

通过以上五个方面的分析，便基本上可以判断顾客的信用状况，为最后决定是否向顾客提供商业信用做好准备。

（2）信用评分法。信用评分法是由亚历山大·沃尔在 20 世纪 20 年代提出的。该方法是将一系列财务比率和信用情况指标进行评分，然后进行加权平均，得出顾客的综合信用分数，并以此进行信用评估的一种方法。该方法的应用步骤如下：

①分别对各个财务比率和信用情况进行评分。

②确定标准比率，并将顾客的实际比率与标准比率进行比较，评出每项指标的实际得分。

③确定各项指标的加权权重和加权得分，求出总评分。

$$Y = \sum_{i=1}^{n} W_i X_i \quad (3-14)$$

式中：Y——对某潜在客户的综合评分；

W_i——评分项目的加权权重;

X_i——对第 i 种评分项目的评分值;

n——评分项目的数量。

如果客户的分数在 80~100 分时,说明客户的信用状况良好,预计坏账损失率低,信用等级较高;分数在 60~80 分时,说明客户的信用状况一般,预计坏账损失率一般,信用等级中等;分数在 60 分以下时,说明客户的信用状况较差,预计坏账损失率较高,信用等级偏低。至于企业采取的具体评分标准,根据企业的具体情况不同会有差异。

按照综合信用得分和坏账损失率给出客户的信用等级。表 3-5 中列示的该潜在客户属于第四等级,坏账损失率为 1%~2%。对应的信用等级如表 3-6 所示。

表 3-5　　　　　某企业潜在客户的信用评分

评分项目	评分项目值	得分	权重	加权得分
流动比率	2∶1	100	0.11	11
速动比率	0.79∶1	80	0.11	8.8
净流动资本	500 000 元	70	0.05	3.5
负债/权益	4.5∶1	50	0.05	2.5
总资产	12 000 000 元	100	0.03	3
应收账款周转率	11 次/年	90	0.15	13.5
存货周转率	4 次/年	80	0.12	3.6
总销售收入	55 000 000 元	100	0.05	5
总应付款	620 000 元	75	0.15	11.25
赊销支付情况	偶有延期	70	0.18	3.6
综合信用得分				80.75

表 3-6　　　　　某企业信用等级判定

信用等级	坏账损失率(%)	综合信用得分
1	0	95~100
2	0~0.5	90~95
3	0.5~1	85~90
4	1~2	80~85
5	2~5	75~80
6	5~10	70~75

续表

信用等级	坏账损失率（%）	综合信用得分
7	10~15	65~70
8	15~20	60~65
9	20以上	60以下

企业可根据目前的信用政策以及赊销计划，按照潜在客户的具体等级，决定提供信用的客户对象。一般情况下，对1~4级的客户可采取较优惠的信用条件，对5~8级的客户采取较严格的信用条件，对9级客户只允许现销。

（三）应收账款的监控

企业在向客户提供赊销后，应该经常进行测算和分析，并随时了解客户的信用状况，以保持对应收账款的监控。在应收账款的监控过程中，可采用的主要方法有：

（1）账龄分析法。账龄分析法是通过编制账龄分析表，以显示应收账款账龄时间的长短，并按时间长短排序。通过账龄分析可以发现：企业有多少应收账款尚在信用期内；有多少应收账款已超过了信用期；不同账龄的应收账款各占多少比例；有多少应收账款可能因拖欠时间太长而发生坏账损失。账龄分析表的格式如表3-7所示。

对不同拖欠时间的应收账款，公司应采取不同的收账方法，制定出经济可行的收账政策；对可能发生的坏账损失，应合理计提坏账准备。应收账款账龄分析表如表3-7所示。

表3-7　　　　　　　　应收账款的账龄分析表

应收账款账龄	账户数量	金额（万元）	百分率（%）
信用期限内	200	32	40
超过1~20天	100	16	20
超过21~40天	50	8	10
超过41~60天	30	8	10
超过61~80天	20	8	10
超过81~100天	15	4	5
超过100天	5	4	5
应收账款总额		80	100

从应收账款的账龄分析表中，可以了解到以下的情况：

尚在信用期限内的应收账款。在表3-7中在信用期限内的应收账款为32万元，占全部应收账款的40%。这些应收账款还没有到偿付期，因此欠款是正常的；但是到期后能否收回还需要看未来的实际情况，因此对这部分应收账款进行监督也是必要的。

超过信用期限的欠款的数额、时间的长短以及坏账的可能性。在表3-7中，价值为48万元的应收账款已经超过了信用期限，占全部应收账款的60%。在超过信用期限的欠款中，欠款时间的长短也不相等：

拖欠时间较短的（在20天以内）的部分为16万元，占全部应收账款的20%，这部分欠款可收回的可能性较大；

拖欠时间较长（21~100天）的应收账款为28万元，占全部应收账款的35%，这部分欠款的回收有一定的难度；

拖欠时间很长（超过100天）的应收账款为4万元，占全部应收账款的5%，这部分欠款的回收的可能性较小，可能会发生坏账。

（2）平均收现期法。平均收现期法是通过计算应收账款从形成到收回平均所经历的时间，并将其与目标值（如同行业有关数据）进行比较分析，为加强应收账款监控提供依据。其计算公式如下：

$$具体客户的平均收现期 = \frac{\sum 一定时期内每笔订货数额 \times 该笔订货的收账天数}{一定时期的订货总额} \quad (3-15)$$

$$总体的平均收现期 = \frac{（平均）应收账款余额}{平均每日赊销额} \quad (3-16)$$

（四）应收账款的催收

公司在收款过程中遵循一系列特定步骤，取决于账款过期多久，负债的大小和其他因素。典型的收款过程包括以下步骤：

（1）信函通知。对于过期较短的账款，可给顾客一封有礼貌的通知信件，不宜过多打扰，以免将来失去这一顾客；如果仍然没有收到付款，可以发出1~2份甚至更多的邮件，措辞可以稍严厉。

（2）电话催收。对过期较长的顾客，则可以给顾客打电话。

（3）派员面谈。对拖欠时间很长的顾客，公司的收账人员可以直接与顾客面谈，协商解决，可在催款时措辞严厉。

（4）收款机构。可以把收款工作交由专门的机构负责，但机构一般要收费。

（5）法律行动。必要时可以提请有关部门仲裁或提出诉讼。

对应收账款的催收要遵循几个原则：收款努力的顺序应该从成本最低的手段开始，只有在前面的分析方法失败后才继续采用成本较高的方法；收款决策遵循成本收益原则，一旦继续收款的努力所产生的现金流量小于继续收款所追加的成本，那么，停止追讨是正确的决策。①

第四节 存货管理

某国际货运代理有限公司应收账款管理

存货是指企业在生产经营过程中为销售或耗用而储备的物资，包括材料、燃料、低值易耗品、在产品、外购商品、自制半成品、产成品等。存货和应收账款一样，在企业流动资产中占据很大的比重，同时，存货又是一种变现能力较差的流动资产，存货利用程度的高低，对企业财务状况的影响极大。因此，加强存货的规划与控制，使存货保持在最优水平上，便成为财务管理的一项重要内容。

一、存货的功能与成本

存货管理的主要目的是既要保证生产经营的连续性，又要尽可能少地占用经营资金，企业应尽力在各种存货成本与存货效益之间作出权衡，达到最佳结合。

（一）存货的功能
存货的功能是指存货在生产经营过程中的作用。其主要功能有：
(1) 储存必要的原材料和在产品，以保证生产的正常进行。
(2) 储存必要的产成品，有利于销售。公司的产品一般不是生产一件出售一件，而是要组织成批生产，成批销售才经济合算。
(3) 适当储存各种存货，便于组织均衡生产，降低产品成本；各种存货的保险储备还可以防止意外事件造成的损失。

（二）存货的成本
企业保持存货是必需的，存货成本有以下几项：
(1) 取得成本。取得成本是指为取得某种存货而支出的成本，通常用 TC_a 表示。它又分为购置成本和订货成本。
①购置成本。购置成本是指存货本身的价值。在不存在批量折扣的条件下，购置成本取决于年需求量 D 与单价 U，与存货持有量决策无关。购置成本的计算公式为：

---
① 参见相关二维码中的内容。

$$购置成本 = D \times U \tag{3-17}$$

②订货成本。订货成本是指取得订单的成本,如办公费、差旅费、邮资、电话费等支出。

订货成本中有一部分与订货次数无关,如常设采购机构的基本开支等,称为固定订货成本,是存货持有量决策的无关成本,用 F_1 表示;另一部分与订货次数有关,如差旅费、邮资等,称为变动订货成本,是存货持有量决策的相关成本,用 K 表示。公司要降低订货成本,可以大批量采购,减少订货次数。订货次数等于年需求量 D 与每次订货批量 Q 之比。订货成本的计算公式为:

$$订货成本 = \frac{D}{Q} \times K + F_1 \tag{3-18}$$

购置成本与订货成本之和即为存货的取得成本。其计算公式为:

$$TC_a = D \times U + \frac{D}{Q} \times K + F_1 \tag{3-19}$$

(2)储存成本。储存成本是指因储存存货而发生的成本(仓储费、存货占用资金的利息支出或放弃利息、保险费、损耗费等),通常用 TC_c 表示。储存成本也分固定储存成本和变动储存成本。固定储存成本与存货数量多少无关,如仓库折旧、仓库固定职工的工资等,常用 F_2 表示;变动储存成本与存货数量有关,如存货资金利息、存货保险费等,单位成本用 K_c 表示。则储存成本的计算公式为:

$$TC_c = \frac{Q}{2} \times K_c + F_2 \tag{3-20}$$

(3)缺货成本。缺货成本是指由于存货供应中断而造成的损失。主要有:材料供应中断造成的停工待料损失;产成品存货或商品存货缺货造成的延迟发货的损失、丧失销售机会的损失以及商誉的损失;采取补救措施而发生的成本,如公司紧急采购代用材料而增加的额外支出。缺货成本与存货的储存数量成反比,通常用 TC_s 表示。

存货总成本如果用 TC 表示存货的总成本,其计算公式为:

$$TC = D \times U + \frac{D}{Q} \times K + F_1 + \frac{Q}{2} \times K_c + F_2 + TC_s \tag{3-21}$$

最优存货持有量就是使上式 TC 为最小的 Q。

二、经济批量模型

公司存货管理决策的主要问题包括两方面内容:一是决定订货批量,即应当订购多少;二是决定订货时间,即应当何时订购。

(一) 基本经济批量模型

经济批量是指能够使一定时期存货的总成本达到最低点的订货数

量。通过对存货成本分析可知,决定存货经济批量的成本因素主要包括变动订货成本、变动储存成本以及允许缺货时的缺货成本。

减少订货批量,增加订货次数,在储存成本降低的同时,也会导致订货成本和缺货成本的上升;反之,增加订货批量,减少订货次数,尽管有利于降低订货成本和缺货成本,但同时会导致储存成本的上升。因此,如何权衡各项成本之间的关系,选择适当的订货批量,使存货的总成本达到最低,是公司组织订货过程中需要解决的问题。

基本经济批量模型是处在一种理想的市场状况,其基本假设条件是:

(1) 能够及时补充存货,即公司在有订货需求时能够立即订购足够存货;
(2) 所订购的存货能够一次到位,而不是陆续入库;
(3) 没有缺货成本;
(4) 没有固定订货成本和固定储存成本;
(5) 需求量稳定且能准确预测;
(6) 存货供应稳定且单价不变,不考虑数量折扣;
(7) 公司现金充足,不会因为现金短缺而影响订货。

在上述假设条件下,存货总成本公式可以简化为:

$$TC = \frac{D}{Q} \times K + \frac{Q}{2} \times K_c$$

存货成本与批量的关系如图 3-10 所示。

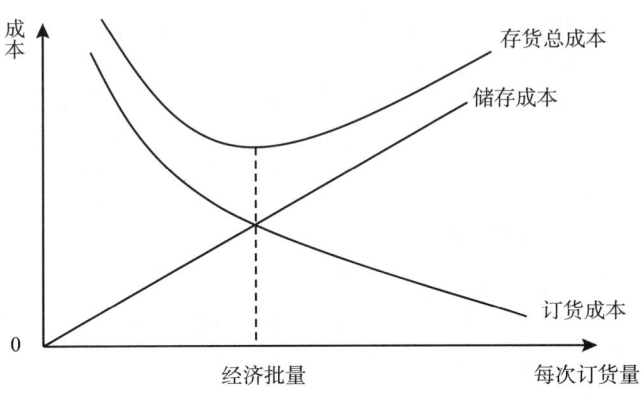

图 3-10 存货成本与订货量之间关系图

为求出 TC 的极小值,使上式一阶导数为零,求出使存货总成本最低的经济批量 Q^*。

$$经济批量 Q^* = \sqrt{\frac{2KD}{K_c}} \tag{3-22}$$

$$年最优订货次数 N^* = \frac{D}{Q^*} \qquad (3-23)$$

$$年最优订货周期 T^* = \frac{1}{N^*} \qquad (3-24)$$

$$经济批量下的存货总成本 TC(Q^*) = \sqrt{2KDK_c} \qquad (3-25)$$

$$经济批量下存货占用资本 R^* = \frac{Q^*}{2} \times U \qquad (3-26)$$

【例3-8】某企业外购的甲材料的年需求量为 3 600 千克,该材料单位成本为 20 元,预计每次订货费用为 50 元,单位存货年储存成本为 4 元,计算甲材料的经济采购批量、年最优订货次数、订货周期、与经济批量有关的总成本和经济采购批量占用资金如下:

$$Q^* = \sqrt{2 \times 3\,600 \times \frac{50}{4}} = 300 \text{（千克）}$$

$N^* = 3\,600/300 = 12$（次）

$T^* = 1/N^* = 12/12 = 1$（月）

$$TC(Q^*) = \sqrt{2 \times 50 \times 3\,600 \times 4} = 1\,200 \text{（元）}$$

$$R^* = \frac{300}{2} \times 20 = 3\,000 \text{（元）}$$

(二) 基本模型的扩展

(1) 订货提前期模型。一般情况下,公司的存货不能做到随用随补充,因此不能等到存货全部用完再去订货,而是需要提前订货。在提前订货的情况下,公司再次发出订货单时尚有的存货库存量,称为再订货点,用 R 表示：

$$R = L \times d \qquad (3-27)$$

式中：

R——再订货点；

L——订货期；

d——存货每日需求量。

在订货期提前的情况下,订货批量、订货次数和订货时间间隔与瞬间补充存货时的情况相同,因此对经济批量并无影响。

【例3-9】接【例3-8】,假设该企业甲材料订货期为 30 天,该材料全年的耗用情况比较稳定(全年生产天数按 360 天计)。则企业甲材料的订货点计算如下：

平均每天的耗用量 = 3 600 ÷ 360 = 10（千克）

再订货点 = 30 × 10 = 300（千克）

有关存货的每次订购批量、订货次数、订货时间间隔不变。

(2) 存货的陆续供应和使用模型。在基本模型中,我们假设存

> 为了容许运送时间,公司在存货达到某一关键水平之前,就要订货。再订货点就是公司真正下订单的时点。
> ——《公司理财》,斯蒂芬·罗斯

货集中到货，即一次全部入库，而事实上，各批存货可能是陆续入库，存量陆续增加。尤其是产成品和在产品转移，几乎总是陆续供应和陆续耗用的。因此，在计算经济批量时，还要考虑存货送达的送货期，此时存货的总成本可以表示为：

$$TC = \frac{D}{Q} \times K + \frac{Q}{2}\left(1 - \frac{d}{p}\right) \times K_c \qquad (3-28)$$

式中：p——每日送货量；
    d——每日耗用量。

其他符号意义同上。

则存货陆续供应时使用的经济批量公式为：

$$Q^* = \sqrt{\frac{2KD}{K_c\left(1 - \frac{d}{p}\right)}} \qquad (3-29)$$

存货陆续供应时使用的经济批量下总成本计算公式为：

$$TC(Q^*) = \sqrt{2KDK_c\left(1 - \frac{d}{p}\right)} \qquad (3-30)$$

【例3-10】接【例3-9】，若供货陆续入库，每日供货量为30千克，每日耗用量为10千克，其他条件不变。则存货的经济批量为：

$$Q^* = \sqrt{\frac{2 \times 50 \times 3\,600}{4 \times \left(1 - \frac{10}{30}\right)}} = 367 \text{（千克）}$$

$$TC(Q^*) = \sqrt{2 \times 50 \times 3\,600 \times 4 \times \left(1 - \frac{10}{30}\right)} = 980 \text{（元）}$$

（3）保险储备模型。上述所有模型均假设存货每日需求量不变，交货时间也不变，但实际情况并非完全如此。按照经济批量订货后，如果需求量增大或送货延迟，就会发生缺货而引起供应中断，所以就要求公司多储备一些存货，以备应急之需，这部分储存量称为保险储备。

保险储备量是公司库存材料物资即将发生不足的警戒线，当存货储备量降到此点前，应及时组织订货，否则可能会影响生产和销售。

一般情况下，存货需求和供应的变化越大，公司需要保持的保险储备量越多。公司的保险储备越多，储存成本越大，但缺货成本越小；相反，保险储备量越少，储存成本越少，但缺货造成损失的可能性增加。所以，公司在建立保险储备时，必须在缺货成本与储存成本之间进行权衡，确定理想的保险储备量。其公式如下：

$$TC(S、B) = TC_S + TC_B$$
$$= K_U \times S \times N + B \times K_C \qquad (3-31)$$

式中：TC(S、B)——保险储备有关的总成本；

TC$_S$——短缺成本；

TC$_B$——保险储备成本；

K$_U$——单位缺货成本；

S——缺货量；

N——年订货次数；

B——保险储备量；

K$_C$——单位储存成本。

在现实中，缺货量 S 具有一定的概率分布，其概率可根据历史经验估计得出。通过计算不同保险储备量下缺货量 S 的期望值，进而可以计算 TC（S、B）并相互比较，选择 TC（S、B）最小时的保险储备量即为最佳保险储备量。

【例 3 – 11】H 公司的甲类存货年需要量为 3 600 件，单位储存变动成本为 2 元，单位缺货成本为 4 元，交货时间为 10 天，经济订货量为 300 件，每年订货次数为 12 次，交货期内的存货需要量及其概率分布如表 3 – 8 所示。

表 3 – 8　　　　　甲类存货在交货期内需求量的概率分布

需要量（件）(10 × d)	70	80	90	100	110	120	130
概率	0.02	0.03	0.25	0.40	0.25	0.03	0.02

交货期内需求量的期望值为：

$70 \times 0.02 + 80 \times 0.03 + 90 \times 0.25 + 100 \times 0.4 + 110 \times 0.25 + 120 \times 0.03 + 130 \times 0.02 = 100$（件）

先计算不同保险储备的总成本：

(1) 不设置保险储备量。即令 B = 0，以 100 件为订货点。在这种情况下，当需求量≤100 件时，不会发生缺货，其概率为 0.70（0.02 + 0.03 + 0.25 + 0.40）；当需求量为 110 件时，缺货 10 件（110 – 100），其概率为 0.25；当需求量为 120 件时，缺货 20 件（120 – 100），其概率为 0.03；当需求量为 130 件时，缺货 30 件（130 – 100），其概率为 0.02。

因此，B = 0 时缺货的期望值 S$_0$、总成本 TC（S、B）可计算如下：

$S_0 = (110 - 100) \times 0.25 + (120 - 100) \times 0.03 + (130 - 100) \times 0.02$

$= 3.7$（件）

$TC(S、B) = 4 \times 3.7 \times 12 + 0 \times 2$

$= 177.6$（元）

（2）保险储备量为 10 件。即令 B = 10，且以 110 件为订货点。在这种情况下，当需求量≤110 件时，不会发生缺货，其概率为 0.95（0.02 + 0.03 + 0.25 + 0.40 + 0.25）；当需求量为 120 件时，缺货 10 件（120 - 110），其概率为 0.03；当需求量为 130 件时，缺货 20 件（130 - 110），其概率为 0.02。

因此，B = 10 时缺货的期望值 S_{10}、总成本 TC（S、B）可计算如下：

S_{10} = (120 - 110) × 0.03 + (130 - 110) × 0.02
    = 0.7（件）

TC（S、B）= 4 × 0.7 × 12 + 10 × 2 = 53.6（元）

（3）保险储备量为 20 件。同样运用以上方法，可计算 B = 20 时缺货的期望值 S_{20}、总成本 TC（S、B）为：

S_{20} = (130 - 120) × 0.02
    = 0.2（件）

TC（S、B）= 4 × 0.2 × 12 + 20 × 2
        = 49.6（元）

（4）保险储备量为 30 件。即 B = 30 件，只以 130 件为订货点。此种情况下可满足最大需求，不会发生缺货，因此可计算如下：

S_{30} = 0

TC（S、B）= 4 × 0 × 12 + 30 × 2 = 60（元）

然后，比较上述不同保险储备量的总成本，以其最低者为最佳。可以看出，当 B = 20 件时，总成本为 49.6 元，是各总成本中最低的，所以应确定保险储备量为 20 件，或者说应该确定以 120 件为订货点。

（三）其他存货控制方法

存货控制是指在日常生产经营过程中，按存货计划的要求，对存货的使用和周转情况进行的组织、调节和监督。存货控制的方法主要有如下几种：

（1）分级归口控制。存货的分级归口控制，是指在厂长经理的领导下，以财务部门为核心，按照使用资金和管理资金相结合，物资管理和资金管理相结合的原则，将存货定额和计划指标，按各职能部门所涉及的业务归口管理，各归口职能部门再根据具体情况将资金指标进行分解，落实到车间、班组及个人实行分级管理。它是加强存货日常管理的一种重要方法。这一管理方法包括如下三项内容：

①在集中领导下，财务部门对存货资金实行统一管理。加强对存货资金的集中、统一管理，促进供、产、销互相协调，实现资金使用的综合平衡，加速资金周转，财务部门的统一管理主要包括如下几方面工作：根据财务制度和企业具体情况制定企业资金管理的各种制度；认真核定各种资金占用数额，汇总编制存货资金计划；把有关计

划指标进行分解，落实到有关单位和个人；对各单位的资金运用情况进行检查和分析，统一考核资金的使用情况。

②实行资金的归口管理。根据使用资金和管理资金相结合，物资管理和资金管理相结合的原则，每项资金由哪个部门使用，就归哪个部门管理。各项资金归口管理的分工一般如下：原材料、燃料、包装物等资金归供应部门管理；在产品和自制半成品归生产部门管理；产成品资金归销售部门管理；工具用具占用的资金归工具部门管理；修理用备件占用的资金归设备动力部门管理。

③实行资金的分级管理。各归口的管理部门要根据具体情况将资金计划指标进行分解，分配给所属单位或个人，层层落实，实行分级管理。具体分解过程可按如下方式进行：原材料资金计划指标可分配给供应计划、材料采购、仓库保管、整理准备各业务组管理；在产品资金计划指标可分配给各车间、半成品库管理；成品资金计划指标可分配给销售计划、仓库保管、成品发运各业务组管理。

（2）ABC控制法。对于一个大型企业来说，常有成千上万种存货项目，在这些项目中，有的价格昂贵，有的不值几文，有的数量庞大，有的寥寥无几。如果不分主次，面面俱到，对每一种存货都进行周密的规划，严格的控制，就抓不住重点，不能有效地控制主要存货资金。ABC控制法正是针对这一问题而提出来的重点管理方法。这种方法是根据各项存货在全部存货中重要程度的大小，将存货划分为ABC三类，然后分别采用不同的控制方法。A类存货品种数量较少，但存货资金占用额大；B类存货品种量相对较多，但存货金额一般；C类存货品种数量多，但资金占用额很少。ABC控制法的具体步骤如下：

①计算每一种存货在一定时间内（一般为一年）的资金占用额。

②计算每一种存货资金占用额占全部资金占用额的百分比，并按大小顺序排列，编成表格。

③根据事先测定好的标准，把最重要的存货划为A类，把一般存货划为B类，把不重要的存货划为C类。

④对A类存货进行重点规划和控制，对B类存货进行次重点管理，对C类存货只进行一般管理。ABC控制法在存货管理中的应用如表3-9所示。

表3-9　　　　　　　　ABC控制法不同的管理方式

	A	B	C
管理要点	投入较大力量集中管理，将库存压缩到最低水平	按经营方针调节库存水平	集中大量订货，以较高库存来减少订货费用

续表

	A	B	C
订货方式	计算每种产品的订货量，按最优批量订货，采用定期订货的方式	采用定量订货方式，当库存降到最低点时发出订货，订货为经济批量	采用双堆法，用两个库位储存，一个库位发完，用另一个库位发，并补充第一库位的存货
定额水平	按品种甚至规格控制	按品种大类控制	按总金额控制
检查的频率	经常检查	一般检查	按年度或季度检查
统计方法	详细统计，按品种、规格规定统计项目	一般统计，按大类规定统计项目	按金额统计

ABC 三类存货的分布状况如图 3-11 所示。

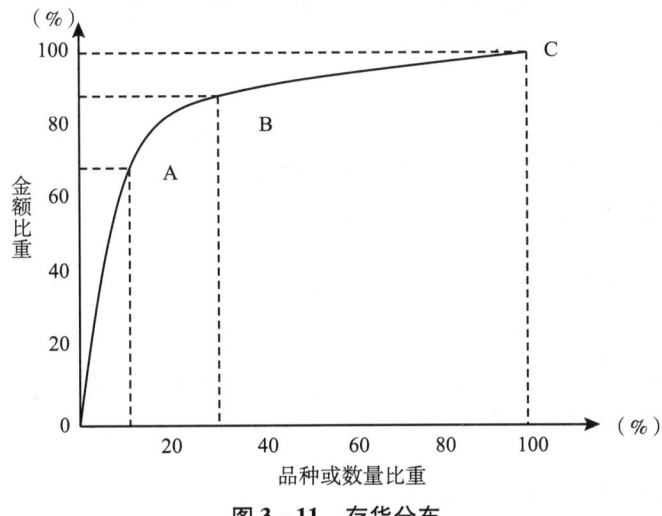

图 3-11 存货分布

（3）挂签制度法。这是一种传统的控制方法。对各主要存货都悬挂一张记载永续盘存记录的标签，这种标签实际上是载明各种信息的卡片，其中包括存货的名称、编号、经济批量、订货点、收入、发出、结存等基本资料。在采用挂签制度时，无论是存货的收入还是发出，都要逐笔记录到卡片上，并随日结出数量。当结存数量达到订货点时，便发出订货通知。这种方法简单易行，能随时观察到存货的收支结存数量，并及时组织供应。

（4）JIT 控制法。JIT（just-in-time）即准时制，要求企业在生产经营的需要与材料物资的供应之间实现同步，使物资传送与作业加工速度处于同一节拍，最终将存货降低到最小限度，甚至没有存货（零库存）。适时性管理的好处在于消除了大量的存货，节约了在储备存货上占用的资金即相应的储存成本,从而提高了生产效率及效益。当然,这也对供应商、员工、生产系统等提出了更高的要求。

(5) MRP (manufacturing resources planning) 控制法。MRP 控制法是利用电子计算机把企业的各子系统有机地结合起来,从而形成一个面向整个企业的一体化系统。它首先根据市场需求预测和客户订单编制主生产计划,然后对产品进行分解,列出物料清单,进而对物料清单进行分析,得出基本零件和原材料不同的需求时间,最终确定物料的采购品种、数量和时间。在整个过程中,要不断地进行信息反馈并适时做出调整,从而达到整个系统的动态优化。MRP 的作用表现在降低存货资金占用、减少存货损耗、降低采购成本、提高采购效率等方面。

第五节 短期筹资管理

短期资本来源是指公司为满足临时性流动资产周转需要而融通的偿还期在一年以内或一个经营周期内的资金来源。短期资本来源一般通过流动负债方式取得,主要包括商业信用融资和短期银行借款。

一、商业信用

商业信用是指商品交易中的延期付款或延期交货所形成的借贷关系,是企业之间的一种自发性的融资行为,属于短期融资范畴。

(一) 商业信用的形式

利用商业信用融资,主要有以下几种形式:

(1) 应付账款。应付账款是一种最典型、最常见的商业信用形式。在此种情况下,买卖双方发生商品交易,买方收到商品后不立即支付现金,可延期到一定时期以后付款。

(2) 预收货款。在这种形式下,卖方要先向买方收取货款,但要延期到一定时期以后交货,这等于卖方向买方先借一笔资金,是另外一种典型的商业信用形式。通常,购买单位对于紧俏商品乐意采用这种形式,以便取得期货。另外,生产周期长、售价高的商品,如轮船、飞机等,生产企业也经常向订货者分次预收货款,以缓解资金占用过多的矛盾。

(3) 商业汇票。商业汇票是指单位之间根据购销合同进行延期付款的商品交易时,开出的反映债权债务关系的票据。根据承兑人的不同,商业汇票可分为商业承兑汇票和银行承兑汇票。商业承兑汇票是指由收款人开出,经付款人承兑,或由付款人开出并承兑的汇票。银行承兑汇票是指由收款人或承兑申请人开出,由银行审查同意承兑的汇票。商业汇票是一种期票,是反映应付账款和应收账款的书面证明。对于卖方来说,它是一种短期融资方式。

(4) 应计负债。企业中还有另外一种短期资金来源,即应计负债。它包括应付税金、利息和工资等,这些应付款项的支付有一定的宽限期间。这种宽限期的存在也为企业提供了一种短期资金来源。

(二) 商业信用条件

信用条件是销货公司要求赊购客户支付货款的条件,包括信用期限、折扣期限和现金折扣。信用期限是公司为顾客规定的最长付款时间;折扣期限是为顾客规定的可享受现金折扣的付款时间;现金折扣是在顾客提前付款时给予的优惠。它主要有以下几种形式:

(1) 延期付款,但不提供现金折扣。按照这种信用条件,卖方允许买方在交易发生后一定时期内按发票面额支付货款,如"net 45",是指在45天内按发票金额付款。在这种情况下,买方可能因延期付款而获得资本来源。

(2) 延期付款,但提前付款能享受现金折扣。按照这种信用条件,买方若提前付款,能享受一定的现金折扣;买方若不享受现金折扣,则必须在信用期内付清账款。如"2/10,n/30",是指在10天之内付款,可享受2%的现金折扣;若不享受现金折扣,货款应在30天内付清。在这种情况下,买方如果在折扣期内付款,可获得短期资本来源的同时,还能得到现金折扣优惠;若放弃现金折扣,则可以在稍长的时间内占用卖方的资本。

若买方放弃折扣,产生的机会成本按如下公式计算:

$$放弃现金折扣的机会成本 = \frac{现金折扣率}{1-现金折扣率} \times \frac{360}{信用期-折扣期}$$

(3-32)

【例3-12】R公司购进材料一批,货款总计100 000元,信用条件为:3/10,n/30,该公司在第30天付款。则:

$$放弃现金折扣的机会成本 = \frac{3\%}{1-3\%} \times \frac{360}{30-10} = 55.67\%$$

可见,买方放弃现金折扣的机会成本是较高的,如果不能在放弃现金折扣的信用期间内获得高于这一成本的收益率,那么放弃折扣是不理性选择。

如果买方在面对两家或两家以上提供不同信用条件的卖方,则应当比较放弃现金折扣的机会成本,选择机会成本最小的。

【例 3-13】 续【例 3-12】，该公司除了上述"3/10，n/30"的信用条件外，还有另一家供应商提供"2/20，n/50"的信用条件。试确定应当选择的供应商。

$$放弃现金折扣的机会成本 = \frac{2\%}{1-2\%} \times \frac{360}{50-20} = 24.49\%$$

这一成本低于信用条件为"3/10，n/30"的机会成本，因此应当选择信用条件为"2/20，n/50"的供应商。

（三）商业信用筹资的优缺点

商业信用筹资的优点包括：（1）使用方便。商业信用筹资是一种"自发性筹资"，伴随商品交易而自然产生，不需为此特别办理手续。（2）成本低。如果没有现金折扣或公司不放弃现金折扣，则使用商业信用筹资没有筹资成本。（3）限制少。与借款相比，商业信用筹资限制条件较少，选择余地较大。

商业信用筹资的缺点主要表现在：商业信用筹资的期限较短，特别是应付账款，不利于公司对资本的统筹运用，如果拖欠则有可能导致公司信用地位和信用等级下降。另外，如果公司享受现金折扣，则付款时间会更短；如果放弃现金折扣，会负担较高的机会成本。

二、短期借款

短期借款是指企业向银行或其他非银行金融机构借入的期限在一年以内的借款。企业举借短期借款，首先应向借款机构提出申请，经审查同意后借贷双方签订借款合同，办理借款手续，然后取得借款。

（一）短期借款的种类

（1）短期借款按银行发放贷款的具体形式，可以分为信用借款、经济担保借款、抵押借款等。

信用借款。信用借款是指完全凭借款人信用，不需借款人提供经济担保或财产抵押的借款方式。规定借款限额或周转额度的银行借款均属于信用借款。信用借款主要适用于经营时间长、经济实力强、借贷往来时间长、信誉好的公司。

经济担保借款。经济担保借款要求借款人以第三方经济信誉或财产作为还款保证的借款方式。经济担保借款要求借款公司、担保人、银行三方签订合法完整的借贷合同和担保合同，明确三方的权利和责任。

抵押借款。抵押借款是指公司以某种资产作为担保，抵押给银行，以此获得一定数额短期资本的借款方式，有价证券、应收账款和存货是常用的抵押品。

（2）短期借款按借款利息支付方法的不同，分为收款法借款、贴现法借款和加息法借款。

收款法借款。收款法借款是指公司在借款到期时向银行支付利息的借款方式。银行向公司发放的贷款大多采用此法收取利息。

贴现法借款。银行向公司发放贷款时，先从本金中扣除利息部分，而到期时借款公司则要偿还贷款本金。采用这种方法，公司可利用的贷款额只有本金减去利息部分后的差额，因此贷款的实际利率高于名义利率。

加息法借款。加息法借款是指公司需要分期等额偿还贷款本金及其利息的借款方式。在分期等额偿还贷款的情况下，公司所负担的资本的实际利率远远高于名义利率。

（二）借款的信用条件

银行发放短期贷款往往具有一些信用条件，主要有：

（1）信贷限额。信贷限额是银行与借款人之间达成的一种无法律约束的非正式的协议，它规定银行愿意借给客户的最高贷款额。信贷限额的有效期限通常为1年。一般来讲，公司在批准的最高信贷限额没有用完之前，可随时使用银行信贷；银行也可以根据公司的经营状况好坏来调整其核定的信用额度，甚至决定取消信用额度。

（2）周转信贷协定。周转信贷协定是指银行从法律上承诺向公司提供不超过某一最高限额的贷款协定，是一种正式的具有法律约束的信用额度形式。在周转信贷协定中，只要公司的借款总额未超过最高限额，银行必须满足公司任何时候提出的借款要求。公司享用周转信用协定，应按使用贷款的实际资本额向银行支付相应的利息费，此外还要对贷款限额未使用部分付给银行一笔承诺费。

（3）补偿性余额。补偿性余额是银行要求借款公司在银行中按贷款限额或实际借款额的一定百分比（一般为10%~20%）保持的最低存款余额。从银行角度讲，补偿性余额可降低贷款风险，补偿可能遭受的贷款损失；对于公司来说，补偿性余额实际上提高了借款的实际利率。

（4）借款抵押。银行向财务风险较大的企业或对信誉不是很好的企业发放贷款，有时需要抵押担保，以减少自己蒙受损失的风险。短期借款的抵押品经常是借款企业的应收账款、存货、股票等。银行接受抵押品后，将根据抵押品的面值决定贷款金额，一般为抵押品面值的30%~90%。这一比例的高低取决于抵押品的变现能力以及银行的风险偏好。抵押借款的成本通常高于非抵押贷款，因为银行主要向信誉好的客户提供非抵押贷款，而将抵押贷款看成一种风险投资，故而收取较高的利率。

(5) 偿还条件。贷款的偿还有到期一次偿还和在贷款期内定期等额偿还两种。一般来说企业不希望采用后一种偿还方式，因为这会提高借款的有效年利率；而银行不希望采用前一种偿还方式，因为这会增加企业财务负担，增加企业拒付风险，同时会降低实际贷款利率。

(6) 其他承诺。银行有时还要求企业为取得贷款提供其他承诺，比如及时提供财务报表，保持适当的财务水平等。

(三) 短期借款利率及利息支付方法

(1) 短期借款利率。短期借款利率分为以下三种：

优惠利率，是银行向财力雄厚、经营良好的企业贷款时采用的利率。

浮动优惠利率，是一种随着其他短期利率的变动而变动的优惠利率，即随着市场条件的变化而随时调整变化的优惠利率。

非优惠利率，是银行贷款给一般企业时所采用的高于优惠利率的利率，通常在优惠利率的基础上加一定的百分比。

(2) 借款利息的支付方法。一般来讲，企业可以用以下三种方法支付银行贷款利息：

收款法，是指企业在借款到期时支付利息的方法。

贴现法，是指银行向企业发放贷款时，先从本金中扣除利息部分，在到期时企业需要偿还全部本金的方法。采用这种方法，有效年利率高于报价利率。

加息法，是指银行根据报价利率计算利息并加到本金上，计算出贷款本息和，要求企业在贷款期内分期等额偿还本息和的方法。由于贷款分期等额偿还，企业实际上只平均使用了贷款本金的一半，却支付全额利息，这样，企业所负担的有效年利率高于报价利率大约1倍。

(四) 短期借款优缺点

短期借款的优点主要表现在：(1) 融资成本较低。在正常情况下，短期负债的利率一般低于长期负债，而某些"自然性融资"则没有利息负担。(2) 融资弹性较好。与长期债务相比，短期债务给债务人更大的灵活性。长期债务债权人为了保护自己的利益，往往会在契约中提出众多的限制性条款，从而使债务人丧失某些经营决策主动权。而短期债务的限制性条款比较少，使公司有更大的灵活性。(3) 融资速度快。申请短期借款往往比申请长期借款更容易、更便捷，通常在较短的时间内便可获得。

其缺点主要表现为：(1) 融资风险较高。短期负债需在一个较短的期限内偿还，如果企业资金调度出现问题，更易发生财务危机。(2) 期限短。短期资金来源需要在短期内归还，不能用于长期资金占用。

本 章 小 结

本章主要知识点包括：

(1) 营运资本是指在企业正常生产经营活动中占用在流动资产上的资金，有广义和狭义两种概念。营运资本的本质特征是流动性，其管理策略包括营运资本的投资策略和营运资本的筹资策略。营运资本投资策略包括适中型、激进型和保守型三种；同样，营运资本的筹资策略包括适中型、激进型和保守型三种。

(2) 现金是指生产经营过程中暂时停留在货币形态上的资金，企业持有现金的目的，是基于交易、预防和投机的需求。常用的现金决策模型主要有：成本分析模型、存货模型、随机模型、现金周转模型和因素分析模型等。

(3) 信用政策即应收账款管理政策。企业的信用政策主要包括信用标准、信用条件和收账政策三部分。

(4) 存货是指企业在生产经营过程中为销售或耗用而储备的物资。存货成本包括购置成本、订货成本、储存成本和缺货成本，存货成本是决定存货经济批量的主要因素。

最优存货决策模型包括经济订货量基本模型、订货提前期模型、陆续供货条件下的经济批量模型和保险储备量模型等。存货控制的方法有：分级归口控制、ABC 控制法、挂签制度法、JIT 控制法和 MRP 控制法等。

(5) 短期筹资包括商业信用和短期借款。

本章重要术语

营运资本
信用政策
存货成本
存货经济批量
保险储备
商业信用
短期借款

复习与思考

一、选择题

1. 企业采用保守型流动资产投资策略时，关于流动资产的说法正确的是（　　）。

　　A. 短缺成本较高　　　　　　　B. 管理成本较低

　　C. 机会成本较低　　　　　　　D. 持有成本较高

2. 在依据"5C"系统原理确定信用标准时，应掌握客户"能力"方面的信息，下列各项指标中最能反映客户"能力"的是（　　）。

　　A. 净经营资产利润率　　　　　B. 杠杆贡献率

　　C. 现金流量比率　　　　　　　D. 长期资本负债率

3. 甲公司全年销售额为 30 000 元（1 年按 360 天计算），信用政策是"1/20、n/30"，平均有 40% 的顾客（按销售额计算）享受现金折扣优惠，没有顾客逾期付款。甲公司应收账款的年平均余额是（　　）元。

　　A. 2 000　　　　B. 2 400　　　　C. 2 167　　　　D. 3 000

4. 下列会引起经济订货量占用资金反方向变动的是（　　）。

　　A. 存货年需要量的变动

　　B. 单位存货年储存变动成本的变动

　　C. 单价的变动

　　D. 每次订货的变动成本的变动

5. 甲公司生产产品所需某种原料的需求量不稳定，为保障产品生产的原料供应，需要设置保险储备，确定合理保险储备量的判断依据是（　　）。

　　A. 缺货成本与保险储备成本之和最小

　　B. 缺货成本与保险储备成本之和最大

　　C. 边际保险储备成本大于边际缺货成本

　　D. 边际保险储备成本小于边际缺货成本

6. 某零件年需要量为 16 200 件，日供应量 60 件，一次订货成本 25 元，单位储存成本 1 元/年，单价 100 元。假设 1 年为 360 天。需求是均匀的，不设置保险库存并且按照经济订货量进货，则下列各项计算结果中错误的是（　　）。

　　A. 经济订货量为 1 800 件

　　B. 最高库存量为 450 件

　　C. 经济订货量平均占用资金为 22 500 元

　　D. 与进货批量有关的总成本为 600 元

7. 企业预防性现金数额大小（　　）。

　　A. 与企业现金流量的可预测性成反比

　　B. 与企业借款能力成反比

　　C. 与企业业务交易量成反比

　　D. 与企业偿债能力成正比

二、思考题

1. 营运资本的特征有哪些？
2. 试述营运资本的管理策略。
3. 公司持有现金的动机是什么？最佳现金持有量如何确定？
4. 如何加强现金的日常收支管理？
5. 信用政策包括哪些内容？制定合理的信用政策需要考虑哪些因素？
6. 试比较商业信用和短期借款筹资的优缺点。
7. 已知某公司现金收支平衡，预计全年（按360天计算）现金需要量为250 000元，现金与有价证券的转换成本为每次500元，有价证券年利率为10%。

要求：

（1）使用存货模式计算最佳现金持有量。

（2）使用存货模式计算最佳现金持有量下的全年现金管理总成本。

8. 某公司拟采购一批零件，供应商规定的付款条件：10天之内付款付98万元，20天之内付款付99万元，30天之内付款付全额100万元。

要求：

（1）假设银行短期贷款利率为15%，计算放弃现金折扣的成本率，并确定对该公司最有利的付款日期和价格。

（2）假设目前有一短期投资报酬率为40%，确定对该公司最有利的付款日期和价格。

9. 某生产企业使用A零件，可以外购，也可以自制。如果外购，单价4元，一次订货成本10元；如果自制，单位成本3元，每次生产准备成本600元，每日产量50件。零件的全年需求量为3 600件，储存变动成本为零件价值的20%，每日平均需求量为10件。

要求：分别计算零件外购和自制的总成本，以选择较优的方案。

网络练习

请选择一个上市公司，按下列的要求撰写一份不多于3 000字的报告，报告内容应包括：（1）分析该上市公司重要的营运资本，包括现金、应收账款、存货、短期资本来源；（2）评论该上市公司营运资本的具体管理方法，并分析其管理方法的适当性，若不适当提出改进建议；（3）计算该公司的现金周转期。

第四章
财务预测与利润规划

学习目标

理解财务预测的意义和内容,掌握销售百分比法和资本需求的测算,理解增长率的本质与计算分析,熟练掌握本量利分析。

引导案例

增长率是衡量一个企业价值和成长性的重要指标。在衡量企业的增长率时,通常会遇到此类问题,例如,2007年零售业的巨人沃尔玛的零售以及分销中心的营业面积是一亿平方英尺,公司目标是2008年的营业面积增长7.5%,看上去这个比率并不是太高,但是沃尔玛的营业场所面积能够按照这个增长率一直增长下去吗?下面的章节我们会学习如何计算这类问题,但是如果按照这个增长率,在159年以后,全美国将是一个巨大的沃尔玛。美国的XM卫星电台2001年的营业收入是50万美元,2006年是99 300万美元,这期间的增长率是250%,如果公司在以后的8年里能够维持该增长率,那么8年后公司的营业收入将会是21万亿美元,超过了美国国内生产总值。很显然,XM卫星电台的营业收入将会是逐渐下降的。因此,增长率往往会给人错觉,小规模公司在发展初期往往增长率会很高,但是对于大规模的公司来说,想要获得较高的增长率几乎是不可能实现的,从长期发展的观点,确定公司的增长率需要非常的谨慎。

"预测能带来未来的财务能见度。在一名财务总监眼里,财务危机对公司危害的严重性是最高的;但是只要懂得用一定的方法防范它,就能把财务危机带来的风险降到最低,对付财务危机的法宝就是严格的预测系统和崇尚稳健的财务原则。"

——亚信科技 CFO

第一节 财务预测

一、财务预测的意义和内容

(一)财务预测的意义

财务预测是企业财务管理人员以对未来经济状况和经济行为的假

设为基础，对企业预期的经营成果、财务状况和现金流量所做的预测。通过财务预测的结果，可以帮助企业分析比较其可采用的决策和计划的各种可行方案，并做出正确的判断和选择。财务预测的意义具体表现在以下几个方面：

（1）财务预测是财务决策的基础。企业的生产经营过程在一定程度上就是不断地做出各种决策的过程，而决策所依据的信息资料必须通过科学的预测来得到，没有准确的预测，就没有正确的决策。

（2）财务预测是编制财务计划的前提。财务计划是指导企业未来财务活动的基础性文件，而未来财务活动的数据确定是以准确的财务预测为前提的。财务预测是财务计划过程中很重要的一项内容，也是财务计划工作的基础。

（3）财务预测是企业取得外部资金来源的必要条件。企业从外部取得资金，无论是发行股票、债券，还是从银行借款，资金提供者都要求企业提供未来经营状况和财务成果的预测资料，以掌握资金的使用效益。例如，商业银行贷款时，都要求企业提供财务预测资料；而在企业发行股票时，对其资金使用效果和税后盈利的预测，是招股说明书的重要内容。

（4）财务预测的真正目的是有助于应变。财务预测同其他预测一样都不可能很准确。从表面上看，不准确的预测只能导致不准确的计划，从而使预测和计划失去意义。其实并非如此，财务预测带来了未来财务能见度，预测给人们展现了未来的各种可能的前景，促使人们制定出相应的应急计划。预测可提高企业对不确定事件的反应能力，从而减少不利事件出现带来的损失，增加利用有利机会带来的收益。

（二）财务预测的内容

预测分析的基本内容包括销售预测、利润预测、成本预测和资金需求量预测。

（1）销售预测。销售预测是在市场调查的基础上，预计和测算企业的有关产品在未来的一段时期内的销售量和销售收入，从严格意义上讲，销售预测应属于业务预测的范畴，其职责应在市场营销部门，但它是财务预测的基础和起点，为保持内容的整体性一般在财务预测中会涉及。

（2）利润预测。利润预测是在销售预测的基础上，对未来企业应达到的利润水平和实现利润的条件进行预测。利润预测的目的在于未来正确的规划企业的量本利为计划服务。

（3）成本预测。成本预测是在企业未来发展目标确立的情况下，对实现目标利润的成本及其发展趋势作出预测。

（4）资金需求量预测。资金需求量预测是在销售预测、利润预测和成本预测的基础上，对企业未来一定时期内保障企业发展目标的资金缺口进行预测从而确定融资量。

二、销售百分比法

销售百分比法是根据报表中有关项目与收入之间的依存关系预测资金需要量的一种方法。该方法在一定收入范围内假设财务报表中的敏感项目与收入之间的百分比保持不变，非敏感项目的数额保持不变。其中，敏感项目是指通过历史资料判断随着收入变动而变动的资产和负债项目。

销售百分比法的使用始于销售预测，这是财务预测最为关键的一步，其准确率直接影响着预测财务报表的准确性，并进而影响到企业的方方面面。基本步骤如下：

（1）确定资产和负债项目的销售百分比。资产和负债的销售百分比可以根据基期数据确定，也可以根据以前若干年的平均数确定。

（2）预计各项经营资产和经营负债。通常经营资产是销售收入的函数，大部分经营负债也是销售收入的函数，预计数额为预计收入与各项目销售百分比的乘积。

（3）预计可动用的金融资产。可动用的金融资产通常是指下期所需的金融资产与本期期末金融资产之间的差额。

（4）预计增加的留存收益。留存收益是企业内部的融资来源，只要企业有盈利并且不全部支付股利，留存收益就会使所有者权益增加，可以全部或部分满足企业融资需求。

（5）预计增加的外部负债。需要的外部融资额可以通过借款或者增发股本来筹集，在资本结构允许的条件下，通常企业会优先选择借款的方式来融资。

$$预计需要外部融资额 = 融资总需求 - 可动用的金融资产 - 增加的留存收益 \qquad (4-1)$$

其中，融资总需求为净经营资产的增加，即经营资金减去经营负债的增加额。

【例4-1】假设ABC公司20×1年实际销售收入3 000万元，资产负债表和利润表的有关数据如表4-1所示。假设20×1年的各项销售百分比在20×2年可以持续，20×2年预计销售收入为4 000万元。以20×1年为基期，采用销售百分比法预测20×2年融资需要量。

表 4-1　　　　　　　　资产负债表和利润表项目预计　　　　　　单位：万元

项目	20×1年实际	占销售百分比（%）	20×2年预测
销售收入	3 000		4 000
货币资金（经营）	44	1.47	59
应收票据（经营）	14	0.47	19
应收账款	398	14.27	531
预付账款	22	0.73	29
其他应收款	12	0.40	16
存货	119	3.97	159
一年内到期的非流动资产	77	2.57	103
其他流动资产	8	0.27	11
长期股权投资	30	1.00	40
固定资产	1 238	41.27	1 651
在建工程	18	0.60	24
无形资产	6	0.20	8
长期待摊费用	5	0.17	7
其他非流动资产	3	0.10	4
经营资产合计	1 994	66.47	2 659
应付票据（经营）	5	0.17	7
应付账款	100	4.33	133
预收账款	10	0.33	13
应付职工薪酬	2	0.07	3
应交税费	5	0.17	7
其他应付款	25	0.83	33
其他流动负债	53	1.77	71
长期应付款（经营）	50	1.67	67
经营负债合计	250	8.33	333
净经营资产总计	1 744	58.13	2 325

融资总需求 = 预计净经营资产合计 - 基期净经营资产合计 = 2 325 - 1 744 = 581（万元）

已知条件：假设该公司20×1年底有可动用的金融资产6万元；假设ABC公司20×2年计划销售净利率为4.5%，由于需要的融资额较大，ABC公司20×2年不支付股利。

预计需要外部融资额 = 融资总需求 - 可动用的金融资产 - 增加的留存收益

增加的留存收益＝预计销售收入×计划销售净利率×（1－股利支付率）＝4 000×4.5%＝180（万元）

需要外部融资＝581－6－180＝395（万元）

第二节 增 长 率

为保证企业健康成长，必须做好销售目标与经营效率及财务资源等方面的平衡工作。否则如果一味地追求快速增长，可能会因财务资源的限制而失败。增长模型就是确定与公司实际和金融市场状况相适应的销售增长率。增长模型作为有效的计划工具，在美国惠普的许多著名公司得到了广泛的应用。

一、内含增长率模型

随着公司未来销售额的增长，其资产投资必须同步增长，以支持销售额的增长。销售额增加引起的资金需求增长，有三种途径来满足：一是动用金融资产；二是增加留存收益；三是外部融资（包括借款和股权融资，不包括负债的自然增长）。如果不能或不打算从外部融资，则只能依靠内部积累实现销售的增长，此时的销售增长率，称为内含增长率（Internal Growth Rate，IGR）。

内含增长率模型假设企业没有可动用的金融资产，销售增长的资金仅来源于新增加的留存收益，企业的销售净利率、资产与销售之比、股利支付率均为常数。

根据内含增长率的定义，即：销售增长需要的资金＝新增加的留存收益，可以得到：

预计需要外部融资额＝增加的销售收入×经营资产销售百分比
　　　　　　　　　－增加的销售收入×经营负债销售百分比
　　　　　　　　　－预计销售额×预计销售净利率
　　　　　　　　　×（1－预计股利支付率）

假设预计需要外部融资额为零，两边除以增加的销售收入，得出：

0＝经营资产销售百分比－经营负债销售百分比
　－［（1＋销售增长率）/销售增长率］×预计销售净利率
　×（1－预计股利支付率）　　　　　　　　　　　　　　　（4－2）

$$\text{内含增长率} = \frac{\text{预计销售净利率} \times (1 - \text{预计股利支付率})}{1 - \text{预计净利润}/\text{净经营资产} \times (1 - \text{预计留存收益率})}$$

（4－3）

从公式中可以看出：影响内含增长率（不使用外部资本的最大增长率）的因素主要有销售净利率和股利支付率，内含增长率与销售净利率正相关，与股利支付率负相关。内含增长率即外部融资为零时的增长率。

如果公司的销售增长率总是持续大于内含增长率，公司的自我循环将无法得到维持，为此公司不得不求助于外部资本市场，这样就给公司财务的灵活性带来压力。相反，如果内含增长率持续超过销售增长率，公司将不断有新的现金产生，公司应对财务风险的能力将得到显著改善。

【例 4-2】某公司上年销售收入为 3 000 万元，经营资产为 2 000 万元，经营资产销售百分比为 66.67%，经营负债为 185 万元，经营负债销售百分比为 6.17%，净利润为 135 万元，假设经营资产销售百分比和经营负债销售百分比保持不变，可动用的金融资产为零，销售净利率保持 4.5% 不变，预计股利支付率为 30%。假设外部融资额为零。计算内含增长率。

$0 = 66.67\% - 6.17\% - [(1+增长率)/增长率] \times 4.5\% \times (1\% - 30\%)$

增长率 = 5.493%

或者：内含增长率 $= \dfrac{135/(2\,000-185) \times (1-30\%)}{1-135/(2\,000-185) \times (1-30\%)} = 5.493\%$

该公司内部融资能使其销售增长率维持在 5.493% 的水平上，超过了这一增长水平就必须追加外部资金。

内含增长率模型简单易懂，但它假设销售增长的资金仅以内部留存收益来满足，事实上，在负债比率不变的情况下，负债和股东权益均可相应增加，股东权益增加可以内部融资解决，负债的相应增加也可为增长率做出贡献。

二、可持续增长率模型

在【例 4-2】中，如果公司希望增长率超过 5.493%，那么就必须用到外部融资。

我们现在寻找一个不发行新股，不改变经营效率（不改变销售净利率和资产周转率）和财务政策（不改变权益乘数和留存收益比率）时能够达到的增长率，这个增长率就是可持续增长率。

理论界现有两大类四种可持续增长模型。一类是基于会计口径的可持续增长模型，另一类是基于现金流口径的可持续增长模型。基于会计口径的可持续增长模型是理论界传统的模型，其中最为典型的有两个：一个是由美国财务学家罗伯特·希金斯（Robert C. Higgins）提出的，另一个是由美国会计学者詹姆斯·范霍恩（James C. Van

Horne)提出。"可持续增长率"(sustainable growth rate,SGR)这一概念最早是由罗伯特·希金斯提出,并被波士顿咨询集团公司普及使用。希金斯将企业可持续增长率定义为:可持续增长率是指在不需要耗尽财务资源的情况下,公司销售所能增长的最大比率。而詹姆斯·范霍恩的观点强调了可持续增长率是一个目标值,其计算是事先根据企业目标财务比率计算的,是一个计划问题,因此,本节引用了詹姆斯·范霍恩的定义,即:可持续增长率是指根据经营比率、负债比率和股利支付比率的目标值确定的企业销售额的最大年增长率。

可持续增长模型的假设条件有:

(1)公司目前的资本结构是一个目标结构,并打算继续维持下去,设 B/E 表示负债与权益比的目标值;

(2)公司目前的股利政策是一个目标股利政策(股利支付率 d 不变),并打算继续维持下去;

(3)不打算或不愿意发售新股,增加债务是其唯一的外部融资来源;

(4)公司的销售净利率 P 将维持当前水平,并且可以涵盖负债的利息;

(5)公司的资产周转率(S/A)将维持当前水平。

根据可持续增长率的定义,即:

销售增长的资金=新增加的留存收益+新增加的留存收益×B/E,可以得到:

$(A/S) \times S_0 \times g = S_0(1+g) \times P(1-d) + S_0(1+g) \times P(1-d) \times B/E$

式中:B/E——预计负债与股东权益之比;

　　　d——预计股利支付率;

　　　P——预计销售净利率;

　　　A/S——资产与销售之比;

　　　g——可持续增长率。

从上式中可求出 g:

$$g = \frac{P(1-d)\left(1+\frac{B}{E}\right)}{\frac{A}{S} - P(1-d)\left(1+\frac{B}{E}\right)}$$

上式分子、分母乘以 S/A,则有:

$$g = \frac{P(1-d)\left(1+\frac{B}{E}\right)\frac{S}{A}}{1 - P(1-d)\left(1+\frac{B}{E}\right)\frac{S}{A}}$$

则上述公式也可描述为:

可持续增长率＝所有者权益增长率

$$= \frac{销售净利率 \times (1-股利支付率) \times 权益乘数 \times 资产周转率}{1-销售净利率 \times (1-股利支付率) \times 权益乘数 \times 资产周转率} \quad (4-4)$$

【例4-3】某公司有关比率预计值为：资产与销售之比为2.0，销售净利率为15%，股利支付率为40%，权益乘数为1.6，资产周转率为0.5，则公司的可持续增长率为：

$$g = \frac{0.15 \times (1-0.4) \times 1.6 \times 0.5}{1-0.15 \times (1-0.4) \times 1.6 \times 0.5} \approx 7.76\%$$

这意味着该公司在负债比率不变的情况下，除负债相应增加外，仅依靠内部融资至多只能支持7.76%的年增长率，在财务比率不变的情况下，任何大于7.76%的年增长率必须通过外部股东权益融资方能实现。如果不打算或无条件通过外部股东权益融资，企业则需调整相关财务杠杆比率的目标值，以适应增长率的要求。企业通过降低现金股利发放率，或提高负债权益比率，或增加销售利润率，或降低资产销售比率，可不增加外部权益融资，促使增长率提高。对财务经理而言，降低现金股利支付率和提高负债权益比率相对比较容易操作，其代价是公司的股价可能下降和公司风险可能上升。而销售利润率增加和资产销售比率降低，则意味着公司管理水平和技术水平的提高，当然，财务经理无法控制着两个变量，但它们却能促使股价上升和风险下降。

> 如果企业不希望发售新权益，而且它的利润率、股利政策、筹资政策和总资产周转率都是固定的，那就只会有一个可能的增长率。
> ——《公司理财》，斯蒂芬·罗斯

中小企业的
增长管理

第三节 利润规划

利润规划是公司实现目标利润而综合调整其经营活动的规模和水平的一种预测活动，是公司编制期间费用预算的基础。利润规划的最重要的分析方法是本量利分析。

本量利分析主要是对成本、销售量和利润之间的互相依存关系所进行的综合分析。本量利分析包括成本性态分析、盈亏临界点分析和实现目标利润的因素分析；通过对利润的敏感分析，预测销售单价、销售量和成本水平的变动对目标利润的影响，以规划目标利润。表4-2是某公司预测利润表。

表 4-2　　　　　　　　　20×1 年预测利润表　　　　　单位：元

项目	金额
销售收入	630 000
变动成本	283 500
毛利润	346 500
固定成本	103 000
利润总额	243 500

盈亏平衡点分析只涉及利润表中上半部分的科目，从销售收入到利润总额，即息税前利润。

一、成本性态分析

成本性态也称成本习性，是指成本对业务量的依存关系。成本与业务量的依存关系是客观存在的，而且具有规律性。按成本性态可以将公司的成本分为固定成本、变动成本和混合成本。

（一）固定成本

固定成本是指其总额在一定时期或一定产量范围内，不直接受产量变动的影响而能保持固定不变的成本。由于其总额不受产量变动的影响，因而其单位成本与产量成反比例变动，也即随着产量的增加，单位产品分摊的固定成本份额相对减少。

一般来说固定成本分为以下两种：

（1）约束性固定成本，又称承担固定成本，指的是提供和维持生产经营所必需的设施等支出的成本，例如固定资产折旧、管理人员工资等，该种成本的支出额取决于设施和机构的规模和质量，不能通过当前的管理决策行动加以改变，是以前决策的结果。实质上是生产经营能力成本，如果企业不改变生产能力必须承担这些成本，是企业为了维护一定业务量所必须负担的最低成本。

（2）酌量性固定成本，指的是可以根据企业经营方针由经理人决定的固定成本，例如研发费用、广告费用、职工培训费等，该种成本的支出额可以通过管理决策行动而改变。其支出额虽然是由经理人决定的，但是对于一个想要长期稳定发展的企业来说，绝不是可有可无的。只是因为其经济效用难以准确计量，不易计算其最佳合理支出额，所以要由经理人进行综合判断，以决定其预算额。由于酌量性固定成本通常按预算来支出，而预算是按计划编制的，因此，预算一经确定，这类支出便与时间联系，而与产量无关，也应视为期间成本。

【例4-4】某公司生产一种产品,其所需的加工设备,按月计提的折旧费为10 000元。该设备的最大生产能量为5 000件。则产量在5 000件内变动对于成本的影响如表4-3所示。

表4-3　　　　　　　公司固定成本总额与单位固定成本

产量（件）	总成本（元）	单位产品成本（元/件）
1 000	10 000	10
2 000	10 000	5
3 000	10 000	4.33
4 000	10 000	2.5
5 000	10 000	2

将表4-3中的数据在坐标图中表示,便可以用图4-1反映出固定成本的特性。

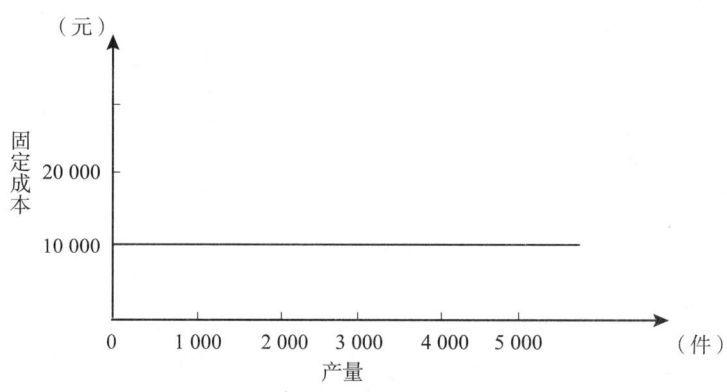

图4-1　固定成本总额与产量关系

图4-1反映了固定成本总额不受产量变动的影响、保持不变的特性。它在图中表现为一条与横轴（产量）平行的直线。图4-2显示了单位固定成本与产量成反比例变动的基本特征,因此在图中表现为一条随着产量的增加而递减的曲线。

(二) 变动成本

变动成本是指在一定期间和一定业务量范围内其总额随着业务量的变动而成正比例变动的成本。如直接材料费、产品包装费、按件计酬的工资薪金、推销佣金以及按加工量计算的固定资产折旧费

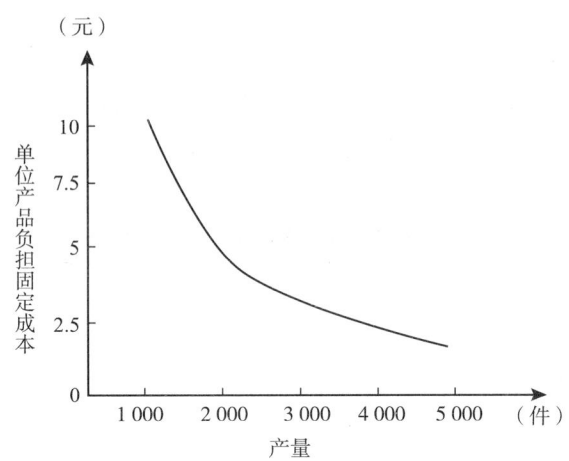

图4-2 单位固定成本与产量关系

等,均属于变动成本。与固定成本形成鲜明对照的是,变动成本总额随着业务量的变化成正比例变动,而单位业务量中的变动成本则是一个定量。

一般来说,变动成本发生有两种情况:

(1) 技术变动成本,指的是与业务量有明显的技术或者实物关系的变动成本,这类成本是利用生产能力所必须发生的成本。例如,一辆汽车需要一个发动机、四个轮胎等。如果不生产产品,则不会发生技术变动成本。

(2) 酌量性变动成本,指的是可以由经理人决定的变动成本,例如按照销售额一定百分比开支的销售佣金、新产品研发费用等,该项变动成本可以通过管理决策改变。经理人决策一旦作出,其支出额将随着产量成正比例变动,具有技术变动成本同样的特征。

【例4-5】假定【例4-4】中单位产品的直接材料成本为20元,当产量分别为1 000件、2 000件、3 000件、4 000件、5 000件时,材料的总成本和单位产品的材料成本如表4-4所示。

表4-4　　　　公司产品的材料成本总额和单位材料成本

产量(件)	材料总成本(元)	单位产品材料成本(元)
1 000	20 000	20
2 000	40 000	20
3 000	60 000	20
4 000	80 000	20
5 000	100 000	20

将上例有关数据在坐标图中表示,则变动成本的性态模型如图

4-3、图4-4所示。

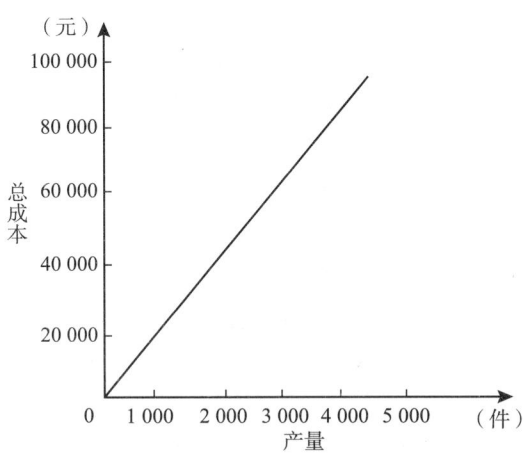

图4-3 变动成本总额与产量关系

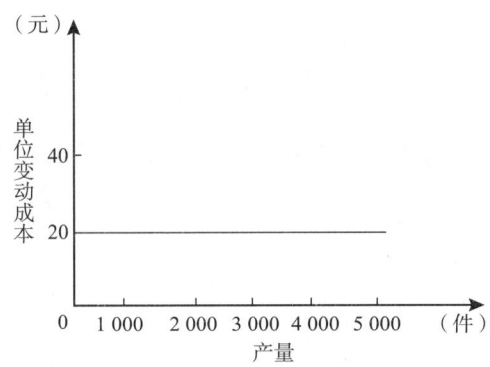

图4-4 单位变动成本与产量关系

(三) 混合成本

混合成本是指那些"混合"了固定成本和变动成本两种不同性质的成本。这类成本的特征是,其发生额的高低虽然直接受业务量大小的影响,但不存在严格的比例关系。公司的总成本就是一项混合成本。混合成本可分为三个类别:

(1) 半变动成本,是指在初始基数的基础上随产量正比例增长的成本。这类成本通常有一个初始基础,一般不随产量变化,相当于固定成本;在这个基础上,成本总额随着产量变化成正比例变化,又相当于变动成本。可以表示成 $Y = a + bX$,例如电费和电话费等公用事业费、燃料费等。

(2) 阶梯式成本,是指总额随业务量呈阶梯式增长的成本。这类成本在一定业务量范围内不变,当业务量超过一定限度,发生额会迅速跳跃到一个新的水平,然后在业务量增长的一定限度内又保持不变,直到一个新的跳跃为止。例如受开工班次影响的动力费、检验人员工资等。

(3) 延期变动成本,是指在一定业务量内保持不变,超过特定业务量则开始随业务量比例增长的成本。这类成本在某一业务量下表现为固定成本,超过这一业务量则成为变动成本。例如超过员工正常工资的加班费。

(四) 总成本模型

从以上分析我们知道,成本可分为固定成本、变动成本和混合成本三类,而混合成本又可以采用特定的方法分解为变动成本和固定成本两部分。这样,总成本模型可用下式表示:

$$T = F + V \times Q \quad (4-5)$$

式中:T——总成本;

F——固定成本;

V——单位变动成本;

Q——销售量。

显然,如果能求出公式中 F 和 V 的值,就可以利用这个直线方程来进行成本预测、成本决策和其他的短期决策。

常用的成本估计方法是回归直线法,根据一系列历史成本资料,运用最小平方法的原理,计算直线方程的斜率和截距,从而得到直线方程。计算公式如下:

$$\begin{cases} F = \dfrac{\sum y_i \sum x_i^2 - \sum x_i y_i \sum x_i}{n \sum x_i^2 - (\sum x_i)^2} \\ V = \dfrac{n \sum x_i y_i - \sum x_i \sum y_i}{n \sum x_i^2 - (\sum x_i)^2} \end{cases} \quad (4-6)$$

除了采用回归直线来确定成本以外,还可以采用工业工程法。工业工程法是指运用工业工程研究方法,逐项研究决定成本高低的每个因子,在此基础上直接估算固定成本和单位变动成本的一种方法。在没有历史成本数据、历史成本数据不可靠,或者需要对历史成本数据分析结论进行验证的情况下使用。尤其是在建立标准成本和制定预算时,工业工程法比回归直线法更科学。

二、本量利分析法

成本按照性态划分是本量利分析的基本假设,区分一项成本是固定成本还是变动成本时,均是在一定的相关范围之内,因此这个相关范围是成本按照性态划分的基本假设,同时也是本量利分析的基本假设之一。

在成本按习性划分的基础上,本量利分析还包含以下假设:

(1) 假定企业生产的各种产品都是有销路的,因而在一定时期内各种产品的产销量保持基本平衡。

(2) 假定在一定时期内,业务量总是在相关范围内变动,固定成本总额、单位变动成本和销售单价保持稳定。

(3) 产品成本是按变动成本法计算的,即变动成本划分为变动生产成本(直接材料、直接人工、变动制造费用)、变动销售费用、变动管理费用,固定成本可分为固定制造费用、固定销售费用、固定管理费用。

(一) 损益方程式

(1) 基本的损益方程式。目前多数企业都是使用损益法来计算利润,即首先确定一定期间的收入,然后计算与这些收入相配合的成本,两者之差为期间利润。

基本方程式可用下列公式表示:

$$利润 = 单价 \times 销量 - 单位变动成本 \times 销量 - 固定成本 \quad (4-7)$$

这个方程式是最基本的形式,可以根据所需计算的问题变换成其他形式,或者根据企业实际情况增加一些变量,成为更复杂更接近实际的方程式。

(2) 包含期间成本的损益方程式。为符合多步式利润表的结构,不但要分解产品成本,还要分解销售费用、管理费用等期间成本。分解后,方程式为:

$$\begin{aligned}税前利润 =\ & 单价 \times 销量 - (单位变动产品成本\\ & + 单位变动销售和管理费用) \times 销量\\ & - (固定产品成本 + 固定销售和管理费用) \quad (4-8)\end{aligned}$$

假设税前利润的影响因素只有销售收入、生产成本、管理费用和销售费用,省略了税金及附加、财务费用、资产减值损失、投资收益和营业外支出等。

(3) 计算税后利润的损益方程式。企业所得税费用是根据利润总额和所得税税率计算的,并从利润总额中减除,既不是变动成本,也不是固定成本。方程式为:

$$税后利润 = 利润总额 \times (1 - 所得税税率)$$

将基本方程式代入上述的利润总额:

$$\begin{aligned}税后利润 =\ & [单价 \times 销量 - 单位变动成本 \times 销量 - 固定成本]\\ & \times (1 - 所得税税率) \quad (4-9)\end{aligned}$$

(二) 边际贡献方程式

将销售收入减去变动成本后的差额称为边际贡献,又称为边际利润、贡献毛益等,是产品的销售收入扣除自身变动成本后给企业所作的贡献,它首先用来补偿企业的固定成本,还有剩余则成为利润。

(1) 边际贡献。单位边际贡献的计算公式为:

$$单位边际贡献 = 单价 - 单位变动成本 \qquad (4-10)$$

边际贡献总额的计算公式为:

$$边际贡献 = 销售收入 - 变动成本 \qquad (4-11)$$

由于变动成本既包括生产制造过程中的变动成本即产品变动成本,还包括销售、管理费用中的变动成本即期间变动成本,所以边际贡献可以具体分为制造边际贡献和产品边际贡献。如果在边际贡献前未加任何定语时,通常指的是产品边际贡献。

$$制造边际贡献 = 销售收入 - 产品变动成本 \qquad (4-12)$$

$$产品边际贡献 = 制造边际贡献 - 销售和管理变动成本 \qquad (4-13)$$

(2) 边际贡献率。企业产品边际贡献越大,固定成本越低,利润就越大。我们将边际贡献额与相应销售收入的比值称为边际贡献率。边际贡献率的计算公式如下:

$$边际贡献率 = 边际贡献/销售收入 = 1 - 变动成本率 \qquad (4-14)$$

变动成本率是与边际贡献相对应的概念,即变动成本占销售收入的比率。可见变动成本率越低,边际贡献率越高;反之则相反。

【例 4-6】 某企业生产一种产品,每月固定成本 10 000 元,单位售价 60 元/件,单位变动成本 45 元/件。本月计划销售 800 件,则该企业本月利润为:

$$800 \times (60 - 45) - 10\,000 = 2\,000(元)$$

边际贡献总额为:

$$800 \times (60 - 45) = 12\,000(元)$$

边际贡献率为:

$$\frac{60 - 45}{60} = 25\%$$

(3) 边际贡献方程式。引入边际贡献后,上面介绍的基本方程式可以改写成:

$$利润 = 边际贡献 - 固定成本 = 单位边际贡献 \times 销量 - 固定成本 \qquad (4-15)$$

(4) 边际贡献率方程式。上述边际贡献方程式还可以利用边际贡献率改写成下列形式:

$$利润 = 边际贡献率 \times 销售收入 - 固定成本 \qquad (4-16)$$

(5) 加权平均边际贡献率。边际贡献率可以用于多品种企业。

$$加权平均边际贡献率 = \sum(各产品边际贡献率 \times 各产品占总销售比重)$$

$$= \frac{\sum 各产品边际贡献}{\sum 各产品销售收入} \qquad (4-17)$$

(三) 本量利关系图

将成本、销量、利润之间的关系反映在坐标图中，即称为本量利关系图，因其能够清晰地显示企业不盈不亏时应该达到的产销量，故又称为盈亏临界图或损益均衡图。

本量利关系图可根据不同目的及掌握的不同资料而绘制成不同形式的图形。通常有基本的本量利关系图、边际贡献式本量利关系图、量利式本量利关系图三种。

1. 基本的本量利关系图

基本的本量利关系图的绘制方法如下：

（1）在直角坐标系中，以横轴表示销售量，以纵轴表示成本和销售收入。

（2）绘制固定成本线。在纵轴上确定固定成本的数值，并以此为起点，绘制一条平行于横轴的直线，即为固定成本线。

（3）绘制销售收入线。以坐标原点为起点，并在横轴上任取一个整数销售量，计算其销售收入，在坐标图上找出与之相对应的纵轴交叉点，连接这两点就可画出总收入线。

（4）绘制总成本线。在横轴上取一销售量并计算其总成本，在坐标上标出该点，然后将纵轴上的固定成本点与该点连接便可画出总成本线。

（5）销售总收入线与总成本线的交点即为盈亏临界点。

【例 4-7】设某公司生产和销售单一产品，销售单价为 60 元，正常销售量为 3 000 件，固定成本总额为 50 000 元，单位变动成本为 35 元。该公司的基本式的本量利关系图如图 4-5 所示。

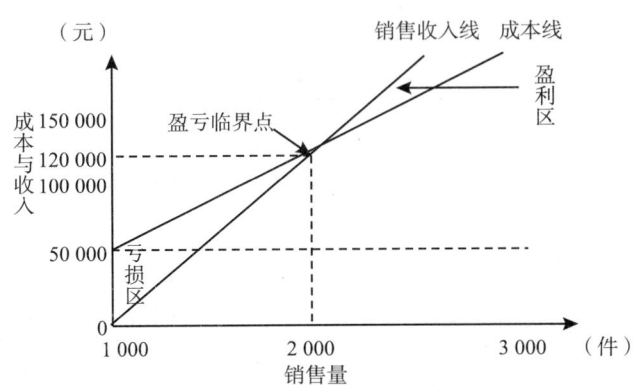

图 4-5 基本的本量利关系图

图 4-5 从动态上集中而又形象地反映了销售数量、成本与利润

之间的相互关系，从中可以得出以下几条基本规律。

（1）盈亏临界点不变，销售量越大，能实现的利润越多，或亏损越少；销售量越小，能实现的利润也越少，或亏损越多。

（2）销售量不变，盈亏临界点越低，能实现的利润就越多，或亏损越少；反之，盈亏临界点越高，能实现的利润就越少，或亏损越多。

（3）在销售总成本既定的条件下，盈亏临界点受单价变动的影响。单价越高，表现为销售总收入线的斜率越大，盈亏临界点就越低；反之，盈亏临界点就越高。

（4）在销售收入既定的条件下，盈亏临界点的高低取决于固定成本和单位变动成本的多少。固定成本越多，或单位产品的变动成本越多，盈亏临界点就越高；反之，盈亏临界点就越低。

2. 边际贡献式本量利关系图

边际贡献式的本量利关系图的绘制方法是先确定销售总收入线和变动成本线，在纵轴上确定固定成本值并以此为起点画一条与变动成本平行的直线，即为总成本线，它与销售总收入线的交点为盈亏临界点。

【例4-8】按【例4-7】中的数据所绘制的边际贡献式的本量利关系图如图4-6所示。

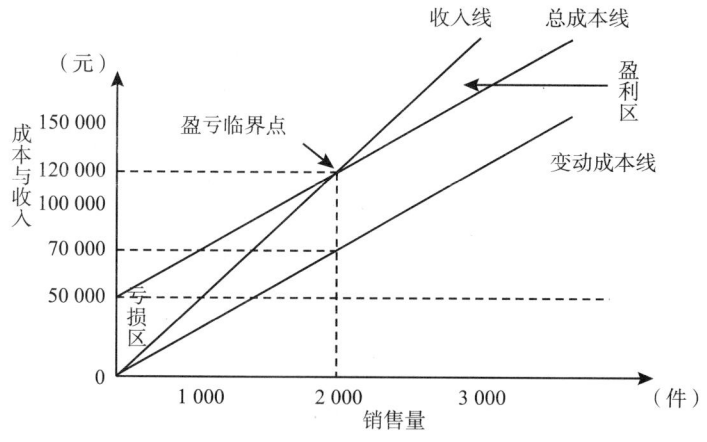

图4-6　边际贡献式本量利关系图

边际贡献式与基本式的主要区别在于：前者将固定成本置于变动成本之上，形象地反映边际贡献的形成过程和构成，即产品的销售收入减去变动成本是边际贡献，边际贡献再减去固定成本便是利润。而后者则将固定成本线置于变动成本线之下，以表明固定成本在相关范围内稳定不变的特征。

3. 量利式本量利关系图

由于量利式本量利关系图仅仅反映销售量与利润之间的依存关

系,所以说是一种简化的本量利关系图,但却受到公司高层经理人员的欢迎,因为它简明扼要,易于理解。

该图的绘制方法如下:

(1) 在直角坐标系中,横轴表示销售量或销售额,纵轴表示利润或亏损。

(2) 在纵轴利润为零的点上画一条水平线,代表损益平衡线。

(3) 在纵轴上标出固定成本点,该点即为销售量为零时的亏损额。

(4) 在横轴上任取一整数销售量,并计算在该销售量水平下的损益数,并以此在坐标图中再确定一点,连接该点与固定成本点,便可画出利润线。

(5) 利润线与损益平衡线的交点即为盈亏临界点。

【例 4 - 9】按【例 4 - 7】所给的数据,则量利式本量利关系图如图 4 - 7 所示。

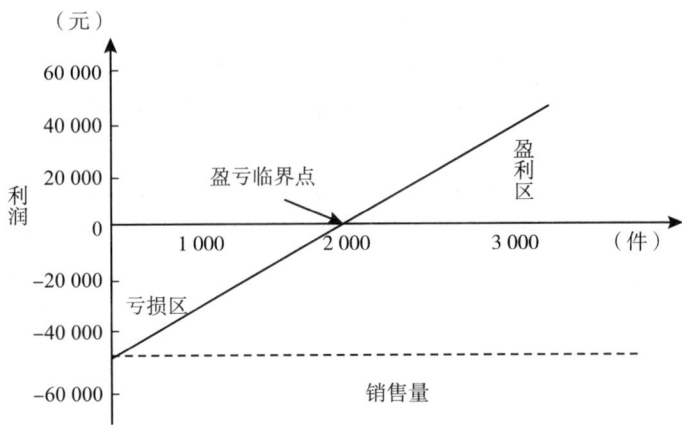

图 4 - 7　量利式本量利关系图

从图 4 - 7 中可以看出:

(1) 当销售量为零时,公司的亏损额即为固定成本。

(2) 当产品的销售价格及成本水平不变时,销售量越大,利润越多,或亏损越少;反之,销售量越小,利润也越少,或亏损越多。

(四) 保本点分析

保本点又称盈亏临界点或者损益均衡点,是指企业在这一点上正好处于不盈不亏的状态,即此时企业产品提供的边际贡献总额正好补偿固定成本,此时的销量或销售额即达到保本销售量或保本销售额,也叫盈亏临界点的销售量或销售额。

(1) 保本点。就单一产品企业来说,如果令利润为零,可得保本点产销量为：

$$保本点销售量 = 固定成本/单位边际贡献 \quad (4-18)$$

$$保本点销售额 = 固定成本/边际贡献率 \quad (4-19)$$

保本点作业率又称为盈亏临界点作业率，是指保本点销售量占企业实际销售量的比重。表明企业保本的业务量在实际销售量中所占的比重。该指标表明企业的作业率必须达到正常作业的百分之多少才能取得盈利，否则企业就会发生亏损。计算公式为：

$$保本点作业率 = 保本点销售额/实际销售额$$
$$= 保本点销售量/实际销售量 \quad (4-20)$$

（2）安全边际与安全边际率。公司处于不盈不亏状态意味着当期的边际贡献总额全部被固定成本抵销。只有当销售量超过保本点时，其超出部分提供的边际贡献才形成公司的利润。显然，销售量超出保本点越多，说明公司盈利越多，换句话说，即发生亏损的可能性就越小，公司的经营就越安全。

安全边际，就是指实际销售量超过保本点销售量的差额，这个差额标志着公司销售量下降多少，才会发生亏损。安全边际有绝对数与相对数两种表现形式，即安全边际和安全边际率。

$$安全边际 = 实际销售量 - 保本点销售量 \quad (4-21)$$

$$安全边际率 = 安全边际/实际销售量 \quad (4-22)$$

由公式（4-20）和公式（4-22）可知，保本点作业率与安全边际率之和为1。

由于只有安全边际部分的销售才能为公司创造利润，所以销售利润可用下列公式计算：

$$销售利润 = 安全边际 \times 单位边际贡献 \quad (4-23)$$

对上述公式进一步变形，可得：

$$销售利润 = 安全边际销售额 \times 边际贡献率 \quad (4-24)$$

上式两边除以实际销售额，则：

$$销售利润率 = 安全边际率 \times 边际贡献率 \quad (4-25)$$

【例4-10】某企业只生产单一产品，预计年产销A产品10 000件，每件售价100元，单位变动成本75元，该企业年固定成本总额为100 000元。则该企业保本点的销量、销售额、安全边际及安全边际率分别为：

$$保本点销售量 = \frac{10\ 000}{100-75} = 4\ 000（件）$$

$$保本点销售额 = 4\ 000 \times 100 = 400\ 000（元）$$

$$安全边际 = 10\ 000 - 4\ 000 = 6\ 000（件）$$

$$安全边际率 = \frac{10\ 000 - 4\ 000}{10\ 000} \times 100\% = 60\%$$

一般而言,当安全边际率大于40%时,很安全;而安全边际率小于10%时,则风险较大。安全边际率在10%~40%,要根据企业的具体情况来判断风险程度。

(3)多种产品保本点。如果企业同时产销多种产品,由于各种产品的价格、单位变动成本以及计量标准等因素并不相同,因而就不可能以销量反映企业的保本点,而只能测算其保本点的销售总额。

保本点销售额=固定成本总额/加权平均边际贡献率　　(4-26)

　某产品的保本点销售额=保本点销售额

　　　　　　　　×某产品销售百分比　　(4-27)

【例4-11】某企业产销甲、乙、丙三种产品,年固定成本总额为7 120 000元,其他资料如表4-5所示。测定其保本点的销售额。

表4-5　　　　　　　　产品成本价格

产品	单位价格(元)	单位变动成本(元)	销售额比重(%)
甲	100	60	35
乙	120	66	40
丙	150	75	25
合计			100

(1)测算企业的加权平均边际贡献率。

加权平均边际贡献率=0.4×0.35+0.45×0.4+0.5×0.25=44.5%

(2)测定保本点的销售额。

保本点的销售额=7 120 000÷44.5%=16 000 000(元)

(3)企业在测定其综合保本点销售额之后,可以按原定销售额比重确定各种产品必须达到的销售额和销售量,以作为组织开展有关销售、生产和采购等业务的最低目标。因此,可按上列数据进一步确定各种产品保本点销售额和销售量。

各种产品保本点销售额:

甲:16 000 000×35%=5 600 000(元)

乙:16 000 000×40%=6 400 000(元)

丙:16 000 000×25%=4 000 000(元)

各种产品保本点销售量:

甲:5 600 000÷100=56 000(件)

乙:6 400 000÷120≈53 333(件)

丙:4 000 000÷150≈26 667(件)

应当注意的是,当产品的销售结构发生变化时,加权平均边际贡献率也随之变化,此时保本点销售额也会发生变化。所以,即使总的销售额已超过整个企业的保本点销售额,也不一定保本。

当边际贡献率高的产品销售比重增加时,整个企业的保本点销售额就会降低;反之,当边际贡献率低的产品销售比重增加时,整个企业的保本点销售额就会提高。

(五) 敏感性分析

利润敏感性分析是指从众多的影响因素中找出对利润有重要影响的敏感性因素,并分析、测算其对利润的影响程度和敏感性程度的一种分析方法。利润敏感性分析的主要目的包括:研究与提供能引起目标发生质变,如由盈利转为亏损时各因素变化的界限;各个因素对利润变化影响的敏感程度;当个别因素变化时,如何保证原定目标利润的实现。

(1) 确定影响利润各变量的临界值。影响利润的主要因素有:销售单价、单位变动成本、销售量和固定成本总额。临界值是指这些变量变化到什么程度时会使公司由盈利转为亏损。实际上,销售量与单价的最小允许值和单位变动成本与固定成本总额的最大允许值,就是盈亏临界值。当利润为零时,便可求得盈亏临界点。

【例 4-12】设某公司生产一种产品,销售单价 200 元,单位变动成本 120 元,全年固定成本预计 3 000 000 元,年销售量计划为 100 000 件,则全年利润为:

EBIT = 100 000 × (200 - 120) - 3 000 000 = 5 000 000 (元)

①单位变动成本的最大允许值。

单位变动成本 = (100 000 × 200 - 3 000 000) ÷ 100 000 = 170 (元)

就是说,当单位变动成本由 120 元上升到 170 元时,公司由盈利 5 000 000 元,转为不盈不亏,若单位变动成本上升超过这个临界点,就转为亏损。

②固定成本的最大允许值。

固定成本 = 100 000 × (200 - 120) = 8 000 000 (元)

即固定成本最高只能为 8 000 000 元,超过了就会发生亏损。

③销售量的最小允许值。

销售量 = 3 000 000 ÷ (200 - 120) = 37 500 (件)

即 37 500 件是销售量的临界值,小于 37 500 件就会发生亏损。

④销售单价的最小允许值。

销售单价 = (100 000 × 120 + 3 000 000) ÷ 100 000 = 150 (元)

即销售单价不能低于 150 元,否则就会发生亏损。

除了以上四个因素外,产品结构也是影响利润的一个因素,尤其在现代市场经济中,公司要面向市场,以销定产,尽可能满足不同的社会需要,这就要求公司要及时调整其产品结构。

(2) 敏感系数与敏感分析表。销售单价、单位变动成本、销售量和固定成本总额这些因素的变化，都会对利润产生影响，但它们的敏感程度不同。有的因素只要有较小的变动就会引起利润较大的变动，这种因素称为强敏感因素；有的因素虽有较大的变动，但对利润的影响不大，称之为弱敏感因素。测定各因素敏感程度的指标称为敏感系数，其计算公式是：

$$某因素的敏感系数 = \frac{目标值变动百分比}{因素变动百分比} \quad (4-28)$$

通过计算敏感系数，经理人员可以了解在影响利润的诸因素中，哪些因素敏感程度强，哪些因素敏感程度弱，以便分清主次，及时采取调整措施，确保目标利润的完成。

【例 4 - 13】在【例 4 - 12】基础上，假设在原定的销售单价、单位变动成本、销售量和固定成本的基础上各增加 20%，则各因素的敏感系数分别是：

①销售单价的敏感系数。当销售单价增加 20% 时，即 P = 200 × (1 + 20%) = 240（元）。

EBIT = 100 000 × (240 - 120) - 3 000 000 = 9 000 000（元）

目标值变动百分比 = (9 000 000 - 5 000 000) ÷ 5 000 000 × 100% = 80%

销售单价的敏感系数 = 80% ÷ 20% = 4

②单位变动成本的敏感系数。当单位变动成本增加 20% 时，即 Vc = 120 × (1 + 20%) = 144（元）。

EBIT = 100 000 × (200 - 144) - 3 000 000 = 2 600 000（元）

目标值变动百分比 = (2 600 000 - 5 000 000) ÷ 5 000 000 × 100% = -48%

单位变动成本的敏感系数 = -48% ÷ 20% = -2.4

③销售量的敏感系数。当销售量增加 20% 时，即 Q = 100 000 × (1 + 20%) = 120 000（件）。

EBIT = 120 000 × (200 - 120) - 3 000 000 = 6 600 000（元）

目标值变动百分比 = (6 600 000 - 5 000 000) ÷ 5 000 000 × 100% = 32%

销售量敏感系数 = 32% ÷ 20% = 1.6

④固定成本的敏感系数。当固定成本增加 20% 时，Fc = 3 000 000 × (1 + 20%) = 3 600 000（元）。

EBIT = 100 000 × (200 - 120) - 3 600 000 = 4 400 000（元）

目标值变动百分比 = (4 400 000 - 5 000 000) ÷ 5 000 000 × 100% = -12%

固定成本的敏感系数 = -12% ÷ 20% = -0.6

将上述四个因素按其敏感系数（绝对值）大小排列，其顺序依次是：销售单价（4）、单位变动成本（-2.4）、销售量（1.6）和固定成本（-0.6）。即对利润影响程度最大的是销售单价，影响程度最小的是固定成本。其中敏感系数的正（负）号，表明它与利润同（反）向变动。

若在【例4-12】中，将各因素均降低20%时，它们的敏感系数排列顺序仍是销售单价、单位变动成本、销售量和固定成本，只是正负号相反。由以上敏感分析可知，销售单价和单位变动成本是利润的相对强敏感因素，是经理人员要注意的两个重要环节。但也不能局限于敏感系数的高低，而忽视了销售量的影响。在销路看好、生产又有保障的情况下，可以大幅度增加销售量，而销售单价的增幅可能很小甚至不动。尤其是在市场供大于求，销路欠佳，销量大幅下跌时，宁可降低销售单价以保证销路。

为了使公司经理人员能直观地了解各个因素对利润的敏感程度，可以编制敏感分析表来列示。表4-6就是以【例4-12】中各项数据编制而成的敏感分析表。

表4-6　　　　　　　　　因素变动敏感分析表

项目	变动百分比				
	-20%	-10%	0	+10%	+20%
单价（元）	1 000 000	3 000 000	5 000 000	7 000 000	9 000 000
单位变动成本（元）	7 400 000	6 200 000	5 000 000	3 800 000	2 600 000
固定成本（元）	5 600 000	5 300 000	5 000 000	4 700 000	4 400 000
销售量（件）	3 400 000	4 200 000	5 000 000	5 800 000	6 600 000

本 章 小 结

本章主要知识点包括：

（1）财务预测是指对企业预期的经营成果、财务状况和现金流量所进行的估计与判断。销售百分比法是根据销售收入增长与资产增长之间的关系，预测未来资金需要量的一种方法。

（2）依靠内部融资而实现的销售收入的增长率称为内含增长率。可持续增长率是指企业不增发新股，并保持目前经营效率和财务政策不变时，销售收入所能实现的最大增长率，即在不需要耗尽财务资源的情况下，公司销售收入所能增长的最大比率。

（3）成本性态也称成本习性，是指成本对业务量的依存关系。按成本性态可以将公司的全部成本分为固定成本、变动成本和混合成本。

（4）保本点是指公司经营达到不盈不亏状态时公司的销售收入扣减变动成本总额以后得到的边际贡献如果刚好可以补偿固定成本，则公司处于不盈不亏状态，此时的销售量就是保本点的销售量。

安全边际是指正常销售量超过保本点销售量的差额。安全边际有绝对数与相对数两种表现形式，即安全边际和安全边际率。

本量利分析图可根据不同目的及掌握的不同资料而绘制成不同形式的图形。通常有基本的本量利分析图、边际贡献式本量利关系图式、量利式本量利关系图三种。

保本点受产品的销售价格、变动成本和固定成本等因素的影响。

（5）利润敏感性分析是指从众多的影响因素中找出对利润有重要影响的敏感性因素，并分析、测算其对利润的影响程度和敏感性程度的一种分析方法。

本章重要术语

销售百分比法
内含增长率
可持续增长率
固定成本
变动成本
混合成本
边际贡献
安全边际
保本点

复习与思考

一、选择题

1. 下列各项成本费用中，属于酌量性固定成本的是（   ）。
   A. 运输车辆保险费   B. 广告费
   C. 生产部门管理人员工资   D. 行政部门耗用的水电费

2. 下列各项中，属于酌量性变动成本的是（   ）。
   A. 直接材料成本
   B. 产品销售税金及附加
   C. 按销售额一定比例支付的销售代理费
   D. 直接人工成本

3. 甲公司只生产一种产品，变动成本率为40%，保本点作业率为70%。甲公司的息税前利润率是（   ）。
   A. 18%   B. 28%   C. 42%   D. 12%

4. 假设某企业只生产销售一种产品，单价50元，边际贡献率

40%,每年固定成本300万元,预计下年产销量20万件,则价格对利润影响的敏感系数为(   )。

A. 10　　　　B. 8　　　　C. 4　　　　D. 40

二、思考题

1. 如何运用销售百分比法进行财务预测?

2. 什么是安全边际?什么是安全边际率?它们与保本点的关系怎样?

3. 什么是利润的敏感性分析?影响利润变动的因素有哪些?

4. 某公司生产A产品,单位售价150元,单位变动成本120元,预计下年度固定成本为600万元,产销量为60万件,则其下年度利润为:

$\pi = 600\,000 \times (150 - 120) - 6\,000\,000 = 12\,000\,000$(元)

要求:分别计算单价、单位变动成本、产销量、固定成本的敏感系数指标(假定各因素变动1%,计算利润变动的百分比)。

5. 甲公司是一家生物制药企业,研发出一种专利产品,该产品投资项目已进行可行性分析,厂房建造和设备购置安装工作也已完成,新产品将于2016年开始生产并销售,目前,公司正对该项目进行盈亏平衡分析,相关资料如下:

(1) 专利研发支出资本化金额150万元,专利有效期10年,预计无残值;建造厂房使用的土地的土地使用权,取得成本500万元,使用年限50年,预计无残值,两种资产均采用直线法计提摊销。厂房建造成本400万元,折旧年限30年,预计净残值率10%,设备购置成本200万元,折旧年限10年,预计净残值率5%,两种资产均采用直线法计提折旧。

(2) 新产品销售价格每瓶80元,销售每年可达10万瓶,每瓶材料成本20元,变动制造费用10元,包装成本3元。公司管理人员实行固定工资制,生产工人和销售人员实行基本工资加提成制,预计新增管理人员2人,每人每年固定工资7.5万元,新增生产工人25人,人均月基本工资1 500元,生产计件工资每瓶2元;新增销售人员5人,人均月基本工资1 500元,销售提成每瓶5元。每年新增其他费用,财产保险费4万元,广告费50万元,职工培训费10万元,其他固定费用11万元。

(3) 假设年生产量等于年销售量。

要求:

(1) 计算新产品的年固定成本总额和单位变动成本。

(2) 计算新产品的保本点年销售量、安全边际率和年息税前利润。

第五章

货币时间价值与证券估值

学习目标

通过本章学习,掌握货币时间价值的概念和相关计算方法。理解单利和复利的概念,掌握复利现值、复利终值的计算方法。掌握年金的概念和相关计算方法,掌握特殊货币时间价值的计算。掌握债券估值方法、普通股股票估值方法和优先股股票估值方法,掌握债券收益率和股票收益率的计算方法。

引导案例

杰里·伯伦格在2002年4月3日独得了奖金为4 800万美元的Powerball彩票大奖。他有两种兑奖选择:一次性提前兑付奖金,可以一次性完全兑付26 072 769美元(税前);或者是为期25年的年金,每年兑付金额为1 920 000美元(税前)。杰里·伯伦格选择一次性全部兑付奖金。他的选择是一个正确的财务决策吗?他是否应该接受按年兑付奖金而不是一次性的兑付?

这种财务决策的判断取决于货币的时间价值。这是本章学习的主要内容,货币时间价值的观念在整个财务管理学中具有重要的意义,是学习财务管理学的基础。

资料来源:雷蒙德·M.布鲁克斯:《财务管理》(第二版),中国人民大学出版社2014年版。

第一节 货币的时间价值

一、货币时间价值的含义

货币的时间价值,是指货币在不同的时点上具有不同的价值。今年的一元钱不等于去年的一元钱,也不等于明年的一元钱,当前的一元钱与未来的一元钱之间的关系被称作货币的时间价值。人们总是偏爱现在的现金流,其原因是当前的付出是确定无疑的,未来的现金流是预期的,而且未来的现金流可能是不确定的。这种普遍的现象说明,去年的一元钱要大于今年的一元钱,而今年的一元钱要大于明年的一元钱。例如:今天将 1 000 元存入银行,在银行存款年利率为 5% 的情况下,1 年后就是 1 050 元,多出的 50 元就是 1 000 元资金经过 1 年时间发生的增值。

西方经济学从人们的这种心理上的偏好出发,用边际效用理论把货币的时间价值解释为:货币的所有者要进行以价值增值为目的的投资(不管是进行权益性投资,还是进行债权性投资),就必须牺牲现时的消费,因此,他要求得到推迟消费时间的报酬,这种报酬的量应与推迟的时间成正比。货币的时间价值就是对暂缓现时消费的报酬。

在市场经济条件下,当货币的所有者与货币的使用者相分离,资金的借贷行为作为市场经济中一种普遍的经济关系而存在,货币的时间价值才通过利息这种人们看得见的形式表现出来。这里需指明的是,即使不产生货币的所有者与使用者分离,只要存在通过货币实现劳动要素相结合这种条件,即货币作为一种有价值的资源形式存在,货币的时间价值依然存在。

由此可见,货币的时间价值是生产经营过程中价值运动方面形成的价值增量。只要借贷关系存在,它必然要发生作用。

从全社会来看,货币的时间价值,是在不考虑风险及通货膨胀条件下,由全社会平均的资金利润率来决定。在一个有效的资本市场中,由于资本本身所固有的趋利避险的本性,充分的竞争使全社会平均的无风险报酬率平均化,等量资本获得等量利润。因此,从定量上分析,货币的时间价值实质上是在不考虑通货膨胀条件下全社会平均的无风险报酬率。

货币的时间价值一般用相对数表示,也可用绝对数表示。实际生活中,人们通常用银行存贷款利率或国债的利率来表示货币的时间价值,因为在通货膨胀率较低的情况下,银行的存贷款或国债利率可近似地看作全社会平均的资金无风险报酬率,至于选择几年期的利率则视具体情况而定。在诸如资本预算、租赁还是购买决策、应收账款分析、筹资决策、养老金基金投资管理领域,都会涉及这一方面的知识。

二、单利

单利是一种简单计算存、贷款利息的方法,在单利方式下,本金能够带来利息,利息必须在提出来以后再以本金的形式投入才能生利息,否则,不能作为计算利息的基数。

(一) 单利利息 (interest)

单利利息计算公式为:
$$I = P \times r \times n \tag{5-1}$$

式中:I——利息;
　　　P——本金;
　　　r——利率;
　　　n——计息期。

(二) 单利终值 (future value)

单利的终值就是本利和。

【例 5-1】 现在的 1 元钱,年利率为 10%,从第 1 年到第 5 年,各年年末的终值计算如下:

1 元 1 年后的终值 = $1 \times (1 + 10\% \times 1) = 1.10$ (元)
1 元 2 年后的终值 = $1 \times (1 + 10\% \times 2) = 1.20$ (元)
1 元 3 年后的终值 = $1 \times (1 + 10\% \times 3) = 1.30$ (元)
1 元 4 年后的终值 = $1 \times (1 + 10\% \times 4) = 1.40$ (元)
1 元 5 年后的终值 = $1 \times (1 + 10\% \times 5) = 1.50$ (元)

因此,单利终值的一般计算公式为:
$$FV_n = PV_0 \times (1 + r \times n) \tag{5-2}$$

式中:FV_n——终值,即第 n 期期末的价值;
　　　PV_0——现值,即第 1 期期初的价值;
　　　r——利率;
　　　n——计息期。

(三) 单利现值 (present value)

现值指的是现在的价值,可用倒求本金的方法计算,已知终值求现值,称为贴现。

【例 5-2】 若年利率为 10%,从第 1 年到第 5 年,各年末的 1 元钱,其现值的计算如下:

1 年后 1 元的现值 = $\frac{1}{1 + 10\% \times 1} = \frac{1}{1.1} = 0.9091$ (元)

2 年后 1 元的现值 = $\frac{1}{1 + 10\% \times 2} = \frac{1}{1.2} = 0.8333$ (元)

3 年后 1 元的现值 = $\frac{1}{1 + 10\% \times 3} = \frac{1}{1.3} = 0.7692$ (元)

4 年后 1 元的现值 $= \dfrac{1}{1+10\% \times 4} = \dfrac{1}{1.4} = 0.7143$（元）

5 年后 1 元的现值 $= \dfrac{1}{1+10\% \times 5} = \dfrac{1}{1.5} = 0.6667$（元）

因此，单利现值的一般计算公式为：

$$PV_0 = \dfrac{FV_n}{1+r \times n} \tag{5-3}$$

三、复利

复利是计算利息的另一种方法。按照复利的方法，每经过一个计息期，要将利息加入本金再计利息，逐期滚算，俗称"利滚利"。这里所说的计息期，是指相邻两次计息的时间间隔，如年、月、日等。除非特别指出，计息期为一年。复利与单利相对，单利只对本金计算利息，而不将以前计息期产生的利息累加到本金中去计算利息，即利息不再生息。在财务决策中，一般使用复利的概念。

（一）复利终值

复利终值是现在的特定资金按照复利计算的将来一定时间的价值，也就是说若干期后包括本金和利息在内的未来价值，又称为本利和。

【例 5-3】现在的 1 元钱，年利率为 10%，从第 1 年到第 5 年，各年年末的复利终值计算如下：

1 元 1 年后的终值 $= 1 \times (1+10\%) = 1.10$（元）

1 元 2 年后的终值 $= 1 \times (1+10\%)(1+10\%) = 1 \times (1+10\%)^2 = 1.21$（元）

1 元 3 年后的终值 $= 1 \times (1+10\%)^2(1+10\%) = 1 \times (1+10\%)^3 = 1.331$（元）

1 元 4 年后的终值 $= 1 \times (1+10\%)^3(1+10\%) = 1 \times (1+10\%)^4 = 1.4641$（元）

1 元 5 年后的终值 $= 1 \times (1+10\%)^4(1+10\%) = 1 \times (1+10\%)^5 = 1.6105$（元）

因此，复利终值的一般计算公式为：

$$FV_n = PV_0 \times (1+r)^n \tag{5-4}$$

式中：PV_0——现值，即第 1 期期初的价值；

FV_n——终值，即第 n 期期末的价值；

r——利率；

n——计息期数。

> 复利的威力。1626 年，荷兰西印度公司在北美洲的殖民地用价值 60 盾的小饰物从美国土著人手中购买了曼哈顿。根据当时的汇率，60 盾相当于 24 美元，若按照 5% 的利率复利计算，24 美元在 2019 年即 393 年后的今天价值是多少呢？
>
> 在本书后附的表中并没有查到 1 美元现值在利率 5%，时期为 393 年的复利终值系数，但是可以查到 1 美元现值在利率 5%，时期为 60 年的复利终值系数，稍微变换就可以计算出 24 美元在 393 年后的今天的价值，但是，历史上很难找到一个持续 393 年且年收益率为 5% 的投资项目。但是如果以 10% 的复利率进行投资，这笔钱现在会变成多少呢？

（二）复利现值

复利现值是复利终值的对称概念，指未来一定时间的特定资金按复利计算的现在的价值，也就是说为取得若干期后的本金和利息现在所需要的本金。

【例 5-4】若年利率为 10%，从第 1 年到第 5 年，各年年末的 1 元钱，其现值的计算如下：

1 年后 1 元的现值 $= \dfrac{1}{(1+10\%)^1} = \dfrac{1}{1.1} = 0.9091$（元）

2 年后 1 元的现值 $= \dfrac{1}{(1+10\%)^2} = \dfrac{1}{1.21} = 0.8264$（元）

3 年后 1 元的现值 $= \dfrac{1}{(1+10\%)^3} = \dfrac{1}{1.331} = 0.7513$（元）

4 年后 1 元的现值 $= \dfrac{1}{(1+10\%)^4} = \dfrac{1}{1.464} = 0.6830$（元）

5 年后 1 元的现值 $= \dfrac{1}{(1+10\%)^5} = \dfrac{1}{1.625} = 0.6209$（元）

因此，复利现值的一般计算公式为：

$$PV_0 = \dfrac{FV_n}{(1+r)^n} \tag{5-5}$$

上述公式中的 $(1+r)^n$ 和 $\dfrac{1}{(1+r)^n}$，分别称为复利终值系数和复利现值系数，其简略表现形式分别为 $FVIF_{r,n}$（the future value interest factor at r% for n periods）和 $PVIF_{r,n}$（present value interest factor at r% for n periods）。为了便于计算，人们编制了"复利终值系数表"和"复利现值系数表"备查（见书后附录）。表中第 1 行是利率，第 1 列是计息期数，相应的行列交叉处即为复利终值系数或者复利现值系数的值。

【例5-5】存入本金10 000元,年利率为7%,5年后的终值为:
$$FV_5 = 10\,000 \times (1+7\%)^5 = 10\,000 \times 1.4026 = 14\,026\ (元)$$

【例5-6】某项投资4年后可以收回收益80 000元,年利率为6%,其现值为:
$$PV_0 = \frac{80\,000}{(1+6\%)^4} = 80\,000 \times 0.7921 = 63\,368\ (元)$$

> 一个公式和四个变量。货币时间价值计算公式具有巨大的能力,其中公式中的每个变量都能够解答不同的问题,公式(5-4)和公式(5-5)只是其中的两种形式,我们还可以变换出第三种形式,即 $r = \sqrt[n]{\frac{FV_n}{PV_0}} - 1$,这个变量解释了资金增长速度是多少或者未来现金流的贴现率是多少的问题。第四种形式,即 $n = \frac{Ln(FV_n/PV_0)}{Ln(1+r)}$,这个变量解释了需要花费多长的时间才能得到公式中的终值。

> 财务学实践——72法则(Rule of 72)。在上述第四种形式中,在特定的利率或者增长率下,需要多长时间期初投入的资本能够翻番?这样的计算按照公式推导有点复杂,但是财务人员发现了一个简单的经验法则,即72法则,它非常适用于4%~30%的利率,在这个利率范围内,只需要用72除以利率就可以得出近似的答案。例如:利率10%下,期初投入资本大约7.2年翻番,按照公式计算的准确时间是7.27年翻番,差异为-0.07年。
>
> 72法则的另一个应用是计算如果要在特定时间内使得资本翻番,需要以多高的利率进行投资?用72除以时间长度,就可以得出利率,例如某人需要在6年内使得资本翻番,需要以多大的利率进行投资?答案是12%。

(三)现金流量时点的确定

在计算现值和终值时,需要明确现金流量发生的时点。一般地,在所有这种计算以及下面提到的公式中,包括现值表和终值表,都隐含着现金流量发生在每期的期末。所以,在没有特别说明的情形下,我们都假设现金流量发生在期末。

(四)名义年利率与实际年利率

银行等金融机构为利息报价时,通常会提供一个年利率,并且同时提供每年的复利次数。此时金融机构提供的年利率被称为报价利率,也被称为名义利率。在提供报价利率时,必须同时提供每年的复利次数(或计息期的天数),否则意义就是不完整的。

在复利计算中,如按年复利计息,1年就是一个计息期;如按季复利计息,一季就是一个计息期,1年有四个计息期。计息期越短,1年中按复利计息的次数就越多,每年的利息额就会越大。

(1) 名义年利率(nominal interest rate)。通常利率在未加说明时都是指名义年利率,是以货币计算的。如果存在通货膨胀,按实际购买力来计算则必须打折扣。用 r_n 表示名义年利率,用 r_i 表示通货膨胀率。那么,1元钱存款年末名义上变成 $1 + r_n$ 元,但实际购买力为:

$$\frac{1 + r_n}{1 + r_i}$$

比年初的1元钱,增加了:

$$r_r = \frac{1 + r_n}{1 + r_i} - 1 = \frac{r_n - r_i}{1 + r}$$

(2) 实际年利率(effective annual interest rate)。上式中 r_r 即为实际年利率。实际利率可能是正数,也可能为负数。当通胀率 r_i 比较小时,上式的近似式为:

$$r_r \approx r_n - r_i$$

因为简便,所以,在估计实际利率时经常用该公式,因为近似公式看起来更直观,但是它只是一个近似值。但当通货膨胀率较大时,近似公式有较大的误差。

【例5-7】假设通货膨胀率为5%,名义年利率为10%,计算实际年利率。

利用精确公式计算:实际年利率 $r_r = \frac{1 + r_n}{1 + r_i} - 1 = \frac{r_n - r_i}{1 + r_i} = \frac{10\% - 5\%}{1 + 5\%} = 4.76\%$。

利用近似公式计算:实际年利率 = 10% - 5% = 5%

二者相差仅为0.24%,但是当名义年利率和通货膨胀率都较高时,精确公式和近似公式计算的结果相差很大。例如:如果名义年利率为300%,通货膨胀率为280%。

利用精确公式计算:实际年利率 $r_r = \frac{1 + r_n}{1 + r_i} - 1 = \frac{r_n - r_i}{1 + r_i} = \frac{300\% - 280\%}{1 + 280\%} = 5.26\%$。

利用近似公式计算:实际年利率 = 300% - 280% = 20%。

二者相差为 14.74%，可以看出，近似公式计算的误差是显著的。

（3）计息期短于 1 年的实际年利率计算。到目前为止，都假定复利计息和贴现都是以年为单位进行。但是在现实中，会遇到复利计息在 1 年中连续发生多次的情况。例如：债券利息每半年支付一次，股利每季度支付一次，这就出现了以半年、季度、一个月甚至以天为期间的计息期。

前面探讨的都是以年为单位的计息期，当计息期短于 1 年，而使用的利率又是年利率时，计息期数和计息利率应该按照以下公式进行换算：

$$(1 + 实际年利率) = \left(1 + \frac{r}{m}\right)^m$$

式中：r——名义年利率，名义年利率不考虑年内复利计息。

而实际年利率在年度内多次复利计息的前提下，是要高于名义年利率的，实际年利率计算公式为：

$$实际年利率 = \left(1 + \frac{r}{m}\right)^m - 1$$

【例 5－8】如果名义年利率为 10%，每季度复利计息一次，其实际年利率是多少？

$$\left(1 + \frac{r}{m}\right)^m - 1 = \left(1 + \frac{10\%}{4}\right)^4 - 1 = 0.1038129 = 10.38129\%$$

名义年利率和实际年利率直接的关系可以表述为：1 元现金流量，若实际年利率为 10.38129%，就意味着 1 元一年后的终值是 1.1038129，可以认为这是在名义年利率为 10%，每季度复利计息一次，或者是名义年利率为 10.38129%，每年复利计息所得到的。

表 5－1 列示的是 10% 年利率在不同的复利次数下的实际年利率。①

货币的时间价值与时间的货币价值

表 5－1　　　　　复利次数和实际年利率关系

复利次数（m）	实际年利率 $\left(1 + \frac{r}{m}\right)^m - 1$
年（m = 1）	10%
季度（m = 4）	10.38129%
月（m = 12）	10.47131%
周（m = 52）	10.50648%
日（m = 365）	10.51558%

① 参见相关二维码中的内容。

(五) 连续复利

在理论研究和大银行的业务活动中，经常用到连续复利率。例如，我国各银行的活期存款如果允许每天存取一次，则每天计息一次，那么 1 元钱到年末变成了：

$$\left(1+\frac{0.0198}{360}\right)^{360}=1.0199968（元）$$

其中：0.0198 是活期存款年利率。进而如果允许每时、每分、每秒都计利息，那么 1 元存款年末的本利和为：

$$\lim_{n\to\infty}\left(1+\frac{0.0198}{n}\right)^{n}=e^{0.0198}=1.0199973（元）$$

上式中 0.0199973 元即年利率为 0.0198 连续计算利息而产生的年利息，称 0.0198 为连续复利率或简称连续利率。

一般地，如果连续利率为 r，则 n 期（不管 n 是大于 1 还是小于 1）本利和为：

$$FV = PV_0 \times e^{nr} \qquad (5-6)$$

式中：FV——n 年后的终值；

PV_0——期初投资；

r——名义利率；

n——投资期限；

e——是一个常数，其值约为 2.718。

【例 5-9】某人以连续复利计息方式将 1 000 元投资一年，那么，在 10% 利率下，一年以后的值是多少？

由公式 5-6 可知：$FV = 1\,000 \times e^{1\times 0.10} = 1\,000 \times 1.1052 = 1\,105.20$（元）

其中：$e^{1\times 0.10}$ 可以通过查本书附表得到。即利率为 10% 连续复利等同于年利率为 10.52% 的年复利计息方式，二者是没有差别的。

四、年金

年金（annuity）是每隔相等的期限按相同的金额收入或付出的款项。年金按照其收付的次数和收付的时间进行划分，可以分为普通年金、预付年金、递延年金和永续年金。

（一）普通年金

普通年金又称后付年金，是指各期期末收入或付出相同金额的款项。

1. 普通年金现值

普通年金现值是指每次收付的款项的复利现值之和。例如，图

5-1 中所示数据,在每期的年利率为 10%,时期为 5 年,每期固定现金流 1 元的年金现值计算过程如下:

在图 5-1 中,第一期末的 1 元折现到第一期初已历经 1 个计息期,其现值为 0.9091 元;第二期末的 1 元折现到第一期初已历经 2 个计息期,其现值为 0.8264 元;第三期末的 1 元折现到第一期初已历经 3 个计息期,其现值为 0.7513 元;第四期末的 1 元折现到第一期初已历经 4 个计息期,其现值为 0.6830 元;第五期末的 1 元折现到第一期初已历经 5 个计息期,其现值为 0.6209 元。将以上五项加起来得 3.7908 元,就是 1 元年金的现值之和。

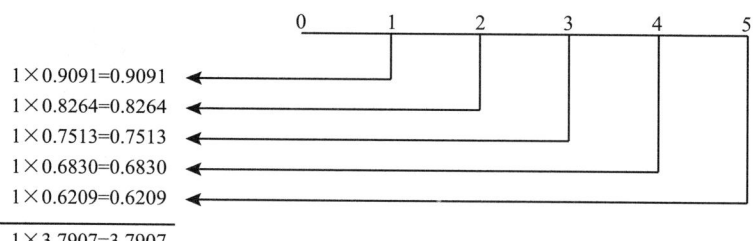

图 5-1　1 元普通年金现值计算示意

设:A——年金金额;
　　r——利率;
　　n——期数。

则年金现值 PV 的计算公式如下:

$$PV = A \times \frac{1}{(1+r)^1} + A \times \frac{1}{(1+r)^2} + A \times \frac{1}{(1+r)^3} + \cdots + A \times \frac{1}{(1+r)^{n-1}} + A \times \frac{1}{(1+r)^n} = A \times \sum_{t=1}^{n} \frac{1}{(1+r)^t}$$

$$= \frac{A}{r}\left[1 - \frac{1}{(1+r)^n}\right] \qquad (5-7)$$

式中:$\frac{1}{r}\left[1 - \frac{1}{(1+r)^n}\right]$ 称为年金现值系数或年金贴现系数,即普通年金现值系数,记作(P/A, r, n)或 $PVIFA_{r,n}$。则普通年金现值公式又可以表示为:$PV = A \times PVIFA_{r,n}$。年金现值系数可以通过查"年金现值系数表"获得。该表的第一行表示利率 r,第一列是计息期数 n,表中纵横交叉之处为相应的年金现值系数。

【例 5-10】假设某投资项目从投产当年起,每年可以获得收益 20 000 元,年利率为 6%,10 年收益的现值计算为:

PV = 20 000 × 7.3601 = 147 202(元)

式中:7.3601 查自年金现值系数表。

【例 5-11】 假设以 10% 的利率借款 20 000 元，投资于某个寿命 10 年的项目，每年至少要收回多少现金才是有利的？

根据年金现值的计算公式可知：

$PV = A \times PVIFA_{r,n}$

$A = PV \div PVIFA_{r,n} = PV \times \dfrac{1}{PVIFA_{10\%,10}} = 20\,000 \div 6.1446 = 3\,254.89 \approx 3\,255$（元）

式中：6.1446 查自年金现值系数表。

因此，每年至少要收回现金 3 255 元，才能还清贷款本利。

上述计算过程中的 $\dfrac{1}{PVIFA_{r,n}}$ 是普通年金现值系数的倒数，它可以把普通年金现值折算为年金，称作投资回收系数。

2. 普通年金终值

普通年金终值是指每期收付款项的复利终值之和。例如：在图 5-2 中，第一期末的 1 元到第五期末已历经 4 个计息期，其复利终值为 1.4641 元；第二期末的 1 元到第五期末已历经 3 个计息期，其复利终值为 1.331 元；第三期末的 1 元到第五期末历经 2 个计息期，其复利终值为 1.210 元；第四期末历经 1 个计息期，其复利终值为 1.100 元；第五期末即为折现终值，未计息，其终值是 1 元。将以上五项加起来为 6.105 元，就是 1 元年金终值之和。

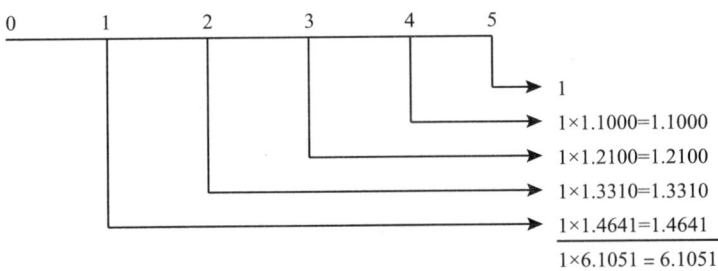

图 5-2 1 元普通年金终值计算示意

设年金金额为 A，利率为 r，期数为 n，则年金终值 FV 的计算公式如下：

$$FV = A \times (1+r)^0 + A \times (1+r)^1 + A \times (1+r)^2 + \cdots + A \times (1+r)^{n-2} + A \times (1+r)^{n-1} = A \times \sum_{t=0}^{n-1}(1+r)^t$$

$$= A\left[\dfrac{(1+r)^n - 1}{r}\right] \qquad (5-8)$$

式中：$\dfrac{(1+r)^n - 1}{r}$ 称为年金终值系数或年金复利系数，即普通年金终值系数，记作（F/A，r，n）或 FVIFA$_{r,n}$。则普通年金终值公式又可以表示为：FV = A × FVIFA$_{r,n}$。年金终值系数可以通过查"年金终值系数表"获得。该表的第一行表示利率 r，第一列是计息期数 n，表中纵横交叉之处为相应的年金终值系数。

【例 5 - 12】假设每年年末存入银行 10 000 元，年利率为 7%，10 年后的终值计算为：

FV = 10 000 × 13.8164 = 138 164（元）

式中：13.8164 查自年金终值系数表。

【例 5 - 13】拟在 5 年后还清 10 000 元债务，从现在起每年末等额存入银行一笔款项。假设银行存款利率为 10%，每年需要存入多少？

根据普通年金终值计算公式：

FV = A × FVIFA$_{r,n}$

$A = FV \div FVIFA_{r,n} = FV \times \dfrac{1}{FVIFA_{10\%,5}} = 10\ 000 \times \dfrac{1}{6.1051} = 1\ 638$（元）

式中：6.1051 查自年金终值系数表。

因此，在银行利率为 10% 时，每年存入 1 638 元，5 年后可得 10 000 元，用来还清债务。

式中的 $\dfrac{1}{FVIFA_{r,n}}$ 是普通年金终值系数的倒数，称为偿债基金系数。它可以把普通年金终值折算为每年需要收付的金额。

（二）先付年金

先付年金又称预付年金或即付年金，是指收入或支付在每期期初发生的年金。

1. 先付年金现值

先付年金现值是指每期期初收付款项的复利现值之和。先付年金现值的计算如图 5 - 3 所示。

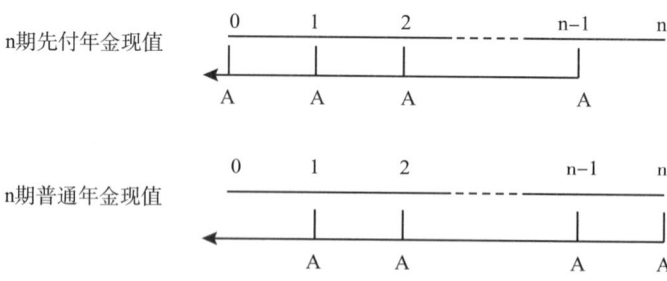

图 5 - 3　先付年金现值与普通年金现值计算示意

从图 5 - 3 中可以看出，n 期先付年金与 n 期普通年金的付款次数相同,但是由于 n 期普通年金是期末付款,n 期先付年金是期初付款,在计算现值时,n 期普通年金现值比 n 期先付年金现值多贴现一期。所以,可以先求出 n 期普通年金现值,然后,再乘以 (1 + r),便可以求出 n 期先付年金现值。计算公式为:

$$PV = \frac{A}{r}\left[1 - \frac{1}{(1+r)^n}\right](1+r) = A \cdot PVIFA_{r,n} \cdot (1+r) \quad (5-9)$$

根据 n 期先付年金现值与 n 期普通年金现值的关系,还可以推出计算 n 期先付年金现值的另一个公式。n 期先付年金现值与 n-1 期普通年金现值的贴现期数相同,但是,n 期先付年金现值比 n-1 期普通年金现值多一期不用贴现的年金 A。因此,可以先计算 n-1 期普通年金的现值,然后再加上一期不需要贴现的年金 A,便可以求出 n 期先付年金的现值,计算公式为:

$$\begin{aligned}PV &= \frac{A}{r}\left[1 - \frac{1}{(1+r)^{n-1}}\right] + A = A \times PVIFA_{r,n-1} + A \\ &= A \times (PVIFA_{r,n-1} + 1) \quad (5-10)\end{aligned}$$

【例 5 – 14】某企业采用融资租赁方式租入一设备,租期为 10 年,每年年初支付租金 10 000 元,年利息率为 8%,这些租金的现值是多少?

$$\begin{aligned}PV &= A \times PVIFA_{r,n} \times (1+r) = 10\,000 \times PVIFA_{8\%,10} \times (1+8\%) \\ &= 10\,000 \times 6.7101 \times (1+8\%) = 72\,469.08 \text{ (元)}\end{aligned}$$

或者:

$$\begin{aligned}PV &= A \times PVIFA_{r,n-1} + A = 10\,000 \times (PVIFA_{8\%,9} + 1) \\ &= 10\,000 \times (6.2469 + 1) = 72\,469 \text{ (元)}\end{aligned}$$

2. 先付年金终值

先付年金现值是指每期期初收付款项的复利终值之和。先付年金终值的计算如图 5-4 所示。

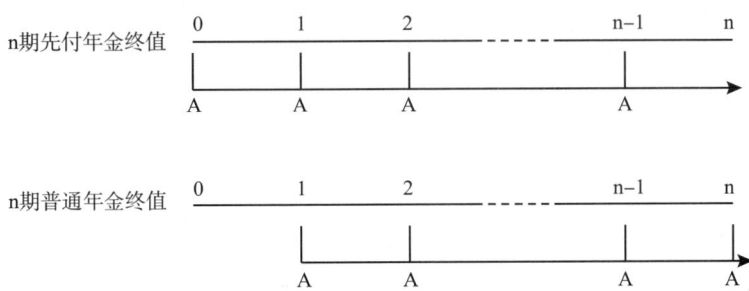

图 5-4　先付年金终值与普通年金终值计算示意

从图 5-4 中可以看出,n 期先付年金与 n 期普通年金的付款次数相同,但是由于付款时期不同,n 期先付年金终值比 n 期普通年金终值多计算一期利息。所以,可以先求出 n 期普通年金终值,然后再乘以 (1+r),便可以求出 n 期先付年金终值。计算公式为:

$$FV = A\left[\frac{(1+r)^n - 1}{r}\right](1+r) = A \times FVIFA_{r,n} \times (1+r) \quad (5-11)$$

此外,还可以根据 n 期先付年金终值与 n+1 期普通年金终值的关系,推出计算 n 期先付年金终值的另一个公式。n 期先付年金终值与 n+1 期普通年金终值的计息期数相同,但是,n 期先付年金终值比 n+1 期普通年金终值少付一期款。因此,可以先计算 n+1 期普通年金的终值,然后再减去一期付款额 A,便可以求出 n 期先付年金的终值,计算公式为:

$$FV = A\left[\frac{(1+r)^{n+1} - 1}{r}\right] - A = A \times (FVIFA_{r,n+1} - 1) \quad (5-12)$$

【例 5-15】 如果每年年初存入银行 10 000 元,银行存款利率为 8%,第 10 年年末的本利和是多少?

$$\begin{aligned}FV &= A \times FVIFA_{r,n} \times (1+r) = 10\ 000 \times FVIFA_{8\%,10} \times (1+8\%) \\ &= 10\ 000 \times 14.4866 \times (1+8\%) \approx 156\ 455\ (元)\end{aligned}$$

或者:

$$\begin{aligned}FV &= A \times (FVIFA_{r,n+1} - 1) = 10\ 000 \times (FVIFA_{8\%,11} - 1) \\ &= 10\ 000 \times (16.6455 - 1) = 156\ 455\ (元)\end{aligned}$$

(三) 递延年金现值

所谓递延年金是指在最初若干期没有收付款项的情况下,后面若干期等额的系列收付款项。假设最初 m 期没有收付款项,后面 n 期有等额的收付款项,则递延年金的现值即为后 n 期年金贴现至 m 期期初的现值。递延年金现值计算如图 5-5 所示。

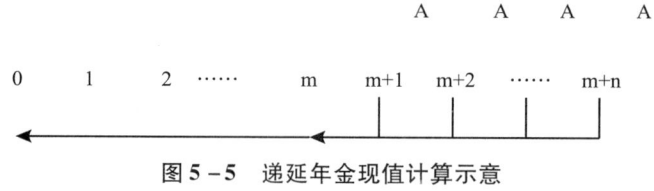

图 5-5 递延年金现值计算示意

图 5-5 列示了递延年金款项的收付形式。其现值计算方法有两种。第一种方法:先求出递延年金在 n 期期初(即 m 期期末)的现值,再将其作为终值贴现至 m 期的期初,便可以求出递延年金的现值。计算公式为:

$$PV = A \times PVIFA_{r,n} \times PVIF_{r,m} \quad (5-13)$$

第二种方法:先计算出 m+n 期的普通年金现值,减去没有付款的前 m 期的普通年金现值，二者之差便是递延 m 期的普通年金现值。其计算公式为：

$$PV = A \times PVIFA_{r,m+n} - A \times PVIFA_{r,m} = A \times (PVIFA_{r,m+n} - PVIFA_{r,m}) \quad (5-14)$$

【例 5-16】 某企业向银行借入一笔款项，银行贷款的年利率为 8%，按照双方约定，前 10 年不用还本付息，但是从第 11 年至第 20 年，每年年末偿还本息 1 000 元，问该笔贷款的现值是多少？

$$PV = 1\,000 \times PVIFA_{8\%,10} \times PVIF_{8\%,10} = 1\,000 \times 6.7101 \times 0.4632 = 3\,108.12 （元）$$

或 $PV = 1\,000 \times (PVIFA_{8\%,20} - PVIFA_{8\%,10}) = 1\,000 \times (9.8181 - 6.7101) = 3\,108 （元）$

（四）增长年金现值

由于企业实际增长或者通货膨胀等原因，实际中的现金流通常会随着时间而以一个固定的增长率 g 增长，增长年金是一种在有限期限内增长的现金流。

增长型年金现值的计算公式为：

$$PV = \frac{A}{r-g}\left[1 - \frac{(1+g)^n}{(1+r)^n}\right] \quad (5-15)$$

式中：A——第一年年末现金流；
　　　r——折现率；
　　　g——年金增长率；
　　　n——年金期数。

【例 5-17】 政府对有突出贡献的中青年科学家发放特殊津贴，津贴额第一年为 10 000 元，以后每年增长 5%，共 20 年，折现率为 10%。问津贴的现值是多少？

按照增长年金的计算公式，津贴的现值是：

$$PV = \frac{10\,000}{10\% - 5\%} \times \left[1 - \frac{(1+5\%)^{20}}{(1+10\%)^{20}}\right] = 121\,121 （元）$$

增长年金的用途十分广泛，但是其计算却没有相应的简化公式，必须计算公式中的每一项。

（五）永续年金现值

所谓永续年金是指定期等额的永无止境的款项收付。由于永续年金的收付没有终止，所以永续年金没有终值。永续年金的现值可以通过计算普通年金现值的公式计算，即：

$$PV = \frac{A}{r} \times \left[1 - \frac{1}{(1+r)^n}\right] \quad (5-16)$$

> 货币时间价值的计算有三种方法。第一种就是我们本书介绍的公式法，需要借助于各种系数表和公式进行计算；第二种方法是财务计算器；第三种方法是电子表格法。

当期限 n 趋向于无穷大时，$\lim_{n \to \infty} \dfrac{1}{(1+r)^n} = 0$，因此上述公式可以改写为：

$$PV = \frac{A}{r} \tag{5-17}$$

【例 5-18】某企业准备建立一项永续年金式奖学基金，用于资助贫困学生顺利完成学业。每年计划拿出 50 000 元作为奖学金，从明年开始永远延续下去，如果利率为 8%，则该项基金的现值是多少？

$$PV = \frac{A}{r} = \frac{50\ 000}{8\%} = 625\ 000（元）$$

值得注意的是永续年金的现值会随着利率的下调而增加；相反，其现值也会随着利率的升高而下降。

（六）永续增长年金现值

假设一栋房屋的租金收入（扣除各项费用后）第一年年末有 100 000 元，这笔现金流预计会以每年 5% 的速度增长，且每年的现金流将以这种增长趋势永久的持续下去，这种现金流就称为永续增长年金。其计算公式为：

$$PV = \frac{A}{1+r} + \frac{A(1+g)}{(1+r)^2} + \frac{A(1+g)^2}{(1+r)^3} + \cdots + \frac{A(1+g)^{n-1}}{(1+r)^n} + \cdots = \frac{A}{r-g} \tag{5-18}$$

式中：A——第一期期末现金流；
　　　g——每期的增长率；
　　　r——折现率。

【例 5-19】上述房屋的租金收入，如果折现率是 10%，房东所得现金流现值为：

$$PV = \frac{100\ 000}{10\% - 5\%} = 2\ 000\ 000（元）$$

永续年金现值计算需要注意以下几个问题：

（1）分子中是从现在开始起一年后收到的现金流，即第一年年末的现金流；

（2）关于利率和增长率，当且仅当折现率大于增长率时公式才有意义；

（3）关于时间的假设。现实世界中，公司现金的流入和流出是随机的，并且几乎连续不断，例如房租可能每月支付，房屋的维修费用也有可能在一年中的任何时间发生，但是公式中假定是有规律的和确定的现金流量（如每年只发生一次，且在年末发生）。

在拿破仑战争（是指 1803 年到 1815 年爆发的各场战争，这些战事可以说是自 1789 年法国大革命所引发的战争的延续）后发行的一些英国证券就是支付永续年金的证券。在 1815 年，苏格兰银行发行了巨额债券，并用所得收益去偿还前几年用于战争的小规模债券，由于发行债券的目的在于抵补过去的债券，所以被统称作统一公债（english consols），英格兰银行保证对该公债的投资者永久期地支付固定的利息。

五、不等额系列款项现值计算问题

在货币时间价值计算中,常常会遇到收付款项金额不等的系列现金流情况。

年金是指每次收付相等金额的系列款项,而前述单利、复利现值和终值的计算则是就一次收付款项而言的。在经济活动中,往往会发生每次收付款项金额不等的系列现金流,这就需要计算不等额系列款项现值之和(见图 5-6)。

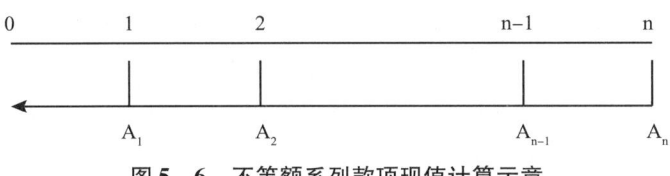

图 5-6 不等额系列款项现值计算示意

不等额系列收付款项现值之和,可以先计算每次收付款项的复利现值,然后加总。其计算公式如下:

$$PV = A_1 \times \frac{1}{(1+r)^1} + A_2 \times \frac{1}{(1+r)^2} + A_3 \times \frac{1}{(1+r)^3} + \cdots \\ + A_{n-1} \times \frac{1}{(1+r)^{n-1}} + A_n \times \frac{1}{(1+r)^n} = \sum_{t=1}^{n} A_t \times \frac{1}{(1+r)^t}$$
(5-19)

式中:A_1——第 1 年末收付款项;

A_2——第 2 年末收付款项;

A_3——第 3 年末收付款项;

A_{n-1}——第 n-1 年末收付款项;

A_n——第 n 年末收付款项,其现值计算如图 5-6 所示。

【例 5-20】某系列现金流如表 5-2 所示,贴现率为 5%,求这一系列款项的现值。

表 5-2 不等额现金流量表

	第 1 年	第 2 年	第 3 年	第 4 年
现金流量	2 000	1 000	3 000	4 000

该笔不等额现金流量现值的计算过程如下:

$$PV = A_1 \times \frac{1}{(1+r)^1} + A_2 \times \frac{1}{(1+r)^2} + A_3 \times \frac{1}{(1+r)^3} + A_4 \times \frac{1}{(1+r)^4}$$

$$= 2\,000 \times \frac{1}{(1+5\%)} + 1\,000 \times \frac{1}{(1+5\%)^2} + 3\,000 \times \frac{1}{(1+5\%)^3}$$
$$+ 4\,000 \times \frac{1}{(1+5\%)^4}$$
$$= 2\,000 \times 0.9524 + 1\,000 \times 0.9070 + 3\,000 \times 0.8638$$
$$+ 4\,000 \times 0.8227$$
$$= 8\,694（元）$$

以上各复利现值系数，可以查阅复利现值系数表。

【例 5 – 21】某系列现金流如表 5 – 3 所示，贴现率为 10%，求这一系列现金流的现值。

表 5 – 3　　　　　　　第 1~9 年现金流量表

	第 1 年	第 2 年	第 3 年	第 4 年	第 5 年	第 6 年	第 7 年	第 8 年	第 9 年
现金流量	3 000	3 000	3 000	2 000	2 000	2 000	2 000	2 000	1 000

在该例中，1~3 年为等额款项，可以用求 3 年年金现值的方法计算现值；4~8 年为等额款项，可求 8 年年金现值，再扣除前 3 年年金现值的方法计算现值；第 9 年的款项可以计算其复利现值，则该项不等额系列款项的现值可以按照下列公式计算：

$$PV = A_1 \times PVIFA_{10\%,3} + A_4 \times (PVIFA_{10\%,8} - PVIFA_{10\%,3}) + A_9 \times PVIF_{10\%,9}$$
$$= 3\,000 \times 2.4869 + 2\,000 \times (5.3349 - 2.4869) + 1\,000$$
$$\times 0.4241 = 13\,580.80（元）$$

第二节　债券估值

债券是重要的金融工具之一，其种类和形式多种多样，有关公司债券的详细内容详见本书第九章长期筹资方式。

一、债券的基本内容

债券是政府、金融机构或工商企业等组织直接向社会借债筹措资金时，向投资者发行，并且承诺按规定利率支付利息并按约定条件偿还本金的债权债务凭证。债券的本质是债的证明书，具有法律效力。债券购买者与发行者之间是一种债权债务关系，债券发行人即债务人，投资者（或债券持有人）即债权人。债券的基本要素包括以下

几个方面:

(1) 债券的票面价值。债券要注明面值,而且都是整数,还要注明币种。

(2) 债券票面利率。票面利率是指债券利息与债券票面价值的比率,通常用年利率表示。债券计息和付息方式有很多种,可以是单利或者复利计息,利息支付可能一年一次、半年一次或者其他。"零票息"或者"零票息率"是指不支付利息。国际上一般是复利计息,我国仍为单利。

(3) 到期日。到期日指债券清偿本金的日期。债券的特点之一是要按规定的到期日,期满归还本金。

二、债券的估值

(一) 债券估值的一般公式

债券的价值就是债券未来现金流入的现值,它通过债券的价格反映出来。如果知道债券的面值、票面利率、还本付息期及投资者所要求的最低报酬率就可以确定债券的价值。确定债券价值的一般公式为:

$$PV_B = \frac{C}{1+r_1} + \frac{C}{(1+r_2)^2} + \frac{C}{(1+r_3)^3} + \cdots + \frac{C}{(1+r_n)^n} + \frac{F}{(1+r_n)^n}$$

(5-20)

式中:C——每年的利息,等于面值与票面利率的乘积;
   F——面值;
   $r_1, r_2, \cdots, r_n$——相应年度的折现率;
   n——期限,债券的偿还期。

在债券发行时,债券的面值、票面利率和付息期都已经注明,因此债券的价值就完全由投资者所要求的最低报酬率(即折现率)来确定。从以上公式可知,折现率越高,债券的价值就越低;反之,折现率越低,债券的价值就越高。折现率与该债券的风险大小成正比。

在一般情况下,$r_1, r_2, \cdots, r_n$ 取相等的折现率,则上述公式可以写成:

$$\begin{aligned}PV_B &= \frac{C}{1+r} + \frac{C}{(1+r)^2} + \frac{C}{(1+r)^3} + \cdots + \frac{C}{(1+r)^n} + \frac{F}{(1+r)^n} \\ &= \frac{C}{r}\left[1 - \frac{1}{(1+r)^n}\right] + \frac{F}{(1+r)^n} = C \times PVIFA_{r,n} + F \times PVIF_{r,n}\end{aligned}$$

(5-21)

【例 5-22】现有一张票面价值为 1 000 元,票面利率为 5%,10

年期债券,每年支付一次利息,若投资者要求的报酬率是8%。该债券的估值是多少?

债券持有人每年利息为:5%×1 000 = 50(元),则:

$$PV_B = \frac{50}{1+8\%} + \frac{50}{(1+8\%)^2} + \cdots + \frac{50}{(1+8\%)^{10}} + \frac{1\,000}{(1+8\%)^{10}}$$
$$= 50 \times PVIFA_{8\%,10} + 1\,000 \times PVIF_{8\%,10}$$
$$= 50 \times 6.71 + 1\,000 \times 0.4632 = 335.50 + 463.20 = 798.70 \text{(元)}$$

由于债券的票面利率低于投资者要求的报酬率,所以债券折价发行。如果其他条件不变,当债券发行时投资者要求的报酬率是5%时,则债券的发行价格确定如下:

$$PV_B = \frac{50}{1+5\%} + \frac{50}{(1+5\%)^2} + \cdots + \frac{50}{(1+5\%)^{10}} + \frac{1\,000}{(1+5\%)^{10}}$$
$$= 50 \times PVIFA_{5\%,10} + 1\,000 \times PVIF_{5\%,10}$$
$$= 50 \times 7.7217 + 1\,000 \times 0.6139 = 386.10 + 613.90 = 1\,000 \text{(元)}$$

债券发行价格等于面值1 000元,即平价发行。如果其他条件不变,债券发行时投资者要求的报酬率是4%,则债券的发行价格确定如下:

$$PV_B = \frac{50}{1+4\%} + \frac{50}{(1+4\%)^2} + \cdots + \frac{50}{(1+4\%)^{10}} + \frac{1\,000}{(1+4\%)^{10}}$$
$$= 50 \times PVIFA_{4\%,10} + 1\,000 \times PVIF_{4\%,10}$$
$$= 50 \times 8.1109 + 1\,000 \times 0.6756 = 405.55 + 675.60 = 1\,081.15 \text{(元)}$$

则债券的发行价格为1 081.15元,即溢价发行。

(二) 每半年支付一次利息的债券价值确定

如果债券每半年支付一次利息,则确定债券价值的一般公式为:

$$PV_B = \frac{C}{2} \times PVIFA_{\frac{r}{2},2n} + F \times PVIF_{\frac{r}{2},2n} \qquad (5-22)$$

式中:C——每年按照票面利率计算的利息。

一般地,如果每年支付利息m次,债券估价的公式为:

$$PV_B = \frac{C}{m} \times PVIFA_{\frac{r}{m},mn} + F \times PVIF_{\frac{r}{m},mn} \qquad (5-23)$$

式中:C、F、n的含义同前;

r——到期收益率;

m——年付利息次数,通常为2,4,…。

【例5-23】现有一张票面价值为1 000元,票面利率为6%,10年期债券,每半年支付一次利息,若投资者要求的年报酬率是8%。债券价值的计算如下:

每年的利息为:6%×1 000 = 60(元)。由于投资者要求的年报酬率是8%,则债券的价值为:

$$PV_B = \frac{60}{2} \times PVIFA_{4\%,20} + 1\,000 \times PVIF_{4\%,20}$$
$$= 30 \times 13.5903 + 1\,000 \times 0.4564$$
$$= 407.71 + 456.40 = 864.11 \text{（元）}$$

如果其他条件相同，每半年支付一次利息的债券价值一般比每年支付一次利息的债券的价值要略高。

（三）零息债券的估值

零息债券也称为纯贴现债券，这种债券承诺在未来某一确定日期做一单笔支付。在债券到期日前的各个期间都不向持有人支付任何现金。

如果零息债券在未来的 n 年后支付金额为 F 的面值，而在这 n 年中市场利率为 r，则该债券到期面值的现值为：

$$PV_n = \frac{F}{(1+r)^n} = F \times PVIF_{r,n} \qquad (5-24)$$

【例 5-24】假设 A 公司发行了面值为 1 000 元的 10 年期零息债券，在投资者的预期报酬率为 8% 时，该零息债券的现值为多少？

$$PV_B = 1\,000 \times PVIF_{8\%,10} = 1\,000 \times 0.4632 = 463.20 \text{（元）}$$

（四）金边债券的估价

并非所有的债券都有到期日，金边债券（也称永久公债）既没有最后到期日，也从不停止支付票面利息。18 世纪英格兰银行就发行了这种债券，承诺向债券持有者永久支付利息，称为"英国金边债券"。虽然英国经历了多次战争和经济衰退，英格兰银行一直遵守这一承诺。美国政府也曾发行过金边债券以建造巴拿马运河。虽然美国金边债券应该永久有效并支付利息，但是实际上该债券有一特殊条款授予了美国政府从持有者手中赎回债券的权利，政府实际上行使了该项权利。

金边债券的另一个重要例子就是优先股，如果公司没有任何困难支付股利，则优先股实际上就是金边债券。这些金融工具的定价可以用第五章中永续年金公式来估价。其估价一般公式为：

$$PV_B = \frac{C}{r} \qquad (5-25)$$

【例 5-25】假设政府发行每年能够收到 100 元利息的金边债券，如果市场利率为 10% 时，该金边债券的价格为多少？

$$PV_0 = \frac{100}{10\%} = 1\,000 \text{（元）}$$

三、债券到期收益率

所谓债券到期收益率（yield to maturity，YTM）是指按当前市场价格购进债券后，一直持有该债券至到期日可获得的报酬率。债券到期收益率是能使债券未来现金流入的现值等于债券当前购买价格的贴现率，实际是债券投资的内含报酬率。债券到期收益率的计算非常复杂。通常有三种方法，即试错法、近似法和使用金融计算器等。

（一）试错法

试错法是指试验几个不同的收益率直到利用该收益率计算的债券价值等于债券的市场价值，此时的收益率即我们要求的到期收益率。

【例 5-26】 假设有一种 1 000 元面值的债券，该债券的市价是 761 元，期限为 12 年，票面利率是 8%（每年支付利息）。

（1）确定一个折现率，该折现率使得债券预计现金流的现值等于债券的市价。先假定折现率为 10%，债券预计现金流的现值为：

$$PV_0 = 1\,000 \times 8\% \times PVIFA_{10\%,12} + 1\,000 \times PVIF_{10\%,12}$$
$$= 80 \times 6.814 + 1\,000 \times 0.319 = 864.12 \text{（元）}$$

（2）提高折现率。按照 10% 的折现率计算的债券现值大于债券的市价 761 元。因而，需要提高折现率，以便使未来的现金流有更不利的条件，从而使现值降到 761 元以下。现在试用 12% 的折现率，有：

$$PV_0 = 1\,000 \times 8\% \times PVIFA_{12\%,12} + 1\,000 \times PVIF_{12\%,12}$$
$$= 80 \times 6.1944 + 1\,000 \times 0.2567 = 752.25 \text{（元）}$$

（3）运用插值法求到期收益率。在 12% 折现率下，现值小于 761 元，所以使得现值等于 761 元的折现率一定在 10%~12% 之间，运用插值法：

0.10	864.12
YTM	761
0.12	752.25

因此有：$\dfrac{0.10 - YTM}{0.10 - 0.12} = \dfrac{864.12 - 761}{864.12 - 752.25}$

计算得：YTM = 11.84%

必须注意的是，用插值法计算的到期收益率只是一个近似值，这是因为两个折现率之间并不是线性的，但是，插值法中两个折现率之间的差越小，求得的结果越准确，本例中的结果接近于真实的到期收益率。

(二) 近似法

由于到期收益率的计算较复杂,一般使用下面的近似公式来计算,公式为:

$$m = \frac{P_0 \times r + \dfrac{P_0 - P_n}{n}}{\dfrac{P_0 + P_n}{2}} \qquad (5-26)$$

式中:m——债券的到期收益率;

P_n——债券的实际购买价格;

P_0——债券的面值;

r——债券票面年利率;

n——还本期限。

该公式中的分子相当于会计上按直线法摊销债券投资折价(或溢价)的情况下所确认的利息收益,分母相当于投资者平均占用的资金,这样获得的比值是"投资报酬率"。

【例 5-27】仍以【例 5-26】为例,采用近似收益率的计算公式,计算近似到期收益率:

$$m = \frac{1\,000 \times 8\% + \dfrac{1\,000 - 761}{12}}{\dfrac{1\,000 + 761}{2}} = 11.35\%$$

和讯债券网

近似的到期收益率是 11.35%。

如果债券的到期收益率高于市场的利息率或高于其他债券的到期收益率,可考虑购买。如果债券的到期收益率低于市场的利息率或低于其他债券的到期收益率,则不能进行投资。①

中国债券信息网

四、债券投资风险的类型

债券投资和其他投资一样是有风险的。债券的风险程度是决定投资者所要求的报酬率的重要因素之一。债券投资的风险包括:违约风险、利率风险、购买力风险、变现力风险和再投资风险。

(1) 违约风险。违约风险是指债券发行人无法按期偿还债券利息和本金的风险,财政部发行的国库券因为有政府作担保,因此没有违约风险。除中央政府以外的地方政府和公司所发行的债券或多或少有违约风险。

---

① 一些财经网站都列示了我国债券、企业债券、公司债券面值、利率、到期期限、即时价格、到期收益率等详细信息,相关信息见二维码中的内容。

企业在选择债券时，必须对债券发行人的资信情况和偿债能力进行分析，其信息来源可以是资信评级机构或公正机构。根据中国人民银行的有关规定，凡是向社会公开发行企业债券，都必须由中国人民银行及其授权的分行指定资信评级机构或公正机构，对债券发行人的财务状况、项目前景和偿债能力进行评分，以此评定信用级别。如有可能，企业进行债券投资时，也可以直接对债券发行企业的偿债能力进行分析，避免或减少违约风险。避免违约风险的最好的方法是购买质量评级高的债券。

（2）利率风险。利率风险是指由于市场利率的变动而使债券持有者发生损失的风险。影响债券价格变动的基本因素是市场利率的变化。一般情况下，债券的价格与市场利率成反比，市场利率升高，债券的价格就下降；反之，市场利率降低，债券的价格就上升。如果市场利率高于债券的票面利率，债券的投资者将抛售债券，转向其他类型的投资，债券的价格就会跌到债券的面值以下；反之会涨到债券的面值以上，一般地说，债券距到期的时间越长，投资者所需承担的利率风险也就越大，这也是长期债券的票面利率比短期债券的票面利率高的原因。由于长短期债券的利率风险不一样，因此企业可以通过分散债券的到期日来分散利率风险。

国库券的利率一般是固定的，其价格随着市场利率的变动而变动，因此国库券同样存在利率风险。

（3）购买力风险。购买力风险是指由于通货膨胀而使货币购买力下降的风险。债券是一种固定收入的资产，因而受通货膨胀的影响较大；而普通股、房地产等受通货膨胀的影响较小。

（4）变现力风险。变现力风险是指投资者无法在短期内以合理的价格变卖掉债券的风险。也就是说，企业在购买债券以后又遇到一个报酬率更高的投资机会，它想出售债券以便进行再投资，但是在短期内找不到愿意出合理价格的买主，而只能将价格降到很低或是要等很长时间才能找到合适的买主，这样企业不是蒙受损失，就是丧失新的投资机会。企业避免变现力风险的主要办法是尽量不购买冷门债券。

（5）再投资风险。再投资风险是指由于企业购买了短期债券，在债券到期时，由于市场利率下降，找不到获利较高的投资机会而产生的风险。这种情况下，企业还不如当初购买长期债券。

当企业购买长期债券时，要承担市场利率上升时发生损失的利率风险；而当企业购买短期债券时，要承担市场利率下降时而发生的再投资风险。企业为了有效地防止或降低投资风险，要根据资金的状况正确选择所投资的债券的种类。如果企业有一笔下一年需使用的资金，企业最好选择一年内到期的短期债券，因为这时不会有再投资风险；如果企业有一笔长期不需使用的资金，企业最好选择长期债券，这样可以避免再投资风险。

第三节 股票估值

一、普通股的估值

（一）股票估价的一般模型

假定某股票期初价格为 P_0，预期一年后价格变化为 P_1，一年后股票的每股股利（dividend）为 DIV_1。股票投资的收益是由两部分组成的：一部分为股利收入；另一部分为价格升值后带来的资本利得。那么，投资者愿意付出的购买股票的期初价格 P_0 的计算公式为：

$$P_0 = \frac{DIV_1}{1+r} + \frac{P_1}{1+r} \qquad (5-27)$$

式中：P_0——股票的现值；

P_1——年底的价格；

r——折现率，当股票不存在风险时，折现率即为市场利率，当股票存在风险时，折现率可能会高于市场利率。

在公式中 P_1 是另一个投资者在第一年年底时支付 P_1 的价格购买该股票，该投资者确定股票价格的公式为：

$P_1 = \frac{DIV_2}{1+r} + \frac{P_2}{1+r}$，代入公式（5-23），股票价格为：

$$P_0 = \frac{DIV_1}{1+r} + \frac{DIV_2}{(1+r)^2} + \frac{P_2}{(1+r)^2}$$

第二年年底股票价格为：$P_2 = \frac{DIV_3}{1+r} + \frac{P_3}{1+r}$，…，以此类推，第 n 年年底股票价格为 P_n，则发行时的股票价格为：

$$P_0 = \frac{DIV_1}{1+r} + \frac{DIV_2}{(1+r)^2} + \cdots + \frac{DIV_n}{(1+r)^n} + \frac{P_n}{(1+r)^n}$$

$$= \sum_{t=1}^{n} \frac{DIV_t}{(1+r)^t} + \frac{P_n}{(1+r)^n}$$

在上式中，如果 $\lim_{n \to \infty} \frac{P_n}{(1+r)^n} = 0$，不论股票在谁的手中，股利将永远持续下去，股票现值的估价公式为：

$$PV_0 = \frac{DIV_1}{1+r} + \frac{DIV_2}{(1+r)^2} + \cdots + \frac{DIV_n}{(1+r)^n} = \sum_{t=1}^{n} \frac{DIV_t}{(1+r)^t}$$
(5-28)

公司普通股价格就等于未来所有股利的现值。该模型被称为股票现值的红利折现模型。

(二) 股利固定 (零增长) 型股票的现值

如果股利是固定的,投资者长期持有股票而不出售,这种情况下的普通股估价的模型与优先股的定价模型类似,即:

$$PV_0 = \frac{DIV_1}{1+r} + \frac{DIV_2}{(1+r)^2} + \cdots = \frac{DIV}{r}$$
(5-29)

只有极少数股票的股利可以策略地估计为永远保持不变。然而,当预计股利在较长时期内保持稳定时,上述公式能给出一个估计股票价值近似值的好办法。例如,AT&T 从 1922～1958 年的 36 年间,每年支付的每股股利都是 9 美元,是一个在较长时期内股利保持稳定的例子。

【例 5-28】某公司股票的股利固定不变,为每股股利 5 元,投资者要求的投资报酬率为 10%。则公司的股票价值为:

$$PV_0 = \frac{DIV}{r} = \frac{5}{10\%} = 50 \text{ (元)}$$

(三) 股利固定增长型股票估价模型

如果发行股票的公司每年发放的股利都在增长,这种公司的股票称为增长型股票,假设股利按照固定的增长率 g 增长,这种情况下的股票估价的模型被称为股利增长模型或 Gordon 模型,即:

$$PV_0 = \frac{DIV_1}{1+r} + \frac{DIV_1 \times (1+g)}{(1+r)^2} + \frac{DIV_1 \times (1+g)^{n-1}}{(1+r)^n} + \cdots = \frac{DIV_1}{r-g}$$
(5-30)

式中:DIV_1——第一年年底的股利;

g——每年股利比上年的增长率为 g。

增长率 g 必须小于折现率 r,该公式才有意义。这实际上是永续增长型年金的现值公式。该模型中,股票价格被视为未来期间预期现金流量的折现值,并且股利预期按照增长率 g 永远增长下去。在股利增长模型中,最重要也最难估计的是增长率 g。

【例 5-29】A 公司普通股的有关资料如下:上年每股股利 3 元,预期以后公司股利将保持 12% 的增长率。投资者所要求的最低报酬率为 15%,则公司的股票价格估计为:

该股票的价值为:

$$PV_0 = \frac{DIV_1}{r-g} = \frac{DIV_0 \times (1+g)}{r-g} = \frac{3 \times (1+12\%)}{15\% - 12\%} = 112 \text{（元）}$$

我们可能会感觉 A 公司普通股的内在价值太高了，以至于可能会对股利增长模型的可信性产生怀疑。其实模型本身并没有问题；如果有问题的话，是所用的估计变量值，尤其是增长率 g 不切合实际。对很多公司而言，每股股利预计会永远以 g 的几何速度增长，可能有些脱离现实。

（四）股利变动增长型股票估价模型

一个公司不可能一开始就处于稳定增长或永远处于匀速增长状态。公司的发展过程必然是不规则的，有较好的投资机会时，公司会快速增长；一旦步入成熟期，其发展就比较稳定。在这种情况下，只有分段计算，才能确定股票的价格。当然企业的持续增长和持续的稳定都是现实的简化。图 5 – 7 显示了零增长、正增长、负增长及快速增长情况下每股股利的发展趋势。

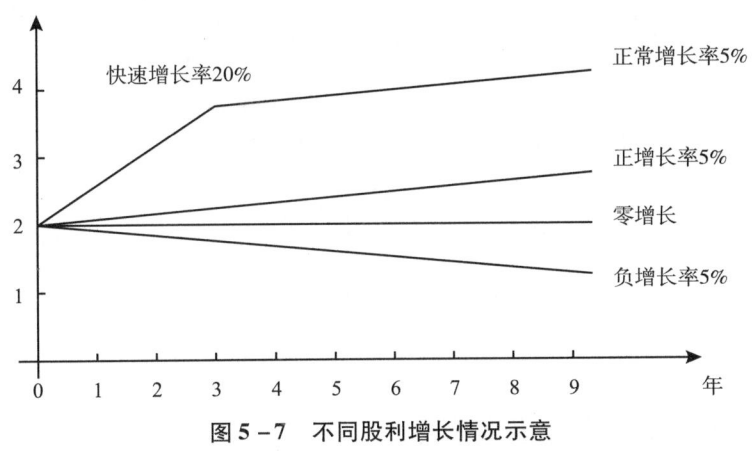

图 5 – 7　不同股利增长情况示意

图 5 – 7 中显示，股利快速增长型的公司预期股利以 20% 的速度增长 3 年，然后其股利增长率降至正常水平 5%，此时，股票现值可以用以下公式表示：

$$PV_0 = \sum_{t=1}^{n} \frac{DIV_0 \times (1+g_1)^t}{(1+r)^t} + \sum_{t=n+1}^{\infty} \frac{DIV_n \times (1+g_2)^{t-n}}{(1+r)^t} \quad (5-31)$$

式中：n——快速增长的年限；

g_1——快速增长率；

g_2——正常增长率。

【例 5 – 30】某公司股利预期从今年起以 20% 的速度增长 3 年，

然后其增长率降至正常水平 5%，上年每股股利为 1 元，投资者最低报酬率为 15%，计算公司股票的现值。

（1）快速增长期间股票的现值计算，如表 5-4 所示。

表 5-4　　　　　　　　　股票估值

年	股利	$PVIF_{r,n}$	股利现值
1	$1\times(1+20\%)=1.20$	0.8696	1.0435
2	$1\times(1+20\%)^2=1.44$	0.7561	1.0888
3	$1\times(1+20\%)^3=1.728$	0.6575	1.1362
合计			3.2685

（2）正常增长率期间股票的现值。

从第四年开始公司股票股利进入正常增长阶段，其股票的现值可以用正常增长模型进行估计，第四年的股利为：$DIV_4=DIV_3(1+5\%)=1.728\times(1+5\%)$，正常增长期间股票股利在第三年末的现值为：$P_3=\dfrac{1.728\times(1+5\%)}{15\%-5\%}=18.144$（元）。

进一步折现为期初的值为：

$P_0=18.144\times PVIF_{15\%,3}=18.144\times 0.6575=11.9297$（元）

（3）计算股票现值。

$PV_0=3.2685+11.9297=15.1982$（元）

二、优先股的估值

（一）优先股的估值模型

优先股是相对普通股而言的，是较普通股具有某些优先权利，同时也受到一定限制的股票。优先股的"优先权利"主要体现在，优先分配股利和优先分配股份制企业的剩余财产。具体的优先条件须由股份制企业章程予以明确规定。

优先股与普通股具有某些共性，如优先股无到期日；运用优先股所融资本，属自有资本。但是，它又具有股份制企业债券的某些特征，大部分优先股在固定的时点支付固定的股利，优先股股东通常优先于普通股股东分配股利，且其股利一般是固定的。所以，优先股类似固定利息的债券。因此，优先股可以被视为一种混合性证券。

由于优先股在固定的时点支付固定的股利，且无到期日，所以优先股的定价类同于永续年金现值，即：

$$PV_0 = \frac{DIV}{r} \qquad (5-32)$$

式中：DIV——事先规定的每股优先股的年度股利；
　　　r——贴现率。

【例 5-31】 某公司发行在外的优先股的股利率为9%，面值为100元，投资者的预期报酬率为10%，那么该优先股每股的价值为：

$$PV_0 = \frac{DIV}{r} = \frac{100 \times 9\%}{10\%} = 90（元）$$

(二) 优先股的期望收益率

如果股票市场达到均衡，即优先股当前的市场价格等于根据估价模型所计算的内在价值，即：

$$PV_0 = \frac{DIV}{r}$$

对上述公式加以变形，则优先股的期望收益率为：

$$E(r) = \frac{DIV}{PV_0} \qquad (5-33)$$

相对（乘数）估值法

本 章 小 结

本章主要讲述了四个方面的内容，主要知识点包括：

(1) 货币的时间价值，是指货币在不同的时点上具有不同的价值。货币时间价值的两个基本概念是现值和终值。现值分析是要确定未来的现金流量相当于现在的价值；终值分析是要确定现在的现金流量相当于未来的价值。

(2) 现值的思想和方法是财务学的主要研究成果之一，它的要点是用未来解释现在。即一项资产的未来现金流，利用相应的折现率，折算到现在时刻估计其价值。现值的计算复杂而烦琐，但是有几个简化公式是估值和决策的基础，包括复利现值系数、年金现值系数、永续年金现值、永续增长年金现值。

(3) 估值问题是财务学的永恒主题。债券的定价是利用折现现金流原理，即未来收益的现值来定价。债券的价值就是债券未来现金流入的现值，它通过债券的价格反映出来。确定债券价值的一般公式为：

$$PV_B = \frac{C}{1+r_1} + \frac{C}{(1+r_2)^2} + \frac{C}{(1+r_3)^3} + \cdots + \frac{C}{(1+r_n)^n} + \frac{F}{(1+r_n)^n}$$

根据其定价原理，可以处理不同付息方式的债券定价问题，另外债券到期收益率的计算问题也是本章重要的知识点。

(4) 和债券定价类似，普通股的每股价值等于发行公司提供的预计现金股利的现值，这就是股票估价的一般模型，即：

$$PV_0 = \frac{DIV_1}{(1+r)} + \frac{DIV_2}{(1+r)^2} + \cdots + \frac{DIV_\infty}{(1+r)^\infty} = \sum_{t=1}^{\infty} \frac{DIV_t}{(1+r)^t}$$

在此一般公式的基础上，有股利固定不变、股利固定增长等几种典型的股票估价模型。

本章重要术语

货币时间价值
复利
复利现值
复利终值
普通年金
先付年金
递延年金
永续年金
名义利率
实际利率
债券估值
股票估值

复习与思考

一、单选题

1. 下列关于时间价值的说法，错误的是（　　）。

A. 并不是所有货币都有时间价值，只有把货币作为资本投入生产经营过程才能产生时间价值

B. 货币的时间价值只能用绝对数表示

C. 货币的时间价值实质上是在不考虑通货膨胀条件下全社会平均的无风险报酬率

D. 货币的时间价值，是指货币在不同的时点上具有不同的价值

2. 将100元存入银行，利率为10%，计算5年后的终值应用（　　）。

　　A. 复利终值系数　　　　　　　B. 复利现值系数
　　C. 年金终值系数　　　　　　　D. 年金现值系数

3. 假设银行利率为r，从现在开始每年末存款1元，n年后的本利和为$\frac{(1+r)^n - 1}{r}$元，如果改为每年初存款，存款期数不变，n年后的本利和应为（　　）元。

　　A. $\frac{(1+r)^{n+1} - 1}{r}$　　　　　　B. $\frac{(1+r)^{n+1} - 1}{r} - 1$

C. $\dfrac{(1+r)^{n+1}-1}{r}+1$ D. $\dfrac{(1+r)^{n-1}-1}{r}+1$

4. 甲公司平价发行 5 年期债券，债券票面利率为 10%，每半年付息一次，到期一次偿还额本金。该债券的实际年利率是（　　）。

A. 10% B. 10.25%

C. 10.5% D. 9.5%

5. 某企业于年初存入银行 10 000 元，假定年利息率为 12%，每年复利两次，已知 $FVIF_{6\%,5}=1.3382$，$FVIF_{6\%,10}=1.7908$，$FVIF_{12\%,5}=1.7623$，$FVIF_{12\%,10}=3.1058$，则第五年年末的本利和为（　　）元。

A. 13 382 B. 17 623

C. 17 908 D. 31 058

二、思考题

1. 现值和终值的概念是什么？

2. 什么是名义利率和实际利率？它们之间的关系是什么？

3. 某人有 10 000 元，现投入报酬率为 10% 的投资机会，经过多少年才可使现有货币增加 1 倍？

4. 如果计划在 5 年后获得本利和 12 000 元（复利），银行存款利率为 4%，现在应存入多少元？

5. 拟在 5 年后还清 10 000 元债务，从现在起每年等额存入银行一笔款项。假设银行存款利率 5%，每年需要存入多少元？

6. 假如你在以后四年中，每年年末存入银行 5 000 元，若银行存款利率为 5%，请问第四年年末银行存款总额是多少？

7. 某人正在考虑购买一套房子，并且准备居住 10 年后以 500 000 元的价格售出，如果适用的贴现率是 12%，那么购买这套房子他能够接受的价格是多少？

8. 若名义利率是 8%，在下述几种方式下，1 000 元存款在 3 年后的终值是多少？

（1）每年计息一次；

（2）每半年计息一次；

（3）每季度计息一次；

（4）每月计息一次；

（5）连续计息；

（6）随着计息期的缩短终值会发生什么变化，为什么？

9. 若年利率为 10%，现有一项资产的价格为 2 000 元，以后连续 8 年每年都能够产生 1 200 元的收益，你是否愿意购买该项资产？

10. 假设 5 年后你需要 25 000 元，你计划每年年末在银行存入等额资金，利率为 7%，问你每年应该存入多少钱？

11. 零息债券、平息债券和金边债券的含义。

12. 利率和债券价格之间存在着什么样的关系。

13. 每半年支付利息的债券的名义利率和实际利率有什么不同？

14. 政府发行了一种债券，25年后付给投资者1 000元，期间不付利息，若贴现率为10%，该债券的现值是多少？

15. SPF公司刚刚支付了4.50元的现金股利。股利增长率预期将以固定的7.5%无限期的增长。投资者必要的报酬率在前3年为20%，随后的3年为11%，之后一直是12%。该公司股票目前的每股价格是多少？

16. 某公司股票目前刚刚支付了每股2元的股利，投资者所要求的报酬率为16%。

要求：计算下列不同情况下，5年后股票的价值是多少？

（1）股利零增长；

（2）股利固定增长率8%；

（3）在未来3年内股利以20%的增长率增长，然后恢复到正常固定增长率5%。

网络练习

股票价值分析。假设你选择2只股票进行股票价值分析。以下是参考资料和问题。

1. 从巨潮咨询等相关网站获取资产负债表、利润表和现金流量表等定期报告，以及其他与价值评估有关的数据，如"分红配股""财务指标"等。

2. 根据这2只股票在过去5年中的销售收入、净利润、股利，分别计算公司销售收入、净利润、股利变动趋势。

3. 登录东方财富http：//choice.eastmoney.com/等网站，下载目标公司有关资本成本的信息。

4. 根据相关数据，回答下列问题：

（1）这2只股票的最新价格和市盈率是多少？当前年度股利和股利收益率是多少？

（2）这2只股票在过去5年中的每股收益和每股股利增长率是多少？这些增长率是否表现出一种稳定的趋势，能否用于长期预测？

（3）采取DDM模型评估这2只股票价格，并与当前市场价格进行比较，找出产生差异的原因。

第六章 资本市场风险与收益

学习目标

通过本章的学习，理解风险收益均衡的原理；掌握资产风险与收益的衡量；掌握投资组合理论；掌握系统风险与非系统风险的含义；理解风险资产有效集；掌握资本资产定价模型和套利定价理论。

引导案例

从 2007 年 10 月的 6 124 点到 2008 年 10 月底的最低点 1 664 点，中国股市经历了前所未有的速降过程，在不到一年的时间之内下跌幅度超过了 72%，市值缩水最多的时候达到 22 万亿。整个 2008 年中国股市承受着 2007 年"过山车"冲顶后的挤压泡沫苦果，近 98% 的个股股价全年不同程度被腰斩，但是其中仍不乏迎风赶上极具市场号召力的强者。统计显示，在全年涨幅的 35 只个股当中，ST 盐湖以 488% 的年度涨幅跻身两市 A 股榜首，如果说 ST 盐湖是典型的题材概念股的话，那么，界龙实业全年涨幅为 63%，隆平高科全年涨幅为 49%，登海种业全年涨幅为 33%，在下跌的市场中，仍然有股票收益率表现优异。

当我们在学习本章内容时，股票市场也正变幻莫测，几乎没有人能够预测其走势，但是我们知道在股票市场上进行投资组合并分散风险是非常重要的。投资者可以在分散风险的同时又获得必要的收益率。风险与收益俱在，它们之间的关系是怎样的，通过本章的学习将会给你带来答案。

第一节 风险和收益的概念

对于大多数投资者来说，当前投入资金是因为期望在未来赚取更多的资金。收益，为投资者提供了一种恰当的描述投资项目财务绩效的方式，其大小可以通过收益率来衡量。假设某投资者购入 10 万元的短期国债，利率为 5%，一年后可获得 10.5 万元，那这一年的收益率为 5%，即：

$$投资收益率 = \frac{投资所得 - 初始投资}{初始投资}$$

$$= (10.5 - 10)/10 = 5\% \qquad (6-1)$$

事实上，投资者获得的收益率就是债券的票面利率，一般认为该投资是无风险的。然而，如果将这 10 万元投资于一家刚成立的高科技公司，该投资的收益就无法明确估计，即投资面临风险。

【例 6-1】假定年初时以 25 元的价格购买了某只股票，到了年末股票为 35 元，期间收到了 2 元股利，那么，该股票的收益率是多少？

包括两部分，分别是股利收益率和资本利得收益率。

股利收益率 $= 2/25 = 8\%$

资本利得收益率 $= (35 - 25)/25 = 40\%$

股票的收益率 $= (35 - 25 + 2)/25 = 48\%$

公司的财务决策几乎都是在包含风险和不确定的情况下做出的。离开了风险，就无法正常评价公司投资收益的高低。风险是客观存在的，按风险的程度，可以把公司的财务决策分为三种类型。

1. 确定型决策

决策者对未来的情况是完全确定的或已知的决策，称为确定型决策。例如，前述投资者将 10 万元投资于利息率为 5% 的短期国债，由于国家实力雄厚，到期得到 5% 的收益几乎是肯定的，因此一般认为这种决策是确定型决策。

2. 风险型决策

决策者对未来的情况不能完全确定，但不确定性出现的可能性——概率的具体分布是已知的或者可以估计的，这种情况下的决策称为风险型决策。

3. 不确定型决策

决策者不仅对未来的情况不能完全确定，而且对不确定性可能出现的概率也不清楚，这种情况下的决策称为不确定型决策。

从理论上讲，不确定性是无法计量的，但在财务管理中，通常为不确定性规定了一些主观概率，以便进行定量分析。不确定性被规定了主观概率后，就与风险十分近似了。因此，在财务管理中，对风险与不确定性并不做严格区分，当谈到风险时，可能是风险，也可能是不确定性。

投资者之所以愿意投资风险高的项目，是因为其要求的投资收益率足够高，能够补偿可察觉的风险。很明显，前述投资者如果投资高科技公司的期望收益率与短期国债一样，那么几乎没有投资者愿意投资高科技公司。

风险是一个非常重要的财务概念，任何决策都有风险，这使得风险概念在理财中具有普遍意义。风险最简单的定义是：风险是发生财务损失的可能性。发生损失的可能性越大，风险越大。这个概念主要强调风险可能带来的损失，与危险的含义类似。

其实，风险不仅可以带来超出预期的损失，也可以带来超出预期的收益。所以出现了更正式的定义：风险是预期结果的不确定性。既包括负面效应也包括正面效应。

在财务管理中强调风险的目的，是为了明确风险与收益之间的权衡关系，并在此基础上给风险定价。风险概念的演进，实际上是逐步明确什么是与收益相关的风险，与收益相关的风险才是财务管理中所说的风险。①

黑天鹅 VS 灰犀牛——什么是危机

对待风险的态度。假设现在做一个游戏，你的面前有两扇门，推开门你将得到这扇门后的东西，其中第一扇门后边放着 10 000 元的现金，而第二扇门后边是一文不值的废品。你选择了第一扇门，正当你要推开门去拿奖品的时候，主持人告诉你说他可以拿出一笔钱来结束这个游戏。这时你想如果主持人给你的钱是 2 999 元或者更少，则你将选择去开门，如果主持人给你的钱是 3 000 元，你将选择接受这笔钱而放弃去开门，而主持人给你的钱是 3 500 元，所以你选择接受这笔钱而放弃去开门。事实是第一扇门后面放的正是 10 000 元，你后悔了？那么这个游戏与风险收益的关系是什么呢？该游戏说明大部分投资者都是厌恶风险的。其原因是：如果选择去开门，有 50% 的机会得到 10 000 元，50% 的机会是零，所以，期望收益是 5 000 元。如果你认为自己对有风险的 5 000 元的期望收益与确定的 3 000 元收益的态度无差异，换句话说，该确定的金额即你对风险性赌博的确定等值给你带来的效用或满意程度与带有风险的 5 000 元期望值所带来的效用或满意程度是相等的，那么你就是风险厌恶型的投资者。

本例中，你的确定性等值很可能与我们所列举的 3 000 元不完全一致，如果你选择的金额小于 5 000 元，表明你会选择较小的确定等值而放弃较大的期望值。我们可以用个人的确定等值与风险投资期望值的关系来定义个人对待风险的态度，通常如果确定等值小于期望值属于风险厌恶型，如果确定等值等于期望值属于风险中立型，如果确定等值大于期望值属于风险偏好型。

本例中确定等值低于 5 000 元的投资者都属于风险厌恶型，对厌恶风险的投资者来说，确定等值与投资期望之间的差额形成风险溢价，即为了让投资者接受风险所必须提供的额外期望收益。上例

---

① 参见相关二维码中的内容。

中，只有当风险投资的期望值超过3 000元的确定等值2 000元甚至更多，投资者才会接受，人们将普遍接受一个观点即假定大多数投资者都是厌恶风险的。要使投资者购买或者持有风险性投资，必须是较高风险的投资能比低风险的投资为投资者提供更高的期望收益率。因此，为了追求低风险，投资者必须接受较低的期望收益率。简单说投资中没有免费的午餐，任何声称低风险高收益的投资都是值得怀疑的。

第二节 单项资产的风险与收益

对于一项投资活动而言，风险与收益是必须考虑的两个因素。因此，对于风险的衡量要从投资收益的可能性入手。

一、概率与概率分布

概率是用来表示随机事件发生可能性大小的数值。通常，把必然发生的事件概率定为1，把不可能发生的事件的概率定为0。而一般随机事件的概率分布具有两个特征：（1）所有的概率其值都在0~1之间变化；（2）所有结果的概率之和为1，概率越大说明事件发生的可能性越大。

同样，也可以为投资的可能结果（即收益）赋予概率。假设有两家公司，A公司和D公司，其股票投资收益率的概率分布如表6-1所示。

表6-1　　　　A公司和D公司股票收益率的概率分布

经济状况	概率	A公司股票收益率（%）	D公司股票收益率（%）
繁荣	0.2	110	20
正常	0.5	22	16
衰退	0.3	-60	10
	1.0		

从表6-1可以看出，有20%的概率经济处于繁荣状态，这种情况下，两家公司都可以赚取较高的收益，支付较高的股利，投资者也可以享受较高的资本利得；有50%的概率经济发展速度保持正常水

平，另外有30%的概率经济处于衰退状态，这意味着较低的股利收益，股票价格也会有所下降。但是我们也可以看出，A公司股票收益率波动的幅度大于D公司，A公司可能获得110%的收益率或者60%的损失，而D公司收益率或者损失超过20%的可能性根本不存在。

二、离散型分布和连续型分布

如果随机变量只取有限的几个值，并且对应每个值都有确定的概率，则概率分布呈离散型分布，如表6-1中A和D公司收益率的分布就属于离散型分布，如图6-1所示。

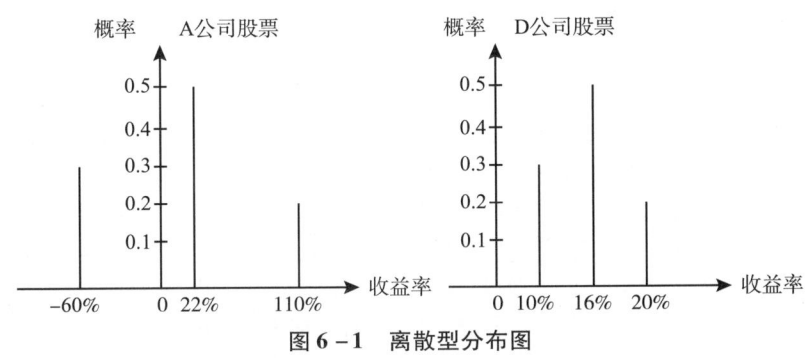

图6-1 离散型分布图

在现实世界中，出现的经济状况可能远不止三种，有无数可能的状况出现，如果对每一种状况都赋予一个概率，并分别确定其收益率，则可以用连续型分布。即随机变量可能取无限多个值，而且对应每个值都有确定的概率，则称为是连续型分布，如正态分布就是一种常见的连续型分布（见图6-2）。

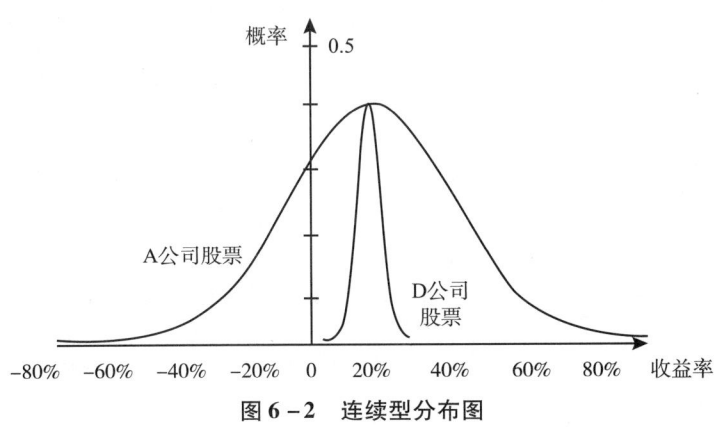

图6-2 连续型分布图

三、期望收益率

期望收益率是指将随机变量的各种可能结果,以相应发生概率为权数的加权平均数。计算公式为:

$$期望收益 \overline{R} = \sum_{i=1}^{n}(R_i \times P_i) \qquad (6-2)$$

式中:R_i——第 i 种可能结果发生时的收益率;

P_i——第 i 种可能结果发生的概率;

n——所有可能结果的数目。

【例 6-2】根据表 6-1 中经济状况的概率分布,计算 A 公司和 D 公司股票的期望收益率(见表 6-2)。

表 6-2　　　　　　　　期望收益率的计算

经济状况 (1)	概率 (2)	A 公司(%)		D 公司(%)	
		各状态下的 收益率(3)	乘积(4)= (2)×(3)	各状态下的 收益率(5)	乘积(6)= (2)×(5)
繁荣	0.2	110	22	20	4
正常	0.5	22	11	16	8
衰退	0.3	-60	-18	10	3
	1.0		15		15

则:两个公司股票期望收益率的计算如下:

$\overline{R}_A = 0.20 \times 110\% + 0.50 \times 22\% + 0.30 \times (-60\%) = 15\%$

$\overline{R}_D = 0.20 \times 20\% + 0.50 \times 16\% + 0.30 \times 10\% = 15\%$

可知,A 公司和 D 公司股票期望收益率相同。

四、方差、标准差

方差和标准差是最常用的度量随机变量变动程度或者离散程度的指标。方差是随机变量各种状态下收益率(或各年收益率)与平均收益率离差的期望值。而标准差是方差的平方根,它度量了概率分布的密度,标准差越小,概率分布越集中,同时相应的风险越小。

$$\sigma^2 = \sum_{i=1}^{n}(R_i - \overline{R})^2 \times P_i \qquad (6-3)$$

$$\sigma = \sqrt{\sum_{i=1}^{n}(R_i - \overline{R})^2 \cdot P_i} \qquad (6-4)$$

【例 6-3】 根据表 6-1 和表 6-2 中的资料分别计算 A 公司和 D 公司股票的方差和标准差，如表 6-3 所示。

表 6-3 方差和标准差的计算

A 公司					
经济状况	概率 (1) p_i	收益率 (2) R_{Ai}	收益率的 离差（3） $(R_{Ai}-\bar{R}_A)$	离差平方 (4) $(R_{Ai}-\bar{R}_A)^2$	方差(5) = (1)×(4) $(R_{Ai}-\bar{R}_A)^2 \cdot p_i$
繁荣	0.2	110%	95%	9 025	1 805
正常	0.5	22%	7%	49	24.50
衰退	0.3	-60%	-75%	5 625	1 687.50
合计	1.0				$\sigma_A^2 = 3\,517$ 标准差 $\sigma_A = \sqrt{3\,517}$ $= 59.3\%$
D 公司					
经济状况	概率 (1) p_i	收益率 (2) R_{Di}	收益率的 离差（3） $(R_{Di}-\bar{R}_D)$	离差平方 (4) $(R_{Di}-\bar{R}_D)^2$	方差(5) = (1)×(4) $(R_{Di}-\bar{R}_D)^2 \cdot p_i$
繁荣	0.2	20%	5%	25	5
正常	0.5	16%	1%	1	0.5
衰退	0.3	10%	-5%	25	7.50
合计	1.0				$\sigma_D^2 = 13.00$ 标准差 $\sigma_D = \sqrt{13}$ $= 3.6\%$

A 公司的标准差更大，说明其收益率的离差程度更大，即无法实现收益率的可能性更大。D 公司股票收益率的标准差比较小，相应的风险也比较小。由于 A 股票和 D 股票的期望收益率相同，根据标准差就可以判断其风险的大小。

五、变异系数

变异系数（coefficient of variation，CV，又称为标准离差率），是标准差与期望值的比值，是风险度量指标之一。标准差是以均值为中心计算出来的，当均值不同时，直接比较标准差是不准确的。因此引入变异系数，从相对的角度观察变异和离散程度。

$$CV = \frac{\sigma}{\bar{r}} \tag{6-5}$$

【例 6-4】 根据前述例题中的资料计算变异系数如下:

$$CV_A = \frac{\sigma_A}{\overline{R}_A} = \frac{59.30\%}{15\%} = 3.95$$

$$CV_D = \frac{\sigma_D}{\overline{R}_D} = \frac{3.60\%}{15\%} = 0.24$$

直接从标准差看,A 的离散程度更大。由于 A、D 的期望收益率相同,因此可以直接比较标准差判断风险。当期望收益率不相同时,需比较变异系数。本例比较标准差和变异系数得出的结论是一致的。上述计算结果表明,A 的变异系数大,说明 A 的相对风险大于 D。

一般说来,方差、标准差、变异系数越大,说明变量的离散程度越大,风险越大。其中方差和标准差都是绝对数指标,如果期望值不同的话,不能直接根据方差和标准差进行风险的比较,而变异系数是相对数指标,它可以用来对期望值不同的随机变量的风险进行比较。通过对单项资产的收益与风险进行权衡分析,确定投资方向。

六、风险规避与必要收益率

假定你努力工作并积蓄了 100 万元,现在打算进行投资,项目一:购买收益率为 10% 的国库券,那么在下一年会得到确定的 110 万元,即初始投资加上利息 10 万元。项目二:购买一个研发公司的股票,如果研发公司的研究项目成功,股票价值将上涨到 220 万元,但是如果项目失败,股票价值下跌为零,投资将血本无归。研发公司成功和失败的概率分别是 50% 和 50%,所以该项目投资的预期值为 0.5 × 0 + 0.5 × 220 = 110(万元),减去 100 万元的股票成本之后,将剩下 10 万元的预期利润,或者说 10% 的预期收益率(但是它是有风险的)。

两个项目的预期收益率相同,投资者可以在确定的 10 万元利润(代表 10% 的收益率的国债)和有风险的 10 万元利润(代表 10% 预期收益率的研发项目)之间进行选择,你将选择哪一个呢?如果选择风险较小的投资,就是风险厌恶型的投资者。事实上大部分投资者都属于风险厌恶型的。我们在本书当中假定投资者都是风险厌恶型的。

对于证券价格和收益率,风险规避的含义是什么呢?在其他条件不变的前提下,证券的风险越高,其价格越低,投资者要求得到的必要收益率也越高。为了表明风险规避是如何影响证券价格的,我们再次分析一下 A 公司和 D 公司的股票。假定每种股票以每股 100 元出售,且预期收益率都是 15%,风险规避的投资者更偏好于 D 公司,因为其收益的波动性较小。有钱的人将投资 D 公司的股票而不是 A

公司的股票，A 公司的股东将开始抛售他们的股票并购买 D 公司的股票。购买压力将抬高 D 公司的股票价格，与此同时出售压力将使 A 公司的股票价格下跌。

这些价格的变动将导致两只股票的预期收益率的变动。例如，事先假定 D 公司的股票价格从 100 元上涨到了 150 元，相反 A 公司股票价格从 100 元下跌到了 75 元，这将导致 D 公司的预期收益率下降到 10%（D 公司股票的收益为 15 元，但是价格上涨到 150 元，收益率为 10% = 15÷150）；A 公司的股票收益率上升至 20%（A 公司股票的收益为 15 元，但是价格下跌到 75 元，收益率为 20% = 15÷75），两者的差异是 10%，是投资者对 A 公司股票风险高于 D 公司股票的额外风险而要求的额外补偿，即风险溢价，它补偿了投资者购买 A 公司股票承受的额外风险。

这个例子说明了一个非常重要的原理：在风险厌恶型投资者占绝大多数的市场中，根据大多数投资者估计，证券的风险越高，投资者要求的预期收益率越高，因为如果这种情况不存在，投资者将买卖投资且价格持续波动，直到高风险的投资比低风险的投资有更高的预期收益。①

第三节 投资组合的风险与收益

理清风险与收益的关系

投资者在进行证券投资时，一般并不把所有资金投资于一种证券，而是同时持有多种证券，这种同时投资于多种证券的方式，称为证券的投资组合。投资组合理论是研究在各种不确定的情况下，如何将可供投资的资金分配于更多的资产上，以寻求不同类型投资者所能接受的收益和风险水平相匹配的最适当、最满意的资产组合的系统方法。投资组合理论认为，若干证券的投资组合，其收益是各证券收益的加权平均，但风险不是各证券风险的简单加权平均，投资组合能够分散风险。

一、投资组合的期望收益

组合的期望收益率是构成组合的各个证券的期望收益率的简单加权平均。计算公式为：

---

① 参见相关二维码中的内容。

$$\overline{R}_P = \sum_{i=1}^{n} W_i \overline{R}_i \qquad (6-6)$$

式中：W_i——第 i 种证券的投资比重。

【例 6-5】 表 6-4 中是分析师预测的四只股票的期望收益，假设等权重投资于该四只股票，该投资组合的期望收益率是多少？

表 6-4　　　　　　　　　单只股票的期望收益率

股票	期望收益率	股票	期望收益率
A 通讯公司	10%	E 软件公司	30%
B 汽车公司	13%	F 银行	16%

则该组合的期望收益率为：

$$\overline{R}_P = \sum_{i=1}^{n} W_i \overline{R}_i$$
$$= 0.25 \times 10\% + 0.25 \times 13\% + 0.25 \times 30\% + 0.25 \times 16\% = 17.25\%$$

当然，一年以后实际的已实现收益率与预期的收益率可能不同，其中单只股票已实现的收益率与其预期的收益率也不同。例如：B 汽车公司的股票价格翻番其收益率为 26%，F 银行的股票价格急剧下滑，只有 -40% 的收益率，但是我们也看到了，这两只股票收益率的相反变化可以相互抵消，所以，证券组合的收益仍然接近于其预期收益，尽管单只股票的真实收益远离其预期收益。

二、投资组合的风险

（一）组合的方差和标准差

与投资组合的收益不同，投资组合的风险 σ_P，通常并非组合内单项资产标准差的加权平均数，它不是简单地把组合中单个证券的标准差进行加权平均而得到的。若只是将单个证券的标准差进行加权平均，则会忽略证券收益率的相互关系，即协方差。投资组合风险的大小，更多的是取决于组合中任意两种证券的协方差，而不是证券的标准差。在由多种证券组成的投资组合中，只要两两证券收益之间的相关系数小于 1，组合的标准差一定小于组合中各种证券的标准差的加权平均数。事实上，我们可以利用某些有风险的单项资产组成一个完全无风险的投资组合。

由 A 和 B 两种证券组成的投资组合的方差是：

$$\sigma_P^2 = W_A^2 \sigma_A^2 + 2 W_A W_B \sigma_{AB} + W_B^2 \sigma_B^2 \qquad (6-7)$$

组合的标准差是：

$$\sigma_P = \sqrt{W_A^2\sigma_A^2 + 2W_AW_B\sigma_{AB} + W_B^2\sigma_B^2} \qquad (6-8)$$

投资组合标准差的含义与单个证券标准差的含义相同，不再赘述。

由多种证券组成的投资组合的方差计算公式是：

$$\sigma_P^2 = \sum_{j=1}^{m}\sum_{k=1}^{m} W_j W_k \sigma_{jk} \qquad (6-9)$$

或者：

$$\sigma_P^2 = \sum_{j=1}^{m}\sum_{k=1}^{m} W_j W_k \rho_{jk} \sigma_j \sigma_k \qquad (6-10)$$

由多种证券组成的投资组合的标准差计算公式是：

$$\sigma_P = \sqrt{\sum_{j=1}^{m}\sum_{k=1}^{m} W_j W_k \sigma_{jk}} \qquad (6-11)$$

式中：m——投资组合中股票的种类；

W_j——第 j 种股票在投资组合中的比例；

W_k——第 k 种股票在投资组合中的比例；

σ_{jk}——第 j 种股票和第 k 种股票收益率的协方差；

ρ_{jk}——第 j 种股票和第 k 种股票收益率的相关系数。

我们可以将组合方差的计算表示为矩阵的形式，将矩阵中的项目相加就可以计算出组合的方差，其中对角线上是各种证券的方差，右上方和左下方是协方差，如表 6-5 所示。

表 6-5 　　多种证券组成的投资组合方差的矩阵计算表

股票	1	2	3	……	N
1	$W_1^2\sigma_1^2$	$W_1W_2\sigma_{12}$	$W_1W_3\sigma_{13}$		$W_1W_N\sigma_{1N}$
2	$W_2W_1\sigma_{21}$	$W_2^2\sigma_2^2$	$W_2W_3\sigma_{23}$		$W_2W_N\sigma_{2N}$
3	$W_3W_1\sigma_{31}$	$W_3W_2\sigma_{32}$	$W_3^2\sigma_3^2$		$W_3W_N\sigma_{3N}$
…	……	……	……	……	……
N	$W_NW_1\sigma_{N1}$	$W_NW_2\sigma_{N2}$	$W_NW_3\sigma_{N3}$	……	$W_N^2\sigma_N^2$

由表 6-5 可以看出：（1）矩阵对角线上是各种证券收益的方差项，非对角线上的是各种证券收益的协方差项；（2）对角线和非对角线上的项数与矩阵规模之间的关系。对角线上的项数，即组合中各种证券收益的方差的个数等于构成投资组合的证券的个数。非对角线的项数，即组合中各种证券收益的协方差的个数大大超过投资组合中证券的个数。例如由 10 只股票组成的投资组合，有 10 个方差项和 90 个协方差项。

当投资组合中股票的数量足够多时，总方差主要取决于各证券之间的协方差,例如由 20 只股票组成的投资组合,有 20 个方差项和 380 个协方差项。当投资组合扩大到能够包含所有的证券时,只有协方差是重要的,方差项将变得微不足道。因此,充分分散化的投资组合的风险,只受证券的协方差影响,而与证券的方差无关。

(二) 组合的协方差与相关系数

协方差的计算公式为:

$$\sigma_{jk} = \rho_{jk}\sigma_j\sigma_k \tag{6-12}$$

式中:ρ_{jk}——第 j 种股票和第 k 种股票收益率的相关系数;

σ_j——第 j 种股票的标准差;

σ_k——第 k 种股票的标准差。

如果两个股票收益正相关,则它们的协方差为正值;如果两个股票收益负相关,则它们的协方差为负值;如果两个股票收益之间没有关系,则它们的协方差为零。

投资组合的方差取决于组合中各个证券的方差和两种证券之间的协方差,证券的方差度量每种证券收益的变动程度,协方差度量两种证券收益之间的相关性。在证券方差给定的情况下,如果两种证券收益之间的相关系数或者协方差为正,组合的方差就会上升;如果两种证券收益之间的相关系数或者协方差为负,组合的方差就会下降。也就是说,当在一个由两种证券组成的投资组合中,其中一种证券的收益上升,而另一种证券的收益正好下降,反之亦然,就可以实现财务学中的"对冲交易"或者"套头交易",投资组合的风险就会降低。但是如果组成投资组合的证券收益同时上升或者同时下降,就无法实现"套头交易",结果整个投资组合的风险就高。

相关系数的计算公式为:

$$\rho_{jk} = \frac{\sigma_{jk}}{\sigma_j \times \sigma_k} \tag{6-13}$$

注:协方差、相关系数中,两个变量的顺序并不重要,即 $\sigma_{jk} = \sigma_{kj}$,$\rho_{jk} = \rho_{kj}$。

因为标准差总是正数,所以,相关系数的符号取决于协方差的符号。如果相关系数为正,说明两种股票收益之间正相关;如果相关系数为负,说明两种股票收益之间负相关;如果相关系数为零,说明两种股票收益之间不相关。相关系数的取值介于 -1 ~ +1 之间。

图 6-3、图 6-4、图 6-5 展示了 W、M 股票比例各为 50% 时收益的三种情况,它们分别表示两种股票收益之间相关系数为 -1、1、0.67 的情况,即完全负相关、完全正相关、部分正相关。

当相关系数为 -1 时,股票 W 与 M 的收益率呈反向变动,当 W 的收益率上升时,M 的收益率下降。表 6-6 列示了投资组合的相关数据,图 6-3 描述了收益率的概率分布图。从图中可以看出,单独持有 W、M 时存在风险,但构成投资组合时不具有风险。但是想要找到收益率呈完全负相关的股票很困难。因为当经济繁荣时,多数股票都走势良好,而当经济低迷时,多数股票都表现不佳。因此,即使非常大的投资组合,也都存在着一些风险。

表 6-6 股票 W、M、组合 WM 的收益率 单位:%

年度	股票 W	股票 M	组合 WM
T	40	-10	15
T+1	-10	40	15
T+2	35	-5	15
T+3	-5	35	15
T+4	15	15	15
平均收益率	15	15	15
标准差	22.6	22.6	0

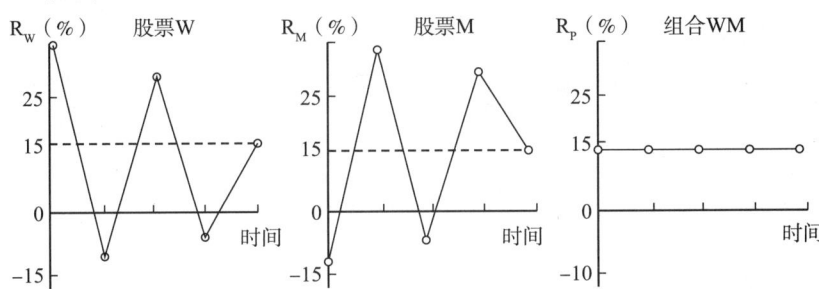

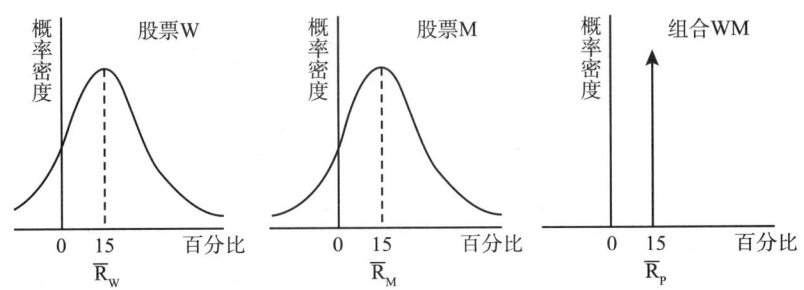

图 6-3 完全负相关的股票组合收益率及概率分布情况

当相关系数为 1 时,股票 W 与 M 的收益率呈同向变动,W 与 M 的收益率同增同减。表 6-7 列示了投资组合的相关数据,图 6-4 描述了收益率的概率分布图。从图中可以看出，由完全正相关的股票组成投资组合，无法分散风险。

表 6-7　　　　股票 W、M、组合 WM 的收益率　　　　单位：%

年度	股票 W	股票 M	组合 WM
T	-10	-10	-10
T+1	40	40	40
T+2	-5	-5	-5
T+3	35	35	35
T+4	15	15	15
平均收益率	15	15	15
标准差	22.6	22.6	22.6

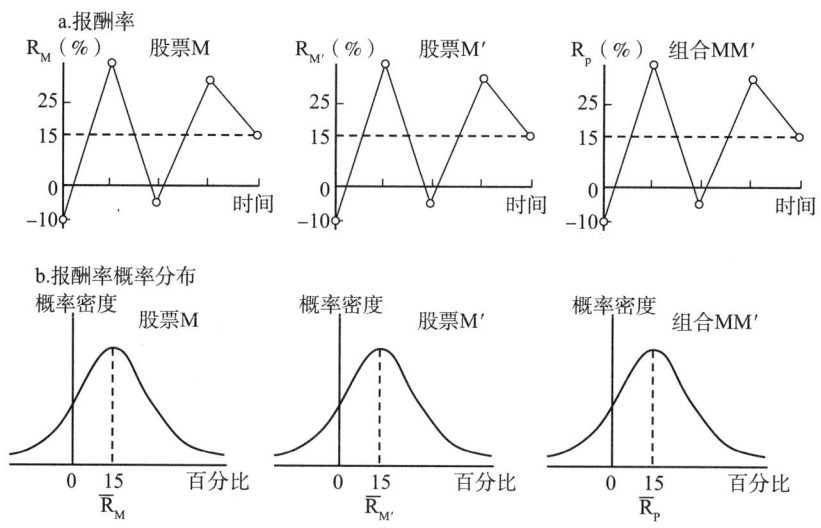

图 6-4　完全正相关的股票组合收益率及概率分布情况

事实上，多数股票的相关系数为正，但并非完全正相关，平均而言，随机挑选两只股票其收益率相关系数大约为 0.6，且对于大多数股票来说，其收益率的两两相关系数都在 0.5~0.7 之间。在此情况下，投资组合能降低风险但不能完全消除风险。表 6-8 和图 6-5 通过相关系数为 0.67 的股票组合举例说明了这一点。

表6-8　　　　　股票W、M、组合WM的收益率　　　　单位：%

年度	股票W	股票M	组合WM
T	40	28	34
T+1	-10	20	5
T+2	35	41	38
T+3	-5	-17	-11
T+4	15	3	9
平均收益率	15	15	15
标准差	22.6	22.6	20.6

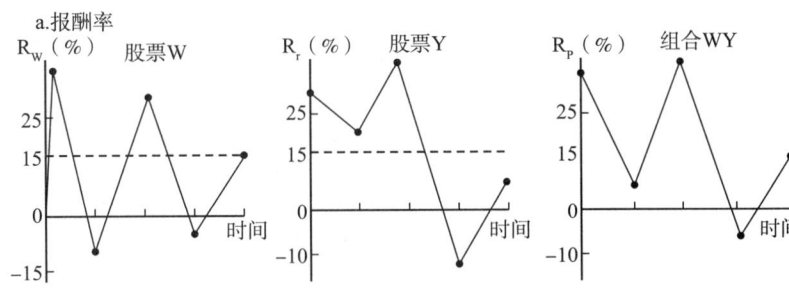

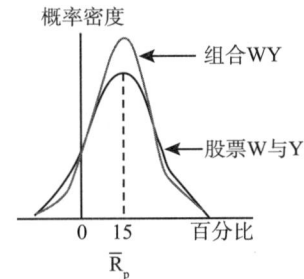

图6-5　部分相关的股票组合收益率及概率分布情况

总的来说，当相关系数为-1时，所有的风险都能被分散掉；当相关系数为1时，投资组合的标准差正好等于组合中各个证券收益标准差的加权平均数，风险无法被分散；当相关系数 $\rho_{jk}<1$ 时，投资组合的方差和标准差都会随之下降，因此，当由两种证券组成投资组合时，只要相关系数 $\rho_{jk}<1$，组合的分散化效应就会发生作用。

若投资组合中包含的证券数量超过两只时，通常情况下，投资组合的风险将随所包含的股票数量的增加而降低。

（三）两种证券构成的投资组合的有效集

表6-9中是股票H和E组成投资组合的相关指标的计算值（H

股票投资60%，E股票投资40%），根据这些数据分析其投资组合的有效集合。

表6-9　　　　　　　　两只股票相关数据统计

投资组合中的股票种类	H	E
期望收益率	17.5%	5.5%
标准差	25.68%	11.5%
组合的期望收益率	$R_p = 12.7\%$	
组合的标准差	$\sigma_p = 15.33\%$	
相关系数	$\rho_{HE} = -0.1651$	
协方差	$\sigma_{HE} = -0.004875$	

我们把表6-9中的两种证券期望收益和标准差以及由这两种证券组成的投资组合的机会集的期望收益率和标准差标示在图6-6中，其中C点代表的是股票H比重是60%，股票E的比重是40%。

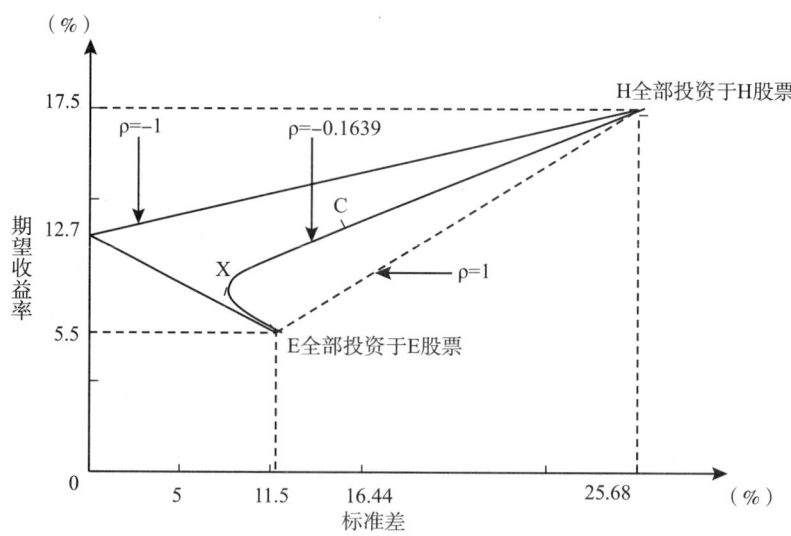

图6-6　两种证券及其构成的投资组合的机会集

图6-6的含义如下：

（1）EXCH曲线的含义。可以看出，E点是全部投资于E股票的投资组合，收益和风险均较小；X点代表的投资组合具有最小方差（或者标准差），即该组合的风险最小；C点是由60%的H股票和40%的E股票构成的投资组合，是由H和E两种股票能够组成的投资组合的一个；H点代表的是风险最高的投资组合，即全部由H股票组成的投资组合。

从 E 点往上沿着 EXCH 这条曲线，可以构造出若干个不同投资组合，即投资者可以通过合理地构造这两种证券的组合而获得曲线上的任意一点，我们把这些可能的投资组合称为投资的机会集或可行集。但是投资者不能获得曲线上方和下方的任何一点所代表的投资组合，因为，投资者不可能调整两种证券的期望收益、标准差和相关系数，当然，即使投资者可以调整，他们也不愿意获得位于曲线下方的任何点构成的组合。喜欢冒风险的投资者，可以选择靠近组合 H 的投资组合，或者选择将全部资金投到组合 H 中。如果投资者规避风险，可以选择组合 X，即最小方差组合。

（2）表明了投资有效集。那么，是否会有投资者愿意选择 E 点所代表的投资组合呢？显然不会。因为 E 点所代表的投资组合，其期望收益小于最小方差组合 X 点的期望收益，而标准差却高于最小方差组合 X 点的标准差，因此，组合 E 点代表的投资组合劣于最小方差组合 X 点，虽然 EXCH 这条曲线被称为"可行集"，但是投资者只会考虑从最小方差组合 X 点开始的由 XCH 这条线组成的投资组合，两种证券组成的投资组合的有效集位于 XCH 这条线上。因此，XCH 被称为有效集或者有效边界。

（3）揭示了分散化的效应。比较曲线和以虚线绘制的直线的距离可以判断分散化效应的大小。从 E 到 H 这条直线是由全部投资于 E 股票和全部投资于 H 股票所对应的两点连接而成。它是当两种证券完全正相关时的机会集。曲线 EXCH 则代表相关系数为 -0.1639 时的机会集曲线。从曲线和直线间的距离，我们可以看出本例的风险分散效果是相当显著的。投资组合的抵消风险的效应可以通过从 E 点到 X 点之间的曲线看出来，E 点到 X 点是一条"弓形的曲线"。这一部分投资可行集表明：当组合的期望收益增加时，组合的标准差下降。说明该组合起到了分散风险的作用。一种证券的某些未预期变化可能会被另一种证券的某些反向未预期变化所抵消。

（4）相关性对风险的影响。在图 6-6 中，曲线 EXCH 仅仅代表 $\rho = -0.1639$ 时的含义，当相关系数变化时，组合收益和方差之间的曲线也会随之发生变化。从图 6-6 中可以看出，相关系数越小，曲线越弯曲。当相关系数等于 -1 时，曲线的弯曲程度最大，当相关系数等于 1 时，曲线就变成了一条直线。总之，相关系数越小，机会集曲线越弯曲，风险分散越显著；相关系数越大，风险分散程度就越弱；完全正相关时不存在分散效应。

（四）多种证券构成的投资组合的有效集

假设把市场所存在的所有的风险证券的期望收益和标准差计算后

都标出在期望值—标准差图中，其投资组合的全体形式如图 6-7 所示的区域，其中有效投资组合形成区域的左上边界 XV。其中：X 点代表的投资组合被称为最小方差组合，从这一点往上的边界被称为风险资产的有效边界。因为对于所有低于最小方差边界的投资组合，都可以在它的正上方找到一个相同标准差但是收益更大的投资组合。因此，在最小方差组合以下的边界是无效的。

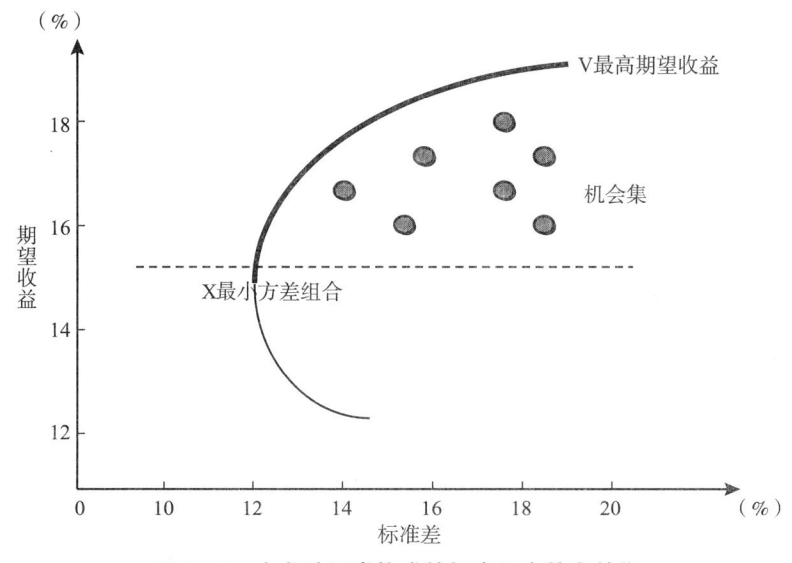

图 6-7　由多种证券构成的投资组合的有效集

图 6-6 与图 6-7 不同之处在于，图 6-6 中，由两种证券构成的投资组合，所有投资组合都位于一条弓形曲线上。在图 6-7 中，当由多种证券构成投资组合时，所有的投资组合都位于一个区域中，但是，投资者无论如何还是要选择位于有效边界 XV 上的投资组合，即图 6-7 中那条较粗的曲线，又称"有效集"，任何位于 XV 边界以下的投资组合，其收益都低于对应在有效集上的点，而标准差却相等。

图 6-6 与图 6-7 相似之处在于，图 6-6 的有效集在从 X 点开始的 XCH 这条曲线上，它代表了所有由 E 和 H 这两种股票组成的投资组合。图 6-7 中的有效集是在 XV 上的投资组合，它包括了多种证券组成的投资组合。

（五）资本市场线

以上我们讨论的是投资者持有的投资组合全部由风险证券组成。在现实世界中，投资者还可以选择由无风险证券和风险证券来组成一个投资组合。如果存在无风险证券，投资者可以从市场上借到钱并将其纳入自身的投资总额,也可以将多余的钱贷出。无论借入和贷出,利息都是无风险证券的收益率。新的有效边界是从无风险资产的收益率开始并和机会集相切的直线,该直线称为资本市场线(见图6-8)。

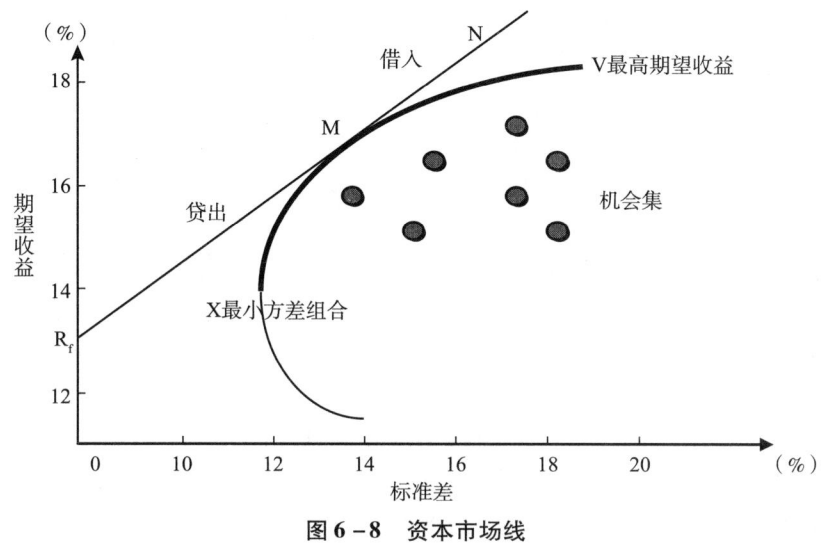

图6-8 资本市场线

图6-8中关于资本市场线的含义,解释如下。

(1) 假设存在着无风险资产。投资者可以在资本市场上借到钱将其纳入自己的投资总额,或者可以将多余的钱贷出。无论借入和贷出,利息都是固定的。R_f代表无风险资产的收益率,它的标准差为零,收益率是确定的。

(2) 存在无风险资产情况下,投资者可以通过贷出资金减少自己的风险,当然也会同时降低期望报酬率,最厌恶风险的人可以将全部资金贷出,例如购买政府债券并持有至到期日,偏好风险的人可以借入资金增加购买风险资产的资本,以便增加期望收益率。

当投资者持有该投资组合时,其组合期望收益、方差和标准差的计算都可以参照前述的两种风险证券组成的投资组合。

总期望收益率 = Q × 风险组合期望收益率 + (1 - Q) × 无风险收益率

(6-14)

其中,Q表示投资者自有资本中投资于风险证券的比例。

总标准差 = Q × 风险组合的标准差　　　(6-15)

无风险证券由于收益不会波动,其方差和标准差,以及无风险证券与风险证券之间的协方差都为零,即投资组合的方差和标准差就等于构成组合的风险证券的方差和标准差,用其投资比重进行加权。

(3) M点是市场均衡点。R_f出发的直线R_fM代表投资者将自有资金投资于无风险证券和风险组合，直线 MN 代表投资者以无风险利率借入资金投资于风险组合。M 点是无风险资产收益率 R_f 与曲线 XV 这一有效集的切点，是市场均衡点，代表唯一最有效的风险资产组合，是所有证券以各自的总市场价值为权数加权的平均组合，将其定义为市场组合（the market portfolio）。虽然理性的投资者可能选择 XMV 上的任何有效组合，但是无风险证券的存在使投资者可以同时持有无风险证券和市场组合，从而位于 R_fMN 上某一点。R_fMN 与 XMV 上的组合相比，其风险小而收益与之相同，或者收益高而风险与之相同。

（4）直线 R_fMN 的含义。R_fMN 揭示出持有不同比例的无风险证券和市场组合情况下的风险与收益的权衡关系。直线的截距表示无风险收益率，斜率代表风险的市场价格，表示当标准差增加某一幅度时相应要求收益率增加的幅度。直线上任何一点都可以告诉我们投资于无风险证券和市场组合的比例。如果投资者具有较高的风险厌恶度，那么，他将选择位于 R_fM 上的点代表的投资组合；如果投资者具有较低的风险厌恶度，那么，他将选择按照无风险利率借入资金，增加对 M 点的投资，此时，其有效投资组合位于直线 MN 上。通过风险证券和无风险证券的结合，得到一种更完善的有效组合，这些新的有效组合都在资本市场线上。

（5）个人的效用偏好与最佳风险资产组合相独立。投资者个人对待风险的态度只会影响投资者借入和贷出的资金量，而不会影响最优风险资产组合。对于不同投资者来说，只要能以无风险利率自由借贷时，他们都会选择市场组合，因为市场组合优于其他组合。这就是所谓的分离定理。也可以表述为最优风险资产组合的确定独立于投资者的风险偏好，取决于各种可能的风险组合的期望收益率和标准差。个人的投资行为分为两阶段，先确定最优风险资产组合，后考虑无风险资产和最优风险资产组合的理想比例。只有第二阶段受个人风险偏好的影响。

（六）系统风险与非系统风险

从风险是否可以被分散化投资组合消除看，风险可以分为系统风险和非系统风险。投资分散化只能降低非系统风险，任何投资组合都必须承担系统风险。

系统风险，又称为市场风险、不可消除风险。系统风险来自整个经济系统影响所有企业经营的共同因素。这些因素通常包括：经济波动、通货膨胀、利率的变动、战争等。由于股票（或其他的投资项目）处于同一经济系统内，它们的业绩往往具有相当的共同性，也就是说，多数证券的收益率在一定程度上是正相关的，所以不管多么的分散化，也不能消除系统风险，将投资组合风险降低为零。

非系统风险，又称为特殊风险、企业特有风险、可分散风险等。非系统风险是由个别企业的经营特点所造成的。例如管理是否有效、产品开发的成功或失败、赢得或丧失重大的合同、市场营销的成功或失败、诉讼的胜诉或败诉等。这类事件是随机发生的，因而可以通过分散化投资来分散，即发生于一家企业的不利事件可能被发生于另一家企业的有利事件所抵消。

由于非系统风险可以通过分散化投资来分散，因此一个充分的投资组合几乎没有非系统风险。假设投资者是理智的，都会选择充分分散的投资组合，非系统风险与资本市场无关。市场不会对它给予任何价格补偿。承担风险会从市场得到回报，但回报仅取决于系统风险，也就是说，一项资产期望收益率的高低取决于该资产的系统风险的大小。

图6-9是系统风险和非系统风险的示意图，组合的风险用标准差衡量，指的是整体的风险，包括系统风险与非系统风险。图中描绘了随着更多资产加入投资组合，系统风险、非系统风险以及整体风险的变化特征。随着资产的加入，分散化作用使投资组合的整体风险逐渐降低至一个极限，即非系统风险被完全分散掉，且在这个过程中，非系统风险的分散速度逐渐降低。

> 实质上，非系统性风险可以通过投资组合分散化而被消除。因此，一个相当大的投资组合几乎没有非系统风险。

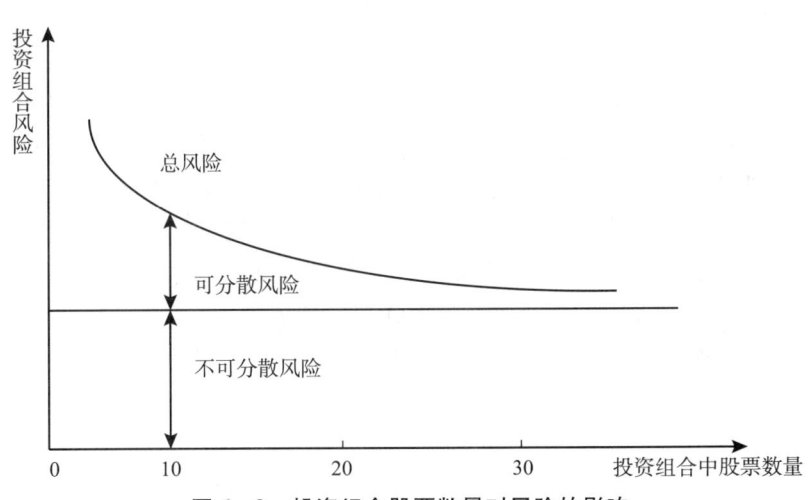

图6-9 投资组合股票数量对风险的影响

为了考察投资组合的规模和投资组合风险之间的关系，表6-10列出了从纽约证券交易所随机挑选的不同个数的股票所组成的等权重投资组合的平均年标准差。

表 6-10　　　　　　　　投资组合的平均年标准差

投资组合中股票数量	投资组合收益率平均标准差（%）	投资组合标准差和单一股票标准差的比率
1	49.24	1
2	37.36	0.76
4	29.69	0.60
6	26.64	0.54
8	24.98	0.51
10	23.93	0.49
20	21.68	0.44
30	20.87	0.42
40	20.46	0.42
50	20.20	0.41
100	19.69	0.40
200	19.42	0.39
300	19.34	0.39
400	19.29	0.39
500	19.27	0.39
1 000	19.21	0.39

资料来源：斯蒂芬·A. 罗斯等：《公司理财精要版》（第7版），机械工业出版社2007年版。

从表6-10中可以看出，仅包含一只股票的投资组合的标准差是49%，它指的是如果随机选择一只纽约证券交易所的股票，并把所有的钱投进去，那么每年收益率的标准差是49%，如果随机选择两只纽约证券交易所的股票，并把所有的钱平均投资在这两只股票上，那么每年收益率的标准差是37%，以此类推。并且标准差随着股票个数的增加而下降，如果随机选择100只纽约证券交易所的股票，那么每年收益率的标准差从49%下降到20%，大约下降了60%。在500只股票时，标准差为19.27%。非系统风险的分散程度，随着股票数量的增加而越来越低。

从对企业本身的影响来看，风险又可以分为经营风险和财务风险。经营风险（operating risk，或business risk）是指因生产经营方面的原因给企业盈利带来的不确定性。引起企业经营风险的主要原因是市场需求和成本等因素的不确定性，包括由于市场需求量、市场价格的不确定性给企业带来的风险和企业销售的不确定性对企业息税前利润的影响等；财务风险（financial risk）又称筹资风险，主要是由负债引起的，企业负债经营，在未来情况好时，能给企业带来较多的回报，但是如果未来情况恶化，则不仅使企业的收益率下降，甚至可能使企业不能偿还债务而破产。

需要说明的是，有许多初学者将企业的经营风险和财务风险都视为非系统风险是错误的。将风险分为系统风险和非系统风险与将风险分为经营风险和财务风险是从不同角度对风险所作的分类，它们之间存在交叉关系。例如，战争会对某一国家或地区的所有企业带来影响，包括对企业的销售量产生影响，这既属于经营风险，又属于系统风险；再如，中央银行调整基础利率，进而会影响到企业还本付息的能力，这既属于财务风险，又属于系统风险。

第四节 资本资产定价模型

一、资本资产定价模型

哈里·马克维茨投资组合理论是一个理论上比较完备且易于理解的模型，但是在实际分析解决证券总体数目较大的投资组合的问题时，它的用场却十分有限。主要原因是由于估计该模型所需要的输入量是极其繁重的工作，估计任务的显著增加主要是因为要明确地考虑证券间以协方差表示的相关性。为了在构建投资组合的过程中运用上述模型，投资者必须得到有关其所感兴趣的证券的收益率、方差以及两两证券间协方差的估计。因此，上述全协方差模型仅仅提供了构建和分析投资组合的理论框架，从理论上为投资者指明了行动的一般原则，但是其实际可操作性较差。

由于在实践中应用领域有限，因此，一些财务金融学家以哈里·马克维茨模型为基础进行了不懈的探索，寻求具有实际可操作性的投资组合理论。20 世纪 60 年代，三位经济学家，夏普（William Sharp）、林特纳（John Lintner）和特雷诺（Jack Treynor）各自做了不同的研究。1964 年，威廉·夏普根据投资组合理论提出了资本资产定价模型（capital asset pricing model，CAPM）。资本资产定价模型是财务学形成和发展过程中最重要的里程碑，它第一次量化了市场的风险程度，并且能够对风险进行具体定价。这一模型简单地表述了收益率与风险的关系：在竞争的市场中，期望风险溢价与系统风险 β 成正比，所有投资者都在证券市场线（SML）上选择证券。资本资产定价模型研究的对象就是在市场均衡条件下风险与收益率之间的关系。

(一) 资本资产定价模型的假设

资本资产定价模型是在一组特定的假设下推导出来的。这些假设包括关于投资者的假设和资本市场的假设。

(1) 市场中存在大量投资者；

(2) 投资者具有相同的预期；

(3) 投资者回避风险，其目的是实现效用最大化；

(4) 资本市场是无摩擦的，因此对交易成本等因素都不作考虑；

(5) 存在无风险资产，投资者可以无限制地以无风险利率自由借贷；

(6) 资产的数量是固定的，而且全部资产都是可交易的和可完全细分的；

(7) 市场是完全的、无交易税、无市场法规、无卖空限制等；

(8) 资产的收益率服从联合正态分布。

上述假设与实际情形虽然具有相当的距离，但是，资本资产定价模型是一个单期模型，由于它用简单的线性关系把期望收益率与系统风险 β 联合起来，是财务决策中十分有力的工具。上述假设的多数可以放宽，因此许多财务经理将其作为处理捉摸不定的风险概念的最方便的工具。

(二) 系统风险的衡量

一个单独的证券对充分分散化投资组合风险的贡献是多少？仅仅知道该证券的风险是没有用的，还需要测量它的系统风险。而证券的系统风险可以表示为该证券的期望收益率变化对市场投资组合收益率变化的灵敏度。一种证券的期望收益率变化随市场投资组合收益率变化的灵敏度称为该证券的贝塔。

证券 i 的贝塔系数衡量该证券的系统风险，计算公式为：

$$\beta_i = \frac{\sigma_{im}}{\sigma_m^2} \qquad (6-16)$$

贝塔系数过时了吗？

贝塔系数的经济意义是，它告诉我们相对于市场组合而言特定证券的系统风险是多少。市场投资组合自身的贝塔系数为 1；如果一种证券 β = 0.5，表明它的系统风险是市场投资组合系统风险的 0.5 倍，其收益率变动只有一般市场变动的一半；如果一种证券 β = 2，表明该证券的波动幅度是市场波动的 2 倍。总之，某一种证券的 β 值反映了该证券收益率变动与整个市场收益率变动之间的相关性及程度。[①]

---

① 参见相关二维码中的内容。

(三) 投资组合的贝塔系数

投资组合的贝塔等于构成投资组合证券贝塔的加权平均,即:

$$\beta_P = \sum_{i=1}^{n} W_i \beta_i \qquad (6-17)$$

其中:W_i——构成投资组合的第 i 种证券在组合中所占的比重。

当以各种证券的市场价值占市场组合总市场价值的比重为权数时,所有证券的贝塔系数平均值等于1。即 $\sum_{i=1}^{n} W_i \beta_i = 1$,其含义为:如果将所有证券按照它们的市场价值进行加权,组合的结果就是市场组合,而市场组合的贝塔系数为1。

【例6-6】根据表6-11中的资料计算投资组合的期望收益和贝塔系数。

表6-11   投资组合期望收益率

股票	投资金额(万元)	期望收益率(%)	贝塔系数
A	1 000	8	0.80
B	2 000	12	0.95
C	3 000	15	1.10
D	4 000	18	1.40
合计	10 000		

投资组合中各种证券投资比重分别是:10%、20%、30%和40%。

投资组合的期望收益率 = 10% × 8% + 20% × 12% + 30% × 15% + 40% × 18% = 14.9%

投资组合的贝塔系数 = 10% × 0.8 + 20% × 0.95 + 30% × 1.10 + 40% × 1.40 = 1.16

(四) 证券市场线

资本资产定价模型理论认为,单一证券的系统风险可由 β 系数来衡量,而且其风险与收益之间的关系可以由证券市场线来描述。资本资产定价模型为:

$$R_i = R_f + \beta_i (R_m - R_f) \qquad (6-18)$$

式中:R_f——无风险收益率;

R_m——市场投资组合期望收益率;

β_i——贝塔系数。

公式（6-18）表明了某种证券的期望收益与贝塔系数的线性关系，定量地给出了风险与收益率之间的关系。由于从长期来看，市场的平均收益高于平均的无风险资产收益率，$R_m - R_f$ 应为正值。在均衡条件下，$R_m - R_f$ 是投资者为补偿承担超过无风险收益的平均风险而要求的额外收益。在"贝塔—期望收益"的平面坐标图中，资本资产定价模型表现为一条直线，称之为证券市场线（security market line，SML），如图6-10所示。

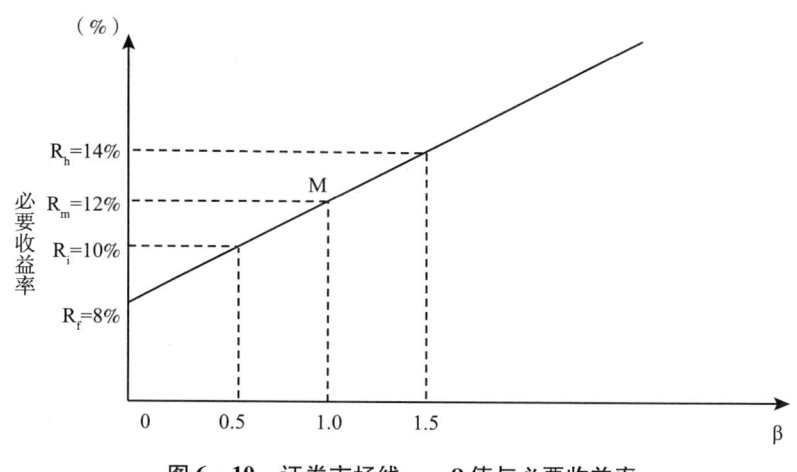

图6-10 证券市场线——β值与必要收益率

> 证券市场线之所以重要，是因为它告诉我们金融市场对承担风险所提供的回报。一旦知道了它，我们就有一个基准，可以用它来与资本市场的实际期望收益率进行比较，以确定它们是否理想。
> ——《公司理财》，斯蒂芬·罗斯

证券市场线的含义：

（1）在图6-10中，横坐标表示证券的风险β，纵坐标表示期望收益率。证券市场线的起点为无风险收益率 R_f，即β为0的期望收益率；从该点向右上角延伸，表示投资收益率随着风险程度的增加而增加，反映证券投资收益率和证券投资风险之间的"均衡"关系；市场投资组合的β等于1，它表现为M点，相应的投资收益率为 R_M。因此，证券市场线是连接 R_f 和M两点的直线。

（2）证券市场线上各点所代表的证券投资收益率实际上是风险调整收益率，反映投资者承担风险的程度。投资者的期望收益率不仅取决于市场风险，而且还取决于无风险收益率和市场风险补偿程度。由于这些因素始终处于变动之中，证券市场线也不是一成不变的。证券市场线会随着无风险收益率水平和全部投资者对风险的态度的变动而变动。预计通货膨胀率提高时，证券市场线会上移；投资者不愿承担风险的程度越高，则证券市场线的坡度越陡，证券投资的风险收益越高，证券投资的期望收益率也就越高。

（3）在β值分别是0.5、1.0和1.5的情况下，必要收益率由最低的10%，到市场平均值12%，再到最高的14%。β值越大，必要收益率越高。

(五) 证券市场线与资本市场线的区别

图 6-10 中的证券市场线和图 6-8 中的资本市场线虽然都通过市场组合和点 $(0, R_f)$，但是其存在着明显的区别，表现为：

(1) 研究对象不同。资本市场线描述的是由风险证券和无风险证券构成的投资组合有限边界。其最优投资组合由两部分组成，一部分是无风险证券，一部分是有效边界上的一个风险组合。而证券市场线描述的是在市场均衡条件下单项资产和资产组合（无论是否是有效组合）的期望收益与风险之间的关系。证券市场线研究对象更宽泛。

(2) 研究问题不同。资本市场线站在投资者角度，分析如何在风险和收益之间进行权衡取舍，阐明了构建有效投资组合的方法。证券市场线则是以整体资本市场为背景，研究市场均衡状态下，单项证券的定价问题，关注证券内在价值，考察风险证券系统风险与风险溢价之间的关系。

(3) 风险度量方式不同。资本市场线的横轴为标准差，度量了证券投资组合的总体风险，包含系统风险和非系统风险。而证券市场线横轴是贝塔系数，衡量的是系统风险。标准差从收益率的变动程度考察投资的风险大小，而贝塔系数则站在投资组合角度上计量单个证券对于投资组合的风险贡献。系统风险与期望收益正相关，非系统风险可以通过构建证券组合分散掉，与期望收益无关。

> 威廉·夏普。1950 年，夏普进入加州大学伯克利分校学医，一年后转学到洛杉矶加州大学主修企业管理专业，获得了经济学学士学位和硕士学位。1956 年，夏普作为一名经济学家加入了兰德公司，同时继续在加州大学洛杉矶分校攻读博士学位。1960 年在博士论文选题时，他向同在兰德公司的哈里·马克维茨求教，从此他们开始密切的合作研究，研究"基于证券间关系的简化模型的证券组合分析"课题，并获得了博士学位。夏普对经济学的主要贡献是在有价证券理论方面对不确定条件下金融决策的规范分析，以及资本市场理论方面关于以不确定性为特征的金融市场的实证性均衡理论的研究。
>
> 夏普将马克维茨的分析方法进一步发展为著名的"资本资产定价模型"，用来说明在金融市场上如何确立反映风险和潜在收益证券价格。在模型中，夏普把马克维茨的投资组合选择理论中的资产风险进一步分为资产的"系统"（市场）风险和"非系统"

风险两部分。前者是由总体股价变动引起的某种资产的价格变化，后者则是由影响股价的某些特殊要素引起的资产价格变动。并提出投资的分散化只能消除非系统风险，而不能消除系统风险。亦即投资于任何一种证券，都必须承担系统风险。

假设有两种具有相同β系数的有价证券组合，一种是由非系统风险大的股票构成，另一种是由非系统风险小的股票构成。"有风险"的有价证券组合比"安全"的有价证券收益更大吗？夏普的资本定价模型给予了否定的回答。两种有价证券组合的系统风险（即不可避免的风险）相同，风险更大的股票对理性的投资者没有影响。

夏普的资本资产定价模型，是现代金融市场价格理论的主要部分。

二、套利定价理论

（一）套利定价模型

套利定价理论认为证券收益率的形成与一组基本因素有关，但套利定价理论没有说明对于决定证券收益率非常重要的因素的数量和类型。其中一个显然比较重要的因素是市场影响力，但是关于哪些因素还应该包括进来以补充综合的市场影响力，或者当模型中没有出现综合市场因素时，将由哪些因素来替代它，还没有达成一致意见。

实践中一般用有关指数来代表形成证券收益率的一些基本因素，即建立多指数模型。多指数模型用能够解释超市场影响的附加指数来扩展单指数模型。

某种证券期望收益的多指数模型的表达式为：

$$\overline{R} = R_f + \beta_1\lambda_1 + \beta_2\lambda_2 + \cdots + \beta_n\lambda_n + \varepsilon \qquad (6-19)$$

式中：β_1，β_2，$\cdots$，β_n——不同系统性风险因素1，$\cdots$，n的异动对证券收益率的影响程度。如通货膨胀因素、国民生产总值因素、利率因素等。如果贝塔系数等于+1，说明系统性风险因素每增加（下降）1%，证券收益将增长（下降）1%；如果贝塔系数等于-1，说明系统性风险因素每增加（下降）1%，证券收益将下降（增长）1%。

λ_1，λ_2，$\cdots$，λ_n——证券收益对于系统性风险因素的风险溢价率。

ε——证券特有的非系统风险收益。

可以看出，上述套利定价模型是资本资产定价模型的扩展，如果假设市场组合是形成证券收益率的单一因素，且显示了风险—收益率的最终形式，那么这时套利定价理论和资本资产定价模型是相同的。

正是由于单指数模型仅仅考虑了市场风险，而忽视了超市场风险，将超市场风险视为可分散风险，因此，单指数模型低估了投资组合总风险的大小，自然也低估了投资组合中可分散风险的大小或者说高估了分散化水平。

（二）套利定价理论的假设条件

套利定价理论比资本资产定价模型的适用性更强，应用范围更广，与资本资产定价模型相同，套利定价模型假设：

（1）投资者具有相同的预期；

（2）投资者回避风险，实现效用最大化；

（3）市场是完全的，因此对交易成本等因素都不作考虑。

与资本资产定价模型不同的是，套利定价理论没有以下假设：

（1）单一投资期；

（2）不存在税收的问题；

（3）投资者能以无风险利率自由地借入和贷出资金；

（4）投资者以收益率的均值和方差为基础选择投资组合。

由于套利定价理论认为在均衡的条件下资产预期的收益率依赖于多个因素，市场组合在该理论中并不起关键的作用，以及套利定价理论可以很容易地推广到多期投资的情形，因此，它比资本资产定价模型的应用性更好。

斯蒂芬·罗斯。罗斯研究过经济与金融领域的许多重大课题，在套利定价理论、期权定价理论、利率的期限结构、代理理论等方面均做出过突出贡献，发表了近百篇经济与金融方面的论文，出版了四部教材。他的关于风险和套利的思想已成为许多投资公司的基本投资理念。

资本资产定价模型用于预测债券的风险与期望收益率的关系，是测量风险、估价证券的基准和衡量投资绩效的标准。但是，导出这个模型的其中一些假设过于理想化，因而该模型的实用性和有效性受到质疑。道格拉斯（Douglas Hodgson）首先对资产定价模型的经验检验提出批评，并于1969年在两个方面找到证据。此后，理查德·罗尔（Richard Roll）的研究在实务界也引起轰动，他声称，既然真实的市场组合永不可察，那么资本资产定价模型永远不可检验，因此资本资产定价模型不应被视为用于证券定价的完美模型。这就促使人们去建立新的金融经济学理论。

1976年，罗斯在《经济理论杂志》上发表了经典论文"资本资产定价的套利理论"，提出了一种新的资产定价模型，此即套利定价理论（APT 理论）。套利定价理论用套利概念定义均衡，不需要市场组合的存在性，而且所需的假设比资本资产定价模型更少、更合理。

罗斯不仅是第一流的金融思想家，也是一个金融理论的实践者。他和罗尔合作创办了罗尔—罗斯资产管理公司。这是一家基于定量分析的投资管理公司，采用 APT 理论作为投资理念。罗尔—罗斯资产管理公司在美国证券界享有盛名，公司运用它强大的软件资源来管理多样化的客户，其客户包括一些跨国公司、政府组织和信托基金。该公司除了独自经营管理的资产外，还有分别与日本大和证券、荷兰福地司集团万贝分公司、沙特阿拉伯的达拉-巴拉卡集团共同管理的资产，总共约30亿美元。作为公司的总裁，罗斯认为"理论与实践的互相激励和相互论证是非常重要的，两者缺一不可"。罗斯成功地将金融理论与实践结合起来，得到学术界的高度赞扬。诺贝尔奖得主、哈佛大学教授罗伯特·默顿（Robert Merton）认为，罗斯"25年来为金融理论做出了重要贡献，发展了高级数学理论，又保持了理论与实际应用方面的敏感性"。诺贝尔奖得主莫迪里亚尼（Franco Modigliani）则建议人们"认真听他所说的话，因为他说的每个字都是金子"。

本 章 小 结

本章主要知识点包括：

（1）风险是指不确定性、偏离目标的程度。一项投资的风险是和收益相匹配的。投资组合可以分散风险。将投资组合推广到由 n 只证券构成的情形。那么，证券投资组合的期望收益率和收益率的方差可以用下列公式表示：

$$\overline{R}_p = \sum_{i=1}^{n} W_i \overline{R}_i$$

$$\sigma_p^2 = \sum_{i=1}^{n} \sum_{j=1}^{n} W_i W_j \sigma_{ij}$$

尤其需要重点掌握的是两个证券构成的组合，在此基础上理解掌握 n 个证券组合的风险构成的规律。

（2）投资组合理论，通过证券投资收益率的期望和其方差来比较判断优劣。按照一个风险证券的选择、两个风险证券构成的投资组合的选择以及多个风险证券构成的投资组合的选择的思路来掌握其内容。在全部风险证券选择的基础上（有效边界）再和无风险证券作组合，进而得到资本市场线（CML）。

（3）资本资产定价模型（CAPM）告诉我们某一证券或证券投资组合期望风险溢价与风险程度成正比，其比例系数是单位风险的价格。则有：$R_i = R_f + \beta(R_m - R_f)$。在"贝塔—期望收益"的平面上，资本资产定价模型表现为一条直线，称为证券市场线（SML）。

（4）套利定价理论认为证券收益率的形成与一组基本因素有关，即建立多指数模型。多指数模型用能够解释超市场影响的附加指数来扩展单指数模型。

本章重要术语

期望收益率
系统风险
非系统风险
机会集
有效边界
市场组合
资本市场线
资本资产定价模型
证券市场线
套利定价理论

复习与思考

一、选择题

1. 某企业面临甲、乙两个投资项目。经衡量，它们的期望收益率相等，甲项目的标准差小于乙项目的标准差。对甲、乙项目可以做出的判断为（　　）。

A. 甲项目取得更高收益和出现更大亏损的可能性均大于乙项目
B. 甲项目取得更高收益和出现更大亏损的可能性均小于乙项目
C. 甲项目实际取得的收益会高于其期望收益
D. 乙项目实际取得的收益会低于其期望收益

2. 甲公司拟投资于两种证券 X 和 Y，两种证券期望收益率的相关系数为 0.3，根据投资 X 和 Y 的不同资金比例测算，投资组合期望收益率与标准差的关系如下图所示，甲公司投资组合的有效组合是（　　）。

A. XR 曲线　　　　　　　　B. X、Y 点
C. RY 曲线　　　　　　　　D. XRY 曲线

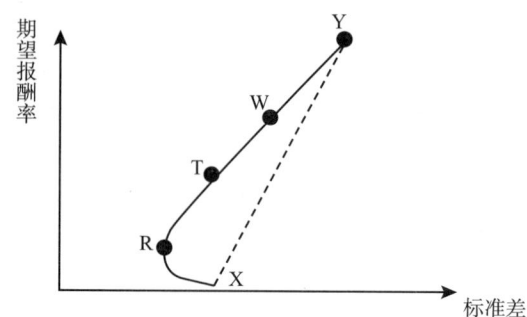

3. 已知某风险组合的期望收益率和标准差分别为 15% 和 20%，无风险收益率为 8%，假设某投资者可以按无风险收益率取得资金，将其自有资金 200 万元和借入资金 50 万元均投资于风险组合，则投资人总期望收益率和总标准差分别为（　　）。

　　A. 16.75% 和 25%　　　　　　B. 13.65% 和 16.24%
　　C. 16.75% 和 12.5%　　　　　D. 13.65% 和 25%

4. 证券市场组合的期望收益率是 16%，甲投资人以自有资金 100 万元和按 6% 的无风险收益率借入的资金 40 万元进行证券投资，甲投资人的期望收益率是（　　）。

　　A. 20%　　　B. 18%　　　C. 19%　　　D. 22%

5. 关于证券投资组合理论的以下表述中，正确的是（　　）。

　　A. 证券投资组合能消除大部分系统风险
　　B. 证券投资组合的总规模越大，承担的风险越大
　　C. 最小方差组合是所有组合中风险最小的组合，所以收益最大
　　D. 一般情况下，随着更多的证券加入到投资组合中，整体风险降低的速度会越来越慢

6. 证券市场线可以用来描述市场均衡条件下单项资产或资产组合的期望收益与风险之间的关系。当投资者的风险厌恶感普遍减弱时，会导致证券市场线（　　）。

　　A. 向上平行移动　　　　　　B. 向下平行移动
　　C. 斜率上升　　　　　　　　D. 斜率下降

7. 下列关于投资组合的说法中，错误的是（　　）。

　　A. 有效投资组合的期望收益与风险之间的关系，既可以用资本市场线描述，也可以用证券市场线描述
　　B. 用证券市场线描述投资组合（无论是否有效地分散风险）的期望收益与风险之间的关系的前提条件是市场处于均衡状态
　　C. 当投资组合只有两种证券时，该组合收益率的标准差等于这两种证券收益率标准差的加权平均值
　　D. 当投资组合包含所有证券时，该组合收益率的标准差主要取

决于证券收益率之间的协方差

8. A 证券的期望收益率为 12%，标准差为 15%；B 证券的期望收益率为 18%，标准差为 20%。投资于两种证券组合的机会集是一条曲线，有效边界与机会集重合，以下结论中正确的有（　　）。

　　A. 最小方差组合是全部投资于 A 证券

　　B. 最高期望收益率组合是全部投资于 B 证券

　　C. 两种证券收益率的相关性较高，风险分散化效应较弱

　　D. 可以在有效集曲线上找到风险最小、期望收益率最高的投资组合

9. 下列因素中，影响资本市场线中市场均衡点的位置的有（　　）。

　　A. 无风险收益率

　　B. 风险组合的期望收益率

　　C. 风险组合的标准差

　　D. 投资者个人的风险偏好

10. 下列有关证券组合投资风险的表述中，正确的有（　　）。

　　A. 证券组合的风险不仅与组合中每个证券的收益率标准差有关，而且与各证券之间收益率的协方差有关

　　B. 持有多种彼此不完全正相关的证券可以降低风险

　　C. 资本市场线反映了持有不同比例无风险资产与市场组合情况下风险和收益的权衡关系

　　D. 投资机会集曲线描述了不同投资比例组合的风险和收益之间的权衡关系

11. 贝塔系数和标准差都能衡量投资组合的风险。下列关于投资组合的贝塔系数和标准差的表述中，正确的有（　　）。

　　A. 标准差度量的是投资组合的非系统风险

　　B. 投资组合的贝塔系数等于被组合各证券贝塔系数的算术加权平均值

　　C. 投资组合的标准差等于被组合各证券标准差的算术加权平均值

　　D. 贝塔系数度量的是投资组合的系统风险

二、思考题

1. 如何计算收益率和平均收益率？
2. 简要说明风险和收益率的关系。
3. 说明单个风险证券如何选择？两个风险证券构成的投资组合如何选择？由全部风险证券构成的投资组合如何选择？当存在无风险投资的情况下投资组合如何选择？
4. 如果增加投资组合中证券的个数，那么这个投资组合收益率的标准差会如何变化？
5. 协方差与相关系数之间有什么关系？为什么相关系数被认为

更有用处?

6. 假设 A 证券的期望收益率为 10%,标准差是 12%。B 证券的期望收益率是 18%,标准差是 20%。假设等比例投资于两种证券,即各占 50%。

项目	A	B
收益率	10%	18%
标准差	12%	20%
投资比例	50%	50%
A 和 B 的相关系数	0.2	

要求:计算投资于 A 和 B 的组合收益率以及组合标准差。

7. ABC 公司有两个投资机会,A 投资机会是一个高科技项目,该领域竞争很激烈,如果经济发展迅速并且该项目搞得好,取得较大市场占有率,利润会很大。否则,利润很小甚至亏本。B 项目是一个老产品并且是必需品,销售前景可以准确预测出来。假设未来的经济情况只有三种:繁荣、正常、衰退,有关的概率分布和期望收益率如下表所示。对风险进行衡量。

公司未来经济情况表

经济情况	发生概率	A 项目期望收益率 (%)	B 项目期望收益率 (%)
繁荣	0.3	90	20
正常	0.4	15	15
衰退	0.3	-60	10

8. 假设市场上仅有两种风险证券 A 和 B 及无风险证券 F。在均衡状态下,证券 A、B 的期望收益率和风险分别为:$\bar{R}_A = 15\%$,$\beta_A = 1.1$;$\bar{R}_B = 20\%$,$\beta_B = 1.6$。

要求:计算市场投资组合的收益率 $\bar{R}_m$ 和无风险利率 R_f。

网络练习

选择 2 只股票组成一个投资组合,查找数据,计算组合的风险和收益。

第七章
项目投资决策

学习目标

通过本章的学习，了解项目投资的含义及项目投资的分类；掌握项目投资现金流量的构成与计算，了解现金流量估计应该注意的问题；掌握项目投资决策评价指标的计算方法和决策规则，了解各种评价方法的优缺点；掌握指标的应用。

引 导 案 例

根据2015年第三次临时股东大会决议，正海生物股份有限公司拟申请向社会公开发行人民币普通股A股募集资金，用于生物再生材料产业基地升级建设项目、研发中心建设项目和营销网络及信息化建设项目，投资项目已经在当地相关部门备案。

其中："生物再生材料产业基地升级建设项目"将新建产品生产线共计8 000平方米，同时配套工艺水处理车间、质量控制中心、智能化仓库（包括冷库）等7 000平方米，建筑面积总共15 000平方米；新增各类先进自动化工艺设备48台（套）。

项目总投资9 745.79万元，包括建设投资7 448.70万元，流动资金2 297.09万元。项目经济效益测算的计算期为10年，其中建设期为1.5年，生产运营期为8.5年，项目计算期第1.5年开始投产，生产负荷为35%，第2.5年生产负荷为80%，第4.5年及以后各年开始满负荷生产。

2013年中国生物医用材料市场已近200亿美元，预计到2020年市场销售额将达到1 200亿美元，成为全球第二大生物医用材料市场。投资项目建成投产后，将每年新增8万片口腔修复膜、3万片生物膜以及4万瓶骨修复材料，公司产品主要应用于国内三甲、三乙以及部分二甲医院等。生物再生材料潜在市容量较大，行业发展面临广阔的市场前景，报告期内公司综合毛利率保守按90.00%计算，生物再生材料保持20%的行业增长速度，该项目每年增加的折旧费用445.88万元。由于公司是高科技企业，企业所得税税率为15%。

那么，如何对该类投资项目进行财务评价？可行性研究报告以及招股说明书要求提供哪些评价指标？通过本章的学习，将会为你提供解决方案。你也可以通过查阅公司招股说明书中的"募集资金使用"一节来进一步地理解本章学习的内容。

第一节　项目投资概述

企业的生产经营活动，伴随着一系列的投资活动。既有生产性投资活动，也有金融性投资活动。生产性投资活动是以新建、改建、扩建项目为主，称之为项目投资。

一、项目投资的含义及特点

项目投资是一种以特定项目为对象，与新建项目或更新改造项目直接相关的长期投资行为。

与其他形式的投资相比，项目投资具有投资内容独特（每个项目都至少涉及一项固定资产投资）、投资数额多、影响时间长（至少一年或一个营业周期以上）、发生频率低、变现能力差和投资风险大等特点。

二、项目投资分类

按照不同的分类标准，投资项目可划分为不同的类型。

（一）按照所投资的对象分类

经营性长期资产投资项目可以分为五种类型。

(1) 新产品开发或现有产品的规模扩张项目。通常需要购置新的固定资产，并增加企业的营业现金流入。

(2) 设备或厂房的更新项目。通常需要更换固定资产，但不改变企业的营业现金收入。

(3) 研究与开发项目。通常不直接产生现实的收入，而是得到一项是否投产新产品的选择权。

(4) 勘探项目。通常是企业得到一些有价值的信息。

(5) 其他项目。包括劳动保护设施建设、购置污染控制装置等，这些决策不直接产生营业现金流入，而是企业在履行社会责任方面的形象得到改善，它们有可能减少未来的现金流出。

这些投资项目的现金流量分布有不同的特征，分析的具体方法也有区别，最具一般意义的是第一种投资及购置固定资产的投资项目。

（二）按照投资项目间的相互关系分类

投资项目可以分为独立项目和互斥项目。

（1）独立项目。独立项目又称单一项目，是指与其他投资项目完全互相独立、互不排斥的一个或一组项目。在项目投资决策过程中，一个项目投资方案的接受与拒绝并不影响另一个项目投资方案的现金流量。两个项目在经济上是独立的。

（2）互斥项目。在几个备选的项目投资方案中选择某一个项目，就必须放弃另外一个项目。

三、项目投资的步骤

项目投资的程序一般包括以下几个步骤：

（一）提出项目投资方案

企业的各级管理人员都可以提出投资项目。一般而言，企业的最高管理层提出的投资项目多是战略性的。基层管理者提出的投资项目多是战术性的。

（二）评价项目投资方案

项目投资的评价主要涉及以下工作：项目对企业的重要意义及项目的可行性；项目的预计投资额估算；项目的现金流量估计；计算项目评价的经济性指标；考虑约束因素，写出评价报告。

（三）作出项目投资方案决策

不同的投资项目，决定权不同。项目金额小的项目往往只要部门经理批准即可，金额大的投资则要高层经理批准，公司一般有这类权限的规定。

（四）项目投资方案的执行与监控

决定的项目要制订可行的项目进度计划，并严格按计划保质保量、按预计投资额完成。并且要在项目执行过程中不断监控，针对不同意外情况做出不同的处理。

（五）项目投资的再评价

项目投资的执行过程中，要定期进行后续分析，评价实际现金流量与预期现金流量的差异，注意新情况的出现对原有项目的决策影响，做出按原计划还是修正计划或者终止投资的决策。

第二节 项目现金流量的估计

现金流量在项目投资中发挥着极为重要的作用，进行科学的项目投资决策，需要准确地估算项目的现金流入量和现金流出量。估计项目投资的现金流量是分析项目投资方案最重要、最困难的步骤。

一、现金流量的概念

企业投资决策中的现金流量包括现金流出量、现金流入量和现金净流量三个具体的概念。现金流量是指一个项目引起的企业现金收入和支出增加的数量。这里的现金是广义的现金，它既包括各种货币资金，又包括需要投入的企业现有的非货币资源的变现价值。现金流量是评价投资方案是否可行时必须事先计算的一个基础性数据。企业无论是把资金投在企业内部形成各种资产，还是投向企业外部形成联营投资，都需要用特定指标对投资的可行性进行分析，而这些指标的计算都是以投资项目的现金流量为基础的。

二、现金流量的分析

（一）现金流量的构成

（1）初始现金流量。初始现金流量是指开始投资时发生的现金流量，初始现金流量可以一次投入，也可以分批多次投入。

一般包括以下几个部分：

固定资产上的投资。包括固定资产的购入或建造成本、运输成本及安装成本等。

垫支营运资本。指项目投资引起的对流动资金需求的增加额，这部分支出应该看作该项目的现金流出量。只有在项目终了时才能收回这部分资金，并用于其他目的。

其他投资费用。指与投资项目有关的职工培训费、谈判费、注册费用等。

原有固定资产的变价收入。

（2）营业现金流量。项目投入运营后的现金流入量与现金流出量称为经营现金流量，一般以年为单位进行计算。付现成本是指企业需要每年支付现金的成本，不需要每年支付现金的称为非付现成本，其中主要是折旧费，有时还包括其他摊销费用。

$$营业净现金流量（NCF）= 营业收入 - 付现成本 \quad (7-1)$$

或者：

$$营业净现金流量（NCF）= 利润 + 折旧 \quad (7-2)$$

其中：付现成本 = 营业成本 - 折旧。

（3）终结现金流量。终结现金流量是指投资项目终结时所发生的现金流量，主要包括：

项目固定资产出售（报废）时的残值收入、土地的变价收入。

收回垫支的营运资本。

变现收益或损失对所得税的影响。

（4）现金净流量。现金净流量是指项目引起的、一定期间现金流入量和流出量的差额，这里所说的"一定期间"，有时是指一年内，有时是指投资项目持续的整个年限内。流入量大于流出量时，净现金流量为正值；反之，净现金流量为负值。

（二）所得税与折旧对现金流量的影响

现在进一步讨论所得税对项目投资决策的影响。所得税是企业的一项现金流出，它取决于利润多少和税率高低，而利润多少受折旧方法的影响，因此，讨论所得税问题必然会涉及折旧问题。折旧对投资决策产生的影响，实际上是由所得税引起的，因此，这两个问题要放到一起讨论。

1. 税后成本和税后收入

凡是可以减免税负的费用，实际支付额并不是真实的成本，而应将因此而减少的所得税考虑进去。扣除了所得税影响的费用金额，称为税后成本。其一般公式为：

$$税后成本 = 实际支出 \times (1 - 所得税税率) \quad (7-3)$$

与税后成本相对应，由于所得税作用，企业营业收入的金额有一部分会流出企业，企业实际得到的现金流入量称为税后收入：

$$税后收入 = 营业收入 \times (1 - 所得税税率) \quad (7-4)$$

这里所说的"收入金额"是指根据税法规定需要纳税的收入，不包括项目结束时收回的垫支的营运资本等现金流入。

2. 折旧的抵税作用

由于提取折旧，使成本加大，会减少利润，从而使所得税减少，如果不提取折旧，企业的所得税将会增加许多。折旧的这种减少税负的作用，称之为"折旧抵税"。

【例7-1】甲公司与乙公司全年营业收入、付现费用均相同，所得税税率为25%，但甲公司有一项可提折旧的资产，每年折旧额相同。两家公司的现金流量如表7-1所示。

表 7-1　　　　　　　　折旧对税负的影响　　　　　　　单位：元

项目	甲公司	乙公司
营业收入		
费用：	20 000	20 000
付现营业费用	10 000	10 000
折旧	3 000	0
合计	13 000	10 000
税前净利	7 000	10 000
所得税费用（25%）	1 750	2 500
税后净利	5 250	7 500
营业现金流入：		
税后净利	5 250	7 500
折旧	3 000	0
合计	8 250	7 500
甲公司比乙公司拥有较多现金	750	

甲公司虽然利润比乙公司少 2 250 元，但现金净流入却多出 750 元，其原因在于有 3 000 元的折旧计入成本，使应税所得减少 3 000 元，从而少纳税 750 元（3 000×25%）。这笔现金保留在企业中，不必缴出。从增量分析的观点来看，由于增加了一笔 3 000 元折旧，企业获得 750 元的现金流入，折旧对税负的影响可以按下列公式计算：

$$税负减少额 = 折旧额 \times 所得税税率 \quad (7-5)$$

3. 税后现金流量

加入所得税因素以后，现金流量的计算有三种方法：

（1）根据直接法计算。根据现金流量的定义，所得税是一种现金支付，应当作为每年经营现金流量的一个减项。

$$营业现金流量 = 营业收入 - 付现成本 - 所得税 \quad (7-6)$$

（2）根据间接法计算。企业每年的现金增加来自两个主要方面，一是当年增加的净利，二是计提的折旧，以现金形式从营业收入中扣回。

$$\begin{aligned}营业净现金流量（NCF）&= 营业收入 - 付现成本 - 所得税\\&= 营业收入 -（营业成本 - 折旧）- 所得税\\&= 营业利润 + 折旧 - 所得税\\&= 税后净利润 + 折旧 \quad (7-7)\end{aligned}$$

（3）根据所得税对收入和折旧的影响计算。

$$营业净现金流量 = 税后收入 - 税后付现成本 + 折旧抵税$$

$$= 营业收入 \times (1-所得税税率) - 付现成本$$
$$\times (1-所得税税率) + 折旧 \times 所得税税率$$
$$(7-8)$$

上述三个公式可以相互推导，其中，最常用的为第三个公式，因为它不需要知道企业的利润及其有关的所得税。

三、现金流量估计应注意的问题

估计投资项目所需要的资本支出以及该项目每年能产生的现金净流量会涉及很多变量。在确定投资项目相关的现金流量时，所应遵循的最基本的原则是：只有增量现金流量才是相关的现金流量。所谓增量现金流量，是指接受或拒绝某个投资项目后，企业总现金流量因此而发生的变动。判断增量现金流量，需要注意以下几个问题。

（一）现金流量与会计利润

财务会计按权责发生制计算公司的收入、成本费用，并据以确定利润作为评价公司经济效益的基础；而项目评价方法则按收付实现制确定的现金流量作为评价项目经济效益的基础。现金流量与会计利润既有联系又有区别。二者联系在于现金净流量与利润在质上没有根本的区别，在项目整个有效期内，二者总额相等。其主要区别在于：

（1）是否考虑货币时间价值。不同时点的现金流量有不同的价值，应按其发生的时间具体确定。利润不一定当期实现，不利于现值的确定；现金流量反映当期现金流入流出量，利于考虑时间价值因素。

（2）是否利于方案评价的客观性。利润的计算缺乏统一标准，在一定程度上受人为因素的影响，如存货计价、费用摊配、折旧方法的选择都带有较大的主观性，且利润反映某一会计期间的应计流量而非实际流量；现金流量的分布则不受上述人为因素的影响。

（3）是否利于反映现金流动状况。项目效益的评价是以假设其收回的资金再投资为前提的。在项目预算中现金流动状况比盈亏状况更重要。利润反映盈亏状况，但有利润的年份不一定产生相应的现金用于再投资，只有现金净流量才能用于再投资。

（二）附带效应

在估计现金流量时，要以投资对企业所有经营活动产生的整体效果为基础分析，而不是孤立地考察某一项目。因为当企业采纳一个新项目时，该项目可能对企业的其他项目或部门产生有利或不利的影响。若该项目的投入会引起企业其他经济活动营业收入的减少，则增量现金流量应减去这部分减少额；若该项目的投入会引起其他项目的增加，则增量现金流量应加上这部分增加额。

一个项目通常会有一些附带效应或者溢出效应，包括正面的和负面的。新产品所导致的对现有产品现金流量的负面影响称作是侵蚀，但也会有正面的溢出效应，例如虽然 LED 灯具零售价格在下降，但是可能相应的灯泡的需要量在上升，这些产品带来的现金流量也是非常可观的。

（三）相关成本和非相关成本

相关成本是指与特定决策有关的，在分析评价时必须加以考虑的成本。例如，差额成本、未来成本、重置成本、机会成本都属于相关成本。与此相反，与特定决策无关的、在分析评价时不必加以考虑的是非相关成本，例如，沉没成本、过去成本、账面成本等往往是非相关成本。沉没成本是指过去已经发生，无法由现在或将来的任何决策所能改变的成本。有人把它比喻为"泼出去的牛奶"。若将非相关成本纳入成本总额中，会使一个有利的项目变得无利可图，从而造成决策失误。

（四）机会成本

机会成本是指投资决策中，从多种方案中选取最优方案而放弃次优方案所丧失的收益。机会成本不是普通意义上的"成本"，即它不是一种支出或费用，而是我们放弃的利益，这种利益不是实际发生的而是潜在的。机会成本总是针对具体方案的，离开具体的方案就无法确定。机会成本在决策中的意义，在于它有助于考虑可能采取的各种方案，以便为既定资源寻求最为有利的使用途径。例如，企业要把一个旧工厂改造为一栋公寓，改造这个项目并不会因为购买旧的工厂而导致直接的现金流出，但是为了评估这个项目是否可行，能否把这个旧工厂看作是免费的呢？答案是否定的，这个旧工厂是被项目利用的有价值的资源，如果不被用于改造，可以将它卖掉，因此，利用旧工厂建造公寓隐含了一项机会成本，即放弃了将其用做其他用途而获取价值的机会。但是这个旧工厂的成本并不是我们在改造项目中应该考虑的，应该计入改造项目的机会成本是这个旧工厂现在出售获得的收益（扣除各种销售成本）。

（五）净营运资本

所谓净营运资本的需要，指增加的流动资产与增加的流动负债之间的差额。在一般情况下，当企业采纳一个新项目使销售额扩大时，对于流动资产的需求也会增加，企业必须筹措新的资金，以满足这种

沉没成本：已经付出的成本，或者是指已经产生了需要偿还的债务。这种成本不会因为当前关于一个项目的取舍而发生变化。也就是说，无论如何，公司都要付出这些成本。
——《公司理财》，斯蒂芬·罗斯

额外需求；另外，企业扩充的结果会同时引起流动负债的增加，从而降低流动资金的实际需要。当投资项目寿命周期结束时，占用的存货被出售、收回应收账款、支付了应付账单，这些活动盘活了以前在净营运资本上的投资，净营运资本恢复到原有水平。因此，在投资分析时，应假定开始筹措时的净营运资本，在项目结束时得到完全的收回。

(六) 融资成本

在投资项目的现金流量分析中，我们并不考虑支付的利息或者其他融资成本，因为评估项目的目的是在于比较该项目所产生的现金流量和取得时所花费的成本，企业在项目融资时所选择的债务融资或者权益融资的特定组合是一个管理变量，它主要决定了项目现金流如何在所有者和债权人之间分配。这种融资安排需要在以后章节单独分析。在项目评价中，对于举债筹资的利息费用、本金偿还等现金流量的处理方法有两种：一种是将这些因素视为费用支出；另一种是将其影响体现在现金流量的折现率中，利息费用越高，所取折现率越高。在实务中多采用第二种方法，因为调整比较方便。另外，在贴现计算中，已经考虑了利率因素，因此，在现金流量分析中不必再考虑。

> 通常而言，一个项目除了投资固定资产外，还需要投入净营运资本。例如，通常要在手头保留一定金额的现金，用于支付一个项目可能发生的各种费用。此外，还需要在存货和应收账款上做些前期投资。这些融资一部分以欠供应商（应付账款）的形式取得，剩余部分由企业来提供，这些剩余部分代表了对净营运资本的投资。
> ——《公司理财》，斯蒂芬·罗斯

第三节　项目投资决策方法

投资项目可分为独立项目和互斥项目两种。独立项目是指一个项目的采用并不影响另一个项目的采用，它们彼此独立，对独立项目的评价，一般是判断它们的可行性；互斥项目是两个项目之间具有排斥性，即一个项目的采用影响另一个项目的采用，对互斥项目的评价，一般是根据它们的优劣排序。

投资项目评价使用的基本方法是折现现金流量方法，包括净现值法、内含报酬率法和现值指数法等。此外还包括没有考虑时间价值因素的非折现现金流量方法，包括回收期法、会计平均收益率法等。

一、折现现金流量方法

(一) 净现值法 (net present value, NPV)

这种方法使用净现值作为评价方案优劣的指标。所谓净现值，指投资项目投入使用后的净现金流量按资本成本或企业要求达到的报酬率折算为现值，再减去初始投资后的余额。其计算公式为：

$$净现值（NPV）= \sum_{t=1}^{n} \frac{CF_t}{(1+r)^t} - \sum_{t=0}^{n} \frac{ICO_t}{(1+r)^t} \qquad (7-9)$$

式中：NPV——净现值；

CF$_t$——第 t 年的现金流入量；

ICO$_t$——第 t 年的现金流出量；

n——项目的年限；

r——资本成本（或折现率）。

1. 净现值法的计算步骤

（1）计算每年营业净现金流量；

（2）计算未来现金流量的总现值；

（3）计算净现值。

【例 7-2】设企业的资本成本为 10%，有三项投资机会，各方案年现金净流量数据如表 7-2 所示。

表 7-2　　　　　　　　各方案现金净流量　　　　　　　　单位：元

年数	A 方案	B 方案	C 方案
0	(20 000)	(9 000)	(12 000)
1	11 800	1 200	4 600
2	13 240	6 000	4 600
3		6 000	4 600

NPV$_A$ =（11 800 × 0.9091 + 13 240 × 0.8264）- 20 000 = 1 669（元）

NPV$_B$ =（1 200 × 0.9091 + 6 000 × 0.8264 + 6 000 × 0.7513）- 9 000 = 1 557（元）

NPV$_C$ = 4 600 × 2.487 - 12 000 = -560（元）

A、B 两项投资的净现值为正数，说明项目 A、B 投资报酬率均超过 10%，可以接受。项目 C 净现值小于零，说明项目 C 投资报酬率达不到 10% 应予以放弃。

影响项目净现值大小的因素有两个：项目的现金流量、资本成本或投资最低报酬率。前者与现值大小呈同方向变化，后者与现值大小呈反方向变化。

2. 净现值法的决策规则

净现值法的决策规则是：如果在一组独立备选方案进行选择，净现值大于零表示收益弥补成本后仍有利润，可以采纳；净现值小于零的，表明其收益不足以弥补成本，不能采纳。若对一组互斥方案进行选择，应采纳净现值最大的方案。

3. 净现值法的优缺点

净现值法的优点是：净现值指标考虑了项目整个寿命周期的各年现金流量的现时价值，反映了投资项目的可获收益，在理论上较为完善。

净现值法的缺点是：

（1）不能动态反映项目的实际收益率。

（2）当各方案投资额不等时仅用此法无法确定方案的优劣。例如方案 A 和方案 B 都可行，但由于两者的原始投资额不同，所以不能用净现值法比较优劣，也就是说，虽然方案 A 的净现值大于方案 B 的净现值，但不能得出方案 A 优于方案 B 的结论。

（3）当各方案的经济寿命不等时，用净现值难以进行评价。

（4）净现值的大小取决于折现率，而折现率的确定较为困难。

实务中，折现率的确定方法之一是以资本成本作为折现率，但计算资本成本比较难，限制了它的应用；另一种方法是以现金的机会成本作为折现率，这也是企业要求的最低资本利润率，这种方法比较常用。另外，也可以根据不同阶段采用不同的折现率，如在建设期以贷款的实际利率作为折现率；在项目生成期以全社会资本平均收益率作为折现率。

一般来说，在进行投资机会和投资方案的取舍时，投资者都必须先确定一个恰当的折现率作为项目评价的依据，比较选择时都要以预先确定的折现率对各期的现金流量进行折算，因此选取一个恰当的折现率就非常重要。从上面的计算也可以看出，一个项目的净现值通常与折现率成反比关系。折现率越大，净现值越小；折现率越小，净现值越大。所以，提高折现率可以使可行的项目变成不可行；反之降低折现率可以使本来不可行的项目又变得可行了。所以，不同的折现率会使投资者采取不同的决策，折现率的高低对项目的取舍至关重要。折现率在净现值计算中所代表的是项目可以被接受的最小收益率，也就是项目所必须达到的最低盈利水平，也是投资者期望的最低投资报酬率。

净现值指标在资本预算中具有重要地位，是其他指标不可替代的。项目的净现值与公司价值有密切的关系，财务管理的目标就是提高公司的价值，任何净现值大于零的项目理论上将提高公司价值。

4. 净现值特征图（NPV profile）

净现值法应用的主要问题是如何确定折现率。在项目评价中，正确地确定折现率至关重要，它直接影响项目评价的结论。

图 7-1 来形象地说明某项目的净现值与所采用的折现率间的曲

线关系。当折现率为零时，净现值就等于一个项目的现金流入量的简单加总减去初始的现金流出量。假定所讨论的项目是一个传统的项目——即现金流入总量大于现金流出总量，且现金流入量在初始现金流出量之后，则净现值特征图向右下方倾斜。当净现值曲线与横轴相交时，项目的净现值为零——使项目的净现值为零的折现率我们将在下面讨论。对于大于这一利率的折现率，项目的净现值会变成负的。净现值的大小不仅取决于项目的现金流量这一项目内在的因素，还和项目的折现率这一外部资本市场因素密切相关。

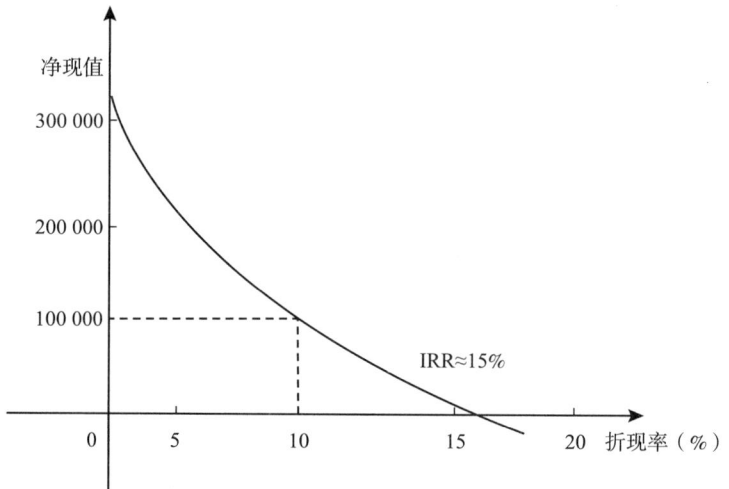

图 7-1 净现值特征图

如何画出净现值特征图？通常，描的点越多，画出的净现值特征图就越精确。然而，对于一个传统的投资项目来说，只要三个点就可以大致勾画出其净现值特征图。这三个点是：贴现率为 0 时的净现值、预期报酬率处的净现值和项目内含报酬率的净现值。

（二）现值指数法（profitability index，PI）

这种方法是使用现值指数作为评价方案的指标。所谓现值指数，是未来现金流入量现值与现金流出量现值的比率，亦称为现值比率、获利指数等。

计算公式：

$$\text{现值指数 PI} = \sum_{t=1}^{n} \frac{CF_t}{(1+r)^t} \div \sum_{t=0}^{n} \frac{ICO_t}{(1+r)^t} \quad (7-10)$$

1. 现值指数法的计算步骤

（1）计算未来现金流量的总现值；

（2）计算现值指数，即根据未来现金流量的总现值与初始投资额之比计算现值指数。

【例 7-3】仍利用【例 7-2】资料，根据表 7-2 的资料，三个方案的现值指数如下：

$PI_A = 21\ 669 \div 20\ 000 = 1.08$

$PI_B = 10\ 557 \div 9\ 000 = 1.17$

PI$_c$ = 11 440 ÷ 12 000 = 0.95

2. 现值指数法的决策规则

根据现值指数进行项目选择的决策规则是：接受现值指数大于或等于1的项目，放弃现值指数小于1的项目。对于任何给定的项目，净现值法和现值指数法都会得出同样的接受或拒绝的结论。在有多个方案的互斥选择决策中，选择现值指数最大的项目。

3. 现值指数法的优缺点

现值指数法的优点是：

（1）易于理解，考虑了资金的时间价值能够真实反映投资项目的盈利能力。

（2）同 NPV 联系密切，往往得出一致的结论。

（3）可以进行独立投资项目获利能力的比较，能够真实地反映项目的盈亏程度，由于现值指数是用相对数来表示，有利于在初始投资额不同的投资方案之间进行对比。

现值指数法的缺点是：现值指数只代表获得收益的能力而不代表实际可以获得的财富，它忽略了互斥项目之间投资规模上的差异，所以在多个互斥项目的选择中，可能会得到错误的结论。

（三）内含报酬率法 (internal rate of return, IRR)

内含报酬率法是根据项目本身内含报酬率来评价方案优劣的一种方法。所谓内含报酬率是指能够使未来现金流入量现值等于现金流出量现值的折现率，或者说是使投资项目净现值为零的折现率。内含报酬率通常也称为内部收益率。

$$NPV = \sum_{t=1}^{n} \frac{CF_t}{(1+IRR)^t} - \sum_{t=0}^{n} \frac{ICO_t}{(1+IRR)^t} = 0 \quad (7-11)$$

式中：IRR——内含报酬率。

1. 内含报酬率法的计算步骤

（1）每年现金流量不等时内含报酬率的计算步骤。每年现金流量不等时内含报酬率的计算，通常要使用"逐步测算法"。步骤如下：

第一步，首先估计一个折现率，用它来计算项目的净现值。

第二步，如果净现值恰好为零，则表明所用的折现率就是 IRR；如果净现值为正数，说明方案本身的报酬率超过估计的折现率，应提高折现率后进一步测试；如果净现值为负数，说明方案本身的报酬率低于估计的折现率，应降低折现率后进一步测算。

第三步，经过多次测算，找到净现值由正到负并且比较接近于零的两个折现率，用插值法求出近似的 IRR。

【例 7-4】仍用【例 7-2】资料，根据表 7-2 的资料，计算 A、B 两方案的内含报酬率，计算过程如表 7-3 和表 7-4 所示。

表 7-3　A 方案内含报酬率的测试

年数	现金净流量	折现率 = 18%		折现率 = 16%	
		贴现系数	现值	贴现系数	现值
0	(20 000)	1	(20 000)	1	(20 000)
1	11 800	0.8475	10 001	0.8621	10 173
2	13 240	0.7182	9 509	0.7432	9 840
净现值			(490)		13

表 7-4　B 方案内含报酬率的测试

年数	现金净流量	折现率 = 18%		折现率 = 16%	
		贴现系数	现值	贴现系数	现值
0	(9 000)	1	(9 000)	1	(9 000)
1	1 200	0.8475	1 017	0.8621	1 034
2	6 000	0.7182	4 309	0.7432	4 458
3	6 000	0.6086	3 652	0.6407	3 846
净现值			(22)		338

如果对测试结果的精确度不满意，可以用插值法来改善，求出 A、B 两方案的内含报酬率：

$$\text{IRR}_A = 16\% + \left(2\% \times \frac{13}{13 + 490}\right) = 16.05\%$$

$$\text{IRR}_B = 16\% + \left(2\% \times \frac{338}{22 + 338}\right) = 17.88\%$$

（2）每年现金流量相等时内含报酬率的计算步骤。在投资项目的有效期内，如果各期现金流量相等，而现金流出量等于初始投资额，可用下面方法计算项目的内含报酬率：

第一步，计算年金现值系数。初始投资额 = 每年现金流入量 × 年金现值系数。

则：
$$年金现值系数 = \frac{初始投资额}{每年现金流量} \qquad (7-12)$$

第二步，查年金现值系数表，在相同的期数内，找出与上述年金现值系数相邻的较大和较小的两个折现率。

第三步，根据上述两个相邻的折现率和已经求得的年金现值系数，采用插值法计算出该项目的内含报酬率。

【例 7-5】仍用【例 7-2】资料，C 项目内含报酬率计算为：

$12\ 000 = 4\ 600 \times \text{PVIFA}_{r,3}$

$\text{PVIFA}_{r,3} = 2.6087$

查阅"年金现值系数表",寻找 n = 3 时系数 2.6087 所指的利率。查表结果,与 2.6087 所接近的现值系数 2.6243 和 2.5771 分别指向 7% 和 8%。用插值法确定 C 方案的内含报酬率为:

$$IRR_C = 7\% + \left(1\% \times \frac{2.6243 - 2.6087}{2.6243 - 2.5771}\right)$$
$$= 7\% + 0.33\% = 7.33\%$$

2. 内含报酬率法的决策规则

内含报酬率法的决策规则为,在只有一个备选方案的采纳与否决策中,如果计算出的内含报酬率大于或等于企业的资本成本或必要报酬率就采纳;反之,则拒绝。在多个备选方案的互斥选择决策中,选用内含报酬率超过资本成本或必要报酬率最高的投资项目。

我们重点分析内含报酬率等于企业的资本成本的情形,以此分析在贴现计算中是如何考虑利率问题的。

【例 7-6】仍以表 7-2 中的 A 方案为例,设全部投资 20 000 元都是银行借款,利率为 16.04%,到第 2 年底,按复利计算,连本带息共计:

$20\ 000 \times FVIF_{16.04\%, 2} \approx 26\ 932$(元)

而项目两年的现金净流量到第 2 年底的终值之和为:

$11\ 800 \times FVIF_{16.04\%, 1} + 13\ 240 \approx 26\ 932$(元)

由此可见,当项目的内含报酬率等于资本成本时,项目现金净流量的终值之和正好等于投资额的本利和,换句话说,项目投资者在偿还了利息本金后将一无所得。可见这是接受项目的底线。

当项目的内含报酬率大于资本成本时,项目现金净流量的终值之和将大于投资额的本利和,项目投资者在偿还了利息本金后将仍有盈余。因此可以接受此项目。

3. 内含报酬率法的优缺点

内含报酬率法的优点是:易于理解,考虑了资金的时间价值,反映了投资项目的真实报酬率。

内含报酬率法的缺点是:计算过程比较复杂,特别是每年 NCF 不相等的投资项目,要经过多次测算才能算出。用于互斥方案比较时,可能得出不正确的结论。

4. 修正后的内含报酬率(MIRR)

为了解决标准 IRR 可能造成的一些问题,人们经常会使用修正后的 IRR。有三种不同的方法来计算修正后的 IRR,但是其根本思想都是先修正现金流量,然后根据修正后的现金流量计算 IRR。

方法 1:贴现法。基本思路是将所有负的现金流量用必要报酬率贴现,转化成现值并同初始成本相加,然后再计算 IRR。因为只有第一笔现金流为负值,所以只能得到一个 IRR。

【例 7-7】 某煤矿项目初始投资额为 60 万元，第一年现金净流入为 155 万元，第二年煤矿已开采完，且还要花费 100 万元来修整矿区。项目必要报酬率为 20%。

贴现法：

时间 0：$-60 + \left(\dfrac{-100}{1.2^2}\right) = -129.44$（万元）

时间 1：$+155$（万元）

时间 2：0

计算 MIRR 为 19.74%。

方法 2：再投资法。基本思路是把除了第一笔之外的所有现金流量（无论正负）累计计算复利直到项目期末，然后再计算 IRR。从某种程度上，是把现金流量进行再投资直到项目结束，中途并未抽取出来。所使用的利率可以是必要报酬率也可以是重新确定的再投资利率。

时间 0：-60（万元）

时间 1：0

时间 2：$-100 + (155 \times 1.20) = 86$（万元）

计算 MIRR 为 19.72%。

方法 3：综合法。基本思路是将上述两种方法的结合。将负的现金流量折现到现值，将正的现金流量以复利计算到项目期末。

时间 0：$-60 + \left(\dfrac{-100}{1.2^2}\right) = -129.44$（万元）

时间 1：0

时间 2：$155 \times 1.20 = 186$（万元）

计算 MIRR 为 19.87%。

5. MIRR 与 IRR：哪一个更好

MIRR 具有争议性。一些人认为 MIRR 优于 IRR，通过合理设计就可以避免多个 IRR 的问题。另一部分人认为 MIRR 代表了毫无意义的内含报酬率，对于三种方法计算的 MIRR 有所差异，面对复杂的项目差异可能很大，而且我们无法确定哪种计算方法更好。此外，MIRR 是根据修正后现金流量计算的报酬率而不是根据实际现金流量计算出来的。

MIRR 计算时需要贴现，计算复利，这会带来两个问题：有了相应的折现率，直接计算 NPV 可能更合适；MIRR 计算需要外部提供的折现率，所以得到的答案并不是真正的内含报酬率，因为内含报酬率仅仅依据项目现金流量。

对于这类问题的处理原则，一个项目的价值并不取决于公司如何使用该项目产生的现金流量，未来现金流量的使用并不影响项目当前的价值，因此一般来说没有必要考虑将项目进行中产生的现金流再投

用钱赚钱的
幸福生活

资的情况。①

二、非折现现金流量方法

（一）投资回收期法（PP）

投资回收期（PP）指通过项目的净现金流量来收回初始投资所需要的时间，一般以年为单位。

1. 投资回收期的计算步骤

投资回收期的计算，因每年营业现金净流量是否相等而有所不同。

（1）每年营业现金净流量相等，其计算公式为：

$$回收期 = 初始投资额 \div 年现金净流量 \quad (7-13)$$

（2）每年现金净流量不相等，投资回收期的计算要根据每年末尚未收回的投资额加以确定。计算公式为：

$$回收期 = \frac{累计现金净流量}{首次出现正值年份} - 1 + \frac{上年累计现金净流量绝对值}{当年现金净流量}$$

$$(7-14)$$

【例 7-8】根据表 7-5 的资料计算回收期。

表 7-5　　　　　　　　项目现金流量　　　　　　　　单位：元

	第 0 年	第 1 年	第 2 年	第 3 年	第 4 年	第 5 年	第 6 年
现金净流量	-225 000	39 800	50 110	67 130	62 760	78 980	80 000
累计现金净流量	-225 000	-185 200	-135 090	-67 960	-5 200	73 780	153 780

回收期 = 5 - 1 + 5 200 ÷ 78 980 = 4.07（年）

2. 投资回收期法的决策规则

利用投资回收期进行项目评价的原则是，如果投资回收期小于基准回收期（由企业自行确定或根据行业标准确定）时，可接受该项目；反之，则应放弃。实务分析中，一般认为投资回收期小于项目周期一半时方为可行。

3. 投资回收期法的优缺点

投资回收期法计算简单容易理解，反映直观，但存在一定缺陷，主要表现在：

（1）没有考虑货币的时间价值。这显然是不科学的。为了克服这一缺点，往往需要计算折现回收期，也称为动态回收期，是指在考

---

① 参见相关二维码中的内容。

虑货币时间价值的情况下以项目现金流入抵偿全部投资所用的时间。

$$\sum_{t=0}^{n}\frac{(CF_t - ICO_t)}{(1+r)^t} = 0 \qquad (7-15)$$

【例 7-9】以【例 7-8】和表 7-6 资料计算。折现率取 10%。

表 7-6　　　　　　　　　项目现金流量　　　　　　　　单位：元

	第 0 年	第 1 年	第 2 年	第 3 年	第 4 年	第 5 年	第 6 年
现金净流量	-225 000	39 800	50 110	67 130	62 760	78 980	80 000
当年现值	-225 000	36 182	41 411	50 435	42 865	49 039	45 160
累计现值	-225 000	-188 818	-147 407	-96 972	-54 107	-5 068	40 092

折现回收期 = 6 - 1 + 5 068 ÷ 45 160 = 5.11（年）

显然折现回收期要长于非折现回收期，因为考虑了货币的时间价值，更符合项目回收的实际情况。

（2）该法只考虑回收期以前各期的现金流量，将投资回收期以后的现金流量截断了，完全忽略了投资回收期以后的经济效益，不利于反映项目全部期间的实际状况。

（3）需要一个主观的回收期限用作比较。

（4）不偏好长期项目，比如研发和新项目。

（二）会计平均收益率法（ARR）

会计平均收益率（ARR）是评价投资项目优劣的一个静态指标，是指投资项目年平均净收益与该项目平均投资额的比率。其计算公式为：

$$\text{会计平均收益率} = \frac{\text{年平均净收益}}{\text{平均投资总额}} \times 100\% \qquad (7-16)$$

"年平均净收益"可按项目投产后各年净收益（税后利润）总和简单平均计算，"项目平均投资额"是指固定资产投资账面价值的平均数，在直线折旧法下平均投资额等于投资总额的一半。为了全面反映项目投资报酬，也可将流动资金投资额包括在项目总投资额中。假如上例现金净流量就是项目中的会计利润，根据表 7-5 的资料计算为：

$$\text{会计平均收益率} = \frac{(39\,800 + 50\,110 + 67\,130 + 62\,760 + 78\,980 + 800\,000) \div 6}{225\,000 \div 2} \times 100\% = 56.12\%$$

会计平均收益率法的决策规则是：如果会计收益率大于基准会计收益率（通常由企业自行确定或根据行业标准确定），则应接受项目；反之则应放弃。在多个方案的互斥选择中，则应选择会计收益率最高的项目。

关于该指标的计算公式，还有另一种意见也比较有影响力，认为分母应当为投资总额，而不是平均投资总额。这种计算方法比较第一种方法正好使收益率降低了一半。

$$会计平均收益率 = \frac{年平均净收益}{投资总额} \times 100\% \quad (7-17)$$

会计平均收益率的优点是简明、易懂、易算，但会计平均收益率忽略时间价值，而且是按照投资项目账面价值计算的，当投资项目存在机会成本时，其判断结果与净现值等标准差异很大，有时得出相反的结论，影响投资决策的正确性。

三、投资项目评价方法比较

关于投资项目的评价标准，人们在理论上和实务中采取了许多标准，运用这些标准评估独立项目，一般可以得到一致的结论。但对互斥项目，按不同标准，有时会得出不同的结论。因此有必要了解一下各指标的对比。

（一）非折现现金流量指标与折现现金流量指标比较

在20世纪50年代以前，世界各国企业在进行投资决策时一般都以非折现的现金流量指标为主，从70年代开始，折现现金流量指标已占主导地位，并形成了以折现现金流量指标为主、以投资回收期为辅的多种指标并存的指标体系。折现现金流量指标广泛应用的主要原因为：

（1）非折现现金流法忽略了资金的时间价值，将不同时间的现金流量视为相同的，因而其决策结果夸大了投资的获利水平和资本的回收速度。折现指标则把不同时间点收入或支出的现金按照统一的折现率折算到同一时间点上，使不同时间的现金流量具有可比性，这样才能做出正确的决策。

（2）非折现现金流指标中的投资回收期法只能反映投资回收速度，不能反映净现值的多少。此外，投资回收期法和会计平均收益率法没有考虑时间价值影响，会高估投资的回收速度，夸大项目的盈利水平。

（3）回收期、会计平均收益率等非折现指标对寿命不同、资金投入时间和提供收益时间不同的方案缺乏鉴别能力。而折现法指标则可以通过净现值、内含报酬率和现值指数等指标，有时还可以通过净现值的平均化方法进行综合分析，从而做出正确合理的决策。

【例7-10】某公司对下列相互排斥的四个项目进行选择，资本成本为 10%，寿命期限为 5 年，其现金流量的资料如表 7-7 所示。

表 7-7　　　　　　　　　各项目现金流量　　　　　　　　　单位：元

方案	第 0 年	第 1 年	第 2 年	第 3 年	第 4 年	第 5 年
A	-1 500	150	1 350	150	-150	-600
B	-1 500	0	0	450	1 050	1 950
C	-1 500	150	300	450	600	1 875
D	-1 500	300	450	750	750	900
$PVIFA_{10\%,n}$	1.000	0.9091	0.8264	0.7513	0.6830	0.6209

经计算四个项目的净现值、现值指数、内含报酬率、投资回收期如表 7-8 所示。

表 7-8　　　　　　　各项目的指标计算

方案	评价			
	NPV	PI	IRR	PP
A	-611	0.59	-200%	2
B	766	1.51	20.9%	4
C	796	1.53	22.8%	4
D	779	1.51	25.4%	3
最优方案	C	C	D	A

计算结果表明：按回收期法选择 A 项目为最优方案，但它只考虑回收期的长短，忽视了回收期后有两年负数的现金流量。同时也忽视了资金的时间价值，这意味着回收期法对下列现金流量没有区别，如表 7-9 甲、乙两项目所示。

表 7-9　　　　　　　投资回收期计算

方案	第 0 年	第 1 年	第 2 年	PP
甲	-10 000	1 000	9 000	2
乙	-10 000	9 000	1 000	2

因为它们有相同的投资回收期,但是考虑资金的时间价值,显然乙方案优于甲方案。

通过比较可知,折现法较非折现法确实有优越之处,这也是其得到广泛应用的原因。

(二) 折现现金流量指标的比较

这里主要讲述净现值和内含报酬率的比较。净现值与内含报酬率标准既有联系又有区别。如果投资项目的现金流量是传统型的,即在投资有效期内,净现金流量只改变一次符号,按两种方法所做出的结论是一致的。

尽管在一般情况下,内含报酬率标准与净现值标准所得结论是一致的,但在下列两种情况下,有时候会产生差异。

(1) 净现值和内含报酬率得出结论可能不同的一种情况是:非常规项目。

常规型现金流量的符号仅改变一次,即 - + + +,其中负号代表投资净现金流量为负,正号代表净现金流量为正。如果一个项目现金流量的符号是交错型的,如现金流量为 - + + + - + + +,正负交错,即非常规型现金流量,则该投资项目将会有几个 IRR,其个数视现金流量序列中正负号变动的次数,在这种情况下,很难选择哪一个用于评价最合适。

【例 7 - 11】项目 A 现金流量如表 7 - 10 所示。

表 7 - 10　　　　　　　　项目指标计算

项目	NCF_0	NCF_1	NCF_2	IRR (%)	NPV (10%)
A	- 4 000	+ 25 000	- 25 000	25 或 400	- 1 934

根据 IRR 的定义,有:
$$NPV = -4\,000 + 25\,000/(1 + IRR) - 25\,000/(1 + IRR)^2 = 0$$

解此方程,两边同乘 $(1 + IRR)^2$,解得 IRR = 0.25 或 4。若给定资本成本为 10%,则以上两个 IRR 均大于资本成本,按内含报酬率标准,应接受这一项目。如按净现值标准,由于 NPV = - 1 934 < 0,应放弃该项目。

上例中两种判断标准结论相互矛盾。显然内含报酬率标准是错误的,它意味着企业要接受一个亏损的投资项目。出现这一现象的原因是现金流量改变了两次符号,使净现值与折现率不再是单调减函数,如图 7 - 2 所示。

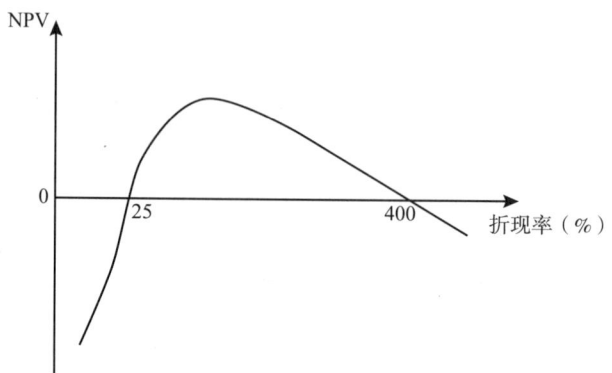

图 7-2 净现值变化曲线

图 7-2 表明,当折现率在 25%~400% 时,投资净现值大于 0,当折现率小于 25% 或大于 400% 时,投资净现值小于 0,只有当折现率位于 25%~400% 时,才接受这一投资项目。

由于 IRR 的个数与现金流量改变的次数有关,直接影响了 IRR 的使用。而在另一种情况下,IRR 可能无实数解,无法找到评价项目的标准。相比之下,净现值可避免这一问题。

(2) 净现值和内含报酬率得出结论可能不同的另一种情况是:对互斥项目进行排序。

对于常规的独立项目,净现值法和内含报酬率法结论是一致的。在互斥项目的比较分析中,采用净现值或内含报酬率指标进行项目排序,有时会出现排序矛盾。产生这种现象的原因有两个:一是项目投资规模不同;二是项目寿命不同。项目现金流量发生的时间不一致。

①投资规模不同。当一个项目的投资规模大于另一个项目时,规模较小的项目的内含报酬率可能较大但是净现值较小。

【例 7-12】假设有两个投资项目 C 和 D,指标计算如表 7-11 所示。

表 7-11　　　　　　　项目 C 和 D 的现金流量　　　　　　单位:元

指标	年数	项目 C	项目 D
初始投资	0	-26 900	-55 960
NCF	1	10 000	20 000
	2	10 000	20 000
	3	10 000	20 000
	4	10 000	20 000
NPV (12%)		3 470	4 780
IRR		18%	16%

续表

指标	年数	项目 C	项目 D
PI		1.13	1.09
资本成本		8%	8%

上述 C、D 两项目内含报酬率均大于资本成本 12%，净现值均大于 0，若互为独立，两者都应接受；若项目互斥，按内含报酬率标准 C 优于 D，但是，按净现值标准选择 D 优于 C，两种排序方法所得结论相互矛盾。那么，应该采用哪种排序方法所得的结论呢？下面我们用增量现金流量法说明这一问题。

当两种标准排序出现矛盾时，可进一步考虑增量现金流量，即 D－C，如表 7－12 所示。

表 7－12　　　　　　　　　增量现金流量

项目	NCF_0	NCF_1	NCF_2	NCF_3	NCF_4	IRR（%）	NPV（12%）
D－C	－29 060	10 000	10 000	10 000	10 000	14.14%	1 310

D－C 相当于追加投资，其净现值随折现率的变化如图 7－3 所示。对于追加投资 D－C，其内部收益率为 14.14%，大于资本成本 12%，其净现值大于 0。因此，不管按哪种标准，追加投资项目 D－C 都应该接受，意思是说，投资者接受 C 后，还应接受 D－C，即选择项目 C＋(D－C)＝D。这个结论与净现值法的排序结论一致，而与内含报酬率的排序结论相矛盾。

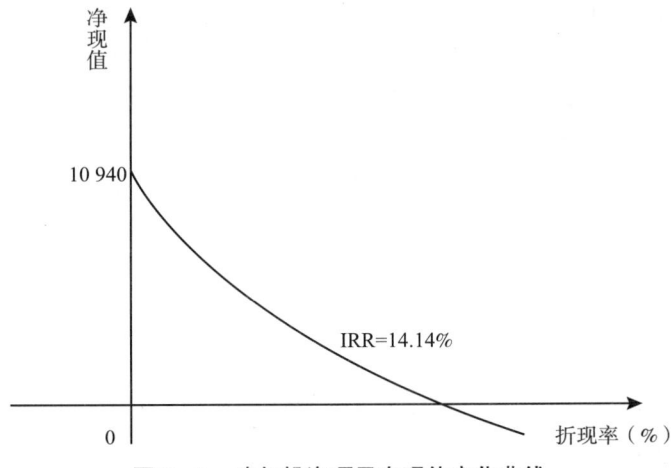

图 7－3　追加投资项目净现值变化曲线

在增量现金流量法中,假如 D-C 项目内含报酬率小于资本成本,净现值小于 0,则应放弃 D-C。

图 7-4 表明项目 C 与 D 的净现值随折现率的变化曲线。由图可知,两条曲线在折现率为 14.14% 处相交。如果折现率小于 14.14%,项目 D 优于项目 C;如果大于 14.14%,项目 C 优于项目 D。现在选择折现率 12%,所以,项目 D 优于项目 C,与净现值法的排序结论一致。

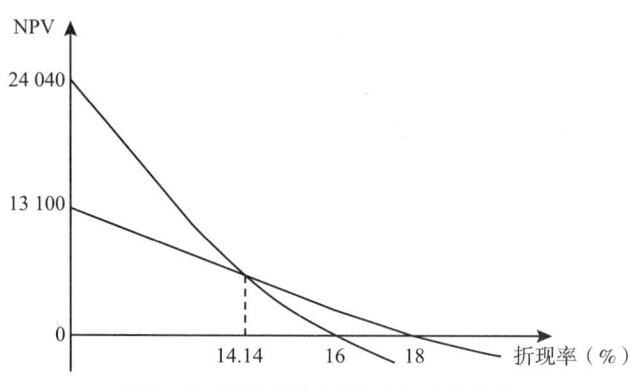

图 7-4 项目 C 与 D 净现值变化曲线

因此,用内含报酬率标准对不同规模投资进行选择时,可能会出现错误结论,这时可用增量现金流量的方法进行分析。若增量部分净现值大于 0,则选择规模较大的项目;反之,则应选择规模较小的项目。需要注意的是,所得出的结论与用净现值法对项目的排序结论是一致的。所以,投资规模不同的情况下,当选用净现值和内含报酬率指标进行项目排序出现矛盾时,应该选择净现值法的排序结论。

②现金流模式不同。有的项目早期现金流入量大,而有的项目早期现金流入量小。当两个项目投资额相同但现金流量的时间分布不同时,也会出现排序不一致。

【例 7-13】假设有两个项目 E 和 F,它们的投资额相同,但现金流量的模式不一致,一个在最初几年流入得较多,另一个在最后几年流入得较多。有关资料如表 7-13 所示。

表 7-13　　　　　　　　项目 E 和 F 的现金流　　　　　　　　单位:元

指标	年数	项目 E	项目 F
初始投资	0	-10 000	-10 000
NCF	1	8 000	1 000
	2	4 000	5 000
	3	960	9 000

续表

指标	年数	项目 E	项目 F
NPV		1 598	2 502
IRR		20%	18%
资本成本		8%	8%

上例表明，根据内含报酬率标准，应选择 E，根据净现值标准，应选择 F，出现了相矛盾的结论。造成这个矛盾的原因是这两个投资项目现金流量发生时间不同，从而导致其时间价值不同。项目 E 总的现金流量小于项目 F，但发生的时间早，当投资折现率较高时，远期现金流量的现值低、影响小，投资收益主要取决于近期现金流量的高低。当投资折现率较低时，远期现金流量现值增大，这时项目 F 具有一定优势。如图 7-5 所示，当折现率为 15.5% 时，两项目的净现值相等；当折现率大于 15.5% 时，项目 E 净现值大于项目 F 净现值；当折现率小于 15.5%，项目 F 净现值大于项目 E 净现值。本例中折现率为 8%，小于 15.5%，所以尽管项目 E 有较高的内含报酬率，但其净现值却较低，所以，应该选择项目 F。如果按内含报酬率标准选择项目 E，对企业不利。

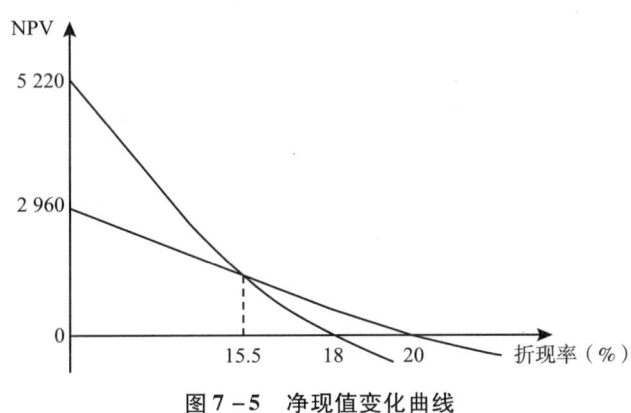

图 7-5 净现值变化曲线

同样可采用增量现金流量的方法解决这一问题，如表 7-14 所示。

表 7-14　　　　　　　　增量现金流量

项目	NCF_0	NCF_1	NCF_2	NCF_3	IRR（%）	NPV（8%）
F - E	0	-7 000	544	8 716	15.5%	904

增量现金流的 IRR 大于资本成本，净现值大于 0，所以，在接受

项目 E 之后，还应该再接受 F-E 项目，所以，企业应选择 E+(F-E)=F。可见，当选用净现值和内含报酬率指标进行项目排序出现矛盾时，应该选择净现值法的排序结论。

两种方法排序矛盾的理论分析。这两种方法发生矛盾的最根本原因是两者隐含的再投资利率不同。NPV 法假设流入的现金以资本成本率或投资者要求的收益率进行再投资，而 IRR 法假设再投资收益率等于项目本身的 IRR。无论存在规模差异还是时间差异，企业都对流入现金进行再投资，因此项目的再投资利率的选择非常重要。

正是由于再投资的利率在两种计算中存在差异，结果使得评价结果产生矛盾。

NPV 与 PI 评价指标得出的结论通常是一致的，但在投资规模不同的互斥项目选择中，也可能得出相反的结论。这时同样应该根据 NPV 的标准进行取舍，读者可自己推导一下原因。

最后我们给出项目评价选取标准的原则：

当选用 NPV、PI、IRR 评价所得结论一致时，可选用任意一个标准，如果发生矛盾的情况，应以 NPV 给出的结论为准。

本 章 小 结

本章主要讲述了四个方面的内容，主要知识点包括：

（1）项目投资中现金流量的估计是极为重要的工作。现金流量分为初始现金流量、营业现金流量与终结现金流量，且都指的是税后现金净流量。

（2）估计税后现金流量的方法有三种：直接法，营业现金流量=营业收入-付现成本-所得税；间接法，营业净现金流量（NCF）=营业收入-付现成本-所得税=税后净利润+折旧；税盾法，营业净现金流量=营业收入×(1-所得税税率)-付现成本×(1-所得税税率)+折旧×所得税税率。

（3）常用的项目投资决策方法可以分为折现现金流量方法和非折现现金流量方法。折现现金流量方法包括：净现值法（NPV）、现值指数法（PI）和内含报酬率法（IRR）等。非折现现金流量方法包括：投资回收期法（PP）、会计平均收益率法（ARR）等。

（4）项目评价选取标准的原则是：如果 NPV、PI、IRR 评价结论一致，可选用任意一个标准；但如果不一致，则以 NPV 给出的结论为准。

本章重要术语

投资现金流量
增量现金流量
机会成本

但是，尽管 IRR 指标存在缺陷，但是在实务中运用甚至要超过 NPV。在分析投资项目时，人们一般都似乎偏好谈论收益率而非货币价值；而财务分析家只在特定的时候才谈论收益率。同样，IRR 也提供了一项投资建议的信息沟通的更为简单的方法。比如说"实施该项目会获得 20% 的收益"比"在折现率为 10% 时净现值为 10 万元"更容易理解。最后，当折现率不容易估计时更适合用 IRR。

——《公司理财》，斯蒂芬·罗斯

沉没成本
净现值
内含报酬率
投资回收期
现值指数
会计平均收益率
修正内含报酬率

复习与思考

一、单选题

1. 关于项目投资决策表述中，正确的是（　　）。
   A. 两个互斥方案初始投资额不同，在权衡时选择内含报酬率高的项目
   B. 使用净现值法评价项目的可行性与使用内含报酬率结果一致
   C. 使用现值指数进行投资决策可能会计算出多个现值指数
   D. 投资回收期主要测定投资方案的流动性

2. 一台设备账面价值为 30 000 元，变现价值为 32 000 元。企业打算继续使用该设备，但由于物价上涨，估计增加经营性流动资产 5 000 元，增加经营性流动负债 2 000 元，所得税税率为 25%，则继续使用该设备初始现金流出量为（　　）元。
   A. 32 200　　　B. 33 800　　　C. 34 500　　　D. 35 800

3. 在进行项目投资分析时，不需要考虑的是（　　）。
   A. 机会成本　　　　　　B. 付现成本
   C. 沉没成本　　　　　　D. 未来成本

4. 当折现现金流指标出现不一致时，通常以（　　）为准。
   A. IRR　　　　　　　　B. NPV
   C. PI　　　　　　　　　D. 任意一个

5. 某方案的静态回收期是指（　　）。
   A. 净现值为零的年限
   B. 现金净流量为零的年限
   C. 累计净现值为零的年限
   D. 累计净现金流量为零的年限

6. 企业在讨论更新方案时，有两种选择方案：甲方案净现值为 400 万元，内含报酬率为 10%，乙方案净现值为 300 万元，内含报酬率为 15%。若两方案年限相同，则（　　）。
   A. 甲方案好　　　　　　B. 乙方案好
   C. 甲乙一样　　　　　　D. 无法判断

7. 下列关于投资项目评价方法的表述中，正确的是（　　）。

A. 现值指数法克服了净现值法不能直接比较投资额不同的项目的局限性，它在数值上等于投资项目的净现值除以初始投资额

B. 投资回收期法不能衡量项目完整的盈利性

C. 内含报酬率是项目本身的报酬率，不随项目预期现金流变动而变动

D. 内含报酬率不能直接比较两个投资规模不同的互斥方案的优劣

8. 计算修正内含报酬率的方法是（　　）。

A. 贴现法　　B. 综合法　　C. 再投资法　　D. 指数法

9. 下列指标中，忽略了货币时间价值的是（　　）。

A. 会计平均收益率　　　　　　B. 现值指数

C. 内含报酬率　　　　　　　　D. 净现值法

10. 如果其他因素不变，折现率提高，下列指标中数值会变小的是（　　）。

A. 动态回收期　　　　　　　　B. 净现值

C. 内含报酬率　　　　　　　　D. 现值指数

11. 动态回收期法的缺点是（　　）。

A. 忽视了折旧的影响

B. 没考虑回收期后的现金流

C. 促使放弃有战略意义的长期投资项目

D. 忽视了时间价值

二、思考题

1. 试述项目投资的含义及其分类。

2. 现金流量的构成由哪几部分组成，如何计算现金净流量？

3. 项目投资中为什么要采用现金流量而不是会计利润？

4. 在进行现金流估计时，需要考虑哪些因素？

5. 请对比分析净现值法和内含报酬率法。

6. 在项目投资决策中，所得税和折旧是否影响投资决策的结果？如果是，分析它们是如何影响投资决策结果的？

7. 企业某设备投入400 000元资金，在建设期初一次投入。项目建设期2年，经营期8年。投产后每年营业收入324 000元，营业成本162 000元。设备采用直线法折旧，期末有4%的净残值。企业所得税税率为35%，行业基准收益率为16%。

要求：

(1) 该投资项目的净现值。

(2) 内含报酬率。

(3) 决策该投资项目是否可行。

8. 某公司有一投资项目，需要投资6 000元。其中5 400元用于购买设备，600元用于追加流动资金。预计该项目可使企业营业收入

第一年增加 2 000 元，第二年增加 3 000 元，第三年增加 5 000 元。第三年末项目结束时收回流动资金 600 元。假设适用的所得税税率为 40%，使用直线法计提折旧，期满后无残值。公司要求的最低投资报酬率为 10%。

要求：

（1）计算确定该项目的税后现金流量；

（2）计算确定该项目的净现值；

（3）计算该项目的回收期；

（4）如果不考虑其他因素，你认为该项目是否应该被接受？

9. B 炉灶公司正考虑引进一条新的产品生产线来补充其已有炉灶生产线。引进新的产品生产线预期需要在第零期投入现金 100 万元，在第一期末预期的税后现金流入量为 25 万元；第二期末预计现金流入为 30 万元；第三期末现金流入为 35 万元；第四期末现金流入为 38 万元；第五期末现金流入为 40 万元。虽然该生产线在第五期后仍旧有效，但该公司宁愿保守一些，将该期以后的所有收支忽略。

试问：如果预期报酬率为 15%，项目的净现值是多少，该项投资可以接受吗？

10. 案例分析。

假设你研究生毕业后加入某制造企业，接替已离任的财务总监。该企业的总经理要求你重新审视最近进行的投资项目的资本预算分析。在对一个提高企业生产设施投资的资本预算分析中，你发现企业采用了内含报酬率法来评估三个独立投资项目。下表总结了这次资本预算分析。

投资项目	内部收益率（%）	现金流量（万元）			
		第 0 年	第 1 年	第 2 年	第 3 年
甲	60	-100	30	153	88
乙	55	?	0	205	95
丙	50	-100	35	0	204 + ?

根据这次分析的结果，该企业接纳了拥有最高内含报酬率的投资项目甲，以提高企业的生产设施。

由于要确定这次分析的建议是否为最适当的，所以你打算使用净现值法来作重新审视。但是，你发现有些投资项目的现金流估算数值却没有显示在这个总结内，如投资项目乙在 0 年的初始投资金额和投资项目丙在第 3 年收回的税后机器二手价。

要求：

（1）若该企业的资本成本为 10%，计算各投资项目的净现值。

根据以上分析，讨论该企业应接纳哪一个投资项目，并探讨使用净现值法来作重新审视的理由。

（2）内含报酬率法和净现值法均是常用的投资项目评估方法。讨论以上两种方法的优点和缺点。

第八章
项目投资决策实务

学习目标

通过本章学习,理解并掌握项目投资决策方法的原则和应用,掌握固定资产更新决策、投资时机选择决策,理解风险投资决策的方法运用,掌握敏感性分析和盈亏临界点分析,掌握投资项目风险调整方法,掌握决策树法、选择权问题,理解并掌握杠杆企业项目投资决策。

引 导 案 例

2009年2月10日,中铁建与沙特阿拉伯王国城乡事业部签署了《沙特麦加萨法至穆戈达莎轻轨合同》。轻轨全长18.25千米,工期21个月,造价17.7亿美元。中铁建负责麦加轻轨从设计、采购、施工、系统安装调试及三年的运营和维护等全部工作。根据合同,中铁建要保证在2010年11月13日前完成开通运营,达到35%运能;2011年5月前,完成所有调试,达到100%运能。合同签订后,由于各方面的原因,工程进展并不顺利,为了确保这一项目的顺利运转,中铁建举全系统之力,投入了大量的人力、物力,开展了一场"不计条件、不讲价钱、不谈客观"的大会战。2011年11月13日,轻轨如期通车,但在通车前最近一期的公告中,中铁建却突然宣告,项目亏损将达到41亿元。

巨亏对中铁建产生了重要的影响:(1)中铁建股价暴跌。公告披露次日,中国铁建复牌后股价大幅下挫,A股跌幅5.24%,H股跌幅达3.71%,创下了中铁建上市以来的最大单日跌幅。(2)中铁建品牌信誉受到严重影响。在曝出沙特轻轨巨亏的消息后,中铁建的经营和管理水平受到质疑,想要通过这一项目在中东地区获取更多订单的愿望受到了影响。(3)部分人员承担行政责任。(4)风险管理问题开始受到重视。中铁建的巨亏,使得具有海外项目的企业,纷纷将风险识别、评估和应对提上了议事日程,很多工程承包商开始思考海外项目的风险管理问题。

亏损原因包括:(1)报价低价中标。当地建筑承包商报价约200

亿元，而中铁建报价只有 120 亿元。市场调研不足，为了赶着中国领导人出访沙特时签约，造价师仓促报价。报价时，对风险估计不足，对复杂的地质环境、独特穆斯林文化、大量的变更指示等风险估计不足。(2) 业主方面。包括大量的变更、压缩工期、征地拆迁进展不顺利、业主不能诚信履约。(3) 过程管理方面的原因。中铁建对风险估计不足、过程中的预警和应对有缺陷、分包和材料管理方面的欠缺。(4) 特殊原因。包括工程的政治属性、特殊的施工环境、文化差异。特别是工程的政治属性，麦加轻轨是援建项目，两国政府高度重视。在施工期间，中国高层领导曾六次询问项目进展，铁道部和商务部领导多次造访沙特。在该项目实施过程中，商业止损法则未能及时启动。

本章对投资决策实务中的风险、管理期权等相关问题进行研究。

第一节 项目投资决策方法的应用

一、固定资产更新决策

固定资产更新是指技术上或经济上不宜继续使用的旧资产，用新资产更换或用先进的技术对原设备进行局部改造。

固定资产更新决策主要是继续使用旧设备与购置新设备之间的选择。更新决策不同于一般的投资决策。一般来说，设备更换不改变其生产能力，不增加企业现金流入；同时，旧设备处置时会产生现金流入，还会带来纳税上的影响。

如果新旧设备使用年限相同，可以比较成本的现值和，小者为好；如果新旧设备使用年限不同，应当采用比较年平均成本的方法，进行决策分析。对于企业而言，若继续拥有旧设备，实际上丧失了将旧设备变现可获得的好处，表现为拥有旧设备的机会成本；而购置新设备则表现为现实的购置成本。

（一）新旧设备使用寿命相同的情况

企业在进行新旧设备更新比较时，也可以用差额现金流量进行分析。具体分析如【例 8-1】所示。

【例 8-1】某公司考虑用一台新的、效率更高的设备来代替旧设备，以减少成本，增加收益。旧设备原购置成本为 40 000 元，使用 5 年，估计还可使用 5 年，已提取折旧 20 000 元，假定使用后无残值，如果现在销售可得价款 20 000 元，使用该设备每年可获收入 50 000 元，每年付现成本 30 000 元。新设备的购置成本为 60 000 元，估计可使用 5 年，期满有残值 10 000 元，使用新设备每年收入可达 80 000 元，每年付现成本 40 000 元。假设该公司资本成本为 10%，所得税 25%，并均用直线折旧法计提折旧。试做出该公司是继续使用旧设备还是对其进行更新的决策？

（1）分别计算初始投资与折旧的现金流量的差量。

初始投资＝新设备购置成本－旧设备变现价格＝60 000－20 000＝40 000（元）

△年折旧额＝新设备年折旧额－旧设备年折旧额＝(60 000－10 000)/5－20 000/5＝10 000－4 000＝6 000（元）

（2）列表比较两方案各年现金流量的差量。

表 8－1 分析计算的是差额投资项目各年的营业净现金流量，下面我们就对两方案差额投资的各年净现金流量进行分析。

表 8－1　　　　差额投资项目的年营业净现金流量　　　　单位：元

项目	第 1～5 年
△销售收入（1）	30 000
△付现成本（2）	10 000
△折旧额（3）	6 000
△税前净利（4）＝(1)－(2)－(3)	14 000
△所得税（5）＝(4)×25%	3 500
△税后净利（6）＝(4)－(5)	10 500
△营业净现金流量（7）＝(6)＋(3)＝(1)－(2)－(5)	16 500

（3）利用表 8－2 的数据比较两个方案现金流量的差量。

表 8－2　　　　差额投资项目的年净现金流量　　　　单位：元

项目	第 0 年	第 1 年	第 2 年	第 3 年	第 4 年	第 5 年
△初始投资	－40 000					
△营业净现金流量		16 500	16 500	16 500	16 500	16 500
△终结现金流量						10 000
△现金流量	－40 000	16 500	16 500	16 500	16 500	26 500

（4）计算差量现金流量的净现值。

NPV＝16 500×PVIFA$_{10\%,5}$＋10 000×PVIF$_{10\%,5}$－40 000＝16 500×3.790 8＋10 000×0.620 9－40 000＝28 757.2（元）

通过计算看出：投资项目更新后，有净现值 28 758.20 元，故应进行更新。本题也可分别计算两个项目的净现值来比较，结论一样。

（二）新旧设备使用寿命不等的情况

1. 直接使用净现值法

当新旧设备是不同的寿命期时，一般情况下，寿命期越长，能给企业带来的未来现金流量越多，净现值也就越大，所以容易得出寿命期越长项目越好的不正确的结论。

直接使用净现值法举例说明。

【例 8-2】现有旧设备 A 和新设备 B，其每年现金流出量的情况如表 8-3 所示，做出是否更新的决策。

表 8-3　　两个不同寿命期项目的年净现金流出量分布　　单位：元

	第0年	第1年	第2年	第3年
旧设备	10 000	1 000	1 200	1 500
新设备	9 000	1 000	1 200	

取折现率为 10%，那么旧设备的成本现值 PV：

PV（旧）= 10 000 + 1 000 × $PVIF_{10\%,1}$ + 1 200 × $PVIF_{10\%,2}$ + 1 500 × $PVIF_{10\%,3}$ = 10 000 + 909.1 + 991.68 + 1 126.95 = 13 027.73（元）

新设备的成本现值 PV：

PV（新）= 9 000 + 1 000 × $PVIF_{10\%,1}$ + 1 200 × $PVIF_{10\%,2}$ = 9 000 + 909.1 + 991.68 = 10 900.78（元）

从它们的成本现值可以看出旧设备的成本现值大于新设备的成本现值，应该是新设备更可取，但是新设备的使用年限只有 2 年，而旧设备的使用年限是 3 年，所以只是绝对地比较成本现值的大小是不行的。

为了对这种情况下投资者能做出正确的决策，可以采取年均成本法和最小公倍寿命法得出正确的结论。

2. 年均成本法

年均成本法就是把投资项目在寿命周期内总的成本现值转化为每年的平均成本，并进行比较的方法。

年均成本的计算公式是：

$$年均成本 = \frac{成本现值}{年金现值系数} \qquad (8-1)$$

【例 8-3】仍用【例 8-2】资料进行计算。

旧设备年均成本 = $\dfrac{成本现值}{年金现值系数}$ = $\dfrac{PV}{PVIFA_{10\%,3}}$ = $\dfrac{13\,027.73}{2.4869}$ = 5 238.54（元）

$$\text{新设备年均成本} = \frac{\text{成本现值}}{\text{年金现值系数}} = \frac{PV}{PVIFA_{10\%,2}} = \frac{10\,900.78}{1.7355} =$$
6 281.06（元）

年均成本与成本现值的分布如表 8-4 所示。

表 8-4　　　　　年均成本与成本现值的比较　　　　单位：元

		第0年	第1年	第2年	第3年	成本现值
旧设备	年现金流量	10 000	1 000	1 200	1 500	13 027.73
	年均成本		5 238.54	5 238.54	5 238.54	13 027.73
新设备	年现金流量	9 000	1 000	1 200		10 900.78
	年均成本		6 281.06	6 281.06		10 900.78

最经济的使用寿命：即是固定资产的平均年成本最小的那个使用年限。

资产初始使用费用低，随着设备逐渐陈旧，修理维护费用增加，运行成本会增加。与此同时，固定资产价值逐渐减少，资产占用的资金应计利息等持有成本也会逐渐减少。随着时间的递延，运行成本和持有成本呈反方向变动，必定存在一个最经济的使用年限，使固定资产平均成本最小。

从表 8-4 可以看出这种方法的原理，就是将设备未来成本的现值，按照年回收额法倒推出年平均成本，也就是按照年金现值的原理将最终的现值以年金的形式分摊到各使用年限中，这样，不管是以年现金流量形式还是年均成本形式存在，两种方式的最终成本现值一致，然后再将寿命期不同的项目进行年均成本的大小比较。

由于旧设备的年平均成本低于新设备的，所以应该选择旧设备，于是得到了与比较成本现值相反的结论。所以对于寿命期不等的项目或方案比较，应选择年平均成本最低的项目或方案。

3. 最小公倍寿命法

最小公倍寿命法又称项目复制法，是将两个方案使用寿命的最小公倍数作为比较期间，并假设两个方案在这个比较期间内进行多次重复投资，将各自多次投资的净现值进行比较的分析方法。

【例 8-4】仍用【例 8-2】资料进行计算。

两种设备的最小公倍数是 6 年，在这 6 年中，旧设备的投资项目可以更新 2 次，新设备的投资项目可以进行更新 3 次。

所以有：

旧设备成本现值 = 13 027.73 + 13 027.73 × $PVIF_{10\%,3}$ = 26 055.46（元）

新设备成本现值 = 10 900.78 + 10 900.78 × $PVIF_{10\%,2}$ + 10 900.78 × $PVIF_{10\%,4}$ = 27 350.06（元）

通常在实务中，只有重置概率很高的项目才适宜采用上述分析方法。对于预计项目年限差别不大的项目，可直接比较净现值，不需要做重置现金流的分析。

从计算结果可以看出，旧设备成本的现值更小，不应该更换新设备。与年平均成本法得出的结论相同。

4. 最小公倍寿命法与年均成本法的缺点

(1) 有的领域技术进步快，不可能原样复制；(2) 如果通货膨胀比较严重，必须考虑重置成本的上升，两种方法均未考虑；(3) 从长期来看,竞争会使项目净利润下降,甚至被淘汰,两种方法均未考虑。

二、投资时机选择决策

一些自然资源的储量不多,由于不断开采,价格将随储量的下降而上升。由于价格不断上升,早开发企业的收入少,晚开发企业的收入多;但另一方面,资金是有时间价值的,收益越早越好,因此,就必须研究开发时机问题,确定开始投资的最佳时期。在进行此类决策时,决策的基本规则是寻求使净现值最大的方案,但是由于开发时间不同,不能将净现值进行简单对比,应该折算成同一时点的现值再进行比较。

【例 8-5】大华公司拥有一座铜矿藏,这种铜矿的价格在不断上升。根据预测,5 年后价格将一次性上升 20%,因此,公司要研究现在开发还是 5 年后开发的问题。不论现在开发还是 5 年后开发,初始投资均相同,建设期均为 1 年,从第 2 年开始投产,投产后 4 年就把矿藏全部开采完。有关资料如表 8-5 所示。

表 8-5　　　　　　　　　　项目相关资料　　　　　　　　　　单位:万元

设备投资	100	年产销量(吨)	3 000
垫支的流动资金	10	现在投资开发每吨售价	0.1
期满时的残值	0	5 年后投资开发每吨售价	0.15
资本成本(%)	10	年付现成本	80
		所得税税率(%)	25

(1) 计算现在开发的经营现金流量及净现值,如表 8-6 和表 8-7 所示。

表 8-6　　　　　　　　　　经营现金流量　　　　　　　　　　单位:万元

项目	第 2~5 年
营业收入①	300
付现成本②	80
折旧③	20
税前利润④	200
所得税⑤	50
税后利润⑥	150
营业现金流量⑦=③+⑥	170

表 8-7　　　　　　　现在开发的净现值　　　　　　单位：万元

项目	第 0 年	第 1 年	第 2~4 年	第 5 年
设备投资	-100			
垫支的流动资金	-10			
营业现金流量		0	170	170
流动资金的收回				10
合计	-110		170	180

$NPV = 170 \times PVIFA_{10\%,3} \times PVIF_{10\%,1} + 180 \times PVIF_{10\%,5} - 110 = 170 \times 2.4869 \times 0.9091 + 180 \times 0.6209 - 110 = 386.10$（万元）

（2）计算 5 年后开发的净现值，如表 8-8 和表 8-9 所示。

表 8-8　　　　　5 年后开发的净现金流量的计算　　　　单位：万元

项目	第 2~5 年
营业收入①	450
付现成本②	80
折旧③	20
税前利润④	350
所得税⑤	87.50
税后利润⑥	262.50
营业现金流量⑦=③+⑥	282.50

表 8-9　　　　　　　5 年后开发的净现值　　　　　　单位：万元

项目	第 0 年	第 1 年	第 2~4 年	第 5 年
设备投资	-100			
垫支的流动资金	-10			
营业现金流量		0	282.50	282.50
流动资金的收回				10
合计	-110	0	282.50	292.50

计算 5 年后到开发年度初的净现值：

$NPV = 282.5 \times PVIFA_{10\%,3} \times PVIF_{10\%,1} + 292.5 \times PVIF_{10\%,5} - 110 = 709.81$（万元）

5 年后开发净现值的现值 $= 709.81 \times PVIF_{10\%,5} = 440.08$（万元）

可见，早开发的净现值为 386.11 万元，5 年后开发的净现值为

440.08 万元,因此,应在第 5 年开发。

三、投资期选择决策

投资期选择决策可以使决策者确定投资的最佳期限。投资期是指一个项目从开始投入到项目建成所用的时间。较短的投资期用时少,但是人力、物力投入也会较多,从而初始投资多,但是后续的现金流入发生也会较早。较长的投资期用时长,初始投资少,但后续现金流入发生晚。因此,在可以选择的情况下,对延长还是缩短投资期应进行比较分析,可以采用差量分析法比较不同选择下的净现值来进行决策。

【例 8-6】甲公司进行一项投资,正常情况下项目投资期为 3 年,每年需要投入 300 万元。项目建成后可使用 10 年,每年净现金流入为 350 万元。如果缩短投资期为两年,每年需要发生 500 万元支出,项目完成后使用寿命和现金流入均不变。资本成本为 20%,不考虑其他因素,判断是否应缩短投资期?假设资金投入均在期初,现金流入均在期末。

1. 差量分析法

(1)计算不同投资期的现金流量的差量,如表 8-10 所示。

表 8-10 不同投资期的现金流量差量 单位:万元

项目	第 0 年	第 1 年	第 2 年	第 3 年	第 4~12 年	第 13 年
2 年投资期现金流量	-500	-500	0	350	350	
3 年投资期现金流量	-300	-300	-300	0	350	350
差量现金流量	-200	-200	300	350	0	-350

(2)计算差量净现值。

净现值 = $-200 - 200 \times PVIF_{20\%,1} + 300 \times PVIF_{20\%,2} + 350 \times PVIF_{20\%,3} - 350 \times PVIF_{20\%,13}$ = $-200 - 200 \times 0.8333 + 300 \times 0.6944 + 350 \times 0.5787 - 350 \times 0.0935 = 11.48$(万元)

(3)结论。缩短投资期会增加现金净流量 11.48 万元,所以应该缩短投资期。

2. 分别计算两种方案的净现值并进行比较

(1)计算正常投资期的净现值。

$NPV_{正常3年} = -300 - 300 \times PVIFA_{20\%,2} + 350 \times PVIFA_{20\%,10} \times PVIF_{20\%,3} = -300 - 300 \times 1.5278 + 350 \times 4.1925 \times 0.5787 = 90.83$(万元)

(2) 计算缩短投资期的净现值。

NPV$_{缩短为2年}$ = −500 − 500 × PVIF$_{20\%,1}$ + 350 × PVIF$_{20\%,3}$ + 350 × PVIFA$_{20\%,9}$ × PVIF$_{20\%,3}$ = −500 − 500 × 0.8333 + 350 × 0.5787 + 350 × 4.0310 × 0.5787 = 102.35（万元）

(3) 结论。缩短投资期会增加现金净流量 11.67 万元，所以应该缩短投资期。

四、资本限额投资决策

资本限额是指当企业有许多可盈利的投资项目时，无法筹集足够的资金来开展这些项目。在这种情况下，为了获得收益最大化，应选择会使净现值达到最大的投资组合。可以采用两种方法：现值指数法和净现值法。

（一）使用现值指数法的步骤

(1) 计算所有项目的现值指数，列出每个项目的初始投资额。
(2) 如果资本限额足够，接受所有 PI≥1 的项目，则决策完成。
(3) 如果资本限额无法满足所有 PI≥1 的项目，则需要确定在资本限额内所有项目组合，然后计算各组合的加权平均现值指数，接受加权平均现值指数最大的项目组合。

（二）使用净现值法的步骤

(1) 计算所有项目的净现值，列出每个项目的初始投资额。
(2) 如果资本限额足够，接受所有 NPV≥0 的项目，则决策完成。
(3) 如果资本限额无法满足所有 NPV≥0 的项目，则需要确定在资本限额内所有项目组合，然后计算各组合的净现值，接受净现值最大的项目组合。

（三）资本限额投资决策举例

【例 8-7】甲公司有三个独立的投资项目可供选择，公司初始投资限额为 300 000 元，其他资料如表 8-11 所示。

表 8-11　　　　各项目初始投资及指标　　　　单位：元

投资项目	初始投资	现值指数 PI	净现值 NPV
A	120 000	1.56	70 000
B	150 000	1.53	91 000
C	100 000	1.18	58 000

资本限额包括软性限额和硬性限额。

软性限额，是指企业整体并不缺乏资金，如果管理层愿意，可以以一般条件筹集到更多资金。如果我们碰到了软性限额，第一件事情就是试图获得更多的资本配置。如果失败了，那就在现有的预算内尽可能产生最大的净现值，也就是要选择成本—效益比率（现值指数）最大的项目。

硬性限额，是指企业无论如何都无法为一个项目筹集到足够的资金。对于健康的企业而言，这种情况一般不会发生。这是很幸运的，因为如果一旦发生硬性限额，最优行动的条件也就变得模糊了。

——《公司理财》，斯蒂芬·罗斯

若选择净现值最大的项目应选择项目 B，若选取现值指数最大的项目则应选择项目 A。而这种选择方法都是错误的，因为它们选择的都不是能够使公司投资净现值最大的项目组合。

为了选择出最优组合，对满足投资限额条件的投资组合进行对比分析，计算其加权平均现值指数和净现值合计（见表 8-12）。

表 8-12　　　　　　　　　项目组合分析　　　　　　　　单位：元

序号	项目组合	初始投资	加权 PI	净现值合计	优先级排序
1	A	120 000	1.224	70 000	5
2	B	150 000	1.265	91 000	4
3	C	100 000	1.06	58 000	6
4	AB	270 000	1.489	161 000	1
5	AC	220 000	1.284	128 000	3
6	BC	250 000	1.325	149 000	2

以 AB 组合为例。在这一组合中，有剩余 30 000 元资金没有使用，假设这些剩余资金不再进行投资而作为现金持有，即将这部分剩余资金的现值指数看作是 1，则组合 AB 的加权平均现值指数计算如下：

$$\text{加权平均现值指数 } PI_{AB} = \frac{120\ 000}{300\ 000} \times 1.56 + \frac{150\ 000}{300\ 000} \times 1.53 + \frac{30\ 000}{300\ 000} \times 1 = 1.489$$

净现值合计 = 70 000 + 91 000 = 161 000（元）

项目 AB 组合得到的净现值最大。

第二节　风险投资决策

项目风险是指项目本身未来收益（净现值或内含报酬率）的不确定性给投资者造成的损失。在项目评价时对其风险要给予足够的重视。常用的风险性投资基本方法包括：敏感性分析、盈亏平衡分析、风险调整法、决策树法，还需考虑真实选择权、通货膨胀因素以及杠杆因素的影响。

一、项目敏感性分析

在上面的项目评价中，我们都是将各个时点上所发生的现金流量认为是一个确定的数字加以计算。实际情况却不是如此,某个数字的变化可能有多种情形,例如,项目的总投资额可能比预计的要高,也可能要少;每年的销售收入受市场等因素的影响可能增加,也可能减少,等等。这就需要重新考虑项目的经济效益,即进行项目敏感性分析。

敏感性分析(sensitivity analysis)是衡量不确定性因素的变化对项目评价指标(NPV、IRR 等)影响程度的一种分析方法。敏感性分析分为标准的敏感性分析法和敏感程度法两种。标准的敏感性分析,是假设其他变量处于正常估计值,计算某一变量的三种不同状态下可能估计出的 NPV。敏感程度法是当其他因素不变,只有一个因素发生变化时对项目结果造成的影响程度,从中找到对项目的效益影响最大的因素,称为最敏感的因素,从而对其加强管理,达到有效控制风险的目的。

(一)标准的敏感性分析法

【例 8-8】E 公司有一投资项目,初始投资 1 500 万元,期限 5 年,残值为零,采用直线法折旧,折现率为 15%,所得税税率为 34%,其他资料如表 8-13 所示。该项目的 NPV 计算如表 8-14 所示。

表 8-13　　　　该项目不同变量的估计值　　　　单位:万元

	悲观估计	正常估计	乐观估计
市场销售量	5 000	10 000	20 000
市场份额	20%	30%	50%
销售单价	1.90	2.00	2.20
单位变动成本	1.20	1.00	0.80
固定成本	1 891	1 791	1 741
初始投资	1 900	1 500	1 000

假设有 3 个变量影响 NPV,市场份额、市场销售量和单台销售价格。

按照表 8-13 正常估计现金流量为:

税前利润 10 000 × 30% × (2 - 1) - 1 791 - 300 = 909(万元)

净利润 = 909 - 909 × 0.34 = 600(万元)

现金流量 = 600 + 300 = 900(万元)

正常估计下净现值为: NPV = -1 500 + 900 × PVIFA$_{15\%,5}$ = 1 517(万元)。

标准的敏感性分析法,是假设其他变量处于正常估计值,计算某一变量的不同状态下可能估计出的 NPV。例如表 8-14 中正常估计下 NPV 的计算如中间列。NPV 为 -1 802 万元是在市场容量悲观估计为 5 000 件，其他变量正常估计计算出来的；NPV 为 -696 万元是在市场份额悲观估计为 20%，其他变量正常估计计算出来的，其他类推。在计算中，假设公司企业部门是盈利的，该项目的亏损可以由公司其他部门的利润来抵补，因此，本项目上的亏损就能够给公司带来节税效应。

表 8-14　　　　该项目 NPV 的标准敏感性分析　　　　单位：万元

	悲观估计	正常估计	乐观估计
市场销售量	-1 802	1 517	8 154
市场份额	-696	1 517	5 942
销售单价	853	1 517	2 844
单位变动成本	189	1 517	2 844
固定成本	1 295	1 517	1 628
初始投资	1 208	1 517	1 903

表 8-14 的用途：

（1）能够表明 NPV 是否值得信赖。减少了 NPV 的"安全错觉"，有可能的情况是，在变量处于正常值时，计算出 NPV 为正值，往往会急于立项；然而，当变量为悲观估计时，NPV 出现惊人的负值，而乐观估计时，NPV 出现惊人的正值，这意味着在所有变量正常估计中，即使出现一个错误，也将大大地改变 NPV。基于此保守的经理也许会放弃 NPV 这一分析工具。但是本例中除了两个变量以外，其余变量变化后的 NPV 都是正值。

（2）标准敏感性分析还可以指出在哪些方面需要搜集更多的信息。本例中市场销售量和市场份额是两个重要的方面，因为在悲观估计时，都会带来负的 NPV，这两个变量影响收入，因此，影响收入因素的错误估计比成本错估对 NPV 的影响更大。因此，在市场销售量和市场份额两个方面需要收集更多的信息。

由于敏感性分析的优点，在实践中被广泛应用。但是敏感性分析可能更容易造成"安全错觉"，例如，当所有变量悲观估计得出的 NPV 全部为正值时，可能会产生无论如何都不会亏损的判断。

（二）敏感程度法

敏感程度法的主要步骤是：（1）计算项目的基准净现值。（2）选定一个变量，假设其发生一定程度的变化，而其他因素不变，计算净现值。(3) 计算该选定变量的敏感系数，敏感系数 = NPV 变动百分比÷选定变量变动百分比，表示选定变量变动1%时导致NPV变动的百分比，反映目标值对于选定变量变化的敏感程度。(4) 根据计算结果，对项目的敏感性作出判断。

下面以净现值对各有关因素变动的敏感程度的测定为例来说明。

【例8-9】某项目原始投资600 000元，使用期限5年，直线法折旧，无残值。预计该项目从第一年末起每年可实现销售量5 000件，单价100元，单位变动成本60元，公司预期收益率10%，所得税税率25%。根据上述资料，计算NPV如下：

NPV = $\{[(100 - 60) \times 5\,000 - 600\,000/5] \times (1 - 25\%) + 600\,000/5\} \times$ PVIFA$_{10\%,5}$ - 600 000 = 82 200 （元）

假设销售量最好的情况是增长20%，计算净现值的变化。

(1) NPV对销售量的敏感程度。假定销售量增长20%，其他因素不变，则：

年净现金流量 = $[(100 - 60) \times 5\,000 \times (1 + 20\%) - 120\,000] \times (1 - 25\%) + 120\,000 = 210\,000$ （元）

NPV = 210 000 × PVIFA$_{10\%,5}$ - 600 000 = 195 900 （元）

净现值变动率 = $[(195\,900 - 82\,200) \div 82\,200] \times 100\% = 138.32\%$

敏感系数的计算公式为：

销售量的敏感系数 = 138.32% ÷ 20% = 6.916

这意味着，净现值将以6.916倍于销售量变动的幅度同向变动。

(2) NPV对固定成本的敏感程度。假定原始投资增长20%（相应的后续固定成本也同时增长20%，为144 000元），其他因素不变，计算如下：

年净现金流量 = $[(100 - 60) \times 5\,000 - 144\,000] \times (1 - 25\%) + 144\,000 = 186\,000$ （元）

NPV = 186 000 × PVIFA$_{10\%,5}$ - 600 000 × (1 + 20%) = -15 060 （元）

净现值变动率 = $[(-15\,060 - 82\,200) \div 82\,200] \times 100\% = -118.32\%$

敏感系数 = -118.32% ÷ 20% = -5.916

结果表明，净现值将以-5.916倍于固定成本变动幅度的速度反向变动。

(3) NPV对单位价格的敏感程度。假定单价上升20%，为120元，其他因素不变，则：

年净现金流量 = $[(120 - 60) \times 5\,000 - 120\,000] \times (1 - 25\%) + 120\,000 = 255\,000$ （元）

NPV = 255 000 × PVIFA$_{10\%,5}$ - 600 000 = 366 450 （元）

净现值变动率 = $[(366\,450 - 82\,200) \div 82\,200] \times 100\% = 345.80\%$

敏感系数 = 345.80% ÷ 20% = 17.29

这意味着，净现值将以 17.29 倍于销售单价变动的幅度同向变动。

（4）NPV 对单位变动成本的敏感程度。假定单位变动成本上升 20%，为 72 元，其他因素不变，则：

年净现金流量 = [(100 - 72) × 5 000 - 120 000] × (1 - 25%) + 120 000 = 135 000（元）

NPV = 135 000 × $PVIFA_{10\%,5}$ - 600 000 = - 88 350（元）

净现值变动率 = [(- 88 350 - 82 200) ÷ 82 200] × 100% = - 207.48%

敏感系数 = - 207.48% ÷ 20% = - 10.37

结果表明，净现值将以 - 10.37 倍于单位变动成本变动幅度的速度反向变动。

敏感性分析是非常实用的决策分析方法。（1）通过敏感性分析可测量各种不确定因素变动对投资方案效益的影响程度和范围，从而使决策者明确风险的来源和程度，把握方案的可行性区域。（2）便于找出各因素中最敏感的因素，作为重点加以控制，降低风险。（3）在互斥项目的选择中，公司可根据对各因素的风险控制能力比选方案，进一步降低风险。

敏感性分析主要缺点在于只能分析单个因素变动对目标值的影响，难以进行多因素的综合分析，而实务中往往出现多因素同时变动的情况，例如无效的管理可能导致变动成本、固定成本和总投资同时增加，超过正常水平。市场若不接受该项目，市场份额和销售单价会同时下跌。这给单因素敏感性分析的应用带来局限性。

考虑到敏感性分析的局限性，可以运用场景分析的方法进行因素的定量分析。场景分析是一种变异的敏感性分析，这种方法会考察一些可能出现的不同场景，在每种场景中综合了各种变量的影响。

此外，敏感性分析和场景分析的结合构成了模拟分析。敏感性分析是只让其中一个变量变动，但这个变量可以取很多值。场景分析是所有变量都变动，但是只能取较少数量的值。而模拟分析是用反复进行随机抽样的方法模拟各种随机变量的变化，但由于其操作比较困难，实务运用较少。

二、盈亏临界点分析

盈亏临界点分析就是以销售量的变化对销售利润的影响进行分析，以确定项目盈亏平衡时所需要的最低销售量或销售收入。

(一) 会计盈亏临界点分析

该方法不考虑资金的时间价值,其计算公式为:

销售利润 = 销售量×(销售单价 – 单位变动成本) – 固定成本

$$(8-2)$$

当销售利润等于零时,实现盈亏平衡,计算公式为:

盈亏临界点销售量 = 固定成本 ÷ 单位边际贡献 (8-3)

单位边际贡献 = 销售单价 – 单位变动成本 (8-4)

盈亏临界点时的销售收入计算公式为:

盈亏临界点销售收入 = 固定成本 ÷ 边际贡献率 (8-5)

(二) 现金流量盈亏临界点分析

上述分析方法简便易行,但有时不能真实反映公司盈亏的实际情况。固定成本中折旧费的计算一般不考虑资金的时间价值,例如某项固定资产的原值为10 000元,残值为零,使用期10年,按直线法提取折旧,每年提取折旧费1 000元计入固定成本。如果不考虑资金的时间价值,折旧费的总和正好等于固定资产的原值,但如果考虑资金的时间价值,折旧费的总和却小于固定资产的原值,即固定资产的成本得不到完全补偿。因此,要想使固定资产的成本得到完全补偿,必须考虑资金的时间价值。例如,假设购买上述固定资产的资本成本为10%,每年提取的折旧费应该为:

$10\,000/PVIFA_{10\%,10} = 10\,000 \div 6.1446 = 1\,627.40$(元)

由此可见,每年要产生1 627.4元的现金净流量,才能使固定资产投资全部回收。因此,在这里我们提出现金流量盈亏临界点的概念。所谓现金流量盈亏临界点是指项目每年产生的经营净现金流量正好等于要求的固定资产投资回收额。

投资项目年净现金流量为税后利润与折旧之和(不考虑负债融资),即:

$NCF = EBIT(1-T) + D = [(p-v) \times Q - F - D](1-T) + D$

在考虑资金的时间价值时每年要求的投资回收为 $P/PVIFA_{r,n}$。

当二者平衡时,即:

$[(p-v) \times Q - F - D](1-T) + D = P \div PVIFA_{r,n}$

$$Q = \frac{(P/PVIFA_{r,n} - D) \div (1-T) + F + D}{p-v} \quad (8-6)$$

式中:P——固定资产投资总额;

n——固定资产使用年限;

D——年折旧额;

p——销售单价;

v——单位变动成本；

F——不含折旧的固定成本；

T——所得税税率；

Q——现金流量盈亏临界点销售量。

【例 8-10】 某项目总投资 108 万元，寿命为 6 年，直线法折旧，无残值，与税法规定相同。预计年销售产品 5 200 件，单价 200 元，单位变动成本 100 元，年固定成本 200 000 元（不含折旧）。公司预计收益率为 18%，所得税税率为 25%，求会计盈亏临界点、现金流量盈亏临界点并作出决策。

（1）会计盈亏临界点 =（108÷6+20）÷（0.02-0.01）= 3 800（件）

（2）现金流量盈亏临界点：

$$\text{要求的年固定资产投资回收} = \frac{P}{PVIFA_{r,n}} = \frac{P}{PVIFA_{18\%,6}} = 30.8783（万元）$$

$$\text{现金流量盈亏临界点} = \frac{(30.8783-18)÷(1-25\%)+20+18}{0.02-0.01} = 5\,517（件）$$

可见，从会计收益的角度上看，销售量达到 3 800 件就可以实现盈亏平衡，而从现金流量的角度上看，销售量要达到 5 517 件才可以实现平衡。

分析盈亏临界点的销售量或销售收入的意义主要在于把它与项目的年正常产量（假定全部销售出去）相比较，以确定项目风险的大小。如果盈亏临界点的销售量远远小于项目的年正常销售量，则说明项目的风险比较小；反之，如果盈亏临界点的销售量大于项目的年正常销售量，则说明项目不可进行；如果盈亏临界点的销售量接近项目的年正常销售量，则说明项目的风险很大。

三、投资项目风险调整

吃好还是睡好？

项目投资决策涉及的时间较长，未来现金流量很难进行准确预测，有不同程度的不确定性或风险性。为了简化研究的问题，在前面几节中，我们避开了风险问题。但是，风险是客观存在的，因此，在本节我们专门讨论投资风险问题。投资项目的风险处置方法有很多，但概括起来主要有两种——调整折现率法和调整现金流量法。

（一）风险调整折现率法

风险调整折现率法是将与特定投资项目有关的风险收益，加入到资本成本或企业要求达到的收益率中，变成按风险调整的折现率，并据以进行投资决策分析的方法。其基本思路是对高风险的项目，应当采用较高的折现率来计算净现值。

$$调整后的净现值 = \sum_{t=1}^{n} \frac{预期现金流}{(1+风险调整贴现率)^t} \quad (8-7)$$

风险调整折现率是风险项目应当满足的投资者要求的收益率。项目的风险越大，投资者要求的收益率就越高。风险调整折现率法有资本资产定价模型来调整折现率法和按风险收益模型来调整折现率法两种。

1. 资本资产定价模型来调整折现率法

证券的风险可分为两部分：可分散风险和不可分散风险。不可分散风险是由 β 值来测量的。而可分散风险，属于公司特别风险，可以通过合理的证券投资组合来消除。那么，在进行投资时，值得注意的风险只是不可分散风险。这时，特定投资项目按风险调整的折现率可按资本资产定价模型来计算：

投资者要求的收益率 = 无风险收益率 + β×（市场平均收益率 − 无风险收益率）

项目要求的收益率 = 无风险收益率 + 项目的 β×（市场平均收益率 − 无风险收益率）

即：
$$R_j = R_F + \beta_j \times (R_M - R_F) \quad (8-8)$$

式中：R_j——项目 j 按风险调整的折现率或项目的必要收益率；

R_F——无风险收益率；

β_j——项目的不可分散风险；

R_M——市场平均收益率。

【例 8−11】目前的无风险收益率是 4%，市场平均的收益率为 12%，项目 A 的 β 为 1.5，项目 B 的 β 为 0.75，具体资料如表 8−15 和表 8−16 所示。

表 8−15　　　　　　　项目 A 的风险调整折现率

	现金流量	$PVIF_{4\%,n}$	未调整现值	$PVIF_{16\%,n}$	调整后现值
第 0 年	−40 000	1.0000	−40 000	1.0000	−40 000
第 1 年	13 000	0.9615	12 500	0.8621	11 207
第 2 年	13 000	0.9246	12 020	0.7432	9 662
第 3 年	13 000	0.8890	11 557	0.6407	8 329
第 4 年	13 000	0.8548	11 112	0.5523	7 180
第 5 年	13 000	0.8219	10 685	0.4762	6 191
净现值			17 874		2 569

表 8-16　　　　　　　　　　项目 B 的风险调整折现率

	现金流量	$PVIF_{4\%,n}$	未调整现值	$PVIF_{10\%,n}$	调整后现值
第 0 年	-47 000	1.0000	-47 000	1.0000	-47 000
第 1 年	14 000	0.9615	13 461	0.9010	12 727
第 2 年	14 000	0.9246	12 944	0.8264	11 570
第 3 年	14 000	0.8890	12 446	0.7513	10 518
第 4 年	14 000	0.8548	11 967	0.6830	9 562
第 5 年	14 000	0.8219	11 507	0.6209	8 693
净现值			15 325		6 070

项目 A 的风险调整的折现率 = 4% + 1.5 ×（12% - 4%）= 16%

项目 B 的风险调整的折现率 = 4% + 0.75 ×（12% - 4%）= 10%

从以上分析可以看出，按调整折现率后，计算出的净现值为正数，所以可以进行投资。

2. 按风险收益模型来调整折现率

一项投资的总收益可分为无风险收益和风险收益。因此，其计算公式为：

风险调整的折现率 = 无风险收益率 + 同类项目风险收益的斜率 × 特定项目的标准离差率

即：
$$R = R_f + b \times Q \qquad (8-9)$$

式中：R——项目风险调整折现率；

R_f——无风险收益率；

b——项目风险收益斜率；

Q——项目风险程度，Q 可以用标准离差率表示，也可以用 Q = 综合标准差（D）÷ 预期现金流入的现值

$$净现值（NPV）= \sum_{t=1}^{n} \frac{CF_t}{(1+R_f+b \times Q)^t} - ICO \qquad (8-10)$$

风险调整折现率法便于理解，在实际项目的决策中广泛地被应用。但把时间价值与风险价值混在一起，并据此对现金流量进行贴现，这就意味着风险随时间的推移而加大，有时会与事实不符。另外，折现率的选取带有一定的主观性。

【例 8-12】某投资项目的现金流量预测如表 8-17 所示，要求的最低期望收益率为 8%，计算其净现值。

表 8-17　　　　　　　　投资项目的现金流量及概率分布

	第0年	第1年			第2年			第3年		
现金流量（元）	-6 000	4 000	3 000	1 000	3 000	5 000	1 000	3 000	4 000	2 000
概率	1	0.25	0.4	0.35	0.3	0.4	0.3	0.2	0.4	0.4
现金流量期望		$E_1 = 2\,550$			$E_2 = 3\,200$			$E_3 = 3\,000$		
标准差		$d_1 = 1\,203$			$d_2 = 1\,661$			$d_3 = 894$		

注：表中的第1行和第2行为估计值，其余为计算值。

（1）计算每年现金流量的期望值。

$E_1 = 4\,000 \times 0.25 + 3\,000 \times 0.40 + 1\,000 \times 0.35 = 2\,550$（元）

同理，可求出：$E_2 = 3\,200$（元）；$E_3 = 3\,000$（元）。

三年现金流量期望值的现值：

$$E = \frac{2\,550}{(1+8\%)} + \frac{3\,200}{(1+8\%)^2} + \frac{3\,000}{(1+8\%)^3} = 7\,486 \text{（元）}$$

（2）计算每年现金流量的标准差。

$d_1 = \sqrt{(4\,000 - 2\,550)^2 \times 0.25 + (3\,000 - 2\,550)^2 \times 0.40 + (1\,000 - 2\,550)^2 \times 0.35} = 1\,203$

同理，可求出：$d_2 = 1\,661$；$d_3 = 894$。

（3）计算三年现金流量的综合标准差。

$$D = \sqrt{\frac{1\,203^2}{(1+8\%)^2} + \frac{1\,661^2}{(1+8\%)^4} + \frac{894^2}{(1+8\%)^6}} = 1\,942$$

（4）计算综合标准离差率 Q。

$Q = 1\,942 \div 7\,486 = 0.259$

以上四步主要是求出项目现金流量的综合标准离差率，在有些情况下不一定如此复杂。

（5）确定风险收益斜率 b。

风险收益斜率表示单位风险所要求的补偿，一般通过历史数据求出。例如，以前曾进行过一个项目，它的标准离差率为50%，取得的收益率为12%，当时无风险收益率为8%，由此即可求出风险收益斜率 b。

$b = \dfrac{12\% - 8\%}{50\%} = 8\%$

（6）计算调整折现率（假设现在的无风险收益率为8%）。

$R = R_f + b \times Q = 8\% + 8\% \times 0.259 = 10\%$

（7）计算项目现金流量的净现值。

$NPV = \dfrac{2\,550}{1.10} + \dfrac{3\,200}{1.10^2} + \dfrac{3\,000}{1.10^3} - 6\,000 = 1\,217$（元）

从以上分析可以看出，按风险收益模型来调整折现率后，计算出的净现值为正数,所以可以进行投资。

(二) 风险调整现金流量法

1. 肯定当量法

与风险调整折现率法不同,该方法调整的是分子部分,即现金流量部分。用一定的系数(肯定当量系数,又叫约当系数)将不确定的现金流量调整为确定的现金流量,再用无风险折现率方法计算各有关指标进行决策。计算公式为:

肯定的现金流量 = 不肯定的现金流量期望值 × 肯定当量系数

(8-11)

肯定当量系数用 α 表示,可根据各年现金流量风险的大小,选取不同的系数。$0 < \alpha \leq 1$,α 的取值越高,表示现金流量风险越小。风险偏好型的管理者倾向于采用较高的肯定当量系数,而风险规避型的管理者则相反。人为因素会影响项目评估的客观性,因为肯定当量系数的取值很大程度上来源于经验。

净现值的计算公式为:

$$NPV = \sum_{t=0}^{n} \frac{\alpha_t CFAT_t}{(1+r)^t} \qquad (8-12)$$

式中:α_t——第 t 年现金流量的肯定当量系数;

r——无风险的折现率;

CFAT——风险期望税后现金流量。

肯定当量法在实用过程中最大的问题是如何确定每年的肯定当量系数。有人给出了标准离差率与肯定当量系数之间的关系,但也难以确定其准确数值,仅能供参考(见表8-18)。有时也可以对不同的分析人员各自给出的肯定当量系数进行加权平均,用这个加权平均的肯定当量系数对未来不确定的现金流量进行折算。

在确定肯定当量系数后,决策分析就比较容易了。

表8-18　　标准离差率与肯定当量系数之间的经验对照关系表

标准离差率	肯定当量系数
0.00 ~ 0.07	1.0
0.08 ~ 0.15	0.9
0.16 ~ 0.23	0.8
0.24 ~ 0.32	0.7
0.33 ~ 0.42	0.6
0.43 ~ 0.54	0.5
0.55 ~ 0.70	0.4

【例8-13】 仍以【例8-12】为例，利用肯定当量法求项目的净现值，并判断项目是否可行？

（1）计算每年的标准离差率。

$Q_1 = 1\ 203 \div 2\ 550 = 0.47$

$Q_2 = 1\ 661 \div 3\ 200 = 0.52$

$Q_3 = 894 \div 3\ 000 = 0.30$

（2）对照表8-18，确定每年的肯定当量系数。

第1年为0.5，第2年为0.5，第3年为0.7。

（3）计算项目的净现值。

$$NPV = \frac{0.5 \times 2\ 550}{1.08} + \frac{0.5 \times 3\ 200}{1.08^2} + \frac{0.7 \times 3\ 000}{1.08^3} - 6\ 000 = -1\ 781\ （元）$$

从以上分析可以看出，按风险程度对现金流量进行调整后，计算出的净现值为负数，所以项目不可行。

2. 概率法

概率法是指通过计算投资项目的年期望现金流量和期望净现值来评价风险投资的一种方法。一般适用于每年的现金流量相互独立的投资项目。

其计算公式为：

$$\overline{NCF_t} = \sum_{t=0}^{n} NCF_{ti} \times P_{ti} \qquad (8-13)$$

式中：$\overline{NCF_t}$——第t年的期望净现金流量；

NCF_{ti}——第t年第i种结果的净现金流量；

P_{ti}——第t年第i种结果发生的概率。

【例8-14】 某企业的一个投资项目各年的现金流量与其概率分布情况如表8-19所示，资本成本为12%。试判断此项目是否可行。

表8-19　　　　各年的现金流量与其概率分布　　　　单位：元

第0年		第1年		第2年		第3年	
NCF_0	概率 P_0	NCF_1	概率 P_1	NCF_2	概率 P_2	NCF_3	概率 P_3
-35 000	1.00	25 000	0.30	9 000	0.20	8 000	0.30
		15 000	0.70	10 500	0.60	25 000	0.40
				10 000	0.20	15 000	0.30

根据表8-19的资料，计算各年期望净现金流量如下：

（1）计算各年期望现金流量。

$\overline{NCF_0} = -35\ 000 \times 1 = -35\ 000\ （元）$

$$\overline{NCF_1} = 25\,000 \times 0.3 + 15\,000 \times 0.7 = 18\,000 \text{（元）}$$
$$\overline{NCF_2} = 9\,000 \times 0.2 + 10\,500 \times 0.6 + 10\,000 \times 0.2 = 10\,100 \text{（元）}$$
$$\overline{NCF_3} = 8\,000 \times 0.3 + 25\,000 \times 0.4 + 15\,000 \times 0.3 = 16\,900 \text{（元）}$$

（2）计算投资项目的期望净现值。

$$\overline{NPV} = 18\,000 \times PVIF_{12\%,1} + 10\,100 \times PVIF_{12\%,2} + 16\,900 \times PVIF_{12\%,3} - 35\,000 = 1\,153.34 \text{（元）}$$

从以上分析可以看出，按风险程度对现金流量进行调整后，计算出的净现值为正数，故项目可行，可以进行投资。

采用肯定当量法进行调整，对不同年份的现金流量根据不同的肯定当量系数来进行调整，进而作出投资决策，克服了风险调整折现率法夸大远期风险的缺点，但如何准确、合理地确定肯定当量系数却是一个十分困难的问题。在实务中却经常使用该方法。因为风险调整折现率比肯定当量系数容易估计；此外，绝大部分的财务决策都使用收益率来进行决策，风险调整折现率比较符合人们的习惯。

四、决策树法

当项目需要作出某种决策、选择某种解决方案或者确定是否存在某种风险时，决策树提供了一种形象化的、基于数据分析和论证的科学方法，可用于识别净现值分析中系列决策过程。应用决策树决策的过程是从右向左逐步后退进行分析。根据右端的损益值和概率值大小，计算出期望值大小，确定方案的期望结果，然后进行方案选取。决策树能直观地表现一个多阶段项目决策中的每一个阶段的投资决策和可能发生的结果及相应概率。

【例8-15】某企业面临市场选择问题，有国际市场和国内市场两种选择。进军国际，需要投入400万元；在国内销售需要投入150万元。如果目前在国内销售，两年后进军国际则要再投入350万元。资本成本为10%，项目期限为5年。若企业一开始就进军国际，则市场需求水平高、一般、低的概率分别为0.3、0.4、0.3；如果在国内销售，则市场需求水平高、一般、低的概率分别为0.5、0.3、0.2。第二年末，企业还要决定是否进入国际，若进入，市场需求如图8-1所示，若继续在国内销售，则市场需求情况与前两年一致。根据以上条件，运用决策树进行分析。

（1）根据条件画出决策树。

（2）估算各种结果的期望现金流。为简化问题，直接给出各种结果的期望净现值，列于图8-2中相应的现金流量序列后。

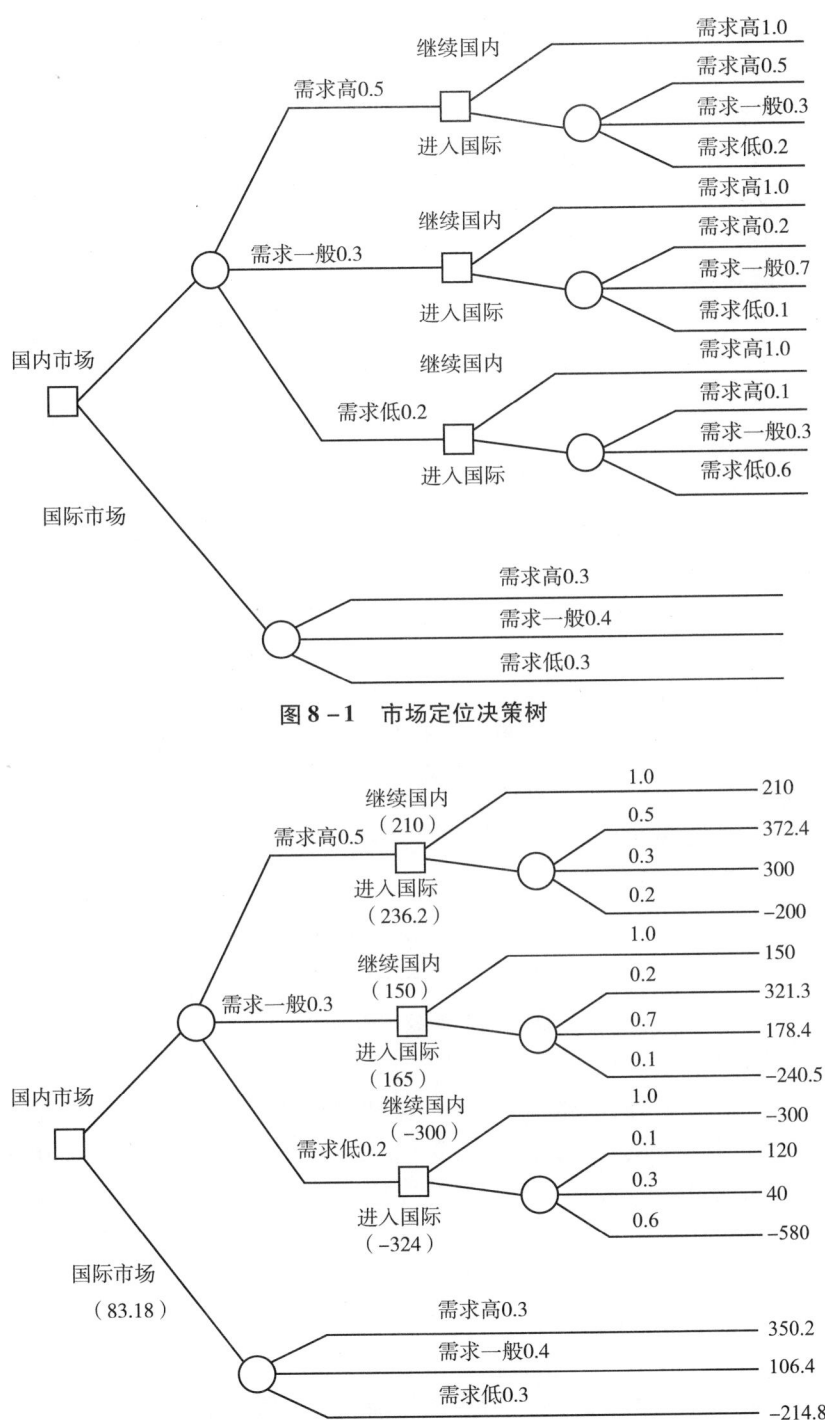

图8-1 市场定位决策树

图8-2 决策树各分支的净现值及联合概率

（3）从后向前进行决策。在本例题中，首先确定两年后是否投放国际市场。在前两年国内市场需求高的情况下，继续在国内市场销售的净现值为 210 万元，进入国际市场的净现值为 236.3 万元，所以应该选择进入国际市场；同理，在前两年市场需求一般的情况下，应选择进入国际市场；前两年市场需求低的情况下应选择继续在国内销售。

其中，前两年国内需求水平高时，进入国际市场的净现值计算如下：

$372.4 \times 0.5 + 300 \times 0.3 - 200 \times 0.2 = 236.3$（万元）

经过剪枝后得到图 8-3。

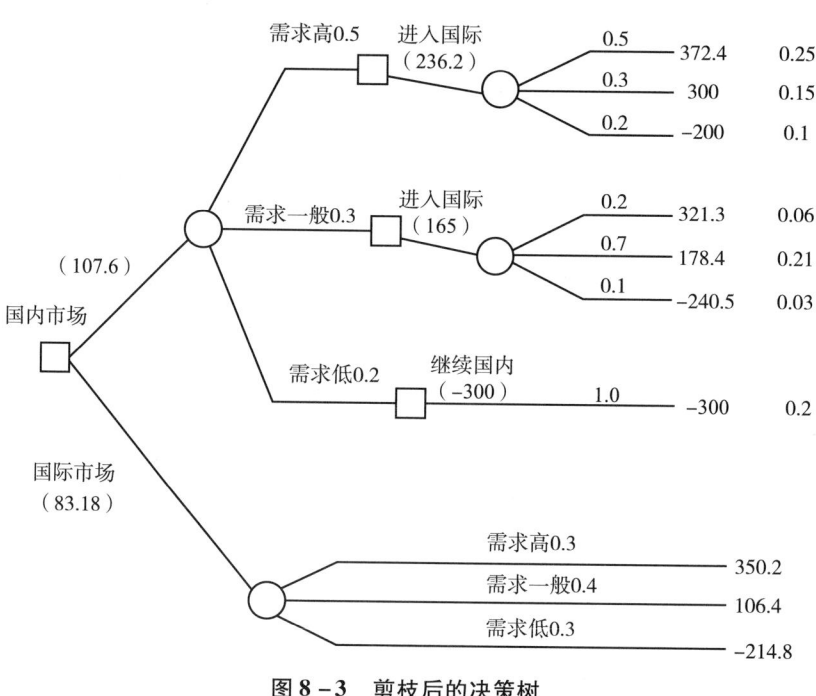

图 8-3 剪枝后的决策树

（4）对第一阶段进行决策。通过剪枝后的决策树，可计算出目前在国内销售的净现值为：$236.2 \times 0.5 + 165 \times 0.3 - 300 \times 0.2 = 107.6$（万元），直接进入国际市场的净现值则为：$350.2 \times 0.3 + 106.4 \times 0.4 - 214.8 \times 0.3 = 83.18$（万元），所以当前应在国内市场销售。

决策树分析为项目决策者提供了很多有用信息，但是进行决策树分析也需要大量信息。决策树分析要求被分析项目可以被区分为几个明确的阶段，要求每一阶段的结果是相互离散的，而且结果发生的概率及其对现金流量的影响可以被事先预测，这些要求减少了可被分析项目的数量，从而使得决策树法使用受限。例如，对于某些提供新型的或者独特产品和服务的项目，因为企业缺乏足够的信息和经验来判断消费者是否愿意接受该项目的产品或服务，以及消费者愿意支付的价格，因而很难用决策树法进行决策。另外，如果项目的投资发生在期初或逐渐投入，而不是明显的分阶段投入，也很难使用决策树法进行决策。

五、投资决策中的选择权

传统的投资分析中，是对未来可能发生的现金流量作出假设，进行折现求出净现值。但是实际情况中随着环境的改变投资项目的实施也会发生变动，比如改变项目的使用期限或者现金流量。这种由于环境变化而更改之前决策的选择权叫作实际选择权，也叫管理选择权。实际选择权主要包括：改变投资规模的选择权、延期选择权、放弃选择权，以及其他选择权。

实际选择权的存在使得企业在投资中更具有灵活性，也会提高项目的价值。因此：

$$项目的投资价值 = NPV + 选择权的价值 \quad (8-14)$$

由于选择权的存在，可能会使一个原本认为应该拒绝的项目变得可行，但是由于判断选择权的存在以及选择权估值具有一定的困难，所以在实际情况中应谨慎使用选择权。

【例 8 - 16】大华企业准备购置一台设备，使用期限为两年，初始投资额为 11 000 元，两年后设备报废且无残值，资本成本为 10%，相关现金流量及其概率如表 8 - 20 所示。判断无选择时项目是否可行？若存在放弃选择权，即在第一年末出售该设备，获得税后现金 5 300 元，求此时项目是否可行？

表 8 - 20　　　存在放弃选择权时的现金流量　　　单位：元

| 第 0 年 | 第 1 年 | | 第 2 年 | | 联合概率 | 净现值 |
现金流量	现金流量	概率	现金流量	概率		
-11 000	6 000	0.3	2 000	0.3	0.09	-3 894
			3 000	0.4	0.12	-3 068
			4 000	0.3	0.09	-2 242
	7 000	0.4	4 000	0.2	0.08	-1 333
			5 000	0.5	0.20	-507
			6 000	0.3	0.12	319
	8 000	0.3	5 000	0.3	0.09	402
			6 000	0.5	0.15	1 228
			8 000	0.2	0.06	2 880
			NPV = -696.98			

无选择权时,共有九组可能发生的现金流组合,第一组的联合概率为 0.09。

(1) 求出每一组现金流量的净现值,如 $NPV_1 = -11\ 000 + 6\ 000 \times PVIF_{10\%,1} + 2\ 000 \times PVIF_{10\%,2} = -3\ 894$(元)。

(2) 将每组净现值加权平均,求出本项目的净现值为 -696.98 元,应放弃该项目。

存在选择权的情况。如果存在放弃选择权,需要判断第二年的现金流量与放弃现值大小。

当第一年现金流为 6 000 元时,第二年预期现金流现值为:

$(2\ 000 \times 0.3 + 3\ 000 \times 0.4 + 4\ 000 \times 0.3) \times PVIF_{10\%,1} = 2\ 727$(元)

放弃项目现值为:$5\ 300 \times PVIF_{10\%,1} = 4\ 817.70$(元)

因为放弃项目现金流量大于后续现金流量,所以若第一年现金流量为 6 000 元,应在第一年末放弃该项目。

同理可得出,第一年现金流量为 7 000 元时,应在第一年末放弃该项目;当第一年现金流量为 8 000 元时,应继续执行该项目,如表 8-21 所示。

表 8-21　　　　　　　存在放弃选择权时现金流量　　　　　　单位:元

第 0 年 现金流量	第 1 年		第 2 年		联合概率	净现值
	现金流量	概率	现金流量	概率		
-11 000	11 300	0.3	0	1	0.3	-728.30
	12 300	0.4	0	1	0.4	180.70
	8 000	0.3	5 000	0.3	0.09	402
			6 000	0.5	0.15	1 228
			8 000	0.2	0.06	2 880
NPV = 246.97						

考虑选择权后项目净现值为 246.97 元,大于零,该项目可以接受。

六、通货膨胀对项目投资的影响

通货膨胀是不可忽略的经济情况。由于通货膨胀的存在,确定现金流量和资本成本时的不确定性会增加,从而使投资项目决策变得复杂。

对投资项目进行分析,在估计未来现金流量和资本成本时,可以都包括通货膨胀因素,也就是名义量;也可以都不包括通货膨胀因素，也就是实际量。对于名义现金流量要用名义资本成本来折现，实际现金流量要用实际资本成本来折现。

（一）资本成本与通货膨胀

存在通货膨胀时，名义资本成本与实际资本成本存在如下关系：

$$1 + r_n = (1 + r_r) \times (1 + r_i)$$

整理后得：

$$r_r = \frac{1 + r_n}{1 + r_i} - 1 = \frac{r_n - r_i}{1 + r_i} \qquad (8-15)$$

上式是一个精确实际利率，以下是一个近似计算公式：

$$r_r \cong r_n - r_i$$

虽然近似公式看起来更直观，但它只是一个近似值。当名义利率和通货膨胀率都较低时，精确公式和近似公式计算的结果相差不大；名义利率和通货膨胀率都较高时，精确公式和近似公式计算的结果相差很大。

（二）现金流量与通货膨胀

与利率类似，现金流量如果以实际收到或支出来表示，那么该现金流量就是名义现金流量；如果现金流量是用第 0 期的实际购买力表示，那么该现金流量就是实际现金流量。名义现金流量与实际现金流量存在如下关系：

$$\text{第 t 年实际现金流量} = \frac{\text{第 t 年名义现金流量}}{(1 + \text{预期通货膨胀率})^t} \qquad (8-16)$$

例如，4 年后的 136 000 元，在通货膨胀率为 6% 的情形下，实际现金流量为：

$$\text{第 0 期实际现金流量} = \frac{136\,000}{(1 + 6\%)^4} = 108\,000 \text{（元）}$$

（三）现金流量折现

前述讨论的利率和现金流量分别有两种表示方式，在进行资本预算时应该如何表示利率和现金流量呢？答案是名义现金流量用名义利率折现，实际现金流量用实际利率折现。

【例 8-17】甲公司名义现金流量，项目初始投资额为 1 000 元，项目寿命为 2 年，第 1 年预期现金流量为 600 元，第 2 年预期现金流量为 650 元。名义资本成本为 14%，预计通货膨胀率为 5%。计算项目净现值。

（1）使用名义现金流量。

项目净现值 = -1 000 + 600 × $\text{PVIF}_{14\%,1}$ + 650 × $\text{PVIF}_{14\%,2}$ = 26.47

（元）

（2）使用实际现金流量。

$$实际利率 = r_r = \frac{1+r_n}{1+r_i} - 1 = \frac{1+14\%}{1+5\%} - 1 = 8.57143\%$$

$$项目净现值 = -1\,000 + \frac{600}{(1+5\%)} \times PVIF_{8.57143\%,1} + \frac{650}{(1+5\%)^2} \times PVIF_{8.57143\%,2} = 26.47\,（元）$$

两种方法计算得出的结果是一致的。在实际计算时，通常选择简单的方法，即名义现金流量和名义利率方法。

七、杠杆企业的项目投资决策

在前述的投资项目评价及决策中存在一个隐含的假设，即项目投资资金均来源于企业自有资金，也就是均来自权益融资，因此没有考虑融资结构。但企业的投资决策和融资决策是相互联系的。当一个企业是杠杆企业，财务杠杆会降低资本成本，从而可能使项目的净现值由负变为正。

对杠杆融资的投资项目有三种决策方法：调整净现值法、权益现金流量法、加权平均资本成本法。

（一）调整净现值法（adjusted present value method，APV 法）

$$APV = NPV + NPVF \qquad (8-17)$$

其中，一个项目为杠杆企业带来的价值（APV）等于一个无杠杆企业的项目净现值（NPV）加上筹资方式的连带效应净现值（NPVF）。

这种效应一般包括以下四个方面：

第一，债务利息的节税效应。债务利息作为一项税前可扣除的费用，会减少企业的税前利润，从而减少纳税支出。

第二，新债券发行成本。企业发行债券，必然存在发行费用，会降低投资项目的价值。

第三，财务困境成本。随着企业债务融资增加，企业陷入财务困境的可能增大，甚至破产的可能性也会增加，会增加企业的成本，降低投资项目价值。

第四，债务融资的利息补贴。由于地方政府发行的债券免税，其利率远低于应税债券利率，企业从政府借得的款项利率也通常较低，从而会使项目价值增加。

【例 8-18】假设甲公司投资一个项目，所需设备成本为 2 250

万元，寿命5年，直线法计提折旧且无残值。预计未来五年的年营业收入为1 000万元，付现成本为150万元。所得税税率为25%，全权益资本成本为20%。

（1）无杠杆的项目净现值，假设资金全部来源于权益融资，现金流量如表8-22所示。

表8-22　　　　　　　　甲公司现金流量　　　　　　　单位：万元

	第0年	第1年	第2年	第3年	第4年	第5年
初始投资	-2 250					
营业收入		1 000	1 000	1 000	1 000	1 000
付现成本		-150	-150	-150	-150	-150
所得税（未考虑折旧）		-212.50	-212.50	-212.50	-212.50	-212.50
折旧抵税		112.50	112.50	112.50	112.50	112.50
现金净流量	-2 250	750	750	750	750	750

NPV计算得-7.04万元，为负，项目不可行。

（2）债务融资附带效应的净现值。假设公司为该项目获得了5年期的贷款，总额为574.23万元，负债权益比为1:3，包含1%的发行成本，利率为10%，相关现金流量如表8-23所示。

表8-23　　　　　　甲公司债务融资现金流量　　　　　　单位：万元

	第0年	第1年	第2年	第3年	第4年	第5年
借入款项	574.23					
利息费用		-57.42	-57.42	-57.42	-57.42	-57.42
税后利息		-43.07	-43.07	-43.07	-43.07	-43.07
贷款偿还						-574.23
发行成本	-5.74					
摊销额		-1.148	-1.148	-1.148	-1.148	-1.148
摊销抵税		0.287	0.287	0.287	0.287	0.287

债务发行成本在期初支付，在项目期内摊销。

考虑债务筹资连带效应的净现值：

NPVF = $57.42 \times 25\% \times PVIFA_{10\%,5} + 1.148 \times 25\% \times PVIFA_{10\%,5}$ - 5.74 = 49.76（万元）

调整净现值法 APV = NPV + NPVF = -7.04 + 49.76 = 42.72（万元）

在杠杆融资条件下，净现值为正，项目可行。

(二) 权益现金流法 (flow to equity method, FTE 法)

这种方法只对杠杆企业项目产生的属于权益所有者的现金流量进行折现，折现率为权益资本成本。分为三步：计算有杠杆筹资的现金流量（LCF），计算权益资本成本（R_S），估价。

$$NPV_B = \sum_{t=1}^{n} \frac{LCF_t}{(1+R_S)^t} - (ICO - B) \qquad (8-18)$$

式中：NPV_B——杠杆融资项目净现值；

LCF_t——杠杆融资下第 t 年属于权益所有者的现金净流量；

R_S——杠杆融资下权益资本成本；

ICO——初始投资额；

B——贷款额。

1. 计算有杠杆筹资的现金流量 LCF

LCF 可以直接由 NCF 计算，属于权益所有者的现金净流量在无杠杆和有杠杆两种情况下主要差异在于税后利息支付和本金偿还，即：

$$LCF = NCF - R_B \times B \times (1-T) - P \qquad (8-19)$$

式中：NCF——全权益融资下的属于权益所有者的现金净流量；

R_B——贷款利率；

P——本期偿还本金。

2. 计算杠杆融资下权益资本成本 R_s

$$R_s = R_0 + \frac{B}{S} \times (R_0 - R_B) \times (1-T) \qquad (8-20)$$

式中：R_s——杠杆融资下权益资本成本；

R_0——全权益融资下权益资本成本；

R_B——贷款利率；

B——债务价值；

S——权益价值。

【例 8-19】沿用【例 8-18】资料，杠杆融资下属于权益所有者的现金净流量计算如表 8-24 所示。

表 8-24　　杠杆融资下属于权益所有者的现金流量　　单位：万元

	第 0 年	第 1 年	第 2 年	第 3 年	第 4 年	第 5 年
初始投资	-2 250					
全权益融资营业现金净流量		750	750	750	750	750
借入款项	574.23					
税后利息支付		-43.07	-43.07	-43.07	-43.07	-43.07

续表

	第0年	第1年	第2年	第3年	第4年	第5年
贷款偿还						574.23
属于权益所有者的现金净流量	-1 675.77	706.93	706.93	706.93	706.93	706.93

$$R_s = R_0 + \frac{B}{S} \times (R_0 - R_B) \times (1 - T) = 20\% + \frac{1}{3} \times (20\% - 10\%) \times (1 - 25\%) = 22.5\%$$

$$NPV_B = \sum_{t=1}^{n} \frac{LCF_t}{(1 + R_s)^t} - (ICO - B) = 706.93 \times PVIFA_{22.5\%,5} - (2\,250 - 574.23) = 119 \text{（万元）}$$

（三）加权平均资本成本法（weighted average cost of capital, WACC 法）

由于杠杆企业既有债务融资又有权益融资，其融资成本是加权平均成本。因此，对于项目无杠杆现金流量采用加权平均成本折现。考虑税收情况下，加权平均资本成本为：

$$R_{WACC} = \frac{S}{S+B} \times R_S + \frac{B}{S+B} \times R_B \times (1 - T) \qquad (8-21)$$

式中：R_{WACC}——杠杆融资下的加权平均资本成本；

R_s——杠杆融资下权益资本成本；

R_B——贷款利率；

B——债务价值；

S——权益价值。

将在假设全权益融资情况下的属于权益所有者现金净流量按照加权平均资本成本贴现：

$$NPV_B = \sum_{t=1}^{n} \frac{NCF_t}{(1 + R_{WACC})^t} - ICO \qquad (8-22)$$

式中：NPV_B——杠杆融资项目净现值；

NCF_t——全权益融资下第 t 年属于权益所有者的现金净流量。

【例 8-20】沿用【例 8-19】资料，杠杆融资下现金净流量如表 8-25 所示。

表 8-25　　　　　　杠杆融资下现金流量　　　　　单位：万元

	第0年	第1年	第2年	第3年	第4年	第5年
初始投资	-2 250					
全权益融资营业现金净流量		750	750	750	750	750

$$R_{WACC} = \frac{S}{S+B} \times R_S + \frac{B}{S+B} \times R_B \times (1-T) = \frac{3}{4} \times 22.5\% + \frac{1}{4} \times 10\% \times (1-25\%) = 18.75\%$$

$$NPV_B = \sum_{t=1}^{n} \frac{NCF_t}{(1+R_{WACC})^t} - ICO = 750 \times PVIFA_{18.75\%,5} - 2\ 250 = 56.08(万元)$$

(四) 三种方法的比较

调整净现值法（APV）是假设在全权益融资的情况下对投资项目进行评价，在全权益融资下的项目净现值基础上加上债务融资方式附带影响的净现值。

权益现金流法（FTE）是对杠杆融资的项目现金流量中属于权益所有者的部分进行贴现，贴现率是权益资本成本。因为杠杆的提高会增加权益所有者的风险，因此，杠杆融资下的权益资本成本应大于全权益融资下的资本成本。

加权平均资本成本法（WACC）在计算时，分子为假定全权益融资下的现金流量，分母是加权平均资本成本。债务的影响体现在分母上，分母中的债务资本成本是税后的，反映了负债的节税效应。

（1）APV法与WACC法的比较。两种方法均使用了假设全权益融资下的现金净流量。但是，APV法先用全权益融资下的资本成本和现金流量求出项目净现值，再加上债务的附带影响得到杠杆融资的项目净现值。WACC法则是将现金流量按照加权平均资本成本贴现，且加权平均资本成本小于全权益资本成本。两种方法均反映了利息的节税效应：APV法是直接加上利息节税现值，WACC法则采用比全权益资本成本更低的加权平均资本成本间接反映。

（2）评价的主体。FTE法与APV法、WACC法差异较大。对于APV法和WACC法，在最后一步扣除初始投资成本；而在FTE法中，只扣除权益资本成本部分。因为FTE法中，只评价流向权益所有者的现金流量的价值，相反在APV法和WACC法中评价的是整个项目的现金流量的价值。由于流向权益所有者的现金流量中已经扣除了利息支付，因此在初始投资中也应扣减债务融资部分。

（3）应用条件。如果项目的风险在整个寿命期内保持不变，相应可以假设全权益资本成本保持不变。此外，如果负债比率在整个项目投资期内也保持不变，则杠杆融资下的权益资本成本和加权平均资本成本也保持不变。此时，FTE法和WACC法计算相对容易。但如果负债比率逐年变化，则FTE法和WACC法中的分母每年变动，计算会变得复杂，误差也会增加。APV法是以未来负债的绝对水平为基础进行计算的，当未来负债水平能较为准确地预测时，该方法较容易，否则不确定性会增加。因此，当企业在项目整个寿命期内的绝对债务水平保持不变时，使用 APV 法；当债务比率不变时，采用 FTE 法或者 WACC 法。

本 章 小 结

本章主要知识点包括：

（1）固定资产投资决策包括固定资产更新决策、投资时机选择决策、投资期选择决策、资本限额决策。

（2）风险性投资的基本方法包括：项目敏感性分析、盈亏临界点分析、投资项目风险调整法（包括调整折现率法和调整现金流量法）、决策树法、投资决策中的选择权，以及通货膨胀因素的影响。

（3）杠杆企业的项目投资决策主要有调整净现值法、权益现金流法、加权平均资本成本法。

本章重要术语

资本限额
现金流量盈亏临界点
敏感性分析
风险调整折现率
肯定当量
调整净现值法
权益现金流法
加权平均资本成本法

复习与思考

一、选择题

1. 在更换设备不改变生产能力且新旧设备使用年限不同的前提下，固定资产更新决策应选择的方法是（　　）。
   A. 动态回收期法　　　　　B. 净现值法
   C. 年均成本法　　　　　　D. 内含报酬率法

2. 下列方法属于假定其他变量不变的情况下，测定某一变量对净现值或内含报酬率的影响的是（　　）。
   A. 敏感性分析　　　　　　B. 场景分析
   C. 模拟分析　　　　　　　D. 修正内含报酬率

3. 考虑货币时间价值，计算固定资产年均成本时，用到的折现系数是（　　）。
   A. 年金终值系数　　　　　B. 年金现值系数
   C. 投资回收系数　　　　　D. 偿债基金系数

4. 某企业拟按 15% 的资本成本进行一项固定资产投资决策，所计算的净现值指标为 100 万元，若无风险收益率为 8%，则（　　）。

A. 该项目现值指数小于 1

B. 该项目内含报酬率小于 8%

C. 该项目要求风险收益率 7%

D. 该企业不能进行该投资

5. 存在资本限额时进行决策，可以使用的指标包括（　　）。

A. 内含报酬率　　　　　　　B. 现值指数

C. 净现值　　　　　　　　　D. 会计平均收益率

6. 下列表述不正确的是（　　）。

A. 随着时间推移，固定资产持有成本和运行成本逐渐增大

B. 折旧之所以对投资产生影响，是因为这就是现金流是现金的一种来源

C. 利用敏感分析法进行决策时，应对各种方案的敏感度大小进行对比，选择敏感度下的，即风险小的作为投资方案

D. 模拟分析比敏感性分析和场景分析都好

二、思考题

1. 敏感性分析有何作用？

2. 在设备使用寿命不同时如何进行决策？

3. 存在资本限额时的决策方法，如何决策？

4. 分析盈亏平衡点的意义是什么？会计盈亏平衡点和现金流量平衡分析有何区别？

5. 假设新设备的买价为 84 000 元，运费为 2 000 元，安装费为 5 000 元，寿命为 10 年；10 年后的残值为 1 500 元，清理费用为 500 元；使用时每年可比旧设备节约原料 2 000 元，人工 2 500 元，每年因质优价高可增加销售收入 3 500 元。旧设备的账面价值为 32 000 元，剩余寿命为 4 年，4 年后残值与清理费用相等；目前出售可得 40 000 元。使用新设备后 6 年每年的税后净现金效益量为 18 000 元。资金成本为 10%，所得税税率为 40%。问：是否应该用这个新设备来替换旧设备？

6. 蓝光公司有五个投资项目，公司能提供的资金总额为 250 万元。有关资料如下：

A 项目初始投资额为 100 万元，净现值 50 万元；A 项目初始投资额为 200 万元，净现值 110 万元；A 项目初始投资额为 50 万元，净现值 20 万元；A 项目初始投资额为 150 万元，净现值 80 万元；A 项目初始投资额为 100 万元，净现值 70 万元。

要求：

(1) 各方案的现值指数；

（2）选出最有利的方案。

7. 案例分析：

甲公司的债券评级原为 AA 级，但是最近公司出现财务问题，导致公司信用等级下降，面临破产危机。现公司拟出售之前投资的有价证券来筹集资金，进行以下两个互斥项目中的一个进行投资，以避免公司破产。两个项目第一年初始投资均为 1 500 万元，平均资本成本为 15%，第 1~10 年的净现金流量见下表。

情况		第 1~10 年现金流量（万元）	
状况	概率	A	B
好	0.5	310	800
差	0.5	290	-100

要求：

（1）各项目的期望年现金流量为多少？

（2）哪一个项目风险大，为什么？

（3）分别计算两个项目在情况好和情况坏时的净现值。

（4）若你是股东，你希望选哪个项目？若是债权人呢？

第九章
长期筹资方式

学习目标

通过本章的学习，掌握各种筹资方式的概念、种类和主要特点；熟悉各种筹资方式的优缺点；了解各种筹资方式的发行条件；掌握普通股股东的权利，理解配股和增发新股的相关内容；理解长期借款限制性条款的内容；了解债券的发行程序，掌握债券发行价格，熟悉债券的保护性条款、债券的偿还、债券评级；掌握租赁会计、融资租赁决策；掌握认股权证的筹资成本及可转换债券的价值计算。

引导案例

金山公司上市之路为何如此艰难？

金山公司从1999年底开始策划上市，到2007年整整走过了8年时间，雷军曾经说："珠海和香港的距离很短，但金山却用了8年的时间"。

1999年，金山在内部探讨赴香港上市的可能性，当时内地科技企业基本上都是在香港上市。求伯君和雷军发现由于亚洲金融危机刚刚结束，亚洲股市低迷，香港创业板市场只有三四家企业在IPO价格以上，公司聘请的证券顾问认为香港创业板至少需要三年时间才能恢复，建议考虑在内地A股寻求上市，等待内地A股推出中小企业的创业板，这一等就是4年，内地一直没有推出创业板，导致金山上市计划无限期搁置。

2004年，由于受软件公司净资产的法规限制，金山公司已经放弃在内地主板上市的想法，而把目光投向美国纳斯达克。当时金山正在进行网络游戏的开发，而网络游戏概念股在纳斯达克受到热捧。2005年底金山计划于2006年第三季度在纳斯达克上市，但2006年，美国《萨班斯》法案为代表的一系列企业准入审查制度和盈利能力审计的限制，金山赴美上市的计划全面搁浅。

2007年2月，金山启动香港上市计划，10月正式在香港联交所上市，招股价为每股 3.6 港元，共发行 2.133 亿股股份，募集资金 6.261 亿港元。金山上市筹募的资金主要用途：(1) 为金山的研发团队聘请更多大学毕业生和资深研究人员，以扩展金山在娱乐及应用软件业务方面的研发能力；(2) 继续扩展海外市场；(3) 提升信息化基础建设，进一步利用互联网分销产品和服务；(4) 在珠海建设研究及开发设施；(5) 其他。

香港为何是金山公司最佳上市地？

金山公司之所以选择香港上市，主要是从融资角度考虑，2007 年香港主板市场的表现遥遥领先于其他市场；香港股市的投资者了解内地企业港股要求新上市公司 3 年净利润累计超过 5 000 万港元，而纳斯达克要求前 3 年两个会计年度净收入达到 40 万美元，香港主板对于盈利的要求高于美国纳斯达克，在香港上市对投资者的保障更多；2007 年之前，港股还没有一支网络游戏概念股，对金山在香港融资是最大的利好消息。

金山公司上市后何去何从？

上市后金山向多元化发展，偏重网游业务，到 2011 年，公司规模成倍增长，从 400 人的团队发展到 1 600 名员工。2011 年 8 月金山公司在珠海动工兴建 2.6 万平方米的研发大楼，加大对软件的投入。

到 2017 年，金山软件主要有四大业务：西山居、金山云、金山办公以及猎豹的海外业务，2017 年底，股票价格 26 港币。经过这些年的整合，金山软件在整体业务及管理模式方面已经几近完成全面转型，2017 年金山办公排队 A 股上市，未来的金山将形成以娱乐、办公软件为支柱，以云计算为新发展点的战略。

从金山公司八年上市过程可以看出，公司上市的影响因素有哪些？为什么金山公司的高管不选择发行债券等其他方式来进行融资？学习本章的内容能够帮助你理解诸如此类的问题。

第一节 普通股筹资

股票是股份有限公司为筹措股权资本而发行的有价证券，是投资者入股并借以取得股利的凭证，它代表投资者在公司中拥有的所有权。根据股票权利的不同，股票通常分为普通股和优先股。本节主要分析普通股筹资方式。

一、普通股的分类

普通股是股份有限公司发行的特别权利的股份，是股份有限公司筹措股权资本的基本方式。普通股种类很多，可按不同的标准分类。

(一) 按票面有无记名分类

股票按票面有无记名分为记名股票和无记名股票。

记名股票是在股票票面上记载股东姓名或名称的股票,股东姓名或名称要记入公司的股东名册。这种股票除了股票上所记载的股东外,其他人不得行使其股权,股份转让时需要办理过户手续。《公司法》规定,公司向发起人、国家授权投资的机构、法人发行的股票,应为记名股票;境外上市的外资股也应采取记名股票的形式;向社会公众发行的股票,可以为记名股票,也可以为无记名股票。记名股票一律用股东本名,其转让、继承要办理过户手续。

无记名股票是在股票票面上不记载股东的姓名或者名称的股票。这类股票的持有人即为股份所有人。公司对社会公众发行的股票可以为无记名股票。无记名股票的转让、继承无须办理过户手续,即可实现股权转让。

(二) 按票面是否标明金额分类

股票按票面是否标明金额可分为有面值股票和无面值股票。

有面值股票是在票面上标有一定金额的股票。持有这种股票的股东,对公司享有权利和承担义务的大小,以其所拥有的股票总额在全部股票中所占比例来定。《公司法》规定,股票应当标明面值。

无面值股票不标明票面金额,只在股票上载明所占公司股本总额的比例或股份数,也称"分权股份"或"比例股"。无面值股票价值实际上是随公司财产的增减而变动的。目前我国股票都是有面值股票。

(三) 按投资主体的不同分类

股票按投资主体可分为国家股、法人股、个人股和外资股。

国家股是有权代表国家投资的部门或机构以国有资产向公司投入而形成的股份。

法人股是指企业法人依法以其可支配的资产向公司投入而形成的股份,或具有法人资格的事业单位和社会团体以国家允许用于经营的资产向公司投入而形成的股份。

个人股是指社会个人或本公司职工以个人合法财产投入公司而形成的股份。

外资股是指外国和我国港澳台地区投资者购买的人民币特种股票(B股)。

(四) 按发行时间先后分类

股票按发行时间先后可分为始发股和新股。始发股是设立时发行的股票;新股是公司增资时发行的股票。

(五) 按发行对象和上市地区分类

目前我国的股票按发行对象和上市地区可分为 A 股、B 股和 H 股。

A 股是指由中国境内公司发行,供我国境内机构、组织或个人买卖的,以人民币标明票面价值并以人民币认购和交易的股票,又称人民币普通股。

B 股是指在中国境内注册的股份有限公司向境内外投资者发行、募集外币资金并在中国境内证券交易所上市交易的股票,又称境内上市外资股。自 2001 年起,境内居民被允许以合法取得的外币开立 B 股账户,进行买卖,B 股在沪市和深市上市。

H 股是指在中国内地的股份有限公司在香港证券交易所发行并上市流通的股票。

N 股是指在中国大陆注册、在美国纽约证券交易所上市流通的外资股票。

二、普通股股东的权利

(一) 表决权

股东表决权又称股东议决权,是指股东基于股东地位享有的,就股东会、股东大会的议案做出一定意思表示的权利。《公司法》规定,有限责任公司股东会会议由股东按照出资比例行使表决权,但是,公司章程另有规定的除外;股份有限公司股东出席股东大会,所持每一股份有一表决权。

西方国家公司管理实务中,表决方式一般采用累计投票和多数投票。

【例 9-1】假定某公司只有两名股东,A 和 B,A 拥有 25 股股票,B 拥有 75 股股票,两人都想成为董事会成员,而 B 不希望 A 加入董事会,假定公司需要选出四位候选人。

累计投票制的作用在于允许少数股东的参与。如果采用累计投票制,应事先确定每位股东可以投出的选票总数。选票总数通常是按股东拥有或控制的股票数乘以所要选举的董事人数计算而得。每位股东可以将手中的选票全部投给一个或多个候选人。全部董事都在一次投票中选出。这样在【例 9-1】中,A 取得 25×4=100 份选票,B 取得 75×4=300 份选票。如果 A 将 100 份选票全部投给自己,B 是无法阻止 A 进入董事会的。

在多数表决制下,【例 9-1】中,对于每一位候选人 A 只能投出 25 票,而 B 却可以投出 75 票,结果将是由 B 选出的四名候选人组成董事会。多数投票制会排除少数股东的参与机会,这也是美国许多州强制采用累计投票制的原因。

《公司法》规定,股东大会选举董事、监事,可以依照公司章程的规定或者两名以上的股东大会的决议，实行累计投票制。累计投票制，是指股东大会选举董事或者监事时，每一股份拥有与应选董事或者监事人数相同的表决权，股东拥有的表决权可以集中使用。

（二）委托投票权

股东既可以表决，也可以委托他人代理行使表决权。委托代理投票权是股东授权他人代理其行使投票表决权的一种法定权利。如果股东想替换现任管理当局，就会尽可能多地获得选票，也尽可能多地争取委托表决权。这就是所谓的"代理之争"。

委托书是股东授权给其他人代替其投票的证明。为了方便，很多大型公司的选举实际上都是通过委托书完成的。

《公司法》规定，股东可以委托代理人出席股东大会，代理人应当向公司提交授权委托书，并在授权范围内行使表决权。

（三）资产受益权

股东享有资产受益权，即获得股利。股利是公司对股东直接或间接投入公司资本的回报。股利具有以下特点：

（1）股利发放不是公司的一项义务。公司不会因为未宣布的股利而造成违约，即不存在拖欠股东股利的问题。股利的发放额度以及是否分派股利的决策，都取决于董事会对公司经营状况判断基础上所作出的决策。

（2）股利是从公司的税后利润中支付的。所以，公司支付的股利不是一种经营费用。

（四）其他权利

（1）股票转让权。《公司法》规定，股票可以依法转让，且股东转让股票必须在证券交易所内进行。

（2）参与公司剩余财产分配的权利。公司破产清算时，在公司债务得到清偿后，股东有权按比例分享剩余财产。

（3）对那些需要在股东大会或特别会议上商议决定的重大事务，如兼并，股东具有投票表决权。

（4）股东有按比例购买公司新发股票的权利，即优先购买权。这项权利可以维护老股东的利益，防止老股东的控制权被稀释。

（5）对公司账目和股东大会决议的审查权和对公司事务的质询权。公司通常通过定期向股东公布财务报表来满足这项股东权利。

三、股票的发行

股份有限公司在设立时要发行股票。此外，公司设立之后，为了扩大经营、改善资本结构，也会增发新股。股票的发行应该遵循《公司法》和其他相关法规。股票的发行，实行公开、公平、公正的原则，必须同股同权、同股同利。同次发行的股票，每股的发行条件和价格应当相同。任何单位或个人认购的股份，每股应当支付相同的价款。股票发行具体应执行和遵守的管理规定，主要包括股票发行程序、发行方式、销售方式以及发行价格等。同时，发行股票还应接受国务院证券监督管理机构的管理和监督。

（一）首次公开发行股票的程序

（1）提出募集股份申请。
（2）公告招股说明书，制作认股书，签订承销协议和代收股款协议。
（3）招认股份，缴纳股款。
（4）召开创立大会，选举董事会和监事会。
（5）办理设立登记，交割股票。

（二）股票发行方式

所谓股票发行方式，就是指公司采用什么方法，通过何种渠道或途径将自己的股票投放到市场，并为广大投资者所接受。股票发行方式可以分为公开间接发行和不公开直接发行。

（1）公开间接发行，是指通过中介机构，公开向社会公众发行股票。这种发行方式的发行范围广、发行对象多，易于足额募集资本；股票的变现性强，流通性好。但这种方式手续繁杂、发行成本较高。我国股份有限公司采用募集设立方式向社会公开发行新股时，由证券经营机构承销的做法，就属于公开间接发行方式。

公开发行由于发行范围广、发行对象多，对社会影响大，需要对其进行限定。《证券法》规定有下列情形之一者属于公开发行：向不特定对象发行证券；向累计超过200人的特定对象发行证券；法律、行政法规规定的其他发行行为。

（2）不公开直接发行，是指不公开对外发行股票，只向少数特定的对象直接发行，不需要中介机构承销。我国股份有限公司采用发起设立方式和以不向社会公开募集的方式发行新股的做法，即属于股票的不公开直接发行。这种方式发行成本低；但发行范围小，股票变现能力较差。

（三）股票销售方式

（1）自行销售方式，指发行公司自己直接将股票销售给认购者。这种销售方式便于实现发行意图，节省发行费用；但往往筹资时间长，发行公司要承担全部发行风险，并需要发行公司有较高的知名度、信誉和实力。

（2）委托销售方式，指发行公司将股票销售业务委托给证券经营机构代理。委托销售又分为包销和代销两种具体办法。

包销是指投资银行以低于发行价的价格买入证券，同时承担无法卖出的风险。包销实际上只是一种买入/卖出协议，投资银行的费用就是差价。发行人得到的是全额收入减去差价，而所有的风险都转移给承销商。要是承销商无法按照商定一致的价格卖出所有证券，它可能需要降低未出售部分的价格。

代销是指发行公司将股票销售业务委托给证券经营机构代理。在代销方式下，承销商不需要买入证券，所以可以避免在包销方式下的风险。与包销不同，承销商仅仅只是作为一个代理商，从售出的股票中提取佣金。按规定，投资银行必须尽可能地按预先商定一致的发行价格出售证券。要是待发行的证券无法按发行价出售，投资银行通常会退出。

《公司法》规定，股份有限公司向社会公开发行股票，必须与依法设立的证券经营机构签订承销协议，由证券经营机构承销。

（四）股票发行价格

股票发行价格是指股份公司在募集资本或者增资发行新股时，公开将股票出售给投资者时所采用的价格。股票发行价格通常是股票发行者根据股票市场价格水平和公司自身经营因素、市场供求变化因素和宏观经济运行因素综合确定。

目前股票市场上常见的几种发行价格。

（1）面额发行。即以股票票面金额为发行价格，也称平价发行。面额发行股票一般比较容易销售，但发行公司不能取得溢价收入。一般在股票的初次发行或在股东配股方式发行的情况下采用。

（2）时价发行。时价发行也称市价发行，即以本公司股票在流通市场上买卖的实际价格为基准确定的股票发行价格。采用时价发行时，股票面额与发行价格之间的差异归发行者所有，并转入公司资本。因此，发行公司可用较少的发行股数得到与采用面额发行等额的资金，同时，还可以降低股票发行成本。时价发行股票，考虑了股票的现行市场价值，对投资者也有较大的吸引力。美国已完全推行时价发行，德国、法国也经常采用。

（3）中间价发行。中间价发行是指以介于股票面额和发行时价之间的价格发行股票的一种发行方式。中间价发行通常在股东配股发行股票时采用。采用中间价发行并不改变原有股东的构成，而且由于是对原有股东的分配，不需支付承销手续费，可以降低股票发行成本。

按时价或中间价发行股票,股票发行价格会高于或低于其面额。前者称溢价发行,后者称折价发行。如是溢价发行,发行公司所获溢价收入计入资本公积。值得注意的是,我国《公司法》规定公司发行股票不准折价发行,即不准以低于股票面额的价格发行。根据我国《证券法》的规定,股票发行采取溢价发行的,其发行价格由发行人与承销的证券公司协商确定。发行人通常会参考公司经营业绩、净资产、发展潜力、发行数量、行业特点、股市状态等,确定发行价格。

四、股权再融资

上市公司股权再融资(seasoned equity offering)是指企业首次公开发行并上市融资之后的后续股权融资行为,包括向现有股东配股和增发新股融资。

配股是指向原普通股股东按其持股比例、以低于市价的某一特定价格配售一定数量新发行股票的融资行为。增发新股指上市公司为了筹集权益资本而再次发行股票的融资行为,包括面向不特定对象的公开增发和面向特定对象的非公开增发,也称定向增发。其中,配股和公开增发属于公开发行,非公开增发属于非公开发行。

(一)配股

按照惯例,公司配股时新股的认购权按照原有股权比例在原股东之间分配。配股赋予企业现有股东配股权,使得现有股东拥有合法的优先购买新发股票的权利。

(1)配股权。配股权是指当股份公司为增加公司股本而决定发行新的股票时,原普通股股东享有按其持股数量、以低于市价的某一特定价格优先认购一定数量新发行股票的权利。配股权是普通股股东的优惠权,实际上是一种短期的看涨期权。配股权在某一股权登记日前颁发,在此之前购买的股东享有配股权,即此时股票的市场价格中含有配股权的价值。

在我国,配股权是指当股份公司需再筹集资金而向现有股东发行新股时,股东可以按原有的持股比例以较低的价格购买一定数量的新发行股票。这样做的目的有:①不改变原控股股东对公司的控制权和享有的各种权利;②因发行新股将导致短期内每股收益稀释,通过折价配售的方式可以给老股东一定的补偿;③鼓励老股东认购新股,以增加发行量。

(2)配股价格。配股一般采取网上定价发行的方式。配股价格由主承销商和发行人协商确定。

(3)配股除权价格。通常配股股权登记日后要对股票进行除权处理。除权后股票的理论除权基准价格为：

$$配股除权价格 = \frac{配股前股票市值 + 配股价格 \times 配股数量}{配股前股数 + 配股数量}$$

$$= \frac{配股前每股价格 + 配股价格 \times 股份变动比例}{1 + 股份变动比例}$$

当所有股东都参与配股时，股份变动比例（即实际配售比例）等于拟配售比例。

除权价只是作为计算除权日股价涨跌幅度的基准，提供的只是一个基准参考价。如果除权后股票交易市价高于该除权基准价格，这种情形使得参与配股的股东财富较配股前有所增加，一般称之为"填权"；股价低于除权基准价格则会减少参与配股股东的财富，一般称之为"贴权"。

（4）配股权价值。一般来说，老股东可以以低于配股前股票市价的价格购买所配发的股票，即配股权的执行价格低于当前股票价格，此时配股权是实值期权，因此配股权具有价值。利用除权后股票价格可以估计配股权价值。配股权的价值为：

$$配股权价值 = \frac{配股后股票价格 - 配股价格}{购买一股新股所需的认股权数}$$

【例9-2】A公司采用配股的方式进行融资。2018年3月21日为配股除权登记日，以公司2017年12月31日总股数100 000股为基数，拟每10股配2股。配股价格为配股说明书公布前20个交易日公司股票收盘价平均值的5元/股的80%，即配股价格为4元/股。

假定在分析中不考虑新募集投资的净现值引起的企业价值的变化，计算并分析：在所有股东均参与配股的情况下，配股后每股价格；每一份优先配股权的价值；是否参与配股将对股东财富的影响。

①以每股4元的价格发行了20 000股新股，筹集80 000元，由于不考虑新投资的净现值引起的企业价值的变化，普通股总市场价值增加了本次配股融资的金额，配股后股票的价格应等于配股除权价格。

$$配股后每股价格 = \frac{500\ 000 + 20\ 000 \times 4}{100\ 000 + 20\ 000} = 4.833（元/股）$$

在股票的市场价值正好反映新增资本的假设下，新的每股市价为4.833元。

②由于原有股东每拥有10份股票将得到2份配股权，故为得到一股新股需要5份股票，因此每份股票的配股权价值为0.167元[(4.833 - 4) ÷ 5]。

③假设某股东拥有10 000股A公司股票，配股前价值50 000元。如果所有股东都行使了配股权参与配股，该股东配股后拥有股票总价值为58 000元（4 833 × 12 000）。也就是说，该股东花费8 000元

(4×2 000) 参与配股，持有的股票价值增加了 8 000 元，股东的财富没有变化。但如果该股东没有参与配股，配股后股票的价格为 4.847 元/股 [(500 000+18 000×4)÷(100 000+18 000)]。该股东配股后仍持有 10 000 股 A 公司股票，则股票价值为 48 470 元 (4.847×10 000)，股东财富损失了 1 530 元 (500 000 - 48 470)。

（二）公开增发新股

公开增发与首次公开发行一样，没有特定的投资对象，股票市场上的投资者均可以认购。而非公开增发（即定向增发）主要针对机构投资者与大股东及关联方。机构投资者大体可以划分为财务投资者与战略投资者。其中财务投资者通常是以获利为目的，通过短期持有上市公司股票适时套现，实现获利的法人，他们一般不参与公司的重大战略决策。战略投资者通常指与发行人具有合作关系或合作意向和潜力并愿意按照发行人配售要求与发行人签署战略投资配售协议的法人，他们与发行公司业务联系紧密并愿意长期持有发行公司股票。上市公司通过非公开增发引入战略投资者不仅可以获得战略投资者的资金，还有助于其引入管理理念和经验，改善公司治理。大股东及关联方是指上市公司的控股股东和关联方。一般来说，通过非公开增发方式向控股股东认购资产，有助于上市公司与股东进行股份与资产置换，进行股权和业务的整合，同时也进一步提高了控股股东对上市公司的所有权。

（1）公开增发新股条件的判断。

【例 9-3】ABC 上市公司 2015~2018 年度部分财务数据如表 9-1 所示。

表 9-1　　ABC 上市公司 2015~2018 年度部分财务数据

项目	2015 年度	2016 年度	2017 年度	2018 年度
归属于上市公司股东的净利润（万元）	17 600	55 000	19 000	31 000
归属于上市公司股东的扣除非经常性损益的净利润（万元）	17 600	53 000	17 000	25 000
加权平均净资产报酬率	18.87%	31.75%	9.57%	12.46%
扣除非经常性损益后的加权平均净资产报酬率	18.88%	30.96%	7.91%	10.28%
每股现金股利（含税）（元）	0.1	0.1	0.04	0.06
当年股利分配股本基数（万股）	20 000	60 000	60 000	60 000
当年实现可供分配利润（万元）	15 900	49 600	18 400	29 600

依据上述财务数据判断 ABC 上市公司是否满足公开增发股票的基本条件：

①根据公开发行股票条件的要求分析该公司是否符合规定。

ABC 上市公司 2016～2018 年 3 个会计年度连续盈利，且加权平均净资产报酬率均高于 6%。

②依据中国证券监督管理委员会令第 57 号《关于修改上市公司现金分红若干规定的决定》（自 2008 年 10 月 9 日起施行），上市公司公开增发对公司现金股利分配水平的基本要求是：最近 3 年以现金方式累计分配的利润不少于最近 3 年实现的年均可分配利润的 30%。

ABC 上市公司 2016～2018 年 3 个会计年度累计分配现金股利 = $\sum_{1}^{3}$（各年度每股现金股利 × 当年股利分配的股本基数）=（0.1 + 0.04 + 0.06）× 60 000 = 12 000（万元）

ABC 上市公司 2016～2018 年 3 个会计年度实现的年均可分配利润 =（49 600 + 18 400 + 29 600）/3 = 32 533.33（万元）

ABC 上市公司 2016～2018 年 3 个会计年度以现金方式累计分配的利润占最近 3 年实现的年均可分配利润的比重 = 12 000/32 533.33 = 36.89% > 30%

根据上述条件，ABC 上市公司满足了公开增发再融资的基本财务条件。

（2）公开增发新股的定价。上市公司公开增发新股的定价通常按照"发行价格应不低于公告招股意向书前 20 个交易日公司股票均价或前 1 个交易日的均价"的原则确定增发价格。相对于非公开增发，公开增发新股的发行价没有折价，定价基准日也固定。

非公开发行股票的发行价格应不低于定价基准日前 20 个交易日公司股票均价的 90%。定价基准日则可以是董事会决议公告，也可以是股东大会决议公告日或发行期的首日。另外，必须注意，定价基准日前 20 个交易日股票交易均价的计算公式为：

$$\text{定价基准日前 20 个交易日股票交易均价} = \frac{\text{定价基准日前 20 个交易日股票交易总额}}{\text{定价基准日前 20 个交易日股票交易总量}}$$

并不是把每天的收盘价加起来除以 20。对于以通过非公开发行进行重大资产重组或者引进长期战略投资为目的的，可以在董事会、股东大会阶段事先确定发行价格；对于以筹集现金为目的的发行，应当在取得发行核准批文后采取竞价方式定价。

（3）增发新股的认购方式。公开增发新股的认购方式通常为现金认购。

（三）非公开发行股票

非公开发行股票的认购方式。非公开增发新股的认购方式不限于现金,还包括股权、债权、无形资产、固定资产等非现金资产。通过非现金资产认购的非公开增发往往是以重大资产重组或者引进长期战略投资为目的。因此非公开增发除了能为上市公司带来资金外,往往还能带来具有盈利能力的资产,提升公司治理水平,优化上下游业务等。但需要注意的是,使用非现金资产认购股份有可能会滋生通过不公平资产定价等手段侵害中小股东利益的现象。

【例9-4】假设M公司总股本的股数为100 000股,现采用公开增发方式发行20 000股,增发前一交易日股票市价为5元/股。老股东和新股东各认购了10 000股。假设不考虑新募集资金投资的净现值引起的企业价值的变化,在增发价格分别为5.5元/股、5元/股、4.5元/股的情况下,老股东和新股东的财富将分别有什么变化?

以每股5.5元的价格发行了20 000股新股,筹集110 000元(20 000×5.5),由于不考虑新投资的净现值引起的企业价值的变化,普通股总市场价值增加了增发融资的金额。

因此:

增发后每股价格 $= \dfrac{500\ 000 + 20\ 000 \times 5.5}{100\ 000 + 20\ 000} = 5.0833333$(元/股)

老股东财富变化:

$5.0833333 \times (100\ 000 + 10\ 000) - 500\ 000 - 10\ 000 \times 5.5 = 4\ 166.7$(元)

新股东财富变化:

$5.0833333 \times 10\ 000 - 10\ 000 \times 5.5 = -4\ 166.7$(元)

可见,如果增发价格高于市价,老股东的财富增加,并且老股东财富增加的数量等于新股东财富减少的数量。

同理可以计算出,增发价格为5元/股的时候,老股东和新股东财富没有变化;增发价格为4.5元/股的情况下,新股东的财富增加4 166.7元,老股东的财富减少4 166.7元。

(四)股权再融资对企业的影响

股权再融资对企业产生的影响主要包括以下三方面。

(1)对公司资本结构的影响。一般来说,权益资本成本高于债务资本成本,采用股权再融资会降低资产负债率,并可能会使资本成本增大;但如果股权再融资有助于企业目标资本结构的实现,增强企业的财务稳健性,降低债务的违约风险,就会在一定程度上降低企业的加权平均资本成本,增加企业的整体价值。

(2)对企业财务状况的影响。在企业运营及盈利状况不变的情况下,采用股权再融资的形式筹集资金会降低企业的财务杠杆水平,并降低净资产报酬率。但企业如果能将股权再融资筹集的资金投资于具有良好发展前景的项目,获得正的投资活动净现值,或者能够改善企业的资本结构,降低资本成本,就有利于增加企业的价值。

(3) 对控制权的影响。就配股而言,由于全体股东具有相同的认购权利,控股股东只要不放弃认购的权利,就不会削弱控制权。公开增发会引入新的股东,股东的控制权受到增发认购数量的影响;非公开增发相对复杂,若对财务投资者和战略投资者增发,则会降低控股股东的控股比例,但财务投资者和战略投资者大多与控股股东有良好的合作关系,一般不会对控股股东的控制权形成威胁;若面向控股股东的增发是为了收购其优质资产或实现集团整体上市,则会提高控股股东的控股比例,增强控股股东对上市公司的控制权。

五、普通股筹资的评价

(一) 普通股筹资的优点

(1) 普通股筹资具有长期性,且没有还款的风险。由于普通股股本没有到期日,无须偿还,这样可以保证公司对资本的基本需求,有利于维持公司长期稳定发展。

(2) 普通股筹资没有固定的股利负担。是否支付股利,以及支付多少,公司可根据自身经营情况来定,不必像债务一样支付利息。因此,普通股筹资的财务风险较小。

(3) 普通股筹资有利于公司长期稳定发展。普通股筹资吸引了许多投资者成为公司的股东,公司的决策及运营受到了更好的监督,并且可以吸引更多潜在投资者的目光。这样有利于公司做出正确决策,健康地发展。

(4) 普通股筹资能增加公司信誉。普通股本与留存收益构成公司所借入一切债务的基础。有了较多的自有资金,就可以为债权人提供较大的损失保障,因而,普通股筹资既可以提高公司的信用价值,同时也为使用更多的自有资金提供了强有力的财务支持。

(5) 普通股筹资限制较少。利用优先股或债券筹资,通常有许多限制,这些限制往往会影响公司经营的灵活性,而利用普通股筹资则没有这种限制。

另外,由于普通股的预期收益率较高并可在一定程度上抵消通货膨胀的影响(通常在通货膨胀期间,不动产升值时普通股也随之升值),因此普通股筹资容易吸收资金。

(二) 普通股筹资的缺点

(1) 普通股的资本成本较高。由于普通股的流动性较强,影响股价变动的因素较多,股价变动幅度较大。所以有较高的投资风险,投资者要求的投资报酬率也较高。同时普通股股利在税后利润中支付,不具有债务利息一样的抵税作用。此外,普通股的发行条件较多程序复杂,发行费用一般也高于其他证券。

(2) 普通股筹资增加了新股东,分散了公司的控制权。此外,新股东分享公司未发行新股前积累的盈余,会降低普通股的每股净收益,从而可能引发股价的下跌。

(3) 如果公司股票上市,需要履行严格的信息披露制度,接受公众股东的监督,会带来较大的信息披露成本,也增加了公司保护商业秘密的难度。

(4) 股票上市会增加公司被收购的风险。公司股票上市后,其经营状况会受到社会的广泛关注,一旦公司经营或是财务方面出现问题,可能面临被收购的风险。

海信集团电器 IPO、配股和定向增发

海信电器 IPO。1997 年 4 月海信电器向采用"全额预缴款、比例配售、余款即退"的方式向社会公开发行 6 300 万股新股,向公司职工发行 700 万股;股票发行价格每股 6.28 元;募集资金 43 960 万元;股票发行费用总额为 1 400 万元;发行市盈率为 14.95 倍。

海信电器配股。1998 年 6 月 12 日以 1997 年末总股本 27 000 万股为基数,向全体股东每 10 股配 3 股,其中社会公众股股东按每 10 股配 3 股应配 2 100 万股,国有法人股东青岛海信集团公司认购其应配 6 000 万股中的 506.5337 万股,其余部分放弃配股权。配股实际配售为 2 606.5337 万股。配股募集资金总量计人民币 96 559.58 万元,其中货币资金 93 103.92 万元,非货币资金 3 454.66 万元。发行费用总额为 2 050 万元,扣除发行费用后,配股募集货币资金为 91 053.92 万元。

海信电器定向增发。2007 年 12 月 11 日,海信电器董事会召开临时股东大会,会议审议通过关于向不超过 10 名特定对象非公开发行人民币普通股(A 股)方案的议案:本次非公开发行股票数量不超过 10 000 万股,且不低于 7 000 万股;发行价格不低于 10.88 元/股。并拟将所募集的 10.0227 亿元资金投入具体项目。

(1) 2007 年海信电器定向增发失败。2008 年 4 月 3 日,海信电器刊登公告,称根据中国证券监督管理委员会发行审核委员会审核结果,青岛海信电器股份有限公司 2007 年非公开发行股票申请未获得审核通过。

> （2）2009年海信电器成功定向增发。2009年，国家出台的《电子信息产业振兴规划》对拓展平板上游产业链提出了大力支持。2009年6月16日，海信电器发布五届二次董事会公告称，会议审议通过关于公司向不超过10名特定对象非公开发行人民币普通股（A股）的议案：发行股份数量不超过15 000万股，发行价格不低于10.83元/股。认购方均以人民币现金方式认购。2009年10月30日，中国证监会股票发行审核委员会相关会议审核，海信电器本次非公开发行股票申请获得有条件通过。2009年12月25日，海信电器刊登非公开发行股票发行情况报告暨上市公告书，披露定向增发人民币普通股（A股）数量为8 400万股，发行价格为19.38元/股，比预案发行最低价10.83元/股提高了69.71%。募集资金总额15.4392亿元，募集资金净额14.9998亿元。
>
> 讨论问题：配股发行和增发都会导致股权稀释，稀释的类型有哪些？你如何评价我国上市公司的股权再融资方案？

第二节 优先股筹资

一、优先股的特点

优先股是相对于普通股而言的，较普通股具有某些优先权利，同时也受到一定限制的股票。优先股的含义主要体现在优先权利上，包括优先分配股利和优先分配公司剩余财产。

优先股与普通股具有某些共性，如优先股也无到期日，公司利用优先股所筹资本也属于权益资本。但是，它又具有公司债券的某些特征。因此，优先股被视为一种混合性证券。

与普通股相比，优先股主要具有如下特点：

（1）优先分配固定的股利。优先股股东通常优先于普通股股东分配股利，且其股利一般是固定的，受公司经营状况和盈利水平的影响较小。所以，优先股类似固定利息的债券。

（2）优先分配公司的剩余财产。当公司因解散、破产等进行清算时，优先股股东将优先于普通股股东分配公司的剩余财产。

（3）优先股股东一般无表决权。在公司股东大会上，优先股股东一般没有表决权，通常也无权参与公司的经营管理，仅在涉及优先股股东权益问题时享有表决权。因此，优先股股东不大可能控制整个公司。

(4) 优先股可由公司赎回。发行优先股的公司，按照公司章程的有关规定，根据公司的需要，可以一定的方式将所发行的优先股购回，以调整公司的资本结构。

二、优先股的种类

优先股按其具体的权利不同，还可作进一步的分类。

(一) 累积优先股和非累积优先股

优先股按股利是否累积支付，可分为累积优先股和非累积优先股。累积优先股是指公司过去年度未支付股利可以累积计算由以后年度的利润补足付清。非累积优先股则没有这种要求补付的权利。累积优先股比非累积优先股具有更大的吸引力，其发行也较为广泛。

(二) 参与优先股和非参与优先股

优先股按是否分配额外股利，可分为参与优先股和非参与优先股。当公司利润按规定分配给优先股和普通股后仍有剩余利润可供分配股利时，能够与普通股一起参与分配额外股利的优先股，即为参与优先股；否则为非参与优先股。参与优先股的持有人可按规定的条件和比例将其转换为公司的普通股或公司债券。这种参与优先股可以增加筹资和投资双方的灵活性，在国外比较流行。不具有这种转换权的优先股，即属于非参与优先股。

(三) 可赎回优先股和不可赎回优先股

优先股按公司可否赎回，可分为可赎回优先股和不可赎回优先股。可赎回优先股是指股份有限公司出于减轻股利负担的目的，可按规定以原价购回的优先股。公司不能购回的优先股，则属于不可赎回优先股。

三、交易转让及登记结算

(一) 交易转让

(1) 优先股发行后可以申请上市交易或转让，不设限售期。公开发行的优先股可以在证券交易所上市交易。上市公司非公开发行的优先股可以在证券交易所转让，非上市公众公司非公开发行的优先股可以在全国中小企业股份转让系统转让，转让范围仅限合格投资者。

交易或转让的具体办法由证券交易所或全国中小企业股份转让系统另行规定。

（2）优先股交易或转让环节的投资者适当性标准应当与发行环节保持一致；非公开发行的优先股经交易或转让后，投资者不得超过200人。

（二）登记结算

中国证券登记结算公司为优先股提供登记、存管、清算、交收等服务。

四、优先股筹资评价

公司利用优先股筹集长期资本，与普通股和其他筹资方式相比有其优点，也有一定缺点。

（一）优先股筹资优点

（1）优先股一般没有固定的到期日，不用偿付本金。发行优先股筹集资本，实际上相当于得到一笔无限期的长期贷款，公司不承担还本义务，也无需再做筹资计划。对可赎回优先股，公司可在需要时按一定价格购回，这就使得利用这部分资本更有弹性。在财务状况较差时发行优先股，又在财务状况转好时购回，有利于结合资本需求加以调剂，同时也便于控制公司的资本结构。

（2）优先股的股利既有固定性，又有一定的灵活性，一般而言，优先股都采用固定股利，但对固定股利的支付并不构成公司的法定义务。如果公司财务状况不佳，可以暂时不用支付优先股股利，即使如此，优先股持有者也不能像公司债券持有者那样迫使公司破产。

（3）保持普通股股东对公司的控制权。当公司既想筹集股权资本，又想保持原有普通股股东的控制权时，利用优先股筹资尤为恰当。

（4）从法律上讲，优先股属于股权资本，发行优先股筹资能够增强公司的股权资本基础，提高公司的举债能力。

（二）优先股筹资缺点

（1）优先股的资本成本虽低于普通股，但一般高于债券。

（2）优先股筹资的制约因素较多。例如，为了保证优先股的固定股利，当企业盈利不多时，普通股就可能分不到股利。

（3）可能形成较重的财务负担。优先股要求支付固定股利，但不能在税前扣除，当盈利下降时，优先股的股利可能会成为公司一项较重的财务负担，有时不得不延期支付，从而影响公司的形象。

2014年9月15日农业银行（601288）公告称，农行非公开发行优先股申请已于9月15日获得中国证监会发审委审核通过。

优先股为什么不普通？

> 境内首只优先股——2014年农业银行优先股发行。农业银行申请发行不超过8亿股的优先股，募集金额不超过800亿元。其中，2014年发行不超过4亿股，募集金额不超过400亿元。该优先股无到期期限，全部采取非公开发行的方式。按照中国银监会和中国证监会等监管机构的审批情况，根据市场状况分次发行。自中国证监会核准发行之日起在6个月内实施首次发行，数量不少于总获批发行数量的50%，剩余数量在24个月内发行完毕。发行对象：本次发行的优先股向符合《优先股试点管理办法》和其他法律法规规定的合格投资者发行，发行对象不超过200人，且相同条款优先股的发行对象累计不超过200人。本次发行不安排向原股东优先配售。
>
> 2014年11月28日，中国农业银行首期400亿元优先股在上海证券交易所正式挂牌。2015年3月18日，农业银行总计获批800亿元优先股的第二期400亿元优先股在上海证券交易所完成登记，标志着境内资本市场首只优先股——农业银行优先股发行阶段的工作圆满结束。

第三节　长期借款筹资

在现实世界中，由于负债的资本成本低，能够发挥财务杠杆的作用，大多数公司都使用负债方式进行融资。负债融资按照使用时间的长短分为长期借款和短期借款。长期借款是指企业向银行或其他非银行金融机构借入的使用期限超过一年的借款，短期借款是指偿债期在一年以内的借款。本节主要介绍借款期超过一年的长期借款。

一、长期借款的种类

长期借款按照不同的分类方式有以下几种。

（1）按提供贷款的机构分类，分为政策性银行贷款、商业性银行贷款和其他金融机构贷款。

（2）按用途分类，分为固定资产投资借款、更新改造借款、科技开发和新产品试制借款等。

（3）按有无担保分类，分为信用贷款和抵押贷款。

信用贷款指不以抵押品做担保，仅凭借款企业的信用或某保证人的信用而发放的贷款。信用贷款通常仅有借款企业出具签字的文书，一般是贷给那些资信优良的企业。对于这种贷款，由于风险较高，银行通常要收取较高的利息，并附加一定的限制条件。

抵押贷款是指以特定的抵押品为担保的贷款。作为贷款担保的抵押品可以是不动产、机器设备等实物资产，也可以是股票、债券等有价证券。它们必须是能够变现的资产。如果贷款到期时借款企业不能或不愿偿还贷款，银行可以取消企业对抵押品的赎回权，并有权处理抵押品。抵押贷款有助于降低银行贷款的风险，提高贷款的安全性。

二、企业对贷款银行的选择

借款企业除了考虑借款种类、借款成本等因素外，还须对贷款银行进行分析，作出选择。对贷款银行的选择，通常考虑以下几个方面。

（1）银行对贷款风险的政策。银行通常对其贷款的风险作出政策性规定。有些银行倾向于保守政策，只愿承担较小的贷款风险；而有些银行则富有开拓性，敢于承担较大的风险，这与银行的实力和环境有关。

（2）银行与借款企业的关系。银行与借款企业的现存关系，是由以往借贷业务形成的。一个企业可能与多家银行有业务往来，且这种关系的亲密程度不同。当借款企业面临财务困难时，有的银行可能大力支持，帮助企业渡过难关；而有的银行可能会施加更大的压力，迫使企业偿还贷款，或付出高昂的代价。

（3）银行为借款企业提供的咨询与服务。有些银行会主动帮助企业分析潜在的财务问题，提出解决问题的建议或办法，为企业提供咨询与服务，同企业交流有关信息，这对借款企业有重要的参考价值。

（4）银行对贷款专业化的区分。一般而言，大银行都设有不同类别的部门，分别处理不同行业的贷款，如工业、商业、农业等。这种专业化的区分，影响不同行业的企业对银行的选择。

三、长期借款的限制性条款

由于长期借款的期限长、风险大，按国际惯例，银行通常对借款企业提出一些有助于保证按时足额还款的条款，归纳起来有以下几种。

(一) 一般性限制条款

一般性限制条款是指对企业资产流动性、现金支付能力和偿债能力方面的要求条款，它是维护银行利益的重要条款，主要包括：

(1) 营运资本的限制。贷款人通常要求借款企业应保持最低的营运资本净额，并可能规定了流动比率的低限，具体由贷款人和借款企业协商确定，并作为借款人财务状况是否恶化以及是否对借款人采取提前偿付等惩罚手段的一个指标。这一条款给贷款人提供了一个评估借款人财务状况以及决定是否继续提供贷款的机会，同时也有助于提高借款人的偿债能力。

(2) 现金支付的限制。为保持企业资产应有的流动性，借款协议通常包括限制企业某些现金支付的契约条款。这些条款主要包括：现金股利、工资支出、股票回购等。

(3) 资本性支出规模的限制。为防止借款企业把资本冻结在非流动投资上，贷款人有时会限制企业购买新的设备，即要求借款企业在贷款期内每年资本性支出不能超过某一固定金额。其目的在于减少企业日后不得不变卖固定资产以偿还贷款的可能性，保持资产应有的流动性。

(4) 对其他长期债务限制。一般的借款协议中，往往规定借款企业不得再增加新的长期负债，不得承担或有负债，不得签订超过规定数额的长期租赁契约。即使经过贷款人同意的而增加的任何借款，也只能是处于从属地位的贷款，或无担保的贷款，据此确保贷款人的优先清偿权，借以减少贷款人的风险。

(二) 例行性限制条款

例行性限制条款是指所有借款契约中均有规定，所有借款企业都应该遵守的条款。其内容主要包括：

(1) 借款企业定期向银行提交财务报表。借款企业应该定期向贷款银行提供经过注册会计师审计的财务报告，以便贷款人能够随时了解企业的财务状况。

(2) 正常情况下不允许出售较多资产。借款企业不得在正常情况下出售较多资产，以维持正常经营活动的需要。

(3) 及时缴纳税金和清偿债务。由于任何到期债务的拖欠都有可能导致借款人的破产，或者导致企业遭受罚款，因此，贷款人会要求借款企业及时清偿其他债务及税金。

(4) 不得以资产作为其他承诺的担保或者抵押。借款企业不得以资产作为其他承诺的担保或者抵押，以避免企业过重的负担。

(5) 补偿性余额的要求。补偿性余额是银行要求企业在银行中保持按贷款限额或实际借用额一定百分比计算的最低存款余额。补偿性余额的要求会提高借款企业的实际借款利率。

(三) 特殊性限制条款

特殊性限制条款是指在个别借款契约中特别规定的条款，目的在于避免在特殊情况下可能出现的意外。如规定：贷款专款专用；限制高级管理人员薪金和奖金；禁止短期无法收回资金的投资项目；要求企业领导人购买人身保险等。

总之，长期借款的借款合同中对借款企业的种种限制，一方面保护债权人的利益，而另一方面也是对借款企业经营活动的一种积极的约束，旨在引导借款企业有效的运用借款，从而保护借贷双方的利益。

四、长期借款的偿还

长期借款的偿还方式不一，包括：定期支付利息、到期一次性偿还本金的方式；如同短期借款那样的定期等额偿还方式；平时逐期偿还小额本金和利息、期末偿还余下的大额部分的方式。第一种偿还方式会加大企业借款到期时的还款压力，而定期等额偿还又会提高企业使用贷款的实际年利率。

五、长期借款筹资评价

(一) 长期借款筹资的优点

(1) 筹资速度快。与发行股票和公司债相比，长期借款筹资方式，手续相对简单，所花费时间较短，可以迅速地获得所需资金。

(2) 借款弹性较大。借款时，企业与银行直接商定贷款时间、数额和利率等；用款期间，企业根据财务状况的变化，也可与银行再行协商。具有较大灵活性。

(3) 借款成本较低。与股票筹资相比，长期借款支付的利息可以在税前列支，因此可以减轻利息负担，比股票筹资成本要低得多。与债券筹资相比，长期借款利率一般低于债券利率，且由于借款属于直接筹资，筹资费用也较少。

(4) 有效地利用财务杠杆的作用。当企业总资本利润率超过借款利率时，其超出部分提高了自有资本的利润率。

（二）长期借款筹资的缺点

（1）保护性条款较多。这些保护性条款在降低银行贷款风险的同时，一定程度上限制了企业的生产经营和借款的运用。

（2）筹资数量有限。长期借款一般不如发行股票和债券一次可以筹集到的资金多。

（3）借款筹资风险较大。借款通常有固定的利息负担和固定的偿付期限，故借款的筹资风险较大。

第四节 公司债券筹资

2015 年领汇（00823）两次银团贷款

一、债券的种类

（一）按是否记名分

按照债券上是否记有持券人姓名或名称，分为记名债券（registered bonds）和无记名债券（bearer bonds）。

对于记名债券，公司只对记名人偿还本金，持券人凭印鉴支取利息。记名债券的转让，由债券持有人以背书等方式进行。无记名债券的还本付息以债券为凭证，一般实行剪票付息。其转让由债券持有人将债券交付给受让人后即发挥效力。

（二）按能否转换为公司股票分

按能否转换为公司股票分为可转换债券和不可转换债券。若公司债券能转换为公司股票，则为可转换债券；若不能，则为不可转换债券。一般来讲，前种债券的利率要低于后者。按我国《公司法》规定，发行可转债的主体只限于股份有限公司中的上市公司。

（三）按有无担保分

按有无担保可分为担保债券（secured bonds）和无担保债券（unsecured bonds）。无担保债券包括信用债券（debenture）和次级信用债券（subordinated debentures）。

在担保债券中，抵押债券是最主要的债券形式。抵押债券是发行公司以特定财产作为抵押品的债券。当公司无力偿还债务时，债权人可根据债券合同对抵押品进行处理，维护债券本身利益。抵押债券又分为：一般抵押债券，即以公司产业的全部作为抵押品而发行的债券；不动产抵押债券，即以公司的不动产为抵押而发行的债券；设备抵押债券，即以公司的机器设备为抵押而发行的债券；证券信托债券，即以公司持有的股票证券以及其他担保证书交付给信托公司作为抵押而发行的债券等。

在无担保债券中，信用债券是不需要任何资产作为抵押的债券。债权人完全根据该公司的经营状况和获利能力确定其利益受保障的程度。在公司破产清算时，信用债券持有人自动成为一般债权人。尽管信用债券没有担保，但债权人仍受到债券契约中各种限制性条款的保护。其中最主要的是附抵押条款，它不准公司把某些资产抵押给其他债权人，这个规定保护了投资者的利益。只有信誉良好的大公司才能发行这种债券。

而次级信用债券与信用债券略有不同。当公司破产清算时，债权人的要求权排在信用债券和银行借款之后，在优先股和普通股之前，因此，次级信用债券的债权人一般也被视为一般债权人。它的成本介于信用债券成本和股票成本之间。为了降低资本成本，公司往往给次级信用债券持有人附加可转债。

（四）按债券利率的不同分

按债券利率的不同分为固定利率债券和浮动利率债券。

将利率明确记载于债券上，按这一固定利率向债权人支付利息的债券，为固定利率债券；债券上明确利率，发放利息时利率水平按某一标准（如政府债券利率、银行存款利率）的变化而同方向调整的债券，为浮动利率债券。

（五）按是否上市交易分

按是否上市交易，可分为上市债券和非上市债券。按照国际惯例，公司债券和股票一样，也有上市和非上市之分。上市债券是经有关机构审批，可以在证券交易所买卖的债券。

债券上市对发行公司和投资者都有一定好处：（1）上市债券因其符合一定的标准，信用度较高，能卖较好的价钱；（2）债券上市有利于提高发行公司的知名度；（3）上市债券成交速度快，变现能力强，更易吸引投资者；（4）上市债券交易便利，成交价格比较合理，有利于公平筹资和投资。发行公司欲使其债券上市，需要具备规定的条件，并提出申请，遵循一定的程序。

（六）按其他特征分

按照债券的其他特征可分为收益公司债券、附认股权债券、附属信用债券等。

收益公司债券是指只有当发行公司有税后收益可分配时，才支付利息的一种公司债券。这种债券对发行公司而言，不必承担固定的利息负担；对投资者而言，风险较高。

附认股权债券是指所发行的债券附带一种允许持有人按特定价格认购股票的长期选择权。这种认股权通常随债券发放，具有和可转债类似的属性。与可转债一样，附认股权债券的票面利率，通常低于一般的公司债。

附属信用债券是当公司清偿时，受偿权排列顺序低于其他债券的债券。为了补偿其较低受偿顺序可能带来的损失，这种债券的利率高于一般债券。

企业债券和公司债券的区别。我国企业债券发行的最早依据是1987年国务院发布的《企业债券管理暂行条例》，而在1993年才颁布早期版本的《公司法》，即在当时我国只有企业债券。2007年8月14日中国证监会正式颁布实施《公司债券发行试点办法》，标志着拉开了上市公司发行公司债券的序幕。2007年长江电力（股票代码：600900）发行了首只公司债券"长电债"以后，公司债券的概念在我国债券市场上才真正诞生。

企业债和公司债券虽然都是企业依照法定程序发行的，约定在一定期限还本付息的有价证券。但这两种证券存在一定区别：（1）发行主体不同，公司债券目前仅由上市公司发行。（2）募集资金的用途不同，企业债券的募集资金一般用于基础设施建设、固定资产投资、重大技术改造、公益事业投资等方面；而公司债券可根据公司自身的具体经营需要提出发行需求。（3）监管机构不同，公司债券由中国证监会审核发债公司的材料是否符合法律制度规定，而发行企业债券则由国家发展改革委员会审批。（4）信息披露要求的差异，企业债券的发行人没有严格的信息披露义务，公司债券的发行人的信息披露较为严格。

二、债券的发行

一般债券的发行有两种方式：公开发行和私募发行。公开发行是在证券市场上向社会公众公开出售公司债券。私募是指公司向某些金融机构或财团举债，私募方式一般不需要在证券机构办理相关手续，而是由企业和投资者直接交涉，也可以委托投资银行来私募。私募时，企业只需要向有关投资者签发一个商业票据，程序非常简单，并且由于债权人少，双方容易达成协议，但是有时投资者的限制条件非常苛刻。另外，私募时不用雇用承销商，不必印制债券，发行成本较低。但是私募债券不能在证券市场上交易，流动性较差，因而利率较高。公开发行的债券是一些标准化和规范化的证券，本部分主要介绍债券的公开发行。

（一）我国公司发行债券的资格

《公司法》规定，股份有限公司、国有独资公司和两个以上的国有企业或者其他两个以上的国有投资主体投资设立的有限公司，具有发行公司债券的资格。

（二）债券的发行价格

债券的发行价格是债券发行时使用的价格，亦即投资者购买债券时所支付的价格。公司债券的发行价格通常有三种：平价、溢价和折价。

平价指以债券的票面金额为发行价格；溢价指以高出债券票面金额的价格为发行价格；折价指以低于债券票面金额的价格为发行价格。

发行价格的高低，取决于下述四项因素：

（1）债券面额。债券的票面金额是决定债券发行价格的最基本因素。债券发行价格的高低根本上取决于债券面额的大小。一般而言，债券面额越大，发行价格越高。

（2）票面利率和市场利率。票面利率的影响是显而易见的。而市场利率是衡量债券票面利率高低的参照系，两者往往不一致，因此共同影响债券的发行价格。一般来说，债券的市场利率越高，发行价格也越低；反之，就越高。

（3）公司的风险因素。公司的风险包括经营风险和财务风险。无风险利率反映了投资者对风险为零时的期望收益。公司存在不能到期还本付息的可能性，存在违约风险。违约风险越大，债券的信用等级就越低，投资者要求的报酬率就越高。

（4）期限风险因素。同银行借款一样，债券的期限越长，债权人的风险越大，要求的利息报酬就越高，债券的发行价格就越低；反之，可能越高。

综合四项因素，根据货币时间价值原理，债券发行价格由两部分构成：一部分是债券面额以市场利率作为折现率折算的现值；另一部分是各期利息（通常表现为年金形式）以市场利率作为折现率折算的现值。由此，债券的发行价格可以按下列公式测算：

铁路建设债券。中国铁路总公司2013年7月22日发布公告称，发行2013年第一期中国铁路建设债券，发行总额200亿元，期限10年。该期债券起息日为7月24日，上市流通日为7月31日，兑付日为2023年7月24日。发行人的主体信用等级为AAA，本期债券信用等级为AAA。中国人民银行同意中央国债登记结算公司将铁路债归入政府支持机构债券。中国铁路总公司2013年铁路建设债券发行申请额度为1 500亿元。2012年铁道部发行2 000亿元的铁路债券，包括1 500亿元铁路建设债券以及500亿元的中票和短融券。

$$债券发行价格 = \frac{F}{(1+R_M)^n} + \sum_{t=1}^{n} \frac{I}{(1+R_M)^n} \qquad (9-1)$$

式中：F——债券面额，即债券到期偿付的本金；

I——债券年利息，即债券面额与债券票面年利率的乘积；

R_M——债券发售时的市场利率；

n——债券期限；

t——债券付息期数。

【例 9-5】某公司发行面额为 100 元，票面利率为 10%、期限 10 年的债券，每年末付息一次。其发行价格可分下列三种情况来分析测算。

(1) 如果市场利率为 10%，与票面利率一致，该债券属于平价发行。其发行价格为：

$$债券发行价格 = \frac{100}{(1+10\%)^{10}} + \sum_{t=1}^{10} \frac{10}{(1+10\%)^{10}} = 100（元）$$

(2) 如果市场利率为 8%，低于票面利率，该债券属于溢价发行。其发行价格为：

$$债券发行价格 = \frac{100}{(1+8\%)^{10}} + \sum_{t=1}^{10} \frac{10}{(1+8\%)^{10}} = 113.40（元）$$

(3) 如果市场利率为 12%，高于票面利率，该债券属于折价发行。其发行价格为：

$$债券发行价格 = \frac{100}{(1+12\%)^{10}} + \sum_{t=1}^{10} \frac{10}{(1+12\%)^{10}} = 88.70（元）$$

三、保护性条款

保护性条款是债券契约和贷款协议的组成部分，用于限制借款公司的某些行为。可分为消极条款和积极条款。

（一）消极条款

消极条款是对公司可采取的行动的限制。一般有：

(1) 限制公司的股利支付额。

(2) 公司不能将任何资产抵押给其他债权人。

(3) 公司不能兼并其他企业。

(4) 没有债权人同意，公司不能出售或出租公司的主要财产。

(5) 公司不能发行其他长期负债。

（二）积极条款

积极条款是将公司同意采取的行动或必须遵守的条件具体化。例如有：

(1) 公司同意将其营运资本维持在某一最低水平。

(2) 公司必须定期向债权人提供财务报表。

此处所列的保护性条款并不详尽。保护性条款会降低破产成本，提高企业价值。

四、债券的偿还

债券可以在到期日全额偿还，也可以在到期日前偿还。和长期借款一样，可以是一次偿还全部负债的方式，也可以分期偿还，即每年收回一定比例的债券，直到最后全部收回。这两种清偿方式通常在偿还长期债券时经常使用。

对于公开发行的债券而言，其清偿工作通常采用偿债基金和赎回条款方式进行。

（一）偿债基金

偿债基金（sinking funds）是出于清偿债券的目的而设立的、由债券信托人管理的账户。通常，公司定期提取一定比例的金额交给信托人（一般为金融机构）。信托人则从市场上购回公司的债券，或采用抽签方式随机选择债券并且一般以债券的票面价值将其赎回。

偿债基金对债权人有双刃效应：

(1) 偿债基金可以保护债权人的利益。处在财务困境中的企业可能在偿债基金的支付方面存在困难。偿债基金的支付状况就向债权人提供了一种预警机制。

(2) 偿债基金对公司具有吸引力。一旦债券价格下跌并低于债券面值，公司就可按较低的市场价值购入债券，用于满足偿债基金需求。假如债券价格上升并且高于其面值，那么公司可按较低的债券面值购回公司债券。

（二）赎回条款

允许公司在某一规定期内以事先确定的价格购回或"赎回"全部债券。一般赎回价格会比债券的票面价值高。赎回价格与票面价值之间的差价称为赎回溢价（call premium）。赎回条款一般在债券的有效年限初期无效。这种赎回方式称为延期赎回，在这段时间内，债券受赎回保护。

（三）债券调换

以新债取代全部或部分已发行在外的债券叫作债券调换。通常，典型的债券调换首先是以赎回价格购回全部已发行在外的债券。这是因为资本市场上利率降低时，债券的市场价值上升。发行公司的利息支付负担较大。还债的动机在于节约利息支出。

公司可能采用债券调换的几个因素：

（1）税收。如果债券持有人的应纳税率低于公司的税率，那么赎回条款就有利可图。一般来讲，可赎回债券的息票率会高于不可赎回债券。由于息票支付款对公司来说是一种可抵税的利息费用，而对债权人而言却是应税收入。因此，发行可赎回债券的情况下，公司的所得会大于低税率等级债权人的损失。

（2）投资机会。如前所述，保护性条款可能会对公司兼并或销售某些资产的权利予以限制，甚至是充分的限制。如果债券能赎回，那么公司就可按赎回价格购回债券，充分利用投资机会。

（3）较低的利率风险。利率上升时，不可赎回债券的价值就会下降。由于可赎回债券具有较高的息票率，因此，可赎回债券价值的下降幅度不会高于不可赎回债券。也就是说，赎回条款会减弱债券价值对利率变动的敏感度。由此可知，在某种条件下，通过赎回条款可以降低债券风险，也可以降低公司的权益风险。

五、债券评级

（一）公司债券信用评级的设置

债券的信用等级对于发行公司和购买人都有重要影响。这是因为：（1）债券评级是度量违约风险的一个重要指标，债券的等级对于债务融资的利率以及公司债务成本有着直接的影响。一般来说，资信等级高的债券，能够以较低的利率发行；资信等级低的债券，风险较大，只能以较高的利率发行。另外，许多机构投资者将投资范围限制在特定等级的债券之内。（2）债券评级方便投资者进行债券投资决策。对广大投资者尤其是中小投资者来说，由于受时间、知识和信息的限制，无法对众多债券进行分析和选择，因此需要专业机构对债券还本付息的可靠程度进行客观、公正和权威的评定，为投资者决策提供参考。

国际上流行的债券评定等级是由两家著名的评级公司，穆迪投资者服务公司和标准普尔投资者服务公司创立的。债券评级取决于：公司违约的可能性；公司违约时，贷款合同能多大程度上保护债权人。债券评级主要是依据公司提供的信息，主要是财务报表来进行的。有关债券等级分类，如表9-2所示。

表 9-2　　　　　　　　　　穆迪和标准普尔债券评级

级别	穆迪	标准普尔	说明
高等级	Aaa	AAA	债券等级中的最高级别表明债券具有极强的偿付本利的能力
高等级	Aa	AA	有较强的偿付本利的能力，它同最高等级债券一起构成债券的最高级别
较高级	A	A	偿还本利能力强，但比较容易随环境和经济状况变动而发生不利的变动
较高级	Baa	BBB	被看作是具有足够的能力偿还本息。因为它一般都规定有充分的保护措施，因此，比起高级类债券，不利的经济状况或环境变化能更削弱该级别债券的本利偿还能力。这类债券属于中级债务
投机级	Ba	BB	一般认为该等级债券具有显著的投机性。尽管这类债券可能具有某种特质与保护性特点，但是该等级债券支付能力低，投资者风险较大
投机级	B	B	该等级债券到期清偿支付能力脆弱，投资者风险很大
低级	Caa	CCC	该等级债券到期清偿支付能力很低，投资者风险极大
低级	Ca	CC	该等级债券支付能力极低，投资者风险最大
低级	C	C	该等级归属从未支付利息的收益债券
低级	D	D	无力清偿债务的债券被判定为 D 级债券，该种债券无法按时支付本息

资料来源：Standard & Poor's Bond Guide and Moody's Bond Guide。

债券等级相当重要。因为债券等级越低就要承担越高的利息成本。但是没有确凿的证据证明债券等级会对其风险产生影响。因为债券评级以已经公布的信息为基础，它们本身不能向市场提供新的信息。

标准普尔和穆迪有时候会调整债券等级。标准普尔使用加、减号：A+代表 A 级中的最高级别，A-代表 A 级中的最低级别。穆迪采用的符号是 1、2 或 3，其中 1 代表最高级别。

最高级别的证券，几乎没有违约风险。前四类信用等级（穆迪是 Aaa 至 Baa，标准普尔是 AAA 至 BBB）被认为是"投资信用等级"。金融管理机构规定金融机构如商业银行和保险公司只可以投资于这种证券。第五类以下的信用等级被认为是"投机信用等级"，由于它们具有较高的违约风险，它们必须向投资者支付较高的期望收益。

投资机构将评级低于标准普尔 BB 级或低于穆迪 Ba 级的债券标注为垃圾债券。该类债券也称为高收益债券。最近几年，垃圾债券发行量迅速扩展，成为一种重要的融资方式。

我国的债券评级工作正在开展，但尚无统一的债券等级标准和系统评级制度。根据中国人民银行的有关规定，凡是向社会公开发行的企业债券，需要由经中国人民银行认可的资信评级机构进行评信。这些机构对发行债券企业的企业素质、财务质量、项目状况、项目前景和偿债能力进行评分，以此评定信用级别（见表9-3）。

表9-3　利息保障倍数、信用评级和违约率之间的关系

利息保障倍数 >	利息保障倍数 ≤	信用评级	违约率（%）	利息保障倍数 >	利息保障倍数 ≤	信用评级	违约率（%）
-100 000	0.2000	D	20.00	2.250	2.5000	BB+	4.25
0.200	0.6500	C	15.00	2.500	3.0000	BBB	3.50
0.650	0.8000	CC	12.00	3.000	4.2500	A-	3.00
0.800	1.2500	CCC	10.00	4.250	5.5000	A	2.50
1.250	1.5000	B-	9.50	5.500	6.5000	A+	2.25
1.500	1.7500	B	7.25	6.500	9.5000	AA	1.75
1.750	2.0000	B+	6.00	9.500	100 000.00	AAA	1.25
2.000	2.2500	BB	5.00				

（二）债券评级的影响因素

债券评级机构需要综合考虑企业的情况后，才能对债券的评级作出评级。这些因素主要包括：

（1）公司的财务状况。包括分析评价公司的债务状况、偿债能力、盈利能力、周转能力和财务弹性，及其持续发展的稳定性和发展变化的趋势。

（2）公司的成长机会。主要分析公司所处的行业状况，在该行业中债券发行企业的竞争力、市场占有率等问题。

（3）公司债券的约束条件。即在发行债券的合同中规定的债券期限、还款方式以及其他保护性条款。

（三）债券评级的程序

公司债券评级的基本程序包括下述三个方面的内容。

（1）发行公司提出评级申请。债券的评级首先需由发行公司或其代理机构向债券评级机构提出正式的评级申请，并为接受评级审查提供有关资料，包括公司概况、财务状况与计划、长期债务资本与自有资本的结构、债券发行概要等。

（2）评级机构评定债券等级。债券评级机构接受申请后，组织

国际三大评级巨头为标准普尔、穆迪和惠誉国际（fitch）。标准普尔侧重于企业评级方面，穆迪侧重于机构融资方面，而惠誉则更侧重于金融机构的评级。惠誉国际（fitch）业务范围包括金融机构、企业、国家、地方政府和结构融资评级。迄今惠誉国际已完成1 600多家银行及其他金融机构评级，1 000多家企业评级及1 400个地方政府评级，以及全球78%的结构融资和70个国家的主权评级。其评级结果得到各国监管机构和债券投资者的认可。国内有评级资格的评级机构及各地区分支机构有五家，主要包括东方金城国际、中诚信、联合资信、大公国际、上海新世纪。

由产业研究专家、财务分析专家及经济专家组成的评级工作小组,对有关资料进行调查、审查,并与发行公司座谈,以便深入分析;然后拟出草案提交评级委员会。评级委员会经过讨论,通过投票评定债券的等级,并征求发行公司的意见。如果发行公司同意,则此等级就被确定下来;如果发行公司不同意,可申明理由提请重评更改等级。这种要求重评的申请仅限一次,第二次评定的级别不能再更改。评定的债券级别要向社会公告。

(3) 评级机构跟踪检查。债券评级机构评定发行公司的债券之后,还要对发行公司从债券发售直至清偿的整个过程进行跟踪调查,并定期审查,以确定是否有必要修正已发行流通债券的原定等级。如果发行公司的信用、经营等情况发生了较大的变化,评级机构认为有必要,将作出新的评级,根据具体情况提高或调低原定的债券等级,通知发行公司并予以公告。

六、公司债筹资的评价

中国中铁2010年债券

(一) 发行公司债券筹资的优点

(1) 债券成本较低。与股票筹资相比,债券支付的利息可以在税前列支,具有节税效应,成本较低。

(2) 具有财务杠杆作用。由于债券的利息固定,且在税前支付,能够为股东带来杠杆效益,增加股东和公司的财富。

(3) 保证公司的控制权不被稀释。债券持有者无权参与企业管理决策,因此,通过债券筹资,既不会稀释股东对公司的控制权,又能够扩大公司投资规模。

(4) 有利于调整公司资本结构。公司在决定发行债券的种类时,可以通过适时选择可转换债券或者可赎回条款,来掌握调整资本结构的主动权,使得公司的资本结构富有弹性。

(二) 发行公司债券筹资的缺点

(1) 增大公司的财务风险。公司债券是一种长期承诺,因而需要承担利率风险。

(2) 偿债压力大。公司债券有固定的到期日,有偿付本息的义务,这会增加公司陷入财务困境的可能性,增大破产的风险。

(3) 筹集资本的程度受限制,负债比率超过一定限度时,将导致举债成本急剧上升,进而影响企业的筹资能力。

(4) 限制性条款较多。公司债券契约中的限制性条款较为严格。

(5) 筹资数量有限。公司利用债券筹资有数量限制。包括:一是国家规定的企业债券年度发行规模的限制；二是《公司法》中对具体发行数量的限制，我国《公司法》明确规定，累计债券总额不超过公司净资产额的40%。

> 美国市场高收益债券。垃圾债券（junk bond），也称为高风险债券。垃圾债券向投资者提供高于其他债务工具的利息收益，因此垃圾债券也被称为高收益债券（high yield bonds），但投资垃圾债券的风险也高于投资其他债券。垃圾债券指信用评级甚低的企业所发行的债券。一般而言，BB级或以下的信用评级。信用评级低的企业所发行的债券的投资风险较高，因此，需要以较高的息率吸引投资者认购。以标准普尔的信用评级估计，投资于BB级、B级、CCC级、CC级或C级的债项或发行人，具有一定的投机性，而在不稳定的情况下，即使发行人或公司为投资者提供了一些保障，有关保障的作用也会被抵消。
>
> 垃圾债券最早起源于美国，在20世纪二三十年代就已存在。70年代以前，垃圾债券主要是一些小型公司为开拓业务筹集资金而发行的，由于这种债券的信用受到怀疑，问津者较小，70年代初其发行量还不到20亿美元。70年代末期以后，垃圾债券逐渐成为投资者狂热追求的投资工具，到80年代中期，垃圾债券市场急剧膨胀。在整个80年代，美国各公司发行垃圾债券1 700多亿美元，其中被称作"垃圾债券之王"的德崇证券公司（Drexel Burnham Lambert，DBL）就发行了800亿美元，占47%。1988年垃圾债券总市值高达2 000亿美元。1983年德崇证券收益仅10多亿美元，到了1987年该公司就成为华尔街盈利最高的公司，收益超过40亿美元。
>
> "垃圾债券"是一种专门为杠杆收购、并购或处于困境的企业融资而发行的一种高风险、高收益的债券。1982年，德崇证券公司开始通过"垃圾债券"形式发放较大比例的贷款来兼并企业，即杠杆收购。1989年德崇证券破产，90年代早期美国垃圾债券市场崩溃，但是随即再次复苏；后来在2000年和2007年再次崩溃，并随即复苏。

第五节 租赁筹资

租赁是在契约或合同规定的期限内，资产使用者（称为承租人，Lessee）定期向资产所有者（称为出租人，Lessor）支付一定数额租金来获得某项资产使用权的经济行为。每项租赁合同有两个当事人：承租人和出租人。出租人可以是设备制造商、银行，也可以是各种专业租赁公司。例如：美国 IBM 公司是美国最大的计算机出租公司。自 20 世纪 50 年代中期，一些银行或其他金融机构开始介入租赁市场，尤其后来形成了专业的租赁公司，租赁市场日益发达。承租人主要是其他各类企业，租赁物大多为设备等固定资产。一个典型的租赁通常由承租人确定需要的资产，然后再和出租人谈判具体的租赁合同。

对于公司而言，租赁不再是简单的出租、承租活动，它与发行股票、发行债券、长期借款以及留存收益一样成为公司主要的筹资渠道。我国公司实务中，运输业、房地产业的租赁市场比较发达，但整体的租赁市场尚处在发展的初级阶段。但是，随着经济的发展，一些专业的租赁公司相继出现，租赁市场日益完善，而且租赁活动在我国公司实务中的地位也日益重要。

租赁最根本的好处是税赋的减少，它可以将与所有权有关的税收利益从需要租赁资产却无法完全享有该利益的一方转移给可以完全享有的另一方。在租赁业务发达的条件下，它为企业所普遍采用，是企业融资的一种特殊方式。

公司租赁既有短期租赁，也有长期租赁，本节主要介绍长期租赁。在西方国家，通过长期租赁这种融资方式添置设备比其他融资方式更常见。

一、租赁融资的类型

租赁融资的形式很多，按照其契约的特点可以分为：经营性租赁和融资性租赁。

（一）经营性租赁

经营性租赁，又称为服务性租赁、营业性租赁或者业务性租赁，是指由出租人向承租人提供租用资产设备，并承担其维修保养、人员培训等专门技术服务的租赁方式。此类租赁一般用于满足承租人对资产的临时性需要，它具有短期筹资功能，是一种传统方式的租赁。

经营性租赁的主要特点是：

（1）租赁期短。通常短于资产的经济寿命，租赁条款下的租金收入不足以弥补出租人资产的全部成本，也就是说经营性租赁通常无法通过租金收入得到完全的补偿。

（2）契约的可撤销性。这项权利给予承租人可以在到期日之前撤销租赁的权利。一般要提前通知出租人并给出租人一定的经济补偿。

(3) 租赁租金较高。出租人除了承担资产设备维修、保养、设备磨损、过时等风险外，还需承担因承租人租约到期不愿续约或者中途解约退租使资产所有者另找租方期间蒙受损失的风险。由于这些原因，经营性租赁的租金较高。

适用于经营性租赁的设备主要有汽车、轮船、电脑、车辆和工程机械等。

（二）融资租赁

融资租赁实际是以租金形式分期购买资产，故有资本租赁或者融资租赁的称谓，是由租赁公司按照承租企业的要求融资购买设备，并在契约或合同规定较长期限内提供给承租企业使用的信用性业务。与经营性租赁相比有以下特点：

(1) 租赁时间长，一般接近于租赁资产的经济使用寿命。出租人的租金通过融资租赁能得到完全的补偿。

(2) 在融资租赁下，出租人不用提供维护、维修等服务。

(3) 契约具有不可解除性。一般来讲，非经双方同意，租赁合同不可解除，租赁合同比较稳定。

(4) 租赁期满时，按合同约定处置设备，一般有退租、续租、留租三种方式，通常由承租企业留购。

融资租赁从本质上看与长期负债极为相似，从现金流上分析，融资租赁在租赁期初租入设备或者其他资产，而长期负债在初期是借入资金购买设备或者其他资产；融资租赁在租期内需要支付租金，而长期负债需要在借款期内还本付息。其区别是：长期负债融通的对象是"资金"，而融资租赁是以"融物"代替"融资"。由于出租人预先支付了设备的全部价款，这等于向承租人提供了长期信贷，因此，具有长期信贷资金的性质。这种租赁方式将与租赁资产有关的全部风险和收益由出租人转嫁给承租人。

适用于融资租赁的设备主要有不动产、医疗设备、机械设备和飞机等。

（三）融资租赁的形式

融资租赁具有不同的形式，主要有以下几种：

(1) 直接租赁。直接租赁是融资租赁的典型形式，即承租人先向出租人提出申请，出租人按承租人要求购买资产并出租给承租人的方式。

(2) 售后租回。在这种租赁方式下，公司向另一家公司出售属于自己的资产，然后再作为承租企业将所售资产租回使用，并按期向其支付租金。在售后租回中，承租人将从出售资产中获取现金；承租人定期支付租金,从而拥有该资产的使用权。

(3) 杠杆租赁。杠杆租赁是国际上比较流行的一种融资租赁方式。参与杠杆租赁的有三方:承租人、出租人和债权人。对于昂贵的租赁费,出租人只投入部分资金,其余资金向第三方贷款。三方的协议安排如下:

承租人拥有资产使用权并定期支付租金;出租人购买资产,将其交给承租人使用,定期收取租金,但是,出租人购买该项资产的出租额不会超过其价格的 40%~50%;债权人向出租人提供剩余资金,并收取利息。

杠杆租赁中的贷款是无追索权贷款,即一旦违约,出租人无义务向债权人偿债。但债权人可以用两个办法保护自己:债权人对出租资产拥有第一留置权;在出租人违约情况下,承租人必须把租金直接支付给债权人。

中国飞机租赁。中国飞机租赁集团控股有限公司(简称"中国飞机租赁";股票代号:01848.HK)是按每年进口新飞机的数量计算,中国最大的经营性飞机租赁商。在提供经营性租赁、融资租赁、售后回租等常规服务的基础上,中国飞机租赁更为客户提供机队规划咨询、结构融资、机队退旧换新、飞机拆解等广泛的增值服务,为客户提供量身定制的飞机全生命方案。中国飞机租赁于 2014 年 7 月 11 日在香港交易所主板上市,是亚洲首家上市的飞机租赁商。集团的客户群包括中国及亚洲地区顶尖的航空公司,以及新成立的内陆支线航空公司。2014 年 12 月,中国飞机租赁签订了 100 架空客 A320 系列飞机的大额订单,包括 74 架 A320neo 飞机,创下中资企业单一客户飞机数量最大的一笔订单,并将其订单总量累积至 140 架 A320 系列飞机。

二、租赁会计

经营租赁条件下,公司的租赁费用并不需要体现在资产负债表上,但必须在公司财务报表的附注中说明租赁费用支出情况,而在融资租赁条件下,公司租赁的资产计入资产负债表中。

(一) 租赁对资产负债表的影响

我国《企业会计准则第 21 号——租赁》规定,符合下列一项或数项标准的,应当认定为融资租赁:

(1) 在租赁期届满时,租赁资产的所有权转移给承租人。

（2）承租人有购买租赁资产的选择权，所订立的购买价款预计将远低于行使选择权时租赁资产的公允价值，因而在租赁开始日就可以合理确定承租人将会行使这种选择权。

（3）即使资产的所有权不转移，但租赁期占租赁资产使用寿命的大部分。

（4）承租人在租赁开始日的最低租赁付款额现值，几乎相当于租赁开始日租赁资产公允价值；出租人在租赁开始日的最低租赁收款额现值，几乎相当于租赁开始日租赁资产公允价值。

（5）租赁资产性质特殊，如果不作较大改造，只有承租人才能使用。

《企业会计准则第21号——租赁》第11条规定在租赁期开始日，承租人应当将租赁开始日租赁资产公允价值与最低租赁付款额现值两者中较低者作为租入资产的入账价值，将最低租赁付款额作为长期应付款的入账价值，其差额作为未确认融资费用。承租人在租赁谈判和签订租赁合同过程中发生的，可归属于租赁项目的手续费、律师费、差旅费、印花税等初始直接费用，应当计入租入资产价值。第12条承租人在计算最低租赁付款额的现值时，能够取得出租人租赁内含利率的，应当采用租赁内含利率作为折现率；否则，应当采用租赁合同规定的利率作为折现率。承租人无法取得出租人的租赁内含利率且租赁合同没有规定利率的，应当采用同期银行贷款利率作为折现率。第18条规定在租赁期开始日，出租人应当将租赁开始日最低租赁收款额与初始直接费用之和作为应收融资租赁款的入账价值，同时记录未担保余值；将最低租赁收款额、初始直接费用及未担保余值之和与其现值之和的差额确认为未实现融资收益。

《中华人民共和国企业所得税法实施条例》规定，融资租入的固定资产，以租赁合同约定的付款总额和承租人在签订租赁合同过程中发生的相关费用为计税基础，租赁合同未约定付款总额的，以该资产的公允价值和承租人在签订租赁合同过程中发生的相关费用为计税基础。

> 融资租赁准则的起源。美国在1976年11月之前，公司可以通过租赁来使用资产，而不必要在资产负债表中揭示该项资产或者租赁合同。承租人只需在财务报表脚注中揭示这类租赁业务的信息。因此，租赁带来了资产负债表表外融资。1976年11月，财务会计准则委员会（Financial Accounting Standards Board Statement, FASB）发布第13号财务会计准则公告《租赁会计》（FASB 13），

> 公告规定，融资租赁必须体现在资产负债表中，同时增加资产和负债，增加的资产和负债应该等于租赁期内最低支付租赁费的现值。
>
> FASB 第 13 号公告规定：判断一项租赁是否属于融资租赁，不在于租约，而在于交易的实质。如果在一项租赁中，与资产所有权相关的全部风险和报酬实质上已经转移，这种租赁应该属于融资租赁，并确认只要符合以下四条标准之一的，就属于融资租赁。
>
> （1）在租赁之初，租赁付款额的现值至少是该资产市场公允价值的 90% 或以上；（2）在租赁期末，租赁资产的所有权被转移到承租人一方；（3）租赁期限为租赁资产估计经济年限的 75% 或以上；（4）承租人可以在租赁期满后以低于市场公允价值的价格购买被租用资产。这也被称为优先购买权。

【例 9-6】某公司需要一台设备，设备价值 100 万元，公司可以通过三种方式获得设备，即购买、经营租赁、融资租赁。其资产负债表相应项目的列示如表 9-4 所示。

表 9-4　购买、经营租赁、融资租赁方式下某公司资产负债表　单位：万元

资产负债表			
通过负债购买设备（公司拥有设备，假设购买设备的资金通过负债筹集）			
流动资产	70	流动负债	50
长期资产	30	长期负债	100
固定资产（设备）	100	权益	50
合计	200	合计	200
经营租赁（公司通过经营租赁使用设备）			
流动资产	70	流动负债	50
长期资产	30	长期负债	0
固定资产（设备）	0	权益	50
合计	100	合计	100
融资租赁（公司通过融资租赁使用设备）			
流动资产	70	流动负债	50
长期资产	30	长期应付款	100
固定资产（设备）	100	权益	50
合计	200	合计	200

在表 9-4 中，通过购买和融资租赁（表 9-4 的最上面一栏和最

底部一栏），公司资产负债表中的固定资产增加设备的价值，长期负债也相应地增加；而经营租赁（表9-4的中间部分），由于租赁而增加的设备和相应的租赁责任不在资产负债表中反映。

（二）融资租赁费用

租赁的基本特征是承租人向出租人承诺提供一系列的现金支付。租赁费用的报价形式和支付形式双方可以灵活安排，是协商一致的产物，没有统一的标准。

租赁费用的经济内容包括出租人的全部出租成本和利润。出租成本包括租赁资产的购置成本、营业成本以及相关的利息。如果出租人收取的租赁费用超过其成本，剩余部分则成为利润。

租赁费用的报价形式有三种：

（1）合同分别约定租赁费、利息和手续费。例如，租赁资产购置成本100万元，分10年偿付，每年租赁费10万元，在租赁开始日首付；尚未偿还的租赁资产购置成本按年利率6%计算利息，在租赁开始日首付；租赁手续费10万元，在租赁开始日一次付清。

（2）合同分别约定租赁费和手续费。如上例，租赁费110万元，分10年支付，每年11万元，在租赁开始日首付；租赁手续费10万元，在租赁开始日一次付清。

（3）合同只约定一项综合租赁费，没有分项的价格。如上例，租赁费120万元，分10年支付，每年12万元，在租赁开始日首付。

租赁费的支付形式也存在多样性。典型的租赁费支付形式是预付年金，即分期（年、半年、季度、月或日等）的期初等额系列付款。经过协商，也可以在每期期末支付租赁费，或者各期的支付额不等。利息支付可以各期等额支付，也可以根据各期期初负债余额计算并支付。手续费可以在租赁开始日一次支付，也可以分期等额支付。通常，租赁合约规定每月或每半年支付一笔等额的租赁费，第一笔租赁费大多在签约时就要支付，也有在每期期末支付的情况。有时候，根据承租人的要求也可以适当调整每期的支付额，例如，设备使用的第一年需要进行复杂的调试，则可能在租赁的第一年安排较低的租赁费，甚至约定免租期。

根据全部租赁费是否超过资产的成本，租赁分为不完全补偿租赁和完全补偿租赁。不完全补偿租赁，是指租赁费不足以补偿租赁资产的全部成本的租赁。完全补偿租赁，是指租赁费超过资产全部成本的租赁。

三、融资租赁的节税效应

融资租赁日益成为一种重要的融资方式，一方面是因为它可以帮助承租人解决资金的压力，另一方面是因为它可以获得税收利益。我们假设某公司计划购买 100 万元的设备，使用寿命为 10 年，直线折旧法下每年折旧 10 万元。如果该公司通过融资租赁方式取得设备的使用，租赁协议规定租期为 2 年，每年租金为 50 万元，两年后该公司以象征性价格 1 元钱购买该设备。这样，通过融资租赁方式就比直接购买能获得更大的税收优惠。而且 2 年的付款期限显然比 10 年期限的折旧速度快。

从所得税的基本原理来看，租赁资产的法律所有权属于出租人，应成为出租人的计税资产，并由出租人提取折旧。对于承租人来说，租赁费是纳税人的费用，理应在当期应税所得中扣除。但是，租赁当事人会因此"制造"租赁，将分期付款购买交易或抵押贷款业务"做成"租赁合同，以加快产生支出，提前抵税。为了反避税，许多国家的税法对租赁税务制定有专门条款，目的是区分真实租赁和名义租赁（实际为分期付款购买）。

我国的所得税法没有关于租赁分类的条款，但规定"在计算应纳税所得时，企业财务、会计处理办法与税收法律、行政法规的规定不一致的，应当依照税收法律、行政法规的规定计算"。这一规定被理解为：税法没有规定租赁的分类标准，可以采用会计准则对租赁的分类和确认标准；税收法规规定了租赁资产的计税基础和扣除时间，并且与会计准则不一致，应遵循税收法规。

《中华人民共和国企业所得税法实施条例》规定，以经营租赁方式租入固定资产发生的租赁费支出，按照租赁期限均匀扣除；以融资租赁方式租入固定资产发生的租赁费支出，按照规定构成融资租入固定资产价值的部分应当提取折旧费用，分期扣除。融资租入的固定资产，以租赁合同约定的付款总额和承租人在签订租赁合同过程中发生的相关费用为计税基础，租赁合同未约定付款总额的，以该资产的公允价值和承租人在签订租赁合同过程中发生的相关费用为计税基础。

这就是说，融资租赁的租赁费不能作为费用扣除，只能作为取得成本构成注入固定资产的计税基础。按照这一规定，税法只承认经营租赁是真正的租赁，所有融资租赁都是名义租赁并认定为分期付款购买。

四、租赁融资的评价

（一）租赁融资的优点

（1）及时获得所需资产。要比现筹措资金再购置资产的速度快，可以使得企业尽快形成生产能力。

（2）限制性条款较少。

(3) 资产的维修维护方便省时。经营性租赁中，设备的维修保养工作由出租人承担，特别是在短期租赁中，承租人不可能为短期租赁的资产配备专业维修人员，承租人节约了成本。

(4) 租金费用可以在税前扣除，承租企业能享受节税利益。

(5) 租金支付稳定且灵活，全部租金通常在整个租赁期内分期支付，既减少了不能偿债的风险，也有利于承租人稳定现金流量，便于承租人准确预测现金流，合理安排生产计划。

（二）租赁融资的缺点

租赁融资的主要缺点是成本高，租金总额通常要比设备价值高出30%；一旦承租企业陷入财务困境，固定的租金流出必将成为一项沉重的负担；如果不能享有租赁资产的残值，也将是一种损失。

第六节 混合债券

本章前面讨论了普通股融资、长期债券融资和租赁融资，它们都具有债权或股权融资的单一属性。本节介绍的混合债券是指兼具债权和股权双重属性的长期融资，常见的两种混合债券为认股权证和可转换债券。

一、认股权证

认股权证是一种允许其持有人在指定的时期内以事先约定价格购买发行公司普通股的证券。认股权证详细说明持有人可以购买的股票的执行价格、股票数量以及到期日。

上述定义中可知，认股权证本身含有期权条款，与看涨期权类似。认股权证也被称为"准权益股票"，相当大的一部分私募债券和一小部分公开发行的债券是与认股权证一起发行的。在债券合同中的贷款协议都会注明认股权证能否与债券单独出售和流通。一般情况下，在发行后，认股权证和债券就可立即分离，单独流通。

（1）认股权证与看涨期权的共同点。①均以股票为标的资产，其价值随股票价格变动；②均在到期前可以选择执行或不执行，具有选择权；③均有一个固定的执行价格。

（2）认股权证与看涨期权的区别。①看涨期权执行时，其股票来自二级市场，而当认股权执行时，股票是新发股票。认股权证的执行会引起股份数的增加，从而稀释每股收益和股价。看涨期权不存在稀释问题。标准化的期权合约,在行权时只是与发行方结清价差,根本不涉及股票交易。②看涨期权时间短,通常只有几个月。认股权证期限长,可以长达 10 年,甚至更长。③布莱克—斯科尔斯模型假设没有股利支付,看涨期权可以适用。认股权证不能假设有效期限内不分红,5~10 年不分红很不现实,不能用布莱克—斯科尔斯模型定价。

(一) 认股权证构成要素

认股权证的构成要素包括认购数量、认股价格、认股期限和赎回权。

(1) 认购数量。认购数量可以用两种方式进行约定:一种是确定每一单位认股权证可以认购若干公司发行的普通股;另一种是确定每一单位认股权证可以认购多少金额的普通股。

(2) 认股价格。认股价格一般以认股权证发行时发行公司的股票价格为基础,或者以公司股价的轻微溢价发行。如果公司股份有所变动,可能会对认股价格进行调整。有些公司则规定当公司的股票市价过度上扬时,其发行的认股权证的认股价格可以按预定公式自动上调。

(3) 认股期限。认股期限是指认股权证的有效期。在此期间,认股权证的持有者可以随时认购股份,超过此期限,认股权证将失效。一般说来,期限越长,认股权证的价格就越高。认股的期限长短,不同国家、不同地区、不同市场,都会有所不同,通常为 3~10 年。

(4) 赎回权。通常发行认股权证的公司均会制定赎回权条款,即在特定情况下,公司有权赎回已发行的认股权证。

(二) 认股权证的价值

认股权证能够给投资者带来收益和权利,因此具有价值。其价值形式分为理论价值和市场价值两种形式。

(1) 认股权证的理论价值。认股权证的理论价值可由下式求得:

$$V = (P - E) \times N \qquad (9-2)$$

式中:V——认股权证理论价值;

P——普通股股票市场价格;

E——认股权证的每股普通股的认购价格;

N——每一张认股权证可认购的普通股股票数。

从公式中可知,当股票市价高于认购价格时,认股权证理论价值为正值;当股票市价等于认购价格时,认股权证理论价值为零;当股票市价低于认购价格时,认股权证理论价值为负值,此价值毫无意义。因此,可以定义此时的认股权证理论价值为零,也就是说,认股权证的最低理论价值为零。股票市价高于认购价格越大,认股权证的价值越大;认股权证的换股比例越高,认股权证的价值越大;认购价格越低,认股权证的持有者为换股而付出的代价就越小。

【例9-7】某普通股股票市场价格为每股55元,认股权证规定认购价为40元,每张认股权证可购得1张普通股股票。则认股权证理论价值为:

V = (55 - 40) × 1 = 15(元)

(2)认股权证的实际价值。认股权证的实际价值又称为认股权证的市价或售价,是由市场供求关系所决定的。

一般而言,由于套购活动和存在套购利润,认股权证的实际价值高于其理论价值,二者的差额称为"超理论价值溢价",而认股权证市场价格最低限应是理论价值。

认股权证实际价格通常高于其理论价值。形成溢价的主要原因是:认股权证的收益率高于普通股的回报率,而且投资损失会小于普通股。也就是说,当普通股市场价格上涨超过认股权证交易时的普通股票价格时,认股权证上投资的潜在利润大于购买普通股票的利润;并且在普通股票市价上涨幅度较大时,这种潜在利润会以更快的速度增加,从而产生杠杆作用。我们将通过下例进一步说明。

【例9-8】某公司认股权证载明的认购价格为15元,其售价等于其理论价值,且每权认购一股,当股票市价为20元时,甲投资者投资60元于普通股票,乙投资者用60元投资认股权证,当股票市价上升为30元时,比较二者的收益情况。

甲投资者总收益 = (30 - 20) × (60/20) = 30(元)
甲投资者获利率 = 30/60 × 100% = 50%
乙投资者认股权证理论价值 = (20 - 15) × 1 = 5(元)
故60元可购入认股权证数量 = 60/5 = 12(张)
乙投资者总收益 = (30 - 15) × 12 - 60 = 120(元)
乙投资者获利率 = 120/60 × 100% = 200%

可见,用同样的资金,乙投资者却获得了相当于甲投资者4倍的权益,认股权证的高度杠杆作用显而易见。

下面再计算一下二者可能的损失。

若股票市价持续下跌,假设降低为0,此时,若乙仅买一张认股权证,甲购入一股的普通股,则甲的总损失是20元,而乙的可能总损失仅为5元。

可见,认股权证所具有的高获利和有限的损失,使其市价高于其理论价值。

从以上计算中可知,当市价越接近认购价格,认股权证超理论价值溢价也越大;随着股票市价的上升,认股权证理论价值与股票市价成正比例变动；认股权证的溢价逐渐减少，使认股权证市价逐渐趋近于其理论价值。

进一步举例说明以上结论。

【例9-9】承【例9-8】，若甲、乙投资者在股票市价为30元时投资，在股价上升为60元时出售股票，则：

甲投资者总收益 = (60 - 30) × (60/30) = 60（元）

甲投资者获利率 = 60/60 × 100% = 100%

乙投资者认股权证理论价值 = (30 - 15) × 1 = 15（元）

故60元可购入认股权证数 = 60/15 = 4（张）

乙投资者总收益 = (60 - 15) × 4 - 60 = 120（元）

乙投资者获利率 = 120/60 × 100% = 200%

可见，甲投资者的收益率有所上升，而乙投资者的收益率却保持不变。正是这种投资获利杠杆作用递减和损失风险递增的趋势，使认股权证的溢价逐渐减少。此外，随着认股权证到期日的临近，其溢价也逐渐减少。

（三）认股权证的发行

认股权证一般可以采用两种方式发行。

(1) 认股权证附于有关证券。这种方式较为常见，认股权证通常作为发行普通股、公司债或优先股时的附带权利，投资者无须支付认购款项。在此种发行方式下，认股权证将随同股份或债券凭证一同发给认购者或者一并由中央登记结算公司划入投资者账户。这种发行方式，可以增强公司股票和债券的吸引力。

(2) 认股权证单独发行。认股权证可与证券分离而单独流通。在此种发行方式下，认股权证的发行与普通股、公司债或优先股的发行没有内在联系。它是按原股东持股数量的一定比例发放，作为对原股东的一种回报。

（四）认股权证的行使

认股权证与证券的可分性不同，其相应的行使权也不同。若认股权证与公司有关证券是分离的，则认股权证可单独行使，即既可以在证券市场上单独出售，也可以认购普通股票；若认股权证与公司证券是不可分离的，则认股权证不可单独出售，而只在持证券人认购普通股时才有效，并在行使后即与原证券分离。

认证股权在普通股票市价达到既定的认购价格时才会被行使，具体有：

(1) 当公司的经营业绩好，认股权证的认购价格逐渐上升时，其持有者会在认股权证价格上升前行使其权利。

（2）当公司提高普通股股利时，认股权证持有者会为获得股利收入而行使其认股权证。此时，认股权证的持有者考虑到继续持有该认股权证，既不能为其带来股利收入，又不能使其获得投票权，在股利极具吸引力时，会行使其相应的权利。

（3）当股票市价高于认购价格，同时认股权证行将到期时，则认股权证持有者会乐意行使其权利。

当认股权证持有者执行认股权，公司的普通股数量就会增加，而且如果认股权证是可分离的话，与认股权证一同发行的债务可能不会相应地减少。发行认股权证时，设定的执行价格常常高于普通股的市场价格。

【例9-10】为了研究认股权证的执行如何新增资本，我们来考察A公司发行认股权证如何引起资本结构变化的例子。A公司发行了价值3 000万元附有认股权证的债券，债券的面值为1 000元，息票率为10%。一份债券拥有一份认股权证，每份认股权证允许持有人以20元/股的价格购买3股股票。融资前后以及认股权证执行后公司的资本结构变化如表9-5所示。

表9-5 融资前后以及认股权证执行后公司的资本结构变化 单位：元

	融资前	融资后	认股权证执行后
债券		30 000 000	30 000 000
普通股（面值10元）	10 000 000	10 000 000	10 900 000
追加实收资本			
留存收益	40 000 000	40 000 000	40 000 000
股东权益	50 000 000	50 000 000	51 800 000
总资本	50 000 000	80 000 000	81 800 000

假定公司的留存收益保持不变，发行的债券没有到期，也未被赎回。持有人执行认股权证，以每股20元的价格购买了90 000股普通股，总价值为1 800 000元。相应地，公司的总资本也增加了1 800 000元。

（五）认股权证筹资评价

认股权证通常作为包括普通股、优先股或债券在内的"一揽子"计划的一部分。它使持有者有权以规定的价格用现金购买公司普通股股票，也可促使公司证券的销售。其筹资优势表现在：

（1）认股权证的发行可以促使其他筹资方式的运用，达到筹资的目的。许多公司特别是规模较小的公司经常发现，发行附有认股权证的债券比发行纯粹的债券更有吸引力。此外，小公司经常将认股权证作为改善新发行普通股或非公开销售债券发行条件的因素。一些大公司，如美国电话电报公司、美国捷运公司等，同样借助于认股权证，达到筹资的目的。

（2）附认股权证的公司债兼具负债和股权的特性，可降低公司的资本成本。发行附认股权证的债券，可以使投资者在公司盈利状况好时成为股东，分享公司盈余，故投资者愿意接受较低的债券利率和较为宽松的债券契约条款，达到降低公司资本成本的目的。

（3）认股权证可以带来额外现金。认股权证不论是单独发行还是附带发行，均可为公司带来额外的现金，增强公司的资金实力。

总之，发行附认股权的证券筹资对公司与投资者均具有一定的好处，但还应注意筹资的时机和条件，一般来说，其主要适用于下列情形：

（1）公司目前股票市价较低。

（2）公司目前急需大额长期资金，而普通股票此时不具有吸引力。

（3）预计未来收益能力和普通股市价会稳步上升。

（4）预计公司未来有资金需求。

若公司股票价格无法上升，则优先权将不被行使，这将造成公司资本结构中负债比率过高，财务风险增大，股价上升会有压力，也不利于举借新的债务。这也是采用认股权证筹资应考虑到的可能风险。

二、可转换债券

可转换债券（convertible bonds）赋予其持有人在债券到期日之前的一段时间里将可转换债券按一定比例转换成一定数量的公司普通股股票的权利。它与附有认购权证的债券类似，不同的是附有认股权证的债券可以与认股权证剥离流通，而可转换债券不能。

由于可转换债券兼有公司债和普通股股票的双重性质，所以发行公司除应当具备发行公司债券的条件外，还应当符合发行新普通股股票的条件，并报请国务院证券管理部门批准后，方可发行。在我国，有关文件规定国有大中型企业可以发行可转换债券。上市公司经股东大会决议，可以发行可转换债券，并应在公司债券募集办法中规定具体的转换办法。

（一）与可转换债券有关的基本术语

（1）转换价格。转换价格是指转换为普通股时实际支付的价格。可转换债券发行时，对转换价格都有明确规定。证券持有者在行使转换权的有效期内，可按某一固定转换价格将可转换债券转换成普通

股票期权 ABC
上海证券交易
所视频 1

股票期权 ABC
上海证券交易
所视频 2

四川长虹分离
交易可转债

股。例如，某公司发行期限为10年、面值为1 000元的可转换债券，债券持有者可在10年内的任何时间，以每股40元的固定转换价格将每张债券转换成25股该公司的普通股。

转换价格一般在可转换债券发行时就设定，在该债券存续期间固定不变，但有时也设定逐渐上升的转换价格，即随可转换债券转换时间的推迟而定期提高转换价格。例如，某公司可在发行可转换债券时规定：发行后第一个五年期间按每股40元转换价格、第二个五年期间按每股50元转换价格转换成公司普通股。设定逐渐上升的转换价格可以减少每张债券转换成普通股的股数，其目的在于促使可转换债券持有者尽可能早些进行转换，以减少损失。同时也可减轻股东股权受稀释时对每股收益的影响。

转换价格通常会由于股票分割、股票股利或认股权证发行而加以调整。在公司向其股东分配资产（不包括现金股利）或负债时，也需对转换价格进行调整。

（2）转换比率。转换比率是指可转换债券转换成普通股的股数。它与转换价格的关系可用公式表示为：

$$转换比率 = 可转换债券面值 / 普通股转换价格$$

由于转换价格既有固定的，也有逐期提高的，因此转换比率可以是固定的，也可以是逐期降低的。

【例9 – 11】某公司发行的可转换债券面值为1 000元，转换价格为40元，期限为10年，则固定转换比率为：

转换比率 = 1 000/40 = 25（股）

若前五年转换价格为40元，后五年转换价格为50元，则逐期降低的转换比率为：

前五年转换比率 = 1 000/40 = 25（股）

后五年转换比率 = 1 000/50 = 20（股）

（3）转换溢价。像认股权证认购价格一样，转换价格的设定一般高于可转换债券发行时普通股市价的15%～20%，这种转换价格高于发行当时股票市场价格的差额即为公司债的转换溢价，其越高对普通股的稀释程度越低。

【例9 – 12】承【例9 – 11】，若发行当时普通股市价为35元/股，转换价格为40元，则：

转换溢价 = (40 – 35) × (1 000/40) = 125（元）

转换溢价率 = (40 – 35)/35 × 100% = 14.28%

（二）可转换债券的价值

可转换债券的价值可以分为三部分：非转换价值、转换价值和期权价值。

(1) 非转换价值。非转换价值是指可转换债券持有人不行使转换权或发行者不行使强制赎回权时，该债券所具有的原有一般债券的价值。非转换价值是可转换债券的最低限价。也就是说，可转换债券的价格是不能低于非转换价值的。可以用第四章债券估价的方法计算求出债券的非转换价值。因此，可转换债券非转换价值与普通股市价无关。

(2) 转换价值。转换价值是指如果可转换债券能以当前市价转换成普通股时所取得的价值。即：

$$转换价值 = 普通股市价 \times 转换比率$$

【例9–13】如果T公司目前的股价是20元，可转换债券转换比率为50股。

则：可转换债券的转换价值为：$20 \times 50 = 1\,000$（元）。

可转换债券不能以低于转换价值的价格卖出。

因此，可转换债券拥有两个价值底线：非转换价值和转换价值。非转换价值由公司债券价格决定，转换价值由公司的普通股价值决定。

(3) 期权价值。由于可转换债券具有非转换价值和转换价值，所以持有人可以通过等待并在将来利用非转换价值和转换价值中较高者来选择对其有利的策略，即决定是转换成普通股还是当作债券持有。这个选择权具有期权的特点，也是有价值的，它导致了可转换债券的价值高于非转换价值和转换价值。

当公司普通股价值比较低的时候，可转换债券的价值主要显著地受到其基本价值如债券价值的影响。而当公司普通股价值比较高的时候，可转换债券的价值主要由转换价值决定。此关系可由下面式子表示：

$$可转换债券价值 = \max(非转换价值, 转换价值) + 期权价值$$

(三) 发行可转换债券的原因

通过分别对比可转换债券与纯粹债券和普通股票的关系，可以分析公司发行可转换债券的利弊。

(1) 可转换债券与纯粹债券的对比。在其他条件相同的情况下，可转换债券的票面利率比纯粹债券低。投资者之所以能接受可转换债券较低的利率，是因为他们可能会从债券转成股票的过程中获得利益。

当股价大幅上涨时，如果公司以前发行的是纯粹债券而不是可转换债券的话，公司会受益更多，因为虽然发行可转换债券可以支付较低的利息，但是公司必须以低于市场价格向可转换债券的持有人出售股票。当股价下跌或上涨幅度不大时，如果公司以前发行的是可转换债券的话，那么持有者就不会转换成股票，继续持有债券，而可转换债券的利率又较低，对公司是有利的。

（2）可转换债券与普通股的对比。当股价大幅上涨时，公司以前发行的若是可转换债券，那么公司将受益。当股价下跌或上涨的不够多时，公司以前发行的如果是可转换债券的话，就不是一件好事了。因为持有人宁可将可转换债券当作纯粹债券持有。如果以前发行的是股票的话，公司就能收到比其随后股票价值要多的现金。

总之，与纯粹债券相比，若公司决定发行可转换债券，在其发行后的时期里公司股票表现出色，这对公司是不利的；若公司股票表现不好，则发行可转换债券对公司是有利的。与普通股相比，若公司股票在可转换债券发行后市场表现出色，则发行可转换债券对公司有利；若公司股票在随后的市场表现糟糕，那么发行可转换债券对公司是不利的。

（四）可转换债券的转换

公司发行可转换债券是希望当普通股市价达到转换价格后，该债券能最终转换为普通股股票。然而，转换与否主要取决于可转换债券持有者的意愿。《公司法》第163条规定："发行可转换为股票的公司债券的，公司应当按照其转换办法向债持有人换发股票，但债券持有人对转换股票或者不转换股票有选择权。"一般情况下，当股票市价高于转换价格时，债券持有者也许会选择转换债券，但并不是所有的债券持有者都执行转换权，因为可转换债券的转换价值会随着普通股市价上升而上升，并可继续获得固定的收入，所以他们会推迟转换。发行公司通常采用以下两种方法，使可转换债券持有者进行转换，以实现其发行可转换债券的目的。

（1）强制转换。公司通常在发行可转换债券时附有一定的收回条款，以强迫债券持有者进行转换，促使该债券如期转换。这种提前偿债条款，允许发行者在任何转换价值超过提前收回价格的时候，迫使债券持有人将债券转换为普通股。因为，此时，股票价值高于提前收回的价格，持有者将债券转换获利更多。例如，某可转换债券转换价格为40元，转换率为25股，债券赎回价格为1 130元，当普通股市价为50元时，该债券持有者会选择转换，即将债券转换为价值1 250元的普通股票；而若普通股市价为45元时，债券持有者更愿意债券被赎回。公司应采用使股东财富最大化的强制转换策略。

（2）鼓励转换。发行公司通常采取两种措施，以鼓励债券的转换：其一是设立阶梯式的转换价格，以降低证券的转换率。这样会促使证券持有者在新的转换价格生效前进行转换；其二是增加普通股股利，吸引债券持有者进行转换。

事实上，由于债券持有者所拥有的债权人的优越地位和稳定的收入，会促使一部分人不愿意转换，故比较而言，附加收回条款对促成证券转换更为有效。

（五）可转换债券的评价

可转换债券筹资优势表现为：

（1）降低筹资成本。可转换债券的利率一般低于普通债券，转换前可转换债券的资本成本低于普通债券；转换为股票后，又可节约股票的发行成本，从而降低股票的资本成本，并可对企业资本结构进行调整，增强负债的基础和保障，这将有利于公司的进一步发展。

（2）有利于企业筹资。可转换债券对投资者具有双重吸引力：在企业经营之初时，购买此类债券能取得较稳定的债息收入；当企业经营步入正常时，将可转换债券转为普通股，有更多的机会取得更大的收益，因此，可转换债券筹资极易成功。

（3）有利于调整资本结构。可转换债券是一种债务和权益双重性筹资方式，转换前可转换债券属于公司的一种债务，若公司希望持有人转股，还可借助一些方法，从而促进转股，达到调整资本结构的目的。

（4）减轻股东股权稀释时对每股收益的影响。有些公司在股票市价偏低的情况下，如要筹集相同数量的资金需要发行更多的股票，从而稀释原有股权。此时，公司可采用先发行可转换债券筹集长期资本，在预计将来随着企业盈利潜力的发挥，每股盈利额增长，普通股股价上升后，再发行普通股换回债券，这样既可以筹集资金，又减少了普通股的数量。

可转换债券筹资不足表现为：

（1）可能由于股市的不确定性造成发行公司的损失。这种损失表现在：当可转换债券转股时股价高于转换价格，将使公司遭受筹资损失；若确需股票筹资，但股价并未上升，可转换债券持有人不愿转股时，发行公司将承受债务压力，这将导致企业的信誉下降，使企业增筹资金发生困难。

（2）可能损害原股东的利益。当可转换债券转换为普通股时，若该债券并非全部由原股东按比例持有，则转换后会造成股权的稀释，削弱原股东对于公司的控制权。其次，若转换价格低于公司原每股权益，则转换后每股权益将降低，对原股东不利。

（3）转换债券转股后将失去利率较低的好处。一旦完成债券的转换，其成本较低的优势即告消失，筹资成本进一步扩大。

(六) 认股权证和可转换债券的比较

对于公司而言，发行可转换债券和认股权证都是作为一种暂时筹资的工具，其本意是发行普通股筹资，但两种优先权行使后对公司财务状况的影响却是不同的。这里将二者作一个简单的比较，以对可转换债券的优缺点有更为清晰的认识。

（1）对资金总额和资本结构的影响不同。可转换债权行使后，只是改变了企业资金来源的具体形式和资本结构，增加普通股所占比例，而企业资金来源不变；认股权证行使后企业除了获得原已发售证券筹得的资金外，还可新增一笔股权资本金，并改变资本结构。

（2）对负债总额的影响不同。当可转换债券行使转换权后，原有的债务消失，负债总额减少；而认股权证行使后，原有的债务保留，负债总额不变。

（3）对纳税的影响不同。当可转换权行使后，原有负债的节税功能相应消除；而认股权证行使后，不影响原有的节税效果。

（4）对财务杠杆作用的影响不同。可转换权行使后，原有的财务杠杆作用消失；而认股权证行使后，原有的财务杠杆作用仍然保留。

（5）对原有股权冲淡程度的取决条件不同。可转换权行使后对原有股东权益的影响取决于转换价格与原股东每股权益的关系；认股权证行使后对原有股东权益的影响取决于认购价格与原股东每股权益的关系。

通过上述分析，可以得出结论：可转换债券适用于将来不需增资且负债比率过高的情况；而认股权证则适用于将来要求大量增资且负债比率适当或较低的情况。发行公司可根据公司的财务状况，在分析不同筹资方式的优劣后，做出对公司有利的决策。

本 章 小 结

长期融资的基本方式有普通股融资、优先股筹资、长期负债、融资租赁、认股权证、可转换债券等。

普通股是股份有限公司发行的特别权利的股份，是股份有限公司筹措股权资本的基本方式。普通股股东享有投票权、资产受益权、剩余财产分配权等权利。股票的发行方式有两种：公开间接发行和不公开直接发行。股票销售方式有自销、包销、代销。发行价格一般有：等价、时价和中间价。普通股融资具有长期性，没有还款的风险；没有固定的股利负担。但普通股的资本成本较高，分散了公司的控制权。

优先股是相对于普通股而言的，是较普通股具有某些优先权利，同时也受到一定限制的股票。优先股优先分配固定的股利、优先分配公司的剩余财产、一般无表决权、可由公司赎回。

长期负债融资主要有长期借款和债券两种方式。长期借款是指企业向银行或其他非银行金融机构借入的使用期限超过一年的借款。按照国际惯例，银行借款往往附加授信额度、周转授信协议、补偿性余额等信用条件。长期借款的资本成本主要是利率。由于长期借款的还款期限较长，银行的贷款风险较高，所以其利率通常高于短期借款。长期借款利率有固定利率和浮动利率两种。除了一定的借款程序和条件外，由于长期借款的期限长、风险大，按国际惯例，银行通常对借款企业提出一些有助于保证按时足额还款的条款。长期借款具有筹资速度快、借款弹性较大、借款成本低等特点。

债券是债务人为筹集债权资本而发行的，用以记载和反映债权债务关系的有价证券。长期债券是指偿债期限超过1年的公司债券。长期债券的发行除了要遵循一定的条件和程序外，还要附加一定的保护性条款。公司债券的发行价格通常有三种：平价、溢价和折价。发行价格的高低，取决于四项因素：债券面额、票面利率和市场利率、公司的风险因素、期限风险因素。对于公开发行的债券而言，其清偿工作通常采用偿债基金和赎回条款方式进行。"偿债基金"（sinking funds）是出于清偿债券的目的而设立的、由债券信托人管理的账户。赎回条款允许公司在某一规定期内以事先确定的价格购回或"赎回"全部债券。公司债券具有一定的风险，所以公司经常聘请权威评级机构评定其债券级别。

租赁是在契约或合同规定的期限内，资产使用者定期向资产所有人支付一定数额租金来获得某项资产使用权的经济行为。每项租赁合同有两个当事人：承租人和出租人。租赁分为经营性租赁和融资租赁两种。经营租赁中出租人不但提供设备，同时还会提供设备的操作人员。融资租赁是由租赁公司按照承租企业的要求融资购买设备，并在契约或合同规定较长期限内提供给承租企业使用的信用性业务。融资租赁有直接租赁、售后租回、杠杆租赁等三种形式。融资租赁的租金确定有平均分摊法和等额年金法两种方法。

认股权证是一种允许其持有人在指定的时期内以事先约定价格购买发行公司普通股的证券。认股权证本身包含了期权的条款；必须标明期权的到期日；经过某一特定时期后，公司才可以赎回认股权证。

可转换债券赋予其持有人在债券到期日之前的一段时间里将可转换债券按一定比例转换成一定数量的股票的权利。可转换债券价值 = max(非转换价值，转换价值) + 期权价值。

本章重要术语

普通股筹资

优先股

配股
配股除权价格
长期借款筹资
长期借款的限制性条款
债券评级
偿债基金
融资租赁
售后租回
杠杆租赁
认股权证
可转换债券

复习与思考

一、选择题

1. 与不公开直接发行股票方式相比，公开间接发行股票方式（　　）。
   A. 发行范围小　　　　　　B. 发行成本高
   C. 股票变现性差　　　　　D. 发行条件低

2. 甲公司采用配股方式进行融资。每10股配2股，配股前股价为6.2元。配股价为5元。如果除权日股价为5.85元。所有股东都参加了配股。除权日股价下跌（　　）。
   A. 2.42%　　B. 2.50%　　C. 2.56%　　D. 5.65%

3. 配股是上市公司股权再融资的一种方式。下列关于配股的说法中，正确的是（　　）。
   A. 配股价格一般采取网上竞价方式确定
   B. 配股价格低于市场价格，会减少老股东的财富
   C. 配股权是一种看涨期权，其执行价格等于配股价格
   D. 配股权价值等于配股后股票价格减配股价格

4. 下列关于普通股筹资定价的说法中，正确的是（　　）。
   A. 首次公开发行股票时，发行价格应由发行人与承销的证券公司协商确定
   B. 上市公司向原有股东配股时，发行价格可由发行人自行确定
   C. 上市公司公开增发新股时，发行价格不能低于公告招股意向书前20个交易日公司股票均价的90%
   D. 上市公司非公开增发新股时，发行价格不能低于定价基准日前20个交易日公司股票的均价

5. 长期借款筹资与长期债券筹资相比，其特点是（　　）。
   A. 利息能节税　　　　　　B. 筹资弹性大

C. 筹资费用大　　　　　　　D. 债务利息高

6. 下列关于认股权证与股票看涨期权共同点的说法中，正确的是（　　）。

　A. 两者行权后均会稀释每股价格

　B. 两者均有固定的行权价格

　C. 两者行权后均会稀释每股收益

　D. 两者行权时买入的股票均来自二级市场

7. 甲公司 2018 年 3 月 5 日向乙公司购买了一处位于郊区的厂房，随后出租给丙公司。甲公司以自有资金向乙公司支付总价款的 30%，同时甲公司以该厂房作为抵押向丁银行借入余下的 70% 价款。这种租赁方式是（　　）。

　A. 经营租赁　　　　　　　B. 售后回租租赁

　C. 杠杆租赁　　　　　　　D. 直接租赁

8. 对于发行公司来讲，采用自销方式发行股票的特点有（　　）。

　A. 可及时筹足资本　　　　B. 免于承担发行风险

　C. 节省发行费用　　　　　D. 直接控制发行过程

9. 下列各项中，属于企业长期借款合同一般性保护条款的有（　　）。

　A. 限制企业租入固定资产的规模

　B. 限制企业股权再融资

　C. 限制企业高级职员的薪金和奖金总额

　D. 限制企业增加具有优先求偿权的其他长期债务

10. 按照我国《优先股试点管理办法》的有关规定，上市公司公开发行优先股应当在公司章程中规定的事项有（　　）。

　A. 采取固定股息率

　B. 在有可分配税后利润的情况下必须向优先股股东分配股息

　C. 对于累积优先股，未向优先股股东足额派发股息的差额部分应累积到下一个会计年度，对于非累积优先股则无须累积

　D. 优先股股东按照约定的股息率分配股息后，特殊情况下还可同普通股股东一起参加剩余利润分配

11. 相对普通股而言，下列各项中，属于优先股特殊性的有（　　）。

　A. 当公司破产清算时，优先股股东优先于普通股股东求偿

　B. 当公司分配利润时，优先股股东优先于普通股股利支付

　C. 当公司选举董事会成员时，优先股股东优先于普通股股东当选

　D. 当公司决定合并、分立时，优先股股东表决权优先于普通股股东

12. 某公司是一家生物制药企业，目前正处于高速成长阶段。公司计划发行 10 年期限的附认股权债券进行筹资。下列说法中，正确

的有（　　）。

A. 认股权证是一种看涨期权，可以使用布莱克—斯科尔斯模型对认股权证进行定价

B. 使用附认股权债券筹资的主要目的是当认股权证执行时，可以以高于债券发行日股价的执行价格给公司带来新的权益资本

C. 使用附认股权债券筹资的缺点是当认股权证执行时，会稀释股价和每股收益

D. 为了使附认股权债券顺利发行，其内含报酬率应当介于债务市场利率和普通股成本之间

二、思考题

1. 在我国普通股可以分为哪几类？普通股股东有哪些权利？
2. 我国股票发行条件有哪些？发行程序是什么？
3. 股票的发行方式、销售方式和发行价格有哪些？
4. 普通股融资有哪些特点？
5. 什么是委托代理投票权？
6. 长期借款的种类有哪些？
7. 债券的分类有几种？什么是保护性条款？
8. 租赁有哪两种类型？分别有什么特点？
9. 融资租赁的具体形式有哪些？
10. 认股权证的影响因素有哪些？
11. 可转换债券的价值可分为几部分？
12. 认股权证与可转换债券有何异同？
13. 某企业按照年利率9%从银行取得贷款200万元，银行要求维持10%的补偿性余额，其实际利率是多少？
14. C公司发行面值为1 000万元的可转换债券，转换价格为40元，期限为6年，若前两年转换价格40元，第3年和第4年的转换价格为45元，第5年和第6年的转换价格为50元，求这三次的转换比率。当发行时普通股的市价为每股30元，求这三种情况下的转换溢价和转换溢价率。

第十章
资本成本

学习目标

通过本章学习,理解资本成本的概念、用途,理解公司的资本成本和投资项目资本成本的区别;掌握债务资本、优先股资本成本和普通股资本成本的测算;掌握加权平均资本成本的计算,理解三种计算各种长期资本权重方法的优缺点;理解边际资本成本的概念和计算方法;掌握选择投资项目资本成本的原理。

引 导 案 例

如何确定中国中铁的资本成本?

下表是中国中铁年报摘要,确定该公司的资本成本需要确认权益的资本成本和债务的资本成本,在公司财务实务中,财务经理是如何确定公司的资本成本的?

从股东财富最大化的角度,计算债务资本成本时应该从合并报表的角度。观察该公司的合并资产负债表,发现中国中铁的债务主要有流动负债和非流动负债,在计算资本成本时是否应该考虑短期负债、应付账款和其他应付款项?在公司日常经营中,为满足经营周转的需要,需要占用流动资产,同时发生流动负债;公司在运作项目时,也会产生营运资产占用、临时性自发融资及短期负债,项目结束时又会收回。因此测算债务资本成本时不需要考虑流动负债的成本。财务经理在测算债务资本成本时,主要考虑具有明确利息的长期债务。

权益资本成本的确定,需要分别考虑股本的资本成本和留存收益的资本成本,如果公司有优先股筹资,还需要对优先股的资本成本进行测算。

根据狭义资本结构的定义,需按长期负债和权益的比例计算加权平均资本成本,在此基础上对投资项目进行风险调整,并考虑公司在不同国家和地区投资的风险调整后,测算公司项目的资本成本。

中国中铁 2014 年年报资产负债表摘要（合并）　　　单位：亿元

资产	金额	负债及股东权益	金额
流动资产	5 453	流动负债	4 711
		其中：短期借款	607
非流动资产	1 377	非流动负债	1 028
		其中：长期借款	594
		应付债券	333
		总负债	5 739
		股东权益	1 090
		股本	213
		留存收益	397
		其他	590
合计	6 830	合计	6 830

中国中铁 2015 年 6 月 3 日公告称，中国证监会发行审核委员会于 6 月 3 日对公司非公开发行 A 股股票的申请进行了审核。根据会议审核结果，公司非公开发行 A 股股票的申请获得审核通过。

公司拟以不低于 7.65 元/股的价格，向包括控股股东在内的不超过 10 名特定投资者，定向增发不超过 15.69 亿股，募集不超过 120 亿元资金，将用于共计 6 个项目。本次发行后，公司总资产和净资产将相应增加，资产负债率将相应下降，公司的财务结构更加稳健，盈利能力将进一步加强，本次发行对公司财务状况将带来积极影响。

中国中铁在非公开发行后，其加权平均资本成本是否会有改变？要回答上述问题，需要了解新的权益融资后是否会大幅度影响中国中铁的资本结构，以及中国中铁未来是否会改变自身的资本结构。在进行项目投资时，企业需要筹集资本，需要确保新的融资不会大幅度影响企业原来的资本结构，否则，企业加权平均资本成本也会因为资本结构的改变而改变。中国中铁新的权益融资后会降低负债权益比，但是若公司不打算改变目前的资本结构，而这次股权融资只属于个别事件，可以采用加权平均资本成本作为新项目的贴现率。

通过本章的学习，帮助你理解有关资本成本的问题，并根据所学的知识为公司和项目测算资本成本。

第一节　资本成本概述

资本成本在财务管理中是一个非常重要的概念，之所以重要有两个原因：一是公司要达到股东财富最大化的目标，必须使所有的投入成本最小化，其中包括资本成本的最小化，所以正确估计和合理降低资本成本是制定筹资决策的基础。二是公司为了增加股东财富，只能投资于投资报酬率高于其资本成本的项目，正确估计项目的资本成本是制定投资决策的基础。

一、资本成本的概念

资本成本是公司筹集和使用资本而发生的代价。在市场经济条件下，公司不能无偿使用资本，必须向资本提供者支付一定数量的金额作为补偿。

资本成本的概念包括两个方面：一方面，资本成本与公司的筹资活动有关，它是公司筹集和使用资金的成本，即筹资的成本；另一方面，资本成本与公司的投资活动有关，它是投资所要求的必要报酬率。这两方面既有联系，也有区别。为了加以区分，我们称前者为公司的资本成本，后者为投资项目的资本成本。

资本成本可以用绝对数和相对数来表示。由于各公司的规模不同，资本结构不同，绝对数的表示方法往往不便于不同公司的比较，为了提高可比性，资本成本通常用相对数表示。

（一）公司的资本成本

公司的资本成本，是指组成公司资本结构的各种资金来源的成本组合，也就是各种资本要素的加权平均数。

公司的资本成本包括两个部分：一是筹资费用。即公司在筹集资本过程中所支付的各种费用，包括向银行支付的借款手续费，发行股票和债券而支付的发行费用、律师费、评估费、担保费、广告费等。二是用资费用。即公司在使用资本过程中支付的费用，包括支付给债权人的利息和向股东分配的股利等。

（二）投资项目的资本成本

投资项目的资本成本是指项目本身所需投资资本的机会成本。

（1）公司资本成本和项目资本成本不同。公司资本成本是投资人针对整个公司要求的报酬率，或者说是投资者对于企业全部资产要求的必要报酬率。项目资本成本是公司投资于资本支出项目所要求的必要报酬率。

（2）每个项目有不同的资本成本。因为不同投资项目的风险不同，所以它们的最低报酬率不同。风险高的投资项目要求的报酬率较高，风险低的投资项目要求的报酬率较低。作为投资项目的资本成本即项目的必要报酬率，其高低取决于资本运用于什么样的项目，而不是资本从哪些来源筹资。

如果公司新的投资项目的风险与企业现有资产平均风险相同，则项目资本成本等于公司资本成本；如果新的投资项目的风险高于企业现有资产的平均风险，则项目资本成本高于公司资本成本；如果新的投资项目的风险低于企业现有资产的平均风险，则项目资本成本低于公司资本成本。因此，每个项目都有自己的资本成本，它是项目风险的函数。

二、影响资本成本的因素

在市场经济环境中，很多因素都对资本成本的高低产生影响，其中主要有：资本市场供求关系、证券市场条件、公司内部经营风险和资本结构等。

资本市场供求关系的变化主要体现在无风险利率上。当货币需求增加，供给没有相应增加，无风险利率就会相应上涨，从而导致资本成本上升；反之，则会使资本成本下降。

证券市场的变化主要体现在流动性风险补偿上。流动性风险补偿主要受证券转让的难易程度以及价格波动程度影响。如果证券的流动性很好，证券投资者要求的报酬率就会低，从而降低发行公司的资本成本。如果证券价格波动幅度很大，则该证券风险提高，证券投资者会要求更高的报酬予以补偿，这样发行公司就会付出较高的资本成本。

公司内部经营风险也影响资本成本的高低。经营风险对资本成本的影响主要是因经营状况或经营环境变化，影响资产收益率的变化，产生较高的经营风险，因而，投资者会要求较高的收益率，导致资本成本的升高。

公司的资本结构是影响公司资本成本的重要因素。公司资产负债率越高，意味着公司财务风险越大。即公司按期支付利息和偿还本金的风险上升，债权人和股东会要求更高的收益率给予补偿，使资本成本上升。

股利政策影响净利润中分配给股东的比例。根据股利折现模型，它是决定股权成本的因素之一。公司改变股利政策，就会引起股权成本的变化。

三、资本成本的作用

（一）资本成本是评价投资决策可行性的主要经济标准

公司的目的之一就是要盈利，盈利是公司生存、发展的必要前提。从公司追求盈利性这一点来看，扩大收益、降低成本是公司盈利实现的基础。

当投资项目与公司现存业务相同时，公司资本成本是合适的折现率。当然，在确定一个项目风险恰好等于现有资产平均风险时，需要审慎地判断。

如果投资项目与现有资产平均风险不同，公司资本成本不能作为项目现金流量的折现率。不过，公司资本成本仍具有重要价值，它提供了一个调整基础。根据项目风险与公司风险的差别，适当调增或调减可以估计项目的资本成本。评价投资项目最普遍的方法是净现值法和内含报酬率法。采用净现值法时，项目资本成本是计算净现值的折现率；采用内含报酬率法时，项目资本成本是其"取舍率"或必要报酬率。

（二）资本成本是选择筹资方式和拟订筹资方案的重要依据

在资本市场中，公司可以通过多种方式来筹集资本，比如吸收直接投资、发行股票、留存收益、银行借款、发行债券等方式。不同的筹资方式，其资本成本不同；不同的资本结构，资本成本也不一样。由于公司的趋利性，公司会选择最低的资本成本，最优的资本结构，来降低财务风险，追求公司价值的最大化。最优资本结构是使股票价格最大化的资本结构。由于估计资本结构对股票价格的影响十分困难，通常的办法是假设资本结构不改变企业的现金流，那么能使公司价值最大化的资本结构就是加权平均资本成本最小化的资本结构。因此，资本成本就是选择合理筹资方式的标准和拟订筹资方案的基本依据。

（三）资本成本是评价公司经营成果的依据

一般而言，评价公司经营绩效的重要标准之一是看公司的资产报酬率。资产报酬率越高，说明公司经营业绩越好，公司声誉越高。对公司投资者来说，公司的资产报酬率高于资本成本时，才能表明公司经营盈利、业绩好、声誉高，才能满足投资者投资的需要，投资者才会继续将资本投入公司。另外，公司生存的基本条件是到期能够清偿债务，公司的资产报酬率高于资本成本，公司才能保证基本的偿债能力，公司的生产经营活动才能正常进行，否则公司的生产经营活动将难以维系，公司必须重新调整。因此，资本成本在一定程度上也是衡量公司经营业绩好坏的一个重要依据。

第二节 个别资本成本的测算

资本成本按用途不同，可以分为个别资本成本、加权平均资本成本和边际资本成本。个别资本成本主要是用来比较不同筹资方式的成本；加权平均资本成本主要是用来进行资本结构决策；边际资本成本主要在筹集资本时，用于追加筹资决策。

一、债务资本成本

（一）债务资本成本

估计债务成本就是确定债权人要求的收益率。债务成本的估计方法与债务筹资的特征有关系。与权益筹资相比，债务筹资有以下特征：

（1）债务筹资产生合同义务。筹资公司在取得资金的同时，必须承担规定的合同义务，这种义务包括在未来某一特定日期归还本金，以及支付本金之外的利息费用或票面利息。

（2）公司在履行上述义务时，归还债权人本息的请求权优先于股东的权利。

（3）提供债务资本的投资者，没有权利获得高于合同规定利息之外的任何收益。

由于债务筹资的上述特点，债务资本的提供者承担的风险显著低于股东，所以其期望的报酬率低于股东，即债务的资本成本低于权益筹资。

（二）长期借款资本成本

（1）一般模式。长期借款资本成本包括借款利息和筹资费用。借款利息计入税前成本费用，可以起到抵税的作用。因此，分期付息，到期一次还本的长期借款资本成本为：

$$r_l = \frac{I_t(1-T)}{L(1-F_l)} \qquad (10-1)$$

式中：r_l——长期借款资本成本；

I_t——长期借款年利息；

T——公司所得税税率；

L——长期借款筹资额（借款本金）；

F_l——长期借款筹资费用率。

上述公式也可以改为以下形式：

$$r_l = \frac{R_l(1-T)}{1-F_l} \quad (10-2)$$

式中：R_l——长期借款的年利率，即税前资本成本。

当长期借款的筹资费用（主要是借款的手续费）很小时，也可以忽略不计。

公式为：

$$r_l = R_l(1-T) \quad (10-3)$$

在借款合同附加补偿性余额条款的情况下，企业可动用的借款筹资额应扣除补偿性余额，这时借款的实际利率和资本成本将会上升。

在借款年内结息超过一次时，借款实际利率也会高于名义利率，从而资本成本上升。这时，借款资本成本率的测算公式为：

$$r_l = \left[\left(1+\frac{R_l}{M}\right)^M - 1\right](1-T) \quad (10-4)$$

式中：M——年内借款结息次数。

【例 10 - 1】某公司从银行取得长期借款 200 万元，年利率为 10%，期限为 5 年，每年付息一次，到期一次还本，筹资费用率为 0.1%，公司所得税税率为 25%。则该长期借款的资本成本为：

$$r_l = \frac{200 \times 10\% \times (1-25\%)}{200 \times (1-0.1\%)} = 7.51\%$$

（2）折现模式。上述计算长期借款资本成本的方法比较简单，没有考虑时间价值，因而计算出的资本成本数据不是十分精确。如果对资本成本计算结果精确度要求比较高，则需要考虑时间价值方法确定长期借款的税前资本成本，再进而计算税后资本成本。计算公式为：

$$L \times (1-F_l) = \sum_{t=1}^{n} \frac{I_t}{(1+R_l)^t} + \frac{L}{(1+R_l)^t} \quad (10-5)$$

$$r_l = R_l \times (1-T)$$

式中：L——第 n 年末应偿还的本金；

R_l——长期借款的税前资本成本；

r_l——长期借款的税后资本成本。

按照这种方法，实际上是将长期借款的资本成本看作是使这一借款的现金流入等于其现金流出现值的贴现率。即先采用插值法求出借款的税前资本成本，然后将借款的税前资本成本调整为税后的资本成本。

【例 10 - 2】沿用【例 10 - 1】的资料，假设考虑时间价值，则该项借款的资本成本计算如下：

①计算长期借款税前资本成本。

根据公式：

$$L \times (1 - F_1) = \sum_{t=1}^{n} \frac{I_t}{(1 + R_1)^t} + \frac{L}{(1 + R_1)^t}$$

$$200 \times (1 - 0.1\%) = \sum_{t=1}^{5} \frac{200 \times 10\%}{(1 + R_1)^t} + \frac{200}{(1 + R_1)^5}$$

查表，10%，5 年期的年金现值系数 $PVIFA_{10\%,5}$ 为 3.7908；10%，5 年期的复利现值系数 $PVIF_{10\%,5}$ 为 0.6209。代入上式有：

$200 \times 10\% \times 3.7908 + 200 \times 0.6209 = 199.996$（万元）

199.996 万元大于 199.8 万元，应提高贴现率再试。

查表，12%，5 年期的年金现值系数 $PVIFA_{12\%,5}$ 为 3.6048；12%，5 年期的复利现值系数 $PVIF_{12\%,5}$ 为 0.5674。代入上式有：

$200 \times 10\% \times 3.6048 + 200 \times 0.5674 = 185.576$（万元）

185.576 万元小于 199.8 万元。所以，折现率 R_1 应该在 10% 至 12% 之间，运用插值法计算长期借款税前资本成本。

$$\frac{R_1 - 10\%}{12\% - 10\%} = \frac{199.80 - 199.996}{185.576 - 199.996}$$

$R_1 = 10.03\%$

②计算长期借款税后资本成本。

$r_1 = R_1(1 - T) = 10.03\% \times (1 - 25\%) = 7.52\%$

由于所得税作用，债权人要求的收益率不等于公司的税后债务成本。因为利息可以免税，政府实际上支付了部分债务成本，所以公司的债务成本小于债权人要求的收益率。

（三）公司债券资本成本

（1）一般模式。公司债券的资本成本主要指债券利息和筹资费用。债券利息的处理与长期借款利息的处理相同，应以税后的利息作为计算依据。公司债券的筹资费用包括债券申请手续费、注册费、印刷费、推销费等，其数额一般比较高，在计算资本成本时一般不可以省略。分期付息、到期一次还本的公司债券，其资本成本的计算公式为：

$$r_b = \frac{I_b(1 - T)}{B(1 - F_b)} \quad (10-6)$$

式中：r_b——债券税后资本成本；

I_b——债券年利息；

T——公司所得税税率；

B——债券筹资额；

F_b——债券筹资费用率。

如果公司平价发行债券，上述公式可简化为：

$$r_b = \frac{R_b(1-T)}{1-F_b} \qquad (10-7)$$

式中：R_b——债券的票面利率。

【例 10-3】某公司拟发行期限为 5 年，面值总额为 2 000 万元，票面利率为 12% 的债券，其发行价格总额为 2 500 万元，发行费用率为 4%，公司所得税税率为 25%。则该长期债券的资本成本为：

$$r_b = \frac{2\,000 \times 12\% \times (1-25\%)}{2\,500 \times (1-4\%)} = 7.5\%$$

（2）折现模式。同样，上述公式只是债券资本成本的近似计算公式，如果要精确计算，还需要以现金流量的现值分析为基础。计算公式为：

$$B \times (1-F_b) = \sum_{t=1}^{n} \frac{I_b}{(1+R_b)^t} + \frac{L}{(1+R_b)^t} \qquad (10-8)$$

$$r_b = R_b(1-T)$$

式中：B——债券筹资额；

F_b——发行费用率；

L——债券面值；

R_b——债券税前资本成本。

【例 10-4】M 公司拟发行 30 年期的债券，面值 1 000 元，利率 10%（按年付息），所得税税率 25%，平价发行，发行费用率为面值的 1%。

将数据代入上述公式：

$$1\,000 \times (1-1\%) = \sum_{t=1}^{30} \frac{1\,000 \times 10\%}{(1+R_b)^{30}} + \frac{1\,000}{(1+R_b)^{30}}$$

$$R_b = 10.11\%;\ r_b = 10.11\% \times (1-25\%) = 7.58\%$$

这里的债务成本是按承诺收益计量的，考虑了发行费用，多数情况下债券的发行费用较小，可以忽略不计，此时，如果按照面值发行债券，公式中左边就是债券的面值。

（3）到期收益率法。如果公司目前有上市的债券，则可以使用到期收益率法计算当前债务的税前成本。

$$P_0 = \sum_{t=1}^{n} \frac{I_b}{(1+R_b)^t} + \frac{L}{(1+R_b)^t} \qquad (10-9)$$

式中：P_0——债券的市价；

I_b——每年支付的利息；

R_b——到期收益率即税前债务成本；

L——债券的本金；

n——债务的期限，通常以年表示。

【例 10 - 5】 M 公司 8 年前发行了面值为 1 000 元，期限为 30 年的长期债券，利率是 7%，每年付息一次，目前市价为 900 元。

$$900 = \sum_{t=1}^{22} \frac{1\,000 \times 7\%}{(1+R_b)^{22}} + \frac{1\,000}{(1+R_b)^{22}}$$

用插值法求解得，$R_b = 7.98\%$

债券税后资本成本 $r_b = R_b(1-T) = 7.98\% \times (1-25\%) = 5.99\%$

（4）风险调整法。如果本公司没有上市的债券，而且找不到合适的可比公司，那么就需要使用风险调整法估计债务资本成本。按照这种方法，债务资本成本通过同期限政府债券的市场收益率与企业的信用风险补偿相加求得：

$$\text{税前债务资本成本} = \text{政府债券的市场收益率} + \text{企业信用风险补偿率}$$

信用风险的大小可以用信用级别来估计。

①选择若干信用级别与本公司相同的上市公司债券（不一定符合可比公司条件）；

②计算这些上市公司债券的到期收益率；

③计算与这些上市公司债券同期的长期政府债券的到期收益率（无风险利率）；

④计算上述两个到期收益率的差额，即信用风险补偿率；

⑤计算信用风险补偿率的平均值，作为本公司的信用风险补偿率。

【例 10 - 6】 M 公司的信用级别为 B 级。为估计其债务成本，收集了目前上市交易的四种 B 级公司债，不同期限债券的利率不具可比性，期限长的债券利率较高。对于已经上市的债券来说，到期日相同则可以认为未来的期限相同，其无风险利率相同，两者的利率差额是风险不同引起的。寻找与公司债券到期日完全相同的政府债券几乎不可能。因此，要选择四种到期日分别与四种公司债券近似的政府债券，进行到期收益率的比较。有关数据如表 10 - 1 所示。

表 10 - 1　　　　　　　　　四种 B 级公司债有关数据

债券发行公司	上市债券到日期	上市债券的到期收益率	政府债券到期日	政府债券到期收益率	公司债券风险补偿率
甲	2012 年 1 月 28 日	4.80%	2012 年 1 月 4 日	3.97%	0.83%
乙	2012 年 9 月 26 日	4.66%	2012 年 7 月 4 日	3.75%	0.91%
丙	2013 年 8 月 15 日	4.52%	2014 年 2 月 15 日	3.47%	1.05%
丁	2017 年 9 月 25 日	5.65%	2018 年 2 月 15 日	4.43%	1.22%
风险补偿率平均值					1.00%

假设同期限政府债券的市场收益率为 3.5%，则 M 公司的税前债务成本为：

$R_b = 3.5\% + 1\% = 4.5\%$

债券税后资本成本 $r_b = R_b(1-T) = 4.5\% \times (1-25\%) = 3.38\%$

（5）财务比率法。如果目标公司没有上市的长期债券，也找不到合适的可比公司，并且没有信用评级资料，那么可以使用财务比率法估计债务成本。

按照该方法，需要知道目标公司的关键财务比率，根据这些比率可以大体上判断该公司的信用级别，有了信用级别就可以使用风险调整法确定其债务成本。

财务比率和信用级别存在相关关系。收集目标公司所在行业各公司的信用级别及其关键财务比率，并计算出各财务比率的平均值，编制信用级别与关键财务比率对照表，如表 10-2 所示。

表 10-2　　　　　　　信用级别与关键财务比率对照表

信用级别	AAA	AA	A	BBB	BB	B	CCC
利息保障倍数	12.9	10.2	7.2	4.1	2.5	1.2	-0.9
净现金流/总负债	89.70%	67%	410.50%	32.20%	20.10%	10.50%	7.40%
资本报酬率	30.60%	25.10%	19.60%	15.40%	12.60%	10.20%	-8.80%
经营利润/销售收入	30.90%	25.20%	17.90%	15.80%	14.40%	11.20%	5.0%
长期负债/总资产	21.40%	210.30%	33.30%	40.80%	55.30%	68.80%	71.50%
总负债/总资产	31.80%	37%	310.20%	46.40%	58.50%	71.40%	710.40%

根据目标公司的关键财务比率和信用级别与关键财务比率对照表，就可以估计出公司的信用级别，然后就可以按照前述的"风险调整法"估计其债务成本。

二、优先股资本成本

优先股股息按面值和固定的股息率确定，优先股筹资总额按发行价格确定。优先股股息是以所得税后净利支付的，不会减少公司应交所得税。优先股资本成本的计算公式为：

$$r_p = \frac{D_p}{P_p(1-F_p)} \qquad (10-10)$$

式中：r_p——优先股资本成本；

D_p——优先股年股息；

P_p——优先股筹资额（按发行价格确定）；

F_p——优先股筹资费用率。

【例 10 – 7】 M 公司拟发行优先股,面值总额为 100 万元,固定股息率为 15%,筹资费用率预计为 5%,该股票溢价发行,其筹资总额为 150 万元,则该优先股的资本成本为:

$$r_p = \frac{100 \times 15\%}{150 \times (1 - 5\%)} = 10.53\%$$

三、普通股资本成本

普通股资本成本是指筹集普通股所需的成本。这里的筹集成本,是指面向未来的成本,而不是过去的成本。增加普通股有两种方式:一是增发新的普通股;二是留存收益转增普通股。

新发行普通股的资本成本,也被称为外部股权成本。新发行普通股会发生发行费用,所以它比留存收益进行再投资的内部股权成本要高一些。

(一) 普通股资本成本

(1) 考虑发行费用的普通股资本成本。把发行费用考虑在内,新发行普通股成本的计算公式则为:

$$r_s = \frac{D_1}{P_0 \times (1 - F)} + g \qquad (10 - 11)$$

式中:D_1——预期下年股利额;
　　　P_0——普通股市价;
　　　F——发行费用率;
　　　g——普通股利年增长率。

【例 10 – 8】 W 公司发行普通股 100 万股,每股价格 10 元,发行费用率为 10%,公司下一年的股利每股为 1.5 元,预计股利增长率为 2%。

普通股资本成本为:$r_s = \dfrac{1.5}{10 \times (1 - 10\%)} + 2\% = 18.67\%$。

(2) 资本资产定价模型。按照资本资产定价模型,普通股资本成本的计算公式为:

$$r_S = r_f + \beta(r_m - r_f) \qquad (10 - 12)$$

式中:r_S——普通股资本成本;
　　　r_f——无风险利率;
　　　β——该股票的贝塔系数;
　　　r_m——投资者对市场组合要求的收益率(即证券市场的平均收益率)。

> 贝塔系数的决定因素。公司权益的β值主要由三个变量决定的：(1) 企业所在的行业。如果一家公司从事的行业具有很强的周期性，那么其权益的β值就会比非周期性的权益的β值高。例如，从事房地产和汽车就会比从事食品加工具有更高的β值。(2) 企业经营杠杆的大小。公司经营杠杆较高，说明该公司的销售收入的波动将会导致其息税前收益的剧烈波动，因此，经营杠杆较高的企业比类似行业经营杠杆较低企业的权益β值要高。(3) 企业财务杠杆的水平。财务杠杆衡量了公司每股收益对其息税前收益变化的敏感程度，负债越高，其财务杠杆就越高。因此，在其他条件相同的情况下，财务杠杆高的企业其权益的β值就越高。

【例10-9】某公司普通股的β值为1.2，证券市场平均收益率为15%，无风险证券利率10%，则普通股的资本成本为：

$r_s = 10\% + 1.2 \times (15\% - 10\%) = 16\%$

(3) 股利增长模型。股利增长模型假定收益以固定的年增长率递增，则股权资本成本的计算公式为：

$$r_s = \frac{D_1}{P_0} + g \qquad (10-13)$$

式中：D_1——预期下年股利额；

P_0——普通股市价；

g——普通股利年增长率。

使用股利增长模型的主要问题是估计长期平均增长率g。估计长期平均增长率的方法有三种。

①历史增长率。这种方法是根据过去的股利支付数据估计未来的股利增长率。股利增长率可以按几何平均数计算，也可以按算术平均数计算。

②可持续增长率。假设未来不增发新股，并且保持当前的经营效率和财务政策不变，则可根据可持续增长率来确定股利的增长率。

股利增长率 = 可持续增长率
         = 留存收益比率×期初权益预期净利率

③采用证券分析师的预测。证券服务机构的分析师会经常发布大多数上市公司的增长率预测值。估计增长率时，可以将不同分析师的预测值进行汇总，并求其平均值。在计算平均值时，可以给权威性较强的机构以较大的权重，而其他机构的预测值给以较小的权重。

【例10-10】某公司普通股当前每股市价为30元，估计普通股利年增长率为10%，本年每股发放股利1.5元，则：

$D_1 = 1.5 \times (1 + 10\%) = 1.65$（元）

$r_s = \dfrac{1.65}{30} + 10\% = 15.5\%$

（4）风险调整模型。根据投资"风险越大，要求的报酬率越高"的原理，普通股股东对公司的投资风险大于债券投资者，因而会在债券投资者要求的收益率上再要求一定的风险溢价。根据这个原理，权益的资本成本的计算公式为：

$$r_s = r_b + RP_C \qquad (10-14)$$

式中：r_b——债务税后资本成本；

RP_C——股东比债权人承担更大风险所要求的风险溢价。

其中的债务资本成本比较容易计算，难点在于确定风险溢价。风险溢价可以凭借经验估计。一般认为，某公司普通股风险溢价对其自己发行的债券来讲，大约在3%至5%之间，当市场利率达到历史性高点时，风险溢价通常较低，在3%左右；当市场利率处于历史性低点时，风险溢价通常较高，在5%左右；而通常情况下，常常采用4%的平均风险溢价。

例如，对于债券资本成本为8%，中等风险的公司，其权益资本成本为：

$r_s = 8\% + 4\% = 12\%$

（二）留存收益的资本成本

留存收益是公司缴纳所得税后形成的，其所有权属于股东。股东将这一部分未分派的税后利润留存于公司，实际上是对公司追加投资。如果公司将留存收益用于再投资所获得的收益率低于股东自己进行另一项风险相似的投资的收益率，公司就不应该保留这部分收益，而应将其分派给股东。从表面上看，公司使用这部分资本似乎不需花费什么成本，其实不然。股东将这一部分资本留存于公司进行再投资，是期望得到与普通股等价的报酬。因此，留存收益也有资本成本，只不过是一种机会成本。留存收益资本成本的估计与普通股相似，但无须考虑筹资费用。

如何理解贝塔系数？

第三节 加权平均资本成本

在市场经济环境下，公司由于受多种因素的制约，不可能只使用某种单一的筹资方式，往往需要通过多种方式筹集所需资本。每一种方式的资本成本有高有低，每一种方式所筹集资本在公司全部资本中的份额有大有小，为进行筹资决策，就需要计算确定公司全部长期资本的加权平均资本成本。

加权平均资本成本是以各项个别资本在公司长期资本中所占比重为权数，对个别资本成本进行加权平均确定的。加权平均资本成本的计算公式如下：

$$WACC = \sum_{i=1}^{n} w_i r_i \qquad (10-15)$$

式中：WACC——加权平均资本成本；

w_i——第 i 种资本在长期资本中所占的权重；

r_i——第 i 种资本的税后资本成本；

n——公司长期资本的种类。

【例 10-11】 ABC 公司现有长期资本总额 10 000 万元，其中长期借款 2 000 万元，公司债券 3 500 万元，优先股 1 000 万元，普通股 3 000 万元，留存收益 500 万元；各种长期资本的资本成本分别为 4%，6%，10%，14% 和 13%。该公司加权平均资本成本可按如下步骤进行测算。

① 测算资本所占比例。

长期借款资本比例 = $\frac{2\,000}{10\,000}$ = 0.20 或 20%

长期债券资本比例 = $\frac{3\,500}{10\,000}$ = 0.35 或 35%

优先股资本比例 = $\frac{1\,000}{10\,000}$ = 0.10 或 10%

普通股资本比例 = $\frac{3\,000}{10\,000}$ = 0.30 或 30%

留存收益资本比例 = $\frac{500}{10\,000}$ = 0.05 或 5%

② 测算加权平均资本成本。

WACC = 4% × 0.20 + 6% × 0.35 + 10% × 0.10 + 14% × 0.30 + 13% × 0.05 = 8.75%

上述计算过程也可以列表进行，如表 10-3 所示。

表 10-3　　　　加权平均资本成本测算表

资本种类	资本价值（万元）	资本比例（%）	个别资本成本（%）	加权平均资本成本（%）
长期借款	2 000	20	4	0.80
长期债券	3 500	35	6	2.10
优先股	1 000	10	10	1.00

续表

资本种类	资本价值（万元）	资本比例（%）	个别资本成本（%）	加权平均资本成本（%）
普通股	3 000	30	14	4.20
留存收益	500	5	13	0.65
合计	10 000	100	—	8.75

从公式可以看出，公司的加权资本成本受到两个因素影响：个别资本成本和各类资本占长期资本的比重。而在实际计算中，各类资本占长期资本的比重起着决定性的作用。在计算中可以有三种可供选择的权重：账面价值、市场价值和目标价值。

一、以账面价值为权重

以账面价值为基础确定权重就是根据各类长期资本的会计账面金额来确定各类长期资本占长期资本总额的比重。这种方法的优点是数据容易获得。缺点是资本的账面价值可能并不符合资本的市场价值，从而使计算的结果与现实脱节。

【例 10 – 12】ABC 公司若按账面价值确定资本比例，进而计算加权平均资本成本，如表 10 – 4 所示。

表 10 – 4　　按资本账面价值测算的加权平均资本成本

资本种类	资本账面价值（万元）	资本比例（%）	个别资本成本（%）	加权平均资本成本（%）
长期借款	1 500	15	6	0.90
公司债券	2 000	20	7	1.40
优先股	1 000	10	10	1.00
普通股	3 000	30	14	4.20
留存收益	2 500	25	13	3.25
合计	10 000	100	—	10.75

二、以市场价值作为权重

以市场价值作为权重是指以各类长期资本当前市场价值占全部长期资本的市场价值比重来计算各类资本的权重。这种权重的确定方式是一种较为合适的确定方法，反映了公司现实的资本结构和加权平均资本成本，有利于筹资管理决策。但是同时也存在一些缺陷，如市场价值经常会发生波动。但可以采用一定时期资本的平均价格来解决这个问题。此外，按账面价值和市场价值确定资本比例，反映的是公司过去和现在的资本结构，未必适用于公司未来的筹资管理决策。

【例10-13】ABC 公司若按市场价值确定资本比例，进而计算加权平均资本成本，如表10-5 所示。

表10-5　　　　按资本市场价值测算的加权平均资本成本

资本种类	资本市场价值（万元）	资本比例（%）	个别资本成本（%）	加权平均资本成本（%）
长期借款	1 500	10	6	0.60
公司债券	2 500	17	7	1.19
优先股	1 500	10	10	1.00
普通股	6 000	40	14	5.60
留存收益	3 500	23	13	2.99
合计	15 000	100	—	11.38

三、以目标资本结构为权重

目标资本结构是指公司根据自身特点和发展预期，确定公司一定时期内努力保持的资本结构。以目标资本结构为权重，反映了公司未来的筹资要求，但是由于目标资本结构较难确定，使得该方法本身使用起来有一定困难。

【例10-14】ABC 公司若按目标价值确定资本比例，进而计算加权平均资本成本，如表10-6 所示。

表10-6　　　　按资本目标价值测算的加权平均资本成本

资本种类	资本目标价值（万元）	资本比例（%）	个别资本成本（%）	加权平均资本成本（%）
长期借款	5 000	25	6	1.50
公司债券	7 000	35	7	2.45
优先股	1 000	5	10	0.50
普通股	4 000	20	14	2.80
留存收益	3 000	15	13	1.95
合计	20 000	100	—	9.20

第四节 边际资本成本

一、边际资本成本的概念

个别资本成本和加权平均资本成本是公司过去筹集资本或者目前使用资本的成本。由于任何一个公司都不可能以一个既定的资本成本筹集到无限多的资本。随着公司规模的扩大、筹资条件的变化等,公司会筹集新的资本。当资本量超过一定限度时,新筹集资本的资本成本就会发生变化。公司在筹集资本时,要考虑新的资本成本,即边际资本成本。边际资本成本是指资本每增加一个单位而增加的成本。

边际资本成本通常在某一筹资区间内保持不变,当公司某种筹资方式的资本超过一定限额时,无论公司是否改变资本结构,边际资本成本均会上升。公司追加筹资时,可能采用多种筹资方式,也可能采用某一种筹资方式。边际资本成本应该按照加权平均法计算,其个别资本的权重必须按照市场价值确定。

公司在追加筹资时,应以边际资本成本作为评价投资项目可行性的经济标准,据此进行投资方案的取舍。

二、边际资本成本的计算

边际资本成本的计算类同于加权平均资本成本,具体计算步骤如下:

(1) 计算确定目标资本结构。
(2) 计算确定各个不同筹资范围的个别资本成本。
(3) 计算确定筹资总额分界点。筹资总额分界点是指在保持目标资本结构的条件下,各种筹资方案资本成本变化的分界点。公司在目标资本结构保持不变时,筹资总额一旦超过某一限度,其资本成本会增加,这一点便是筹资总额分界点。
(4) 计算各筹资区间的边际资本成本。

【例10-15】 H公司目标资本结构为债务资本占40%,权益资本占60%。在不同的筹资规模条件下,有关个别资本成本的资料如表10-7所示。

表 10-7　　　　　筹资规模与个别资本成本预测

资本来源	资本结构（%）	筹资规模（元）	资本成本（%）
债券	40	10 000 以内（含 10 000）	5
		10 000 ~ 20 000	6
		20 000 ~ 30 000	8
		30 000 以上	10
普通股	60	15 000 以内（含 15 000）	12
		15 000 ~ 60 000	14
		60 000 ~ 90 000	17
		90 000 以上	20

根据上表，先计算筹资总额分界点：

$$筹资总额分界点 = \frac{用某一特定成本可筹集到的某种资本最大额}{该种资本在资本总额中所占比重} \tag{10-16}$$

因此，筹资总额分界点及资本成本如表 10-8 所示。

表 10-8　　　　　筹资总额分界点及资本成本

资本来源	筹资总额分界点	总筹资规模（元）	资本成本（%）
债券	10 000 ÷ 0.4 = 25 000	25 000 以内（含 25 000）	5
	20 000 ÷ 0.4 = 50 000	25 000 ~ 50 000	6
	30 000 ÷ 0.4 = 75 000	50 000 ~ 75 000	8
		75 000 以上	10
普通股	15 000 ÷ 0.6 = 25 000	25 000 以内（含 25 000）	12
	60 000 ÷ 0.6 = 100 000	25 000 ~ 100 000	14
	90 000 ÷ 0.6 = 150 000	100 000 ~ 150 000	17
		150 000 以上	20

表 10-8 表明了在目标资本结构的前提下，每一种资本成本变化的分界点及相应的筹资范围。针对不同的筹资总额范围分别计算加权平均资本成本，就可以得出各种筹资范围的边际资本成本，如表 10-9 所示。

表 10-9　　　　　不同筹资总额的边际资本成本

筹资总额范围（元）	资本来源	资本结构（%）	资本成本（%）	边际资本成本
25 000 以内（含 25 000）	债券	40	5	40% × 5% + 60% × 12% = 9.2%
	股票	60	12	

续表

筹资总额范围（元）	资本来源	资本结构（%）	资本成本（%）	边际资本成本
25 000～50 000（含50 000）	债券	40	6	40%×6%＋60%×14%＝10.8%
	股票	60	14	
50 000～75 000（含75 000）	债券	40	8	40%×8%＋60%×14%＝11.6%
	股票	60	14	
75 000～100 000（含100 000）	债券	40	10	40%×10%＋60%×14%＝12.4%
	股票	60	14	
100 000～150 000（含150 000）	债券	40	10	40%×10%＋60%×17%＝14.2%
	股票	60	17	
150 000以上	债券	40	10	40%×10%＋60%×20%＝16.0%
	股票	60	20	

边际资本成本反映了在不同资本来源和资本结构下，综合资本成本的动态变化，是进行筹资决策的重要参数。因此，公司在追加筹资的决策中，必须要先计算资本成本随着追加筹资总额及其资本结构的变化情况。在追加投资之前可以利用边际资本成本分界点之前的充裕量，尽量将边际资本成本降至最低点。

第五节 投资项目的资本成本

一、使用企业当前加权平均资本成本作为投资项目的资本成本

使用企业当前的资本成本作为项目的资本成本，应具备两个条件：一是项目的经营风险与企业当前资产的平均风险相同；二是公司继续采用相同的资本结构为新项目筹资。

（1）项目风险与企业当前资产的平均风险相同。用当前的资本成本作为折现率，隐含了一个重要假设，即新项目是企业现有资产的复制品，它们的风险相同，要求的报酬率才会相同。这种情况是经常出现的，例如，固定资产更新、现有生产规模的扩张等。

如果新项目与现有项目的风险有较大差别，必须小心从事。例如，某钢铁公司是个传统行业企业，其风险较小，现在开始进入了信息产业。在评价其信息产业项目时，使用公司的资本成本作为折现率

就不合适了。新项目的风险和现有资产的平均风险有显著差别。

新项目的风险大，要求比现有资产赚取更高的收益率。只有当新项目的风险与现有资产的风险相同时，企业的加权资本成本才是合适的接受标准。对其他的风险投资，无论比现有资产风险高或低，加权资本成本都不是合适的标准。但是，公司当前的资本成本是我们进一步调整的基石，具有重要的实际意义。

（2）继续采用相同的资本结构为新项目筹资。如果假设市场是完善的，资本结构不改变企业的平均资本成本，则平均资本成本反映了当前资产的平均风险。或者说，可以把投资和筹资分开，忽略资本结构对平均资本成本的影响，先用当前的资本成本评价项目，如果通过了检验，再考虑筹资改变资本结构带来的财务影响。

如果承认资本市场是不完善的，资本结构就会改变企业的平均资本成本。例如，当前的资本结构是债务为40%，而新项目所需资金全部用债务筹集，将使负债上升至70%。由于负债比重上升，股权现金流量的风险增加，他们要求的报酬率会迅速上升，引起企业平均资本成本上升；与此同时，扩大了成本较低的债务筹资，会引起企业平均资本成本下降。这两种因素共同作用，使得企业平均资本成本发生变动。因此，继续使用当前的加权平均资本成本作为折现率就不合适了。

总之，在等风险假设或资本结构不变假设明显不能成立时，不能使用企业当前的加权平均资本成本作为新项目的资本成本。

如何确认项目资本成本？根据中国中铁的年报，2015年，中国中铁的部分合同：孟加拉国孟加拉帕德玛多功能大桥项目主桥96亿元（公路），北京地铁16号线工程机电系统施工总承包合同16亿元（市政），莫桑比克港口铁路公司5 000万元（工程设备和零部件业务）。财务主管在资本预算中应该如何确认不同项目的资本成本？应该为公司新项目确定必要的收益率，如果用加权平均资本成本作为折现率，条件是新项目的风险与企业现有项目的风险相同。对于中国中铁来说，这个条件是不成立的。中国中铁作为一个跨国公司，企业经营涉及多个领域，投资分布在不同的国家，不同项目的风险是不同的，应该根据具体的项目确定项目的折现率，而不是根据公司加权平均资本成本。实际上，中国中铁按照部门确定资本成本，以作为新项目的折现率。分部门的资本成本体现了各部门的一些共性，反映了部门面对的经营风险。

二、运用可比公司法估计投资项目的资本成本

如果新项目的风险与现有资产的平均风险显著不同,就不能使用公司当前的加权平均资本成本,而应当估计项目的系统风险,并计算项目的资本成本即投资者对于项目要求的必要报酬率。

项目系统风险的估计,比企业系统风险的估计更为困难。股票市场提供了股价,为计算企业的 β 值提供了数据。项目没有充分的交易市场,没有可靠的市场数据时,解决问题的方法就是使用可比公司法。

可比公司法是寻找一个经营业务与待评价项目类似的上市公司,以该上市公司的 β 值作为待评价项目的 β 值。

运用可比公司法,应该注意可比公司的资本结构已经反映在其 β 值中。如果可比公司的资本结构与项目所在企业显著不同,那么在估计项目的 β 值时,应针对资本结构差异做出相应调整。

调整的基本步骤如下:

(1) 卸载可比公司财务杠杆。根据 B 公司股东权益波动性估计的 β 值,是含有财务杠杆的 β 权益。B 公司的资本结构与 A 公司不同,要将资本结构因素排除,确定 B 公司不含财务杠杆的 β 值。该过程通常叫"卸载财务杠杆"。卸载使用的公式是:

$$\beta_{资产} = \beta_{权益} \div [1 + (1 - 税率) \times (负债/股东权益)] \quad (10-17)$$

$\beta_{资产}$ 是假设全部用权益资本融资的 β 值,此时没有财务风险。或者说,此时股东权益的风险与资产的风险相同,股东只承担经营风险即资产的风险。

(2) 加载目标企业财务杠杆。根据目标企业的资本结构调整 β 值,该过程称为"加载财务杠杆"。加载使用的公式是:

$$\beta_{权益} = \beta_{资产} \times [1 + (1 - 税率) \times (负债/股东权益)] \quad (10-18)$$

(3) 根据得出的目标企业的 β 权益计算股东要求的权益报酬率。此时 β 权益既包含了项目的经营风险,也包含了目标企业的财务风险,可据以计算股东权益成本:

$$股东要求的报酬率 = 股东权益成本$$
$$= 无风险利率 + \beta_{权益} \times 风险溢价 \quad (10-19)$$

如果使用股东现金流量法计算净现值,它就是适宜的折现率。

(4) 计算目标企业的加权平均资本成本。如果使用实体现金流量法计算净现值,还需要计算加权平均资本成本:

$$\text{加权平均资本成本} = \text{负债资本成本} \times (1-\text{税率}) \times \frac{\text{负债}}{\text{资本}}$$
$$+ \text{股东权益成本} \times \frac{\text{股东权益}}{\text{资本}} \qquad (10-20)$$

【例 10-16】 某大型联合企业 A 公司,拟开始进入飞机制造业。A 公司目前的资本结构为负债/股东权益为 2/3,进入飞机制造业后仍维持该目标资本结构。在该目标资本结构下,债务税前成本为 6%。飞机制造业的代表企业是 B 公司,其资本结构为债务/权益为 7/10,股东权益的 β 值为 1.2。已知无风险利率为 5%,市场溢价为 8%,两个公司的所得税税率均为 30%。

(1) 将 B 公司的 $\beta_{权益}$ 转换为无负债的 $\beta_{资产}$。

$\beta_{资产} = 1.2 \div [1 + (1-30\%) \times (7/10)] = 0.8054$

(2) 将无负债的 β 值转换为 A 公司含有负债的股东权益 β 值。

$\beta_{权益} = 0.8054 \times [1 + (1-30\%) \times (2/3)] = 1.1813$

(3) 根据 β 权益计算 A 公司的股东权益成本。

股东权益成本 = 5% + 1.1813 × 8% = 14.45%

如果采用股东现金流量计算净现值,14.45% 是适合的折现率。

(4) 计算加权平均资本成本。

加权平均资本成本 = 6% × (1-30%) × (2/5) + 14.45% × (3/5) = 1.68% + 8.67% = 10.35%

本 章 小 结

本章主要知识点包括:

(1) 资本成本的概念包括两个方面:一方面,资本成本与公司的筹资活动有关,它是公司筹集和使用资金的成本,即筹资的成本;另一方面,资本成本与公司的投资活动有关,它是投资所要求的必要报酬率。

(2) 测算债务的资本成本,如果有发行费用,估计税前债务资本成本时需要将发行费用从筹资额中扣除。税前债务资本成本测算方法包括一般模型、折现模型、到期收益率法、风险调整法和财务比率法;由于利息可以从应税收入中扣除,因此,债务的税后成本是税率的函数。利息的抵税作用使得债务的税后成本低于税前成本。

(3) 优先股股息按面值和固定的股息率确定,优先股筹资总额按发行价格确定。优先股股息是以所得税后净利支付的,不会减少公司应交所得税。

(4) 测算普通股资本成本,如果有发行费用,在计算资本成本时需要扣除发行费用。不考虑发行费用的普通股资本成本估计方法主要有三种,分别是资本资产定价模型、股利增长模型和风险调整模型。

（5）加权平均资本成本是以各项个别资本在公司长期资本中所占比重为权数，对个别资本成本进行加权平均确定的。在计算过程中，各类资本占长期资本的比重起着决定性的作用。在计算中可以有三种可供选择的权重：账面价值、市场价值和目标价值。

（6）边际资本成本是指资本每增加一个单位而增加的成本。边际资本成本通常在某一筹资区间内保持不变，当公司某种筹资方式的资本超过一定限额时，无论公司是否改变资本结构，边际资本成本均会上升。

（7）在确定投资项目的资本成本时，使用企业当前的资本成本作为项目的资本成本，应具备两个条件：一是项目的经营风险与企业当前资产的平均风险相同；二是公司继续采用相同的资本结构为新项目筹资。如果新项目的风险与现有资产的平均风险显著不同，可以运用可比公司法估计投资项目的资本成本。

本章重要术语

资本成本
公司的资本成本
投资项目的资本成本
到期收益率法
股利增长模型
资本资产定价模型
风险溢价模型
加权平均资本成本
边际资本成本

复习与思考

一、选择题

1. 下列关于资本成本的说法中，不正确的是（　　）。
A. 正确估计项目的资本成本是制定投资决策的基础
B. 项目资本成本是投资者对于企业全部资产要求的最低报酬率
C. 最优资本结构是使股票价格最大化的资本结构
D. 在企业价值评估中，公司资本成本通常作为公司现金流量的折现率

2. ABC公司增发普通股股票1 000万元，筹资费率为8%，本年的股利率为12%，预计股利年增长率为4%，则普通股的资本成本为（　　）。

A. 16%　　　　B. 17.04%　　　　C. 12%　　　　D. 17.57%

3. ABC 公司拟发行 5 年期的债券，面值 1 000 元，发行价为 900 元，利率 10%（按年付息），所得税税率为 25%，发行费用率为发行价的 5%，则该债券的税后债务资本成本为（　　）。

    A. 9.93%　　　　B. 10.69%　　　　C. 10.36%　　　　D. 7.5%

4. 某企业希望在筹资计划中确定期望的加权平均资本成本，为此需要计算个别资本占全部资本的比重。此时，最适宜采用的计算基础是（　　）。

    A. 账面价值权重

    B. 实际市场价值权重

    C. 采用按预计账面价值计量的目标资本结构作为权重

    D. 采用按照实际市场价值计量的目标资本结构作为权重

5. 某企业现有资金总额中普通股与长期债券的比例为 3∶1，加权平均资本成本为 10%。假如债务资本成本和权益资本成本保持不变，如果将普通股与长期债券的比例变为 1∶3，其他因素不变，则该企业的加权平均资本成本将（　　）。

    A. 大于 10%　　B. 小于 10%　　C. 等于 10%　　D. 无法确定

6. 甲公司目前没有上市债券，在采用可比公司法测算公司的债务资本成本时，选择的可比公司应具有的特征有（　　）。

    A. 与甲公司商业模式类似

    B. 与甲公司在同一行业

    C. 拥有可上市交易的长期债券

    D. 与甲公司在同一生命周期阶段

7. 下列关于计算加权平均资本成本的说法中，正确的有（　　）。

    A. 计算加权平均资本成本时，理想的做法是按照以市场价值计量资本结构的比例计量每种资本要素的权重

    B. 计算加权平均资本成本时，每种资本要素的相关成本是未来增量资金的机会成本，而非已经筹集资金的历史成本

    C. 计算加权平均资本成本时，需要考虑发行费用的债务应与不需要考虑发行费用的债务分开，分别计量资本成本和权重

    D. 计算加权平均资本成本时，如果筹资企业处于财务困境，需将债务的承诺收益率而非期望收益率作为债务成本

8. 下列有关资本成本的说法中，不正确的有（　　）。

    A. 留存收益成本 = 税前债务资本成本 + 风险溢价

    B. 税后债务资本成本 = 税前债务资本成本 ×（1 − 所得税税率）

    C. 历史的风险溢价可以用来估计未来普通股成本

    D. 在计算公开发行债务的资本成本时，通常要考虑发行费用的影响

9. 以下事项中，会导致公司加权平均资本成本提高的有（　　）。

A. 因总体经济环境变化，导致无风险报酬率提高
B. 市场风险溢价提高
C. 公司股票上市交易，改善了股票的市场流动性
D. 市场利率降低

二、思考题

1. 如何理解资本成本的含义及作用？
2. 如何计算个别资本成本与加权平均资本成本？
3. 为什么要计算边际资本成本？
4. 某公司有饮料和食品两个部门。每个部门的债务都占20%，剩余部分用权益资本融资。目前的借款利率为10%，公司所得税税率为40%。参照同行业样本公司风险状况，饮料部门的β值为0.8，食品部门的β值为1.0。目前无风险利率为8%，市场组合的期望收益率为15%。试采用CAPM法，分别计算两个部门的加权平均资本成本。

案例分析

南昌水业集团有限责任公司的性质为国有独资公司，该公司的主要产品是自来水，目前生产能力为90万立方米/日，占南昌市区供水量的86.54%，属国家大型供水企业，公司生产的自来水主要用于满足南昌市城区内的生活用水、工商业用水及其他用水的需要。

截至2014年末，公司资产总额28 798.93万元，其中流动资产3 936.54万元，固定资产净值24 801.94万元，无形资产60.45万元。固定资产全部为生产经营性资产，不存在不良资产和闲置性情况。流动资产中69.41%为货币资本，应收账款账龄也全部在一年以内，流动资产的流动性强。公司资产质量综合状况较好。净资产17 058.73万元，总股本9 000万股，股本面值为1元/股，每股收益0.283元，发放股利0.1元/股；且该公司负债均为借款，没有发行优先股股票。

该公司拟募集资本25 620.19万元投入水厂技术改造项目。假设该公司筹资后资本结构不变，筹资后的净利润不变，公司所得税税率为25%；公司负债的平均利息率为9%，股利增长率为2%。

请回答下列问题：

(1) 该公司将如何筹集所需要的资本，股票与负债筹资各为多少？
(2) 该公司个别资本成本与加权平均资本成本各为多少？
(3) 根据公司的性质，你认为如何筹集资本更有利于公司的发展。

第十一章
资本结构

学习目标

通过本章的学习，熟悉早期资本结构理论，掌握 MM 理论，理解权衡理论、代理成本理论、信号理论、控制权理论和优序融资理论；掌握经营杠杆、财务杠杆、联合杠杆的原理、对应的风险以及计算方法；了解企业进行资本结构决策的影响因素，掌握资本结构决策的资本成本比较法、每股收益分析法和公司价值分析法的原理并会熟练运用。

引 导 案 例

从中海油服收购 AWO 看公司资本结构的优化。2008 年，中海油服（china oilfield services limited，COSL，股票代码：601808）以总共约 127 亿挪威克朗（约 25 亿美元）的对价，对挪威石油钻探承包商 Awilco Offshore ASA（AWO，后更名为 CDE）发起了现金收购要约，收购了其 100% 的股权，AWO 成立于 2005 年 1 月，是挪威本地的一家钻井服务公司，2005 年 11 月在挪威奥斯陆证券交易所上市，市值约为 21 亿美元。

（1）背景介绍。中海油服全称中海油田服务股份有限公司，是中国近海市场最具规模的综合型油田服务供应商。业务分为四大类：物探勘察服务、钻井服务、油田技术服务及船舶服务。COSL 于 2002 年 11 月 20 日公开发行 H 股，并在香港联合交易所主板上市，股票代码：2883。2004 年 3 月 26 日起，COSL 股票以一级美国存托凭证的方式在美国柜台市场进行交易，股票代码：CHOLY。COSL 于 2007 年 9 月 28 日在上海证券交易所上市，A 股股票简称：中海油服，股票代码：601808。

2008 年，中海油服利用公司的内部资源，并从多家银行进行外部融资，以 127 亿挪威克朗（约 25 亿美元）的对价现金要约收购 AWO 100% 的股权。合并后将建立世界第 8 大钻井船队，总共拥有 34 个运营钻井平台，业务范围覆盖了澳大利亚、挪威、越南、沙特阿拉伯及地中海地区 5 个国家和地区。

(2) 资产负债率居高不下。并购后资产负债率高达 65%，CFO 钟华先生向股东表示："我们刚通过的发行不超过 60 亿元公司债券主要是补充本部的现金流缺口；另外我们也在做并购后相关债务重组工作，同时也在寻求国外债务渠道，尽量优化公司债务结构、降低债务成本"。公司资本结构怎样对公司有利，要根据公司发展与承担负债能力匹配。公司还要完善负债体系，负债率长期控制在 40%～50% 是比较好的状态。但短期在收购的情况下需要时间缓冲。而在会后与股东交流中，钟华又进一步表示要将中海油服负债率降低到 60% 以下。

(3) 减少资本支出，调整债务结构。中海油服将 2009 年的资本支出减少 13%（2009 年资本支出目标为 90 亿元，之前公布的是 104 亿元），2010 年约为 80 亿元至 90 亿元，后面几年要根据公司的发展和行业的变化来决定。

(4) 尝试股权融资。过高的资产负债率促使该公司积极寻找最佳时机进行增发。2008 年 6 月，中海油服股东大会授权董事会可在 12 个月内增发不超过已发行的 H 股总股份 20% 的 H 股；中海油服于 2010 年 5 月 11 日公布议案，拟向不特定对象公开发行 A 股，发行数量不超过 5 亿股，募集资金额不超过 70 亿元人民币。2011 年 6 月 15 日，中海油服公开增发 A 股股票的申请获证监会发审委通过。截至 2012 年 1 月 20 日，中海油服公告称，由于国内资本市场整体情况低迷，公司未能在中国证监会核准批文规定的 6 个月有效期内完成公开增发 A 股股票，公开增发 A 股股票方案自动失效。

公司的财务主管是否应该把资本结构维持在最佳水平？在中海油服的案例中，公司为什么持续寻求降低债务的方法？企业若过度负债，会产生什么潜在的危机？企业陷入财务困境会导致哪些额外的"成本"？通过本章的学习，将帮助你理解有关资本结构的相关问题，并根据所学的资本结构理论解释公司的管理实践问题。

第一节 资本结构理论

本章我们讨论公司财务学的重要问题之一：资本结构。我们从现代资本结构的理论入手，阐述 MM 的资本结构理论，MM 模型及权衡理论，并解释财务困境成本和代理成本对资本结构的影响。研究不对称信息理论下有关资本结构的几种主要理论，以及影响资本结构的各种因素及最优资本结构的确定方法。

资本结构（capital structure）是指企业各种长期资金筹集来源的构成及其比例关系。通常情况下，企业的资本结构由长期债务资本和权益资本构成，研究资本结构就是科学合理地确定长期债务资本和权益资本的比例关系。短期资金的需求量和筹集是经常变化的，且在整个资金总量中所占比重不稳定，因此不列入资本结构管理范围，而作为营运资金管理。

企业资本结构理论源于20世纪50年代，大卫·杜兰特（David Durand）是先驱者之一，而莫迪里亚尼（Franco Modigliani）和米勒（Merton H. Miller）是现代资本结构理论的创始人，70年代形成的权衡理论标志着资本结构理论的进一步发展，之后的信息不对称理论更是大大地拓宽了这一研究领域。

一、早期资本结构理论

早期资本结构理论是美国财务学家大卫·杜兰特（david durand）于1952年发布的研究成果。他在美国国家经济研究局召开的"公司理财研究学术会议"上发表了《公司债务和所有者权益费用：趋势和问题的度量》一文，系统地总结和提出了资本结构的三种理论：净收益理论、净营业收益理论和传统理论。这三种理论的共同之处是它们都是由一些有关投资者行为的假设组成的，而不是可以用正式统计方法进行检验的模型，不同之处在于对投资者如何确定企业负债和股本价值的假设条件不同。

（一）净收益学说（net income approach）

净收益学说的基本内容是：负债可以降低公司资本成本，加大企业财务杠杆程度可降低加权平均资本成本并提高企业的市场价值V。净收益学说假设条件为：（1）投资者以一个固定不变的比率r_s投资或估价企业的净收入（r_s即为权益成本）；（2）企业能以一个固定利率r_b筹集所需的债务资本，并且债务成本r_b低于权益成本r_s。因为无论企业使用多少负债，其债务成本r_b与股东权益成本r_s均不受影响，因此，只要债务成本低于权益成本，那么负债越多，加权平均资本成本就越低，企业价值就越大。例如，如果企业全部使用长期资本经营，其股东权益成本为20%，债务成本为12%，公司无论增加多少负债，其股东权益成本和债务成本仍会分别保持在20%和12%的水平上。如果这种假说正确，则公司使用100%负债最有利。

因为，$WACC = r_b \times \dfrac{B}{V} + r_s \times \dfrac{S}{V}$

又因为$r_b < r_s$，因此，若$\dfrac{S}{V} = 0$。

则$WACC = r_b$，WACC最小，如图11-1所示。

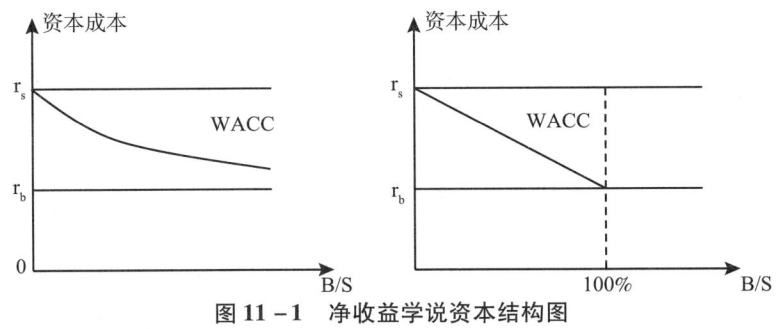

图 11-1　净收益学说资本结构图

根据该理论，当财务杠杆提高后，企业原有权益资本成本和债务资本成本均不变，其加权资本成本就会下降，就等于企业提高了财务杠杆但没有增加财务风险，债权人和所有者都不认为企业风险会随之增加。这样，随着企业负债比率不断增大，企业总价值会持续上升，如图 11-2 所示。

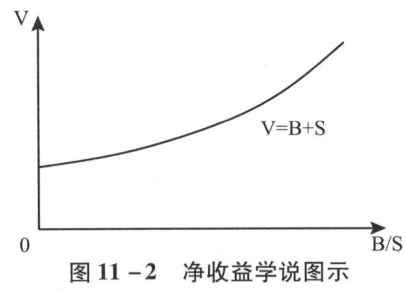

图 11-2　净收益学说图示

净收益学说的优点是充分考虑了财务杠杆的作用，缺点是没有考虑财务风险。

(二) 净营业收益学说 (net operating income approach)

净营业收益学说的理论内容是：无论财务杠杆如何变动，加权平均资本成本和企业价值都是固定的。增加成本较低的负债资本的筹集使用，也会增加公司财务风险，从而使投资人权益成本提高。结论是资本结构的选择没有意义。大卫·杜兰特（David Durand）认为，如果把企业的债券和股票的持有人视为同一个人，即由同一投资者持有公司的负债和所有者权益，则该投资者所关心的就是该公司可给他带来现金流量的数量及其风险性。而公司的 EBIT 数量及其风险性取决于公司的投资决策，而与公司资本结构无关。因此，公司的全部投资收益率 WACC 与公司资本结构无关。公司的资本结构变动不会影响公司价值乃至普通股的每股市价。所以，公司不可能通过调整其资本结构达到提高企业价值及每股市价的目的。即无论公司利用多少债务，对股东来说都一样。

净营业收益学说实际蕴涵着这样一种假设：负债的增加会使公司

股东承担的风险增加,从而使 r_s 水平提高;而 r_s 水平提高造成的 WACC 水平的提高,会全部被因 B/V 水平的提高而造成的 WACC 水平的降低所抵消,因为 $r_b < r_s$。例如,公司的债务从 50% 增加到 60%,使 WACC 从原来的 16% 即(12%×50%+20%×50%)降到 15.2%,即(12%×60%+20%×40%),但由于债务的增加使股东承担的风险增大了,使 r_s 从 20% 提高到 22%,使公司的 WACC 又从 15.2% 恢复到原 16% 的水平上。由于 r_s 按这种轨迹运行,因此 WACC 不会因 B/V 的变化而变动,从而公司较多地运用财务杠杆也不会对公司价值及公司普通股每股市价产生影响,如图 11-3 所示。

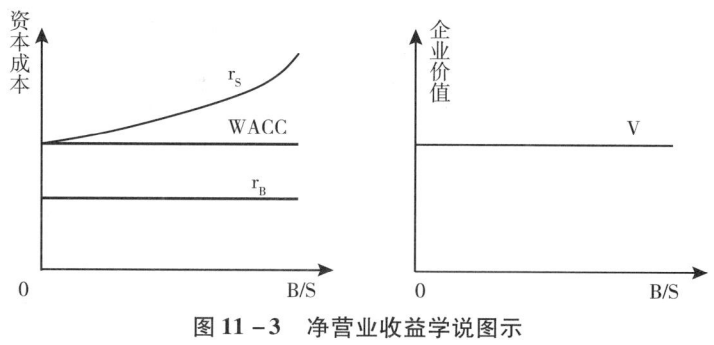

图 11-3 净营业收益学说图示

净营业收益学说的优点是考虑了财务风险,缺点是过分夸大了财务风险的作用,忽视了资本成本与资本结构之间的内在联系。

(三) 传统学说 (traditional approach)

介于上述两个极端观点之间的是资本结构的传统学说。传统学说认为加权平均资本成本与资本结构密切相关,最佳资本结构(optimal capital structure)是客观存在的。这种学说的主要内容是:当企业在一定范围内使用财务杠杆时,负债成本和权益成本都不会明显增加,而负债比例的增加会使加权平均资本成本下降,企业价值增加;当负债超过这一范围以后,负债成本和权益成本都要明显地增加,从而使加权平均资本成本上升,企业价值开始变小,如图 11-4 所示。

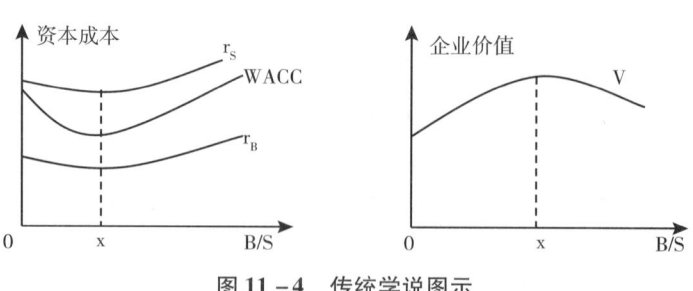

图 11-4 传统学说图示

图 11-4 说明，企业的负债维持在一定范围内时，债务成本和权益成本是相对稳定的，因为在这一范围内，增加公司负债并不会给债权人带来更多的风险，因而不会导致公司债权人要求收益率的提高；而公司股东要求的收益率也不会有较大幅度的提高，因为虽然负债的增加会增加公司股东收益的风险性，但其程度较轻。其结果是，加权平均资本成本 WACC 随公司负债水平的提高而呈下降趋势。但当负债率达到一定界限时，增加负债就会导致公司破产风险的加大，从而使债权人要求收益率提高；并且由于负债水平的提高，加大了股东收益的风险性，使股东的要求收益率也随之有较大幅度的提高，其结果是，加权平均资本成本 WACC 随公司负债水平的提高而呈上升趋势。所以，最佳资本结构既不是负债为零时的那一点，也不是负债为 100% 的那一点，而是在某一点（图 11-4 中的 x 点），此点的企业加权平均资本成本最小，企业价值最大。用数学解释，在此点，债务资本的边际成本等于权益资本的边际成本。

二、资本结构的 MM 理论

著名的美国经济学家莫迪里亚尼和米勒（Merton H. Miller）考察了企业资本结构和企业市场价值之间的关系，于 1958 年 6 月在《美国经济评论》上发表了《资本成本、公司财务与投资理论》。同年 9 月，MM 在《美国经济评论》上又发表了《资本成本、公司财务与投资理论：答读者问》一文。1963 年在《美国经济评论》上再度发表《税收和资本成本：校正》一文。在这三篇文章中，MM 以科学严谨的方法研究了资本结构与企业价值的关系，形成了著名的"MM 资本结构理论"（MM 取自他们两人各自姓氏的第一个英文字母）。

莫迪里亚尼和米勒在早期的研究中提出了一些基本假设，主要包括：

（1）资本市场是完善的，所有投资者均可方便地、无成本的获取所需的各种信息，不存在交易成本。

（2）投资者个人的借款利率和企业的借款利率相同。

（3）投资者可按个人意愿进行各种套利活动，不受任何法律的制约，并无须缴纳个人所得税。

（4）各种负债都无风险，负债利率中不包括风险利率。

（5）企业息税前利润不受负债的影响。

（6）企业的增长率为零，财务杠杆收益全部支付给股东。

（7）各期的现金流量预测值为固定量，构成等额年金。

莫迪里亚尼和米勒的研究分三个阶段，即分别在无任何税收、只有公司所得税、公司所得税和个人所得税同时存在的情况下研究资本结构对企业价值的影响。

现代理财学之父——默顿·米勒教授

默顿·米勒（Merton Miller）教授（1923～2000年），1943年在哈佛大学获得文学学士学位，1952年在霍普金斯大学获得博士学位，曾担任芝加哥大学商务研究生院经济学教授。

米勒教授的学术研究对于现代理财学的建立与发展具有重大的贡献，而其中最主要的就是MM资本结构无关理论（MM theory of capital structure irrelevance）与MM股利无关理论（MM theory of dividend irrelevance）。正是由于米勒教授在现代公司财务基础理论上所做的开创性工作，使公司理财学从混乱无章、各持己见的混沌状态逐步走向规范、有序，也改变了企业制定投资决策与融资决策的模式。现代公司财务理论不仅对金融和商务领域中存在的问题给予了深刻描述，而且也使其渐趋成型，很少有经济理论分支能够如此贴近企业管理的实际决策过程。

1990年10月，米勒教授实至名归，获得了诺贝尔经济学奖。米勒教授的获奖被人们认为是经济学帝国对现代理财学学术地位的确认。瑞典皇家科学院对米勒教授的学术贡献作出了高度评价："今年的得奖人是金融经济学和公司理财的理论先驱者"；布莱克（Fischer Black）教授称赞米勒教授是"最伟大的经济学家之一"。美国经济学联合会对米勒教授的学术研究活动也作出了很高的评价，认为他是现代金融经济学理论的奠基人之一。他与莫迪里亚尼的早期研究刷新了金融理论，为30年以来在这个领域的理论与经验的进展准备了条件。该联合会还认为，MM理论的影响远远地超出了公司理财学的领域，它为包括布莱克—斯科尔斯期权定价在内的许多重要的突破铺平了道路，这些发展反过来又对投资管理实践和公司财务理论产生了巨大的影响。而正是由于他对学术和实践的不可颠覆的贡献，默顿·米勒教授被人尊称为"现代理财学之父。"

资料来源：《现代理财学之父——默顿·米勒教授》，载《经济与管理研究》2006年第9期。

（一）无税的MM模型

在以上假设条件下，同时假设无任何税收，MM的研究结论是企业价值与资本结构无关，主要包括两个命题。

命题Ⅰ：公司价值与资本结构无关。

MM理论认为，在完美的市场体系下，资本结构变动不具有什么价值。如果两个公司只存在资本结构的差别，其他方面完全相同，那么其价值必然相等，否则就会发生套利行为，并最终使两个公司在市场上的总价值相等。

说明这一命题的方法之一是，想象两家资产负债表的左边相同的公司，它们的资产和经营完全一样。但这两家公司资产负债表的右边并不一样，即它们筹集资金的方式不同。在这种情况下，我们可以通过薄饼模型（pie model）来看财务结构问题，如图11-5所示。图11-5是两种把一个薄饼分为权益和债务的不同切法：权益30%债务70%和债务25%权益75%。然而薄饼的大小并不会因为切法不同而改变，也就是说，不管公司之"饼"在债务、权益和其他证券之间如何划分，公司总价值都是不变的。

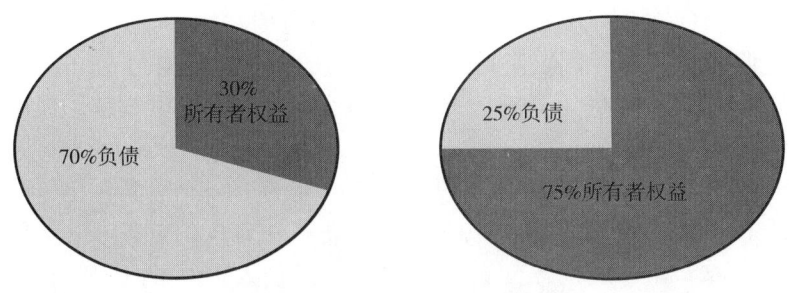

图11-5　资本结构的薄饼模型

【例11-1】有L和U两个公司，除资本结构外，两公司其他方面的情况均相同。U公司的资本来源全部为股东权益资本，L公司有利率为10%的负债100万元。两个公司的息税前收益均为60万元，风险级别相同。设U公司股东的要求收益率r_u为15%，L公司因其承担一定数量的财务风险，故设其股东要求收益率r_l为16%。两公司的价值计算如表11-1所示。

表11-1　　　　　　　　U公司和L公司价值计算　　　　　　　　单位：元

项目	U公司	L公司
息税前收益	600 000	600 000
债务利息	0	100 000
普通股股东可分配盈余	600 000	500 000
股东要求的收益率	15%	16%
股票市值	4 000 000	3 125 000

续表

项目	U 公司	L 公司
负债市值	0	1 000 000
公司总价值	4 000 000	4 125 000
加权平均资本成本	15%	14.5%
负债权益比率	0	32%

表 11-1 说明，两个公司的市价不同，U 公司市价低于 L 公司市价，其差额为：

4 125 000 - 4 000 000 = 125 000（元）

MM 理论认为，在完美市场体制下，这种情况不会持久存在，因为迅速发生的套利行为将使两个公司的价值趋于一致，L 公司不会只因融资组合的不同而出现高于 U 公司的总价值。

假如某一投资者持有 L 公司 10% 的股票，他所持 L 公司股票的总市价为 3 125 000 × 10% = 312 500（元）。作为公司股东，他所承担公司债务的比例也为 10%，即为 1 000 000 × 10% = 100 000（元）。这时，如果把他所拥有的市价为 312 500 元的 L 公司股票售出，获得 312 500 元收入，同时再以 10% 的利率借入 100 000 元资本，然后再用这些资本（412 500 元）中的 400 000 元购入 10% 的 U 公司股票。这样，该投资者每年可得投资净收益如表 11-2 所示。即投资收益与过去投资于 L 公司所获得的收益相同，均为 50 000 元。这时投资者负债与以前也相同，均为 100 000 元。因此，该投资者获得这些收益所承担的风险也与以前相同。但是，由于该投资者手头尚有 12 500 元闲置资本，这些资本还可投资于其他资产获利，因此，现在这种投资方式比过去来得好。

表 11-2　　　　U 公司和 L 公司投资净收益计算　　　　单位：元

项目	投资于 U 公司	投资于 L 公司
10% 股利收入	50 000	60 000
利息支出	0	10 000
净收益	50 000	50 000

如果市场上每个投资者均采取这种套利行为，其结果就会使 L 公司股票需求下降，价格下跌；而 U 公司股票需求上升，价格上涨，从而使 U 与 L 公司价值均发生变动，直到 U 公司与 L 公司市价相等为止，市场上套利机会才会消失。

由此可见,投资者能以其自制杠杆(homemade leverage)取代公司杠杆,从而复制公司可能采取的任何资本结构。既然投资者可以通过自制杠杆达到与企业杠杆完全相同的效果,也就不会对有财务杠杆的企业更加偏好。因此,在市场均衡条件下,使用较多负债与较少负债的公司的价值应该相等,即资本结构与企业价值无关。股份公司无法通过调整公司的资本结构来提高公司价值乃至普通股的每股市价。

根据这一命题,任何企业的市场价值都是将其预期收益以与其风险等级相对应的贴现率 r 贴现确定的。

计算公式:

$$V_L = V_U = \frac{EBIT}{r} = \frac{EBIT}{r_u} \quad (11-1)$$

式中:V_L——有负债的公司价值,即未来现金流量的现值;

V_U——无负债的公司价值,即未来现金流量的现值;

EBIT——企业全部资产的预期收益(永续);

r_u——既定风险等级的无负债公司的权益资本成本;

r——有负债公司的加权资本成本。

证明:

设 S_U 为无负债公司 U 的股票价值,S_L 为有负债公司 L 的股票价值,B 为有负债公司的负债市场价值,r_b 为负债的利息率,α 为购买某一公司股票的比率,$0 \leq \alpha \leq 1$,U 公司和 L 公司虽然债务比不同,但规模相同,且能产生相等的现金流量。

假设投资者有 A、B 两种投资方案,A 方案是购买 α 比率的负债公司 L 的权益,B 方案是举债 αB 购买 α 比率的无负债公司 U 的权益。其投资额和收益如表 11-3 所示。

表 11-3　　　　A、B 两种方案投资额和收益比较

方案	投资	收益
A. 购买有杠杆作用公司(L 公司)的权益的 α	αS_L	$\alpha(EBIT - r_b B)$
B. 购买无杠杆作用公司(U 公司)的权益的 α,借款 αB	$\alpha S_U - \alpha B$	$\alpha EBIT - \alpha r_b B = \alpha(EBIT - r_b B)$

若采取 A 方案,购买的是一部分有杠杆作用的公司的普通股,若采取 B 方案,购买的是相同分量的无杠杆作用的公司的普通股,同时创造一定数量的自制杠杆作用,其数值与投资有杠杆作用的公司股权的 α 所代表的杠杆作用相等。既然从这两笔投资中产生的收益相同,它们投资的市场价值也相同。这样,我们认为这两笔投资的价

值彼此相等：
$$\alpha S_L = \alpha S_U - \alpha B$$

两边同时除以 α 得：$S_L = S_U - B$

移项得：$S_L + B = S_U$

因为 $S_L + B = V_L$
$S_U = V_U$

所以 $V_L = V_U$

命题得证。

命题Ⅱ：有负债公司的权益资本成本随财务杠杆的增大而增大。

计算公式：
$$r_s = r_u + \frac{B}{S_L}(r_u - r_b) \qquad (11-2)$$

式中：r_s——有负债公司的权益资本成本；

r_u——无负债公司的权益资本成本；

r_b——负债利率；

B——负债价值；

S_L——股东权益价值。

证明：

由命题Ⅰ可知 $V_L = S_L + B = \dfrac{EBIT}{r_u}$

所以 $EBIT = (S_L + B)r_u$

负债公司的权益资本成本为：

$$r_s = \frac{EBIT - r_b B}{S_L}$$

$$= \frac{(S_L + B)\, r_u - r_b B}{S_L}$$

$$= r_u + \frac{B}{S_L}(r_u - r_b)$$

命题得证。

【例11-2】沿用【例11-1】所给资料，根据命题Ⅰ得知，L公司和U公司虽然资本结构不同，但公司总价值是相等的，假设均为4 000 000 元。这样，我们将两个公司的价值重新计算，如表11-4所示。

表11-4　　　　　U公司和L公司价值计算　　　　　单位：元

项目	U公司	L公司
息税前收益	600 000	600 000
债务利息	0	100 000

续表

项目	U 公司	L 公司
普通股股东可分配盈余	600 000	500 000
权益资本成本	15%	16.67%
股票市值	4 000 000	3 000 000
负债市值	0	1 000 000
公司总价值	4 000 000	4 000 000
加权平均资本成本	15%	15%
负债权益比率	0	33.33%

表 11-4 中，L 公司的权益资本成本 $r_s = \dfrac{500\,000}{3\,000\,000} = 16.67\%$

或者根据命题 II：$r_s = r_u + \dfrac{B}{S_L} \times (r_u - r_b) = 15\% + \dfrac{1\,000\,000}{3\,000\,000} \times (15\% - 10\%) = 16.67\%$

L 公司的加权平均资本成本 $WACC_L = \dfrac{3\,000\,000}{4\,000\,000} \times 16.67\% + \dfrac{1\,000\,000}{4\,000\,000} \times 10\% = 15\%$

上述计算表明，L 公司由于财务杠杆的加大而提高了权益风险，从而提高了必要报酬率，即提高了权益成本，其权益成本为 16.67%（而不是例 11-1 中的 16%）。

上述计算还表明，加权平均资本成本并不取决于债务权益比率，这是表述 MM 命题 I 的另一种方式：公司的总体资本成本不受其资本结构的影响。

将以上两个命题结合起来可以看出，MM 理论认为：低成本的举债利益正好被股本成本的上升所抵消，所以增加负债不会增加或降低企业的加权平均成本，也不会改变企业的价值，即企业价值和加权资本成本不会因其资本结构的变化而变化。

（二）有公司税的 MM 模型

资本结构无关性是建立在不考虑资本市场缺陷的基础上，在此条件下，无论负债与股东权益怎样组合，公司总价值始终不变，即其各部分价值之和是相等的。但资本市场在实际中并不完善，因而资本结构的变动会对公司价值产生影响，资本成本也会发生变动，而市场不完善的表现之一就是税收的存在。

在存在公司所得税时，债务资本的优势是利息可以作为费用在税前扣除，从而可以避免一部分公司税赋，而与股票相关的股利和留存收益却不能在税前扣除。因使用债务资本而带来的税额节省称为利息税盾（interest tax shield）。

1963 年的《税收和资本成本：校正》一文提出了有公司税（企业所得税）时的 MM 模型，所得出的结论是：在考虑公司税的情况下，由于利息的抵税作用，公司的价值随负债比率的提高而增加。

命题 I：负债公司的价值等于具有相同风险等级的无负债公司的价值加上债务利息抵税收益的现值。

计算公式：

$$V_L = V_U + BT_C \qquad (11-3)$$

式中：V_L——有负债公司的价值，即未来净收益的现值；

V_U——无负债公司的价值，即未来净收益的现值；

T_C——公司所得税税率；

B——负债价值。

设公司所得税税率为 T_C，在无杠杆作用的情况下，可分派给权利人的收益应该是扣除了公司收益所得税后的净营业收益。这样：

$$V_U = \frac{EBIT(1-T_C)}{r_u} \qquad (11-4)$$

改变一下表达形式，就可以得出一个无杠杆作用公司的资本成本，即：

$$r_u = \frac{EBIT(1-T_C)}{V_U} \qquad (11-5)$$

仍以简单的套利过程为例。两种投资方案及其所对应的投资额和收益额如表 11-5 所示。

表 11-5　　A、B 两种方案投资额和收益比较

方案	投资	收益
A. 购买有杠杆作用公司（L 公司）权益的 α	αS_L	$\alpha(EBIT - r_b B)(1 - T_C)$
B. 购买无杠杆作用公司（U 公司）权益的 α；借款 $\alpha(1-T_C)B$	$\alpha S_U - \alpha B(1-T_C)$	$\alpha EBIT(1-T_C) - \alpha r_b B(1-T_C) = \alpha(EBIT - r_b B)(1-T_C)$

方案 A 是购买一部分具有杠杆作用公司的普通股；方案 B 是购买相同数量的无杠杆作用公司的普通股，同时通过使用 $\alpha(1-T_C)B$ 数量的负债，创造出与投资于有杠杆作用企业的普通股所代表的杠杆作用相等的"自制杠杆作用"。两种投资方案的投资收益相等，因而它们的市场价值也相等。即：

$$\alpha S_L = \alpha S_U - \alpha B(1-T_C)$$

两边同时除以 α 得：$S_L = S_U - B(1 - T_C)$

移项得：$S_L = S_U - B + BT_C$

$S_L + B = S_U + BT_C$

因为　$S_L + B = V_L$，$S_U = V_U$

所以　$V_L = V_U + BT_C$

命题得证。

上述公式揭示出 MM 关系的一个重要含义。由于负债（借款）利息的税前列支，可以得到税收上的优惠，有杠杆作用的公司的价值将比无杠杆作用公司的价值大，其差额为负债（借款）乘以相应的公司所得税税率。在理论上全部融资来源于负债时，企业价值达到最大。当然与此同时，风险也在加大。

命题Ⅱ：有负债公司的权益资本成本随负债比率的增大而增大。

计算公式：$$r_s = r_u + \frac{B}{S_L} \times (1 - T_C)(r_u - r_b) \quad (11-6)$$

证明：

设公司净利为 NI。

$$\begin{aligned} NI &= (EBIT - r_b B)(1 - T_C) \\ &= EBIT(1 - T_C) - r_b B(1 - T_C) \end{aligned} \quad (11-7)$$

由公式（11-3）、公式（11-5）得：

$$r_u = \frac{EBIT(1 - T_C)}{V_L - BT_C}$$

则　$EBIT(1 - T_C) = r_u V_L - r_u BT_C$

代入公式（11-7）得：

$$NI = r_u V_L - r_u BT_C - r_b B(1 - T_C)$$

又因为 $r_s = \frac{NI}{S_L}$

所以　$$\begin{aligned} r_s &= \frac{r_u V_L}{S_L} - \frac{r_u BT_C}{S_L} - \frac{r_b B(1 - T_C)}{S_L} \\ &= \frac{r_u S_L}{S_L} + \frac{r_u B}{S_L} - \frac{r_u BT_C}{S_L} - \frac{r_b B(1 - T_C)}{S_L} \\ &= r_u + \frac{B}{S_L}(1 - T_C) r_u - \frac{B}{S_L}(1 - T_C) r_b \\ &= r_u + \frac{B}{S_L}(1 - T_C)(r_u - r_b) \end{aligned}$$

命题得证。

【例 11-3】 有 L 和 U 两个公司，除资本结构外，两公司其他方面的情况均相同。U 公司的资本来源全部为股东权益资本，L 公司有利率为 10% 的负债 1 000 000 元。两个公司的息税前收益均为 600 000 元，风险级别相同。设 U 公司（无杠杆公司）权益资本成本

r_u 为 15%，两公司所得税率均为 30%。U 和 L 两公司的净利润如表 11-6 所示，股东和债权人的现金流量如表 11-7 所示。

表 11-6　　　　　U 公司和 L 公司净利润计算　　　　　单位：元

项目	U 公司	L 公司
息税前收益	600 000	600 000
债务利息	0	100 000
应纳税利润	600 000	500 000
所得税（30%）	180 000	150 000
净利润	420 000	350 000

表 11-7　　　U 公司和 L 公司股东和债权人现金流量　　　单位：元

现金流量	U 公司	L 公司
流向股东	420 000	350 000
流向债权人	0	100 000
合计	420 000	450 000

从表 11-7 可以看出，流向 L 公司的现金流量比流向 U 公司的现金流量多了 30 000 元，这是因为 L 公司的税额（属于现金流出）比 U 公司少了 30 000 元。因为利息是可以在税前扣除的，因此产生了税额节省，即利息税盾。税盾是由于支付利息而产生的，所以它的风险与债务一样，10% 就是适当的折现率。若公司债务融资长期存在，则使用永续年金公式计算利息税盾的现值为：

$$\frac{Br_b T_C}{r_b} = BT_C = 1\ 000\ 000 \times 30\% = 300\ 000（元）$$

U 公司和 L 公司的价值及资本成本计算如下：

U 公司的价值 $V_U = \dfrac{EBIT(1-T_C)}{r_u} = \dfrac{420\ 000}{15\%} = 2\ 800\ 000$（元）

L 公司的价值 $V_L = V_U + BT_C = 2\ 800\ 000 + 300\ 000 = 3\ 100\ 000$（元）

L 公司权益资本成本 $r_s = r_u + \dfrac{B}{S_L}(1-T_C)(r_u - r_b) = 15\% + \dfrac{1\ 000\ 000}{2\ 100\ 000}(1-30\%)(15\%-10\%) = 16.67\%$

L 公司的加权平均资本成本 $WACC_L = \dfrac{2\ 100\ 000}{3\ 100\ 000} \times 16.67\% + \dfrac{1\ 000\ 000}{3\ 100\ 000} \times 10\% \times (1-30\%) = 13.55\%$

综合上述两个命题，MM 理论认为：在有公司税（企业所得税）的情况下，通过提高负债权益比，企业可以降低其税负，降低资本成本，从而提高企业价值。

（三）公司税和个人所得税同时存在的 MM 模型（米勒模型）

虽然有公司税的 MM 模型考虑了公司税（企业所得税）因素，但没有包括个人所得税的影响。1976 年，米勒在美国金融学会上提出了同时考虑公司税（企业所得税）和个人所得税的模型来估计财务杠杆对企业价值的影响。这一观点后来形成《债务和税收》一文并发表在 1977 年 5 月《财务学杂志》上。我们把这一模型称为米勒模型。

米勒模型保持了 MM 理论的所有假设，再加上个人所得税，且存在着两种个人所得税，即债权人持有债券所得利息的利息个人所得税 T_B，以及股东持有股份所得收入的股票收入个人所得税 T_S。

在无负债公司中，股东预期税后现金流量为：$CF_U = EBIT(1 - T_C)(1 - T_S)$。用无负债公司权益成本将该现金流贴现，无负债公司的价值就可以用以下公式表示：

$$V_U = \frac{EBIT(1 - T_C)(1 - T_S)}{r_u} \qquad (11-8)$$

式中：T_C——公司所得税税率；

T_S——个人股票收入个人所得税税率。

如果公司同时有流通在外的债券和股份，公司每年产生的现金流量 CF_L 可以分解为两部分，即分别属于股东的现金流和属于债权人的现金流。

$$\begin{aligned}CF_L &= 股东的净现金流量 + 债权人的净现金流量 \\ &= (EBIT - I)(1 - T_C)(1 - T_S) + I(1 - T_B) \\ &= EBIT(1 - T_C)(1 - T_S) - I(1 - T_C)(1 - T_S) + I(1 - T_B)\end{aligned}$$

$$(11-9)$$

式中：I——年利息支出；

T_B——债权人利息收入个人所得税税率。

式中第一部分为股东的税后现金流量，与无负债公司的风险相同，在计算所产生的价值时用 r_u 对其折现得到现值；第二、第三部分表示的是公司杠杆作用，即由于负债融资而引起的与支付利息相关的现金流量，用 r_B 对其折现。这三部分折现值加在一起，即得有负债公司的价值。

$$V_L = \frac{EBIT(1 - T_C)(1 - T_S)}{r_u} - \frac{I(1 - T_C)(1 - T_S)}{r_b} + \frac{I(1 - T_B)}{r_b}$$

$$(11-10)$$

式中的第一项即为公式（11-8），将 V_U 代入公式（11-10）得：

$$V_L = V_U - \frac{I(1-T_C)(1-T_S)}{r_b} + \frac{I(1-T_B)}{r_b}$$

$$= V_U + \frac{I(1-T_B)}{r_b}\left[1 - \frac{(1-T_C)(1-T_S)}{(1-T_B)}\right]$$

因为 $$B = \frac{I(1-T_B)}{r_b}$$

所以 $$V_L = V_U + B\left[1 - \frac{(1-T_C)(1-T_S)}{(1-T_B)}\right] \qquad (11-11)$$

米勒模型是在 MM 理论基础上建立起来的，是对 MM 理论的发展，因此，仍将其放在 MM 理论中说明。米勒模型有如下几个方面的重要含义：

（1）$B\left[1 - \frac{(1-T_C)(1-T_S)}{(1-T_B)}\right]$ 为杠杆利得（或负债收益），该项代替了有公司税 MM 模型中的 BT_C。

（2）如果忽略所有的税率，即 $T_C = T_S = T_B = 0$，那么 $B\left[1 - \frac{(1-T_C)(1-T_S)}{(1-T_B)}\right] = 0$，这与 MM 无税模型相同。

（3）如果忽略个人所得税，即 $T_S = T_B = 0$，那么该模型与有公司税 MM 模型相同。

（4）如果股票和债券收益的个人所得税率相等，即 $T_S = T_B$，那么 $B\left[1 - \frac{(1-T_C)(1-T_S)}{(1-T_B)}\right] = BT_C$，这也与有公司税 MM 模型相同。

（5）如果 $(1-T_C)(1-T_S) = (1-T_B)$，$\left[1 - \frac{(1-T_C)(1-T_S)}{(1-T_B)}\right] = 0$，则意味着公司负债减税的好处被投资者的个人所得税所抵消，使用财务杠杆的价值为零。这种情况下，资本结构对公司价值或资本成本无任何影响，这与 MM 无税理论相同。

【例 11-4】沿用【例 11-3】的资料，考虑个人所得税，假设所有的税后利润都作为股利发放给股东，债权报酬和股权报酬的个人所得税税率均为 20%。计算结果如表 11-8 所示。

表 11-8　　U 公司和 L 公司 股东和债权人税后收益计算　　　　单位：元

项目	U 公司	L 公司
债务利息（债权人收益）	0	100 000
减：利息收入个人所得税（20%）	0	20 000
个人所得税后债权人收益	0	80 000
股东可分配盈余	420 000	350 000

续表

项目	U 公司	L 公司
减：股票收入个人所得税（20%）	84 000	70 000
个人所得税后股东收益	336 000	280 000
（债权人和股东）个人所得税后收益总和	336 000	360 000

虽然债权人和股东的税后收入均较以前有所减少，但债务融资的税收利益依然存在。

U 公司和 L 公司的价值计算如下：

U 公司的价值 $V_U = \dfrac{EBIT(1-T_C)(1-T_S)}{r_u} = \dfrac{600\,000(1-30\%)(1-20\%)}{15\%}$

$= 2\,240\,000$（元）

L 公司的价值 $V_L = V_U + B\left[1 - \dfrac{(1-T_C)(1-T_S)}{(1-T_B)}\right]$

$= 2\,240\,000 + 1\,000\,000 \times \left[1 - \dfrac{(1-30\%)(1-20\%)}{(1-20\%)}\right]$

$= 2\,540\,000$（元）

（四）对 MM 理论的评价

MM 关于无公司所得税情况下和有公司所得税情况下的基本结论，后来被人们称为 MM 定理。根据第一个定理，企业资金结构没有任何意义，企业筹资决策也就失去了它存在的理由。现实中也没有企业采用第二个定理得出资本结构，因此 MM 定理很像是一个毫无意义的定理。MM 理论的假设是完全建立在抽象的基础上的，有些人对 MM 理论提出质疑，主要集中在以下几个方面：

（1）MM 理论的分析假定公司负债和个人负债完全可以互相替代并以相同利率借款，但一般来说这种情况是不存在的。由于公司只负有限的债务责任，投资于负债的公司比自己举债所面临的风险要小。对支配着资本市场的机构投资者的限制也会阻碍套利交易，因此从法律上讲，大多数机构投资者不能借款购买股票，也限制了他们利用财务杠杆。

（2）MM 理论完全忽略了交易费用，使得资金在公司与公司之间、公司与个人之间可以无成本地自由转移。但经纪人费用和其他交易成本是客观存在的，这会阻碍套利交易的进行。

（3）MM 理论未考虑公司盈利的变化。实际情况往往是，当公司盈利多时，可以从举债中得到最大的税盾效应，而当盈利少或没有利润时，公司获得的税盾效应很少甚至无税盾效应。

（4）MM 理论假定不论举债多少，公司或个人负债均按无风险利率借款，但实际上随着负债的增加，风险也是不断增加的。尽管机构投资者可以按公司利率借款，但是不允许借款购买证券，而大多数个人投资者的借款利率要高于公司利率。

（5）MM 假设无财务困境成本，且他们也忽略了代理成本。他们还假设市场所有的参加者对于公司的未来有相同的信息，这显然与现实是不一致的。

MM 理论的假设在实践中受到挑战，但并不是说因为这些假设过于抽象就没有现实意义。理论并不是要模拟现实，否则就不是理论。正因为 MM 理论的假设抽象掉了现实中的许多因素，才使得我们能够从数量上揭示资本结构的最本质的问题——资本结构与公司价值的关系，这就是 MM 理论的精髓所在。MM 理论的重大贡献在于它为资本结构理论起了奠定作用，没有 MM 理论，也就不会有后来的资本结构理论的各种流派。后人就是在 MM 理论基础上放宽它的假设，使新的理论更加接近现实环境。

三、资本结构的权衡理论

MM 理论只考虑了负债的节税作用，却忽略了由于负债增加而带来的风险和额外费用。实际上当负债增加时，财务困境成本和代理成本也会增加，它将使企业的价值减少。1970 年代后期以来，许多学者已经开始认识到这一点，提出了资本结构的权衡理论（trade off theory）。权衡理论既考虑负债带来的利益，也考虑由负债带来的成本，并对它们进行适当平衡来确定资本结构。这一理论认为存在着最优资本结构。

（一）财务困境成本

前面讨论了税收与资本结构，认为举债能为企业带来抵税的效应，但当债务增加时，企业陷入财务困境的可能性也会增加。财务困境是指企业没有足够的偿债能力，不能偿还到期债务的状况，严重时会导致企业破产。当负债的比率很小时，陷入财务困境的可能性很小，对企业价值的影响可以忽略不计（此时 MM 理论仍然成立），但当负债比率很大时，它的影响便不可忽视。

当公司陷入财务困境时，为此要支付一定的成本，称为财务困境成本（financial distress costs），财务困境成本又可分为直接成本和间接成本。

一般当公司的资产价值等于债务价值时，它就破产了，此时，权益价值变成零，从而股东把公司的控制权交给债权人。但实际上债权人并不会得到所有被欠债务，因为公司资产的一定比例会在破产的法律过程中"消失",这些就是破产过程中发生的法律成本、会计成本以及其他与财务调整和法律程序有关的管理费用,我们把这些成本叫做直接成本。已经有大量的学术研究在探讨如何衡量财务困境的直接成本,虽然直接成本绝对数较大,但是与公司价值相比,只占很小的一部分。怀特(White)、阿特曼(Altman)和韦斯(Weis)估计财务困境的直接成本大概是公司市值的3%。

除了这些直接成本以外,在实际破产法律程序发生前也会产生一些成本,即间接成本。当负债金额相对一定经营活动水平所需权益过分增加时,资本市场就会越来越不情愿为其提供更多资本。随着公司资本不足或财务失败愈加明显,几种成本就会产生。这些成本主要包括:

(1) 日益不利的条件下筹措资本日益增加的利率。

(2) 关键雇员流失。如果公司前景不利,有能力的雇员和管理人员就会寻求其他就业单位。

(3) 畅销商品供方的丧失。因为供应商担心他们无法得到货款或顾客不能实现销售增长。

(4) 由于顾客对公司能否继续提供产品缺乏信心而导致的销货下降和损失。

(5) 由于目前负债义务状况显示企业前景不妙,故无法在任何条件和利率水平下获得资本来进行有利但有风险的投资。

(6) 出售固定资产以满足营运资本需要(被迫缩减业务规模)。

(7) 当公司出现严重的财务危机时,为解燃眉之急,管理人员往往会做出一些短期行为的决策,如推迟机器的大修、降低产品或服务的质量以节约成本等。

总之,一旦陷入财务困境,即使公司不破产,也会产生大量的成本。财务困境成本是由负债造成的,财务困境成本会降低公司的价值。尽管存在这些成本,但是要评估它们是十分困难的。实证研究表明,破产的直接成本很小但很重要。当直接成本与间接成本合并时,其数量就很大了,多达公司价值的20%。

(二) 代理成本

在现代股份制企业中,股东和债权人均把资金交给企业的管理人员,由其代为经营管理,这样就形成了企业经理与股东和债权人之间的委托代理关系。当企业拥有债务时,股东与债权人之间存在利益冲突,而经理往往是由股东聘任的,他们在管理中首先考虑的是股东的利益,其次才是债权人的利益。当财务危机发生时,股东与债权人的利益冲突会放大,因而给企业增加了代理成本,从而使企业的价值减少。

当财务危机发生时，股东采取的利己措施主要有：从事高风险的投资、放弃有利的投资机会、转移公司资金等。

濒临破产的企业经常冒巨大的风险进行投资，因为与其坐以待毙，不如拼死一搏，这样也许还有起死回生的机会。如果成功，债权人所能得到的只是固定的利息与本金，剩余的好处都将归股东所有；一旦失败，企业可能破产，债权人的利益将无法得到保障。可以说，企业在拿债权人的钱赌一把。因此，从本质上看，处于严重财务危机的企业进行高风险项目的投资是有损债权人利益的，但股东从其自身利益出发，往往会这样做。

另外，接近破产的企业对于净现值大于零的项目可能采取放弃的态度，因为项目的收益仅能减少债权人的损失，而股东并不一定得到好处。在企业陷入财务困境且有比例较高的债务时，如果用股东资金去投资一个净现值为正的项目，可以在增加股东权益的同时，也增加债权人的债务价值。但是，当债务价值的增加超过权益价值的增加时，即从企业整体角度而言是净现值为正的新项目，而对股东而言则成为净现值为负的项目，投资新项目后会发生财富从股东转移至债权人。出于不愿给别人作嫁衣的动机，股东索性放弃有利的投资机会。

还有一些处于财务困境的企业采取支付额外股利或其他分配的形式，留下少量给债权人，这被形象地称为"撇油"（milking the property）。

股东的以上利己策略都会损害债权人的利益，然而债权人也不会坐以待毙，他们会采取不同的措施保护自己的利益，如设立保护性条款、提高利率、要求担保品等。这些措施在一定程度上会限制企业的经营，影响企业的活力，降低企业效率。另外为保证这些条款的实施，还必须用特定的方法对企业进行监督，这必然会发生额外的监督费用，抬高负债成本。可见，股东的这些利己策略的成本最终还是由自己负担的。

当负债比例较小时，债权人对股东的限制较少，代理成本较低；当负债增大时，这些限制将会增多，并且力度加大，代理成本将会大幅度增加。

财务困境成本和代理成本的存在将会使企业价值减少。企业价值减少的幅度等于财务困境成本与代理成本的贴现值之和，不过这些成本的确切数值难以估计，其贴现值就更难以计算。但是必须注意的是，提出这些理念相当重要，因为它揭示了负债对企业价值的负面影响。

在考虑了财务困境成本和代理成本的影响之后，我们不仅要看到负债的增加能使节税作用加大，可以提高公司的价值，还应该看到它使公司价值减少的一面。当我们把财务困境成本和代理成本考虑进来后，公司价值的计算公式变为：

$$V_L = V_U + T_C B - FPV - APV \quad (11-12)$$

式中：V_L——有负债公司的价值；
V_U——无负债公司的价值；
$T_C B$——利息税盾现值；
FPV——预期财务困境成本的现值；
APV——代理成本的现值。

图 11-6 是权衡理论的图示。

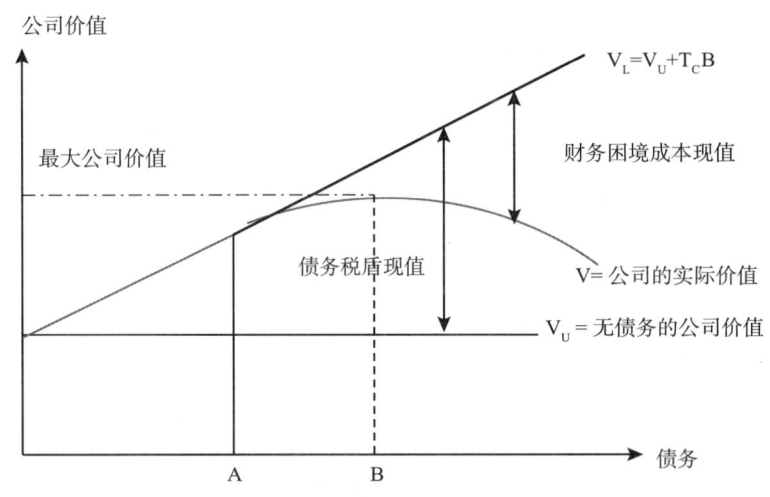

图 11-6 基于权衡理论的企业价值与资本结构

在图 11-6 中，负债数额达到 A 点前，举债的减税利益起完全支配作用，此时，公司的价值随负债额的增加而增加。当负债额达到 A 点时，财务困境成本和代理成本开始变得重要。超过 A 点，财务困境成本和代理成本的作用显著增强，抵销部分减税利益。负债额达到 B 点时，减税的边际收益完全会被负债损失所抵销，超过 B 点，财务困境成本和代理成本将起主导作用，损失将超过减税利益，公司价值呈下降趋势。因此，从图 11-6 中可以看出，权衡理论认为企业存在最佳资本结构，也就是图中的 B 点，当负债额达到这个点时，企业的价值最大。

权衡理论考虑了财务困境成本和代理成本，指出财务困境成本和代理成本随着企业负债比率的增加而不断增加，并对这三者之间的关系进行权衡，使得资本结构理论更加符合实际。

（三）对权衡理论的评价

权衡理论通过加入财务困境成本和代理成本，使得资金结构理论变得更加符合实际，同时指明了企业存在最优资本结构。权衡理论只是指明了财务困境成本和代理成本是随着负债的增加而不断增加的，但却无法找到这之间的确切的函数关系，因此根据此项理论，尚无法准确计算财务困境成本和代理成本的价值，也就是说实际上很难找到最佳资本结构。虽然权衡理论无法准确地找到最佳资本结构，但利用这个模型可以获得以下三个财务数量关系。

（1）在其他条件相同的情况下，经营风险大的企业举债规模应该较低，而经营风险小的企业可以适当扩大举债规模，因为风险大的企业发生财务危机的可能性较大，财务危机的预期也会较高。

（2）在其他条件相同的情况下，拥有较多有形资产的企业举债规模会相对较高，而拥有较多无形资产的企业的举债规模相对较低，因为当财务危机发生时，有形资产能以更合理的价值变现以便于偿还到期债务，而专业化的资产、无形资产等在财务危机发生时更易于失去其价值。

（3）在其他条件相同的情况下，企业的边际所得税率越高，利用负债的可能性越大，因为在高税率的情况下利用负债可以带来较高的减税利益。在财务困境成本和代理成本完全抵销减税效益之前，企业可以承担更多的负债。

权衡理论揭示了企业价值、纳税利益、财务困境成本以及代理成本四者之间的数量关系，尽管权衡理论无法精确地进行计量，但在实际工作中却得到了相应的验证，使得资本结构理论在由理论向实务靠近方面前进了一大步。

四、引入不对称信息的新资本结构理论

新资本结构理论者一反只注重对税收、破产等"外部因素"对企业资本结构的影响的做法，试图通过信息不对称理论中的"信号""动机""激励"等概念，从企业"内部因素"来展开对资本结构问题的分析，把资本结构的权衡难题转化为结构或制度设计问题，从而给资本结构理论开辟了新的研究方向，提供了新的诠释，使资本结构理论从此又进入了一个新的发展阶段，我们称之为新资本结构理论。新资本结构理论的一个最大的特点就是认识到了不对称信息在资本结构决策中所起的作用，而将非对称信息理论应用于公司资本结构理论分析和融资决策分析，实际上标志着 MM 理论的又一个假设条件——充分信息假设被放宽。

关于新资本结构理论，我们用时间和内容两个标准来界定。从时间上看，是指 20 世纪 70 年代末以后学术界关于资本结构问题的各种流行的观点和看法；从内容上看，在不对称信息这面大旗下大小门派众多，主要有代理成本理论、信号理论、控制权理论、优序融资理论等。

乔治·阿克洛夫

乔治·阿克洛夫（George A. Akerlof, 1940~）现任加州大学伯克利分校经济学教授，他于1970年发表的论文《"柠檬"市场：质量不确定性和市场机制》首先提出信息不对称和逆向选择，与斯蒂格利茨（Joseph Stiglitz）并称"不完全信息经济学之父"。

在《"柠檬"市场：质量不确定性和市场机制》（The market for "lemons": quality uncertainty and market mechanism）的论文中，阿克洛夫分析了一个卖者比买者更加了解产品特性的产品市场，并以旧车为例对此进行经典分析。在旧车市场上，既定的旧车卖者和关心车子质量的买者之间存在着信息不对称。已经在车行里工作了几年的卖者对旧车的性能、保养程度或损坏程度了如指掌，而买者却无从得知这些信息。阿克洛夫把这种市场描述为"柠檬"市场，把旧车比喻为"柠檬"。从此，"柠檬"（有缺陷的车子的口语用词）就成为每位经济学家词汇中一个众人熟知的比喻说法。阿克洛夫认为，买者常常必须依赖各种近似估计的技巧，使他们能从有形到无形作出推断。如果将一辆虽有少许凹坑和划痕但装饰很好的汽车和一辆明显破旧的汽车进行比较，买者可能会推断前者比后者保养得好，据此估计汽车的技术可靠性。然而，大多数人很快意识到这种推断是犯了 I 型错误（指在统计检验中不接受正确的零假设），即提出了错误的主张，认为一辆漂亮的车等于一辆好车。于是，涉及一些更重要的交易方面，消费者根据可靠性等近似估计技巧推测对一辆旧车作出的报价，可能会比那些知道旧车前主人如何小心翼翼地保养这辆车的人要来得低。人们会预料到市场上的汽车外表华丽，但保养不当或有瑕疵。如果购车者是个风险中性者，在他不能确知所购车辆的内在价值的前提下，他愿意接受的价格也只是所有旧车价值按概率加权计算的一个平均值，即预期价格，而不管购得的旧车质量如何。结果，过了一段时间，这种预测增加了买者对产品质量的不确定性，进一步降低了合理的报价。随着时间的流逝，买者通过经验发现卖者把低于中等水平的产品投入市场，这种认为产品质量递减的意识反过来又会使产品的价格下降。这一过程不断持续，最后市场上只剩下损坏最严重的旧车，所有稍好一点的旧车都从市场上消失。

瑞典皇家科学院于2001年10月10日宣布，授予美国经济学家乔治·阿克洛夫、迈克尔·斯宾塞（Michael Spence）和约瑟夫·斯蒂格利茨（Joseph Stiglitz）诺贝尔经济学奖，以表彰他们运用不对称信息理论研究市场经济所取得的成就。

(一) 资本结构的代理成本理论

代理问题是詹森和麦克林在 1976 年提出的,认为在代理过程中,由于存在道德风险、逆向选择、不确定性等因素的作用会产生代理成本(agency cost),他们把这种成本概括为以下几方面:

(1) 监督支出,指委托人为保障其自身利益不受侵害,建立适当的激励机制支出及监督费用;

(2) 保证支出,指为保证代理人与委托人的利益相一致,企业为代理人支付的货币性及非货币性在职消费支出;

(3) 剩余损失,指代理人的决策与使委托人福利最大化的决策之间的偏差造成委托人的财富损失。詹森和麦克林提出了两类利益冲突:股东和经理之间的利益冲突及股东和债权人之间的利益冲突。最优资本结构则是债务源于代理成本的收益与成本平衡的结果。

股东和经理之间的代理成本是由于经理不是所经营公司的全资股东引起的。在当今大型上市公司里,经理层持有该公司的股份通常是很少的,经理层努力工作所创造的财富并不全归他们所有。因此经理层乐意到度假胜地开会,拥有豪华的办公室,购买公司专用飞机等。他们享受这些奢侈品,但又不必承担相应的所有成本。由此造成的无效率应该与经理层所持公司股票的份额呈负相关。所以如果经理层持有公司股票的份额和公司总资产不变,提高负债率相应增加了经理层持有公司股票的百分比,可能有助于减少公司经理与股东间的利益冲突。然而正像上面所提到的那样,在现代大型上市公司里,经理层持有的份额都很少,提高负债率对经理层持股份额的影响是很小的,不足以调整经理与股东间的利益冲突。

但是詹森指出,偿还债务利息和本金会减少公司的"自由现金",否则经理可用它投资于自己喜欢的项目(在股东看来,此类项目的净现值可能是负数),建立自己的小王国。另外,格罗斯曼(Grossman)和哈特(Hart)认为,由于经理投资于管理公司的人力资本相当大,公司破产给经理造成的损失可能是很大的,不仅他们在管理该公司过程中长期积累的很多经验在别的地方没有价值,同时还丧失了控制权收益及个人声望。因此提高负债率可能促使经理更努力地工作,不投资自己喜欢但对股东不利的项目,减少出国旅游和到度假胜地开会的次数等等。由负债带来的股东与经理利益冲突的减少构成了债务融资的好处。

沿着詹森和麦克林的思路,哈里斯(Harris)和拉维夫(Raviv)假定,即使立即清盘对投资者有利,经理总还是愿意继续维持公司的营运。债务给了投资者清盘的权利(债务的好处),但是他们要支付为正确决策所需调查、收集信息的成本(债务的成本)。而斯图尔茨

(Stulz)则假设,即使向投资者支付现金红利是应该的,经理总是愿意把全部现有资金用于投资。偿还债务利息及本金减少了"自由现金"(债务的好处),但是如果耗尽"自由现金"还不足以偿还债务本息的话,企业就可能被迫放弃一些有利可图的投资机会(债务的成本)。企业的最优负债水平就是债务的好处与成本平衡的结果。

迈克尔·詹森

迈克尔·詹森(Michael Jensen,1939~)是美国当代著名金融经济学家。詹森是最有影响力的《金融经济学期刊》创始人,并在公司控制理论、融资结构理论方面做出了开创性的贡献。詹森在理论方面的成就为他赢得了无数荣誉。1990年被《财富》杂志评选为当年最令人感兴趣的25位经济领域人士之一。

作为代理经济学的创始人之一,詹森对公司控制问题做了深入的研究。1976年,詹森和威廉·麦克林(W. H. Meckling)在《公司理论:管理行为、代理成本和资本结构》一文中,将代理理论、产权理论和金融理论的各要素结合起来,发展成为一种有关企业所有权结构的理论。詹森在公司控制理论方面的一个重要贡献就是"代理成本"概念的提出,他还深入揭示了代理成本与"分离和控制"问题的关系,指出只要存在两人或两人以上的合作性工作,就会出现代理成本。詹森在公司控制理论方面的开创性研究为公司理论的发展做出了巨大贡献。他提出的企业代理成本理论为研究现代公司问题提供了一种全新的方法。

(二) 资本结构的信号理论

与监督成本和代理成本紧密相连的是信号(signal)发送问题。罗斯(Ross)认为,企业管理当局可以通过改变资本结构来传递企业有关获利能力和风险的信息,资本结构可以作为传递内部人私有信息的信号。这当中暗含着这样一种观点,即公司内部经营管理人员均了解其企业收益的真实分布,而外部的投资者则不知道,因此公司管理者和股东之间存在着信息不对称(information asymmetry)。由于管理者的收入和利益往往取决于公司的市场价值,因此会促使管理者在公司价值被低估时向投资者传递信号。他有可能作出一个声明:本公司被低估了!但一般投资者不会轻易地相信这种声明,因此管理者会通过增加债务、改变资本结构来向市场传递这一信息。因为人们一般认为债务增加将会使公司破产的可能性增加,而发生破产时,根据合约,管理者将会受到损失,所以只有前景光明的企业才会冒这一风险。因此投资者会认为增加债务是一种积极的信号。利兰（Leland）和派尔（Pyle）则结合经理人的风险偏好来讨论这一问题。他们假定经理人是风险规避者，且了解有关公司未来收益的信息。如果经理人与投资者共同投资这一项目，那么，在均衡状态下，经理人的股份将完全揭示其所拥有的内部信息。投资者可以认为，经理人所占股份越大，表明经理人对公司的前途看好，因而公司价值也越大。

（三）资本结构的控制权理论

控制权理论可以看作是詹森和麦克林代理成本说的延续。在市场经济条件下，企业资本结构不仅决定着企业收入流的分配，而且决定着企业控制权的分配。现代公司普遍存在着内部人控制问题，也就是说，实际掌握公司控制权的往往是内部的经理人而不是股东。由于经理人的利益或权威是来自对公司的控制，因此经理人一般都有控制权偏好。从这个角度看，内部融资是最好的选择，因为它不但不会影响经理人的控制权，而且由于经理人将前期获得的收益用于新的投资而不必向股东派发股利，其事实上控制的资金更多，拥有的权力更大了。在需要进行外部融资时，经理人也会更加偏好股权融资而不是债权融资，因为发行新股会导致公司的股权进一步分散，经理人的控制权也会进一步加强。

当然，如果经理人过分依赖外部股权融资，形成事实上的内部人控制，则会向市场传递了不好的信息，给定其他条件不变，公司的股票价值就会下降，使得经理人的利益及信誉受损，这就迫使经理人不得不使用一定的债权资本。内部融资则不存在这样的问题，使用内部资本只会向市场表明经理人经营良好，股东对经理人满意并且信任，因此内部融资仍然是经理人偏好的融资方式。

（四）资本结构的优序融资理论

梅叶斯（Myers）和梅吉拉夫（Majluf）研究了投资者在认识到公司经理人可能拥有其所无法获得内部信息的前提下，公司融资的最优安排问题。指出，如果投资者没有像当事公司内部人那样有对公司的资产价值的灵通信息，那么股权就可能被市场错误地定价。如果公司需要以发行股票为新项目融资，若由于股票价格过低以至于使新投资者能够从新项目中获得比NPV（即净现值）更多的价值，便将导致现有股东的一个净损失。在这种情况下，即使NPV是正的，这一项目也会遭到拒绝。所以在这种情况下，与股权相比，公司更偏好于内部资金，甚至于不太多的风险债务也比股权优越。如果公司能够利用其价值没被市场低估的证券为新项目筹资，则这种投资不足就会被避免。外部投资者会产生逆向选择的心理：认为当企业预期业绩好并且确定性程度较高时，经理人员才会选择债务筹资方式筹资，以增加每股收益，提高企业价值；而一旦经理人员对外宣称企业拟发行新股，实际上是在向市场传递并非有把握实现经理人员预期目标的信号，是经理在企业价值被高估条件下的行为。

既然投资者担心企业在发行股票或债券时其价值被高估，经理人员在筹资时为摆脱利用价值被高估进行外部筹资的嫌疑，尽量以内源融资方式从留存收益中筹措资金。如果留存收益的资金不能满足项目融资需求，有必要进行外部融资时，在外部债务融资和股权融资之间总是优先考虑债务融资，因为投资者认为企业股票被高估的可能性超过了债券。

由此，我们很容易得出梅叶斯和梅吉拉夫的优序融资理论（也称啄食顺序理论，the Pecking Order Theory）的基本内容——公司融资顺序有较明显的先后之分：所需的资金首先依赖于内源资金；在内源资金不足，需要外部资金注入时，债务融资将成为次优的选择；而外部股权融资由于成本太高，公司通常会作为最后才使用的融资方式。

财务杠杆就是用别人的钱赚钱

> 下面是大学学费的优序融资理论，即啄食顺序理论。(1) 奖学金。为学生提供资金，而无须偿还本金和支付利息。(2) 父母提供资金。这些资金可能不要求归还，但可能有隐性费用。(3) 勤工俭学。该项目为学生提供资金，但学生需要付出劳动力获得。(4) 学生贷款。这种贷款为学生提供资金，需要学生在完成大学学业后开始偿还贷款，利率较低。(5) 其他贷款。这是学生最后寻求的融资途径，通常会考虑优先偿还，因为利率很高。选择融资的顺序是：先使用最便宜的奖学金来源，但是较便宜的资金来源获得的数量有限，必须竞争这些资金，只能有少数符合资格的学生获得奖学金。学生通常会在寻求次便宜的资金来源之前先耗尽最便宜的资金来源。这与公司融资遵循相同的顺序。

第二节　杠杆利益与风险的衡量

物理现象中的杠杆效应是指通过杠杆的使用，可以利用较小的力量移动较重物体的现象。在财务管理中，同样存在类似的杠杆效应。财务管理的杠杆效应表现为存在特定费用的情况下,一个财务变量以某一比例变化时,引起另一个相关的财务变量以一个较大的比例变化。合理运用杠杆可以有助于公司合理规避风险,提高资本运营效率。财务管理中的杠杆效应有三种:经营杠杆、财务杠杆和复合杠杆。

一、经营杠杆利益与风险

(一) 经营风险

经营风险是指企业未使用债务时由生产经营活动而产生的未来经营收益或者息税前利润的不确定性。任何公司只要从事经营活动,就必然承受着不同程度的经营风险。经营风险因具体行业、具体公司以及具体时期而异。通常经营风险可以用息税前利润的概率分布对其期望值的偏离程度,即息税前利润的标准差或标准离差率来衡量。

在市场经济中,经营风险的发生及大小取决于多方面因素,一般来说主要有以下几个方面。

(1) 市场需求变化的敏感性。在不考虑其他因素的情况下,市场对公司产品的需求越稳定,则公司经营风险越低;反之,公司销售状况对市场需求环境变化的反应越敏感,则经营风险越高。

(2) 销售价格的稳定性。在同类产品竞争的条件下,如果能够保持相对稳定的销售价格和市场占有率,则经营风险较小;反之,销售价格随着竞争形势而波动,或单纯以价格策略维持市场占有率,必然经营风险较高。

(3) 投入生产要素价格的稳定性。在生产经营过程中,公司要投入原材料、动力、燃料、工资等,这些要素成本是收入的抵减,价格不稳定,会导致利润不稳定。这些要素的价格变动越大,公司的经营风险越高。

(4) 产品更新周期以及公司研发能力。在高技术环境中,产品更新的周期短。如果公司缺乏研究开发新技术、新产品的能力,必然会被市场淘汰,公司的经营风险会上升。

(5) 固定成本占总成本的比重。当产品销售量增加时,单位产品所负担的固定成本就会相应地减少,但是当公司的销售量减少时,单位产品负担的固定成本会随之增加,公司的利润就会相应减少。此时,如果固定成本占总成本的比重越大,利润减少的幅度就会越大,经营风险就会越高。

上述各个因素对经营风险的作用因公司的性质不同而不同。但是各种风险因素都可以通过管理使其控制在一定的范围之内。例如通过市场销售策略来稳定公司的销量。如果一个公司的经营风险得不到控制,那么将会危及公司的生存。在控制经营风险的各种方法中,合理地调整经营杠杆是一个非常有效的方式。

(二) 经营杠杆

(1) 经营杠杆的含义。在影响经营风险的诸多因素中,固定性经营成本的影响是一个基本因素。经营杠杆是指在某一固定经营成本存在的情况下,销售量变动对息税前利润产生的作用。由于公司固定成本的存在,在其他条件不变的情况下,销售量的增加不会改变固定成本总额,但会降低单位固定成本,使得单位产品的利润增加,导致息税前利润的增长率大于销售量的增长率;相反,销售量的下降提高了单位固定成本,使得单位产品的利润减少,导致息税前利润的下降率大于销售量的下降率。如果企业不存在固定成本,则息税前利润的变动率与销售量的变动率保持一致。这种由于固定成本存在而导致的息税前利润变动率大于销售量变动率的杠杆效应,称为经营杠杆效应。固定成本是引发经营杠杆效应的根源,但企业的销量水平与盈亏平衡点的相对位置决定了经营杠杆的大小,即经营杠杆的大小是由固定性经营成本和息税前利润共同决定的。

(2) 经营杠杆系数的概念及计算。公司只要存在固定成本,就存在经营杠杆作用。经营杠杆是把双刃剑,不仅可以放大公司的息税前利润也可以放大公司的亏损。经营杠杆的大小用经营杠杆系数衡量。经营杠杆系数(DOL)是指息税前利润变动率相对于销售量变动率的倍数。经营杠杆系数用公式表示为:

$$DOL = \frac{\Delta EBIT/EBIT}{\Delta Q/Q} \quad (11-13)$$

式中:EBIT——基期息税前利润;

$\Delta EBIT$——息税前利润变动额;

Q——基期销售量;

ΔQ——销售量的变动。

上式称为经营杠杆系数的定义公式。如果假定公司的成本、业务量和利润保持线性关系,变动成本在销售收入中所占的比例不变,固定成本也保持稳定,则我们可以得到 DOL 的简化计算公式。

因为

$$EBIT = Q(P - Vc) - Fc$$
$$\Delta EBIT = \Delta Q(P - Vc)$$

所以

$$\mathrm{DOL_Q} = \frac{Q(P-Vc)}{Q(P-Vc)-Fc} \quad (11-14)$$

$$\mathrm{DOL_Q} = \frac{S-VC}{S-VC-Fc} \quad (11-15)$$

$$\mathrm{DOL_Q} = 1 + \frac{Fc}{EBIT}$$

式中：$\mathrm{DOL_Q}$——销售量为 Q 时的经营杠杆系数；

P——销售单价；

S——销售额；

Vc——单位变动成本；

VC——变动成本总额；

Fc——固定成本总额。

注意：经营杠杆系数的定义公式和简化计算公式均是在假设产量等于销量的前提下进行的。

当企业的营业收入总额与成本总额相等时，即当息税前利润等于零时，达到盈亏平衡点，此时的产品销售数量为 Q_{BE}。

$$EBIT = Q(P-Vc) - Fc = 0$$

$$Q_{BE} = \frac{F_C}{P-V_C}$$

实现盈亏平衡点以上的额外销售量，企业处于盈利状态，此时距离盈亏点越远，利润将增加，销售量跌到盈亏点以下时，企业处于亏损状态，此时距离盈亏点越远，亏损将加剧。

在实际工作中，公式（11-14）可用于计算单一产品的经营杠杆系数；公式（11-15）除了计算单一产品的经营杠杆系数，还可用于计算多种产品的经营杠杆系数。从上述公式中可以看出，如果固定成本等于 0，则经营杠杆系数为 1，即不存在经营杠杆效应。当固定成本不为 0 时，通常经营杠杆系数是大于 1 的，即显现出经营杠杆效应。

【例 11-5】设 A 和 B 两个公司有关资料如表 11-9 所示。

表 11-9　　　　　　息税前利润计算表（简表）　　　　　　单位：万元

项目	A 公司		B 公司	
	2017 年	2018 年	2017 年	2018 年
销售量（万件）	60	120	60	120
销售收入	120	240	120	240
固定成本	20	20	50	50
单位变动成本（元）	1.5		1	

续表

项目	A 公司		B 公司	
	2017 年	2018 年	2017 年	2018 年
变动成本	90	180	60	120
总成本	110	200	110	170
息税前利润	10	40	10	70
固定成本/总成本	18.2%	10%	45.45%	29.4%

方法一：采用定义公式法计算

A 公司：

息税前利润变动率 $\Delta EBIT_A = (40 - 10) \div 10 = 300\%$

销售量变动率 $\Delta S_A = (120 - 60) \div 60 = 100\%$

经营杠杆系数 $DOL_A = 300\% \div 100\% = 3$

B 公司：

息税前利润变动率 $\Delta EBIT_B = (70 - 10) \div 10 = 600\%$

销售量变动率 $\Delta S_B = (120 - 60) \div 60 = 100\%$

经营杠杆系数 $DOL_B = 600\% \div 100\% = 6$

B 公司相对于 A 公司而言，固定成本总额与所占总成本的比率均较大，因此，息税前利润的变化程度也最大，B 公司增加了 600%，而 A 公司增加了 300%。

经营杠杆系数分别为 3 或 6 表明，息税前利润的增长是营业收入增长的 3 或 6 倍；或表明息税前利润的降低是营业收入降低的 3 或 6 倍。

方法二：采用简化公式法计算

上例中，A 公司产品单位价格为 2 元，单位变动成本为 1.5 元，固定成本为 20 万元。则当销售量为 60 万件时：

$$DOL_{A1} = \frac{60 \times (2 - 1.5)}{60 \times (2 - 1.5) - 20} = 3$$

当 Q = 120 万件时：

$$DOL_{A2} = \frac{120 \times (2 - 1.5)}{120 \times (2 - 1.5) - 20} = 1.5$$

上例中，B 公司产品单位价格为 2 元，单位变动成本为 1 元，固定成本为 50 万元。则当销售量为 60 万件时：

$$DOL_{B1} = \frac{60 \times (2 - 1)}{60 \times (2 - 1) - 50} = 6$$

当 Q = 120 万件时：

$$DOL_{B2} = \frac{120 \times (2 - 1)}{120 \times (2 - 1) - 50} = 1.71$$

采用简化公式计算，可以更加清晰地表明在每一销售水平上的经营杠杆系数。即销售水平不同时，其经营杠杆程度各不相同。

在固定成本不变的情况下，经营杠杆系数说明了营业收入增长（减少）所引起的息税前利润增长（减少）的幅度。比如，DOL_{A1}说明在A公司营业收入为120万元时，营业收入的增长（减少）会引起息税前利润3倍的增长（减少）；DOL_{A2}说明在营业收入为240万元时，营业收入的增长（减少）会引起息税前利润1.5倍的增长（减少）。

在固定成本不变的情况下，营业收入越大，经营杠杆系数越小，经营风险也就越小；反之，营业收入越小，经营杠杆系数越大，经营风险也就越大。比如，B公司产品销售量为60万件时，销售收入120万元，DOL_{B1}为6；当销售额为120万件时，销售收入240万元，DOL_{B2}为1.71。

（三）经营杠杆和经营风险

引起公司经营风险的主要原因是市场需求和成本等因素的不确定性，经营杠杆本身不是利润不稳定的根源。但是，销售量增加时，息税前利润将以DOL的倍数的幅度增加；而销售量减少时，息税前利润又将以DOL倍数的幅度减少。可见，经营杠杆扩大了市场和生产等不确定因素对利润变动的影响。而且经营杠杆系数越高，利润变动越激烈，公司的经营风险越大。一般来说，在其他因素不变的情况下，固定成本越高，经营杠杆系数越大，经营风险越大。

二、财务杠杆利益与风险

（一）财务风险

公司存在负债（优先股）筹资的情况下，都应该按规定向债权人（优先股股东）支付按固定利息率（股息率）计算的利息（股息），并且按照约定方式偿还债务本金。如果公司无法支付利息（股息）和债务本金，公司将面临一定的财务压力。这种由于固定性资本成本存在（包括负债利息和优先股股息）而对普通股股东收益产生的影响，称之为财务风险。当公司在资本结构中增加了债务这类具有固定性资本成本的比例时，固定的现金流出量就会增加，特别是在利息费用的增加速度超过息税前利润增加速度的情况下，企业则因负担较多的债务成本将引发对净收益减少的冲击作用，发生丧失偿债能力的概率也会增加，导致财务风险增加；反之，当债务资本比率较低时，财务风险就小。财务风险通常用财务杠杆来衡量。

(二) 财务杠杆

(1) 财务杠杆的含义。财务杠杆是指由于固定性资本成本的存在，当公司的息税前利润有一个较小幅度的变化，而引起普通股每股收益较大幅度变化的现象。在一定的息税前利润范围内，公司的债务的利息和优先股的股息通常是固定不变的。当息税前利润增加时，每一元利润所负担的固定性费用就会减少，这给普通股股东带来更多的收益，普通股股东每股收益的增长率将大于息税前利润的增长率；相反，当息税前利润减少时，每一元利润所负担的固定费用就会增加，这会减少普通股股东的收益，普通股股东每股收益的下降率将大于息税前利润的下降率。如果不存在固定性融资费用，则普通股每股收益的变动率与息税前利润的变动率保持一致。财务杠杆主要反映息税前利润和普通股每股收益之间的关系，用于衡量息税前利润变动对普通股每股收益变动的影响程度。这种在某一固定债务与权益融资结构下由于息税前利润的变动引起每股收益产生更大变动的现象被称为财务杠杆效应。固定融资成本是引发财务杠杆效应的根源，但息税前利润与固定性融资成本之间的相对水平决定了财务杠杆的大小，即财务杠杆的大小是由固定性融资成本和息税前利润共同决定的。

(2) 财务杠杆系数的概念及计算。只要公司存在债务利息和优先股股息，就会存在财务杠杆效应。财务杠杆效应的大小通常用财务杠杆系数衡量。财务杠杆系数（DFL）是指普通股每股收益的变动率相当于息税前利润变动率的倍数。按照财务杠杆系数的含义，财务杠杆系数的计算公式为：

$$DFL = \frac{\Delta EPS/EPS}{\Delta EBIT/EBIT} \quad (11-16)$$

式中：DFL——财务杠杆系数；

EPS——基期普通股每股收益额；

ΔEPS——普通股每股收益额的变动额；

EBIT——基期息税前利润；

ΔEBIT——息税前利润的变动额。

上述公式是财务杠杆系数的定义公式。根据每股收益与息税前利润、债务利息、优先股股利股息、所得税税率和普通股股数之间的关系，我们可以得到财务杠杆系数的简化计算公式。

因为：

$$EPS = \frac{(EBIT - I)(1 - T) - D}{N}$$

$$\Delta EPS = \frac{\Delta EBIT(1 - T)}{N}$$

所以：

$$DFL = \frac{EBIT}{EBIT - I - \frac{D}{1-T}} \quad (11-17)$$

式中：I——债务利息；
　　　D——优先股股息；
　　　T——公司所得税税率。

$$DFL = \frac{Q(P-V) - F}{Q(P-V) - F - I - \frac{D}{1-T}} \quad (11-18)$$

在实际工作中，公式（11-18）可用于计算单一产品的财务杠杆系数；公式（11-17）除了计算单一产品外，还可用于计算多种产品的财务杠杆系数。从上述公式中可以看出，如果固定性融资成本等于0，则财务杠杆系数为1，即不存在财务杠杆效应。当固定性融资成本不为0时，通常财务杠杆系数是大于1的，即显现出财务杠杆效应。

【例11-6】C和D两个公司的资本总额相等，息税前利润相等，息税前利润增长率也相同，只是资本结构不同。C公司全部资本都是普通股，D公司的资本中普通股和债务各占50%，相关资料如表11-10所示。

表11-10　　　　　普通股每股收益计算表（简表）　　　　　单位：元

项目	C公司	D公司
普通股发行在外股数（股）	2 000	1 000
普通股股本（每股面值100元）	200 000	100 000
债务（利息率8%）	—	100 000
资本总额	200 000	200 000
息税前利润	20 000	20 000
债务利息（利息率8%）	0	8 000
税前利润	20 000	12 000
所得税（税率25%）	5 000	3 000
净利润	15 000	9 000
每股收益	7.50	9
息税前利润增长率	20%	20%

续表

项目	C 公司	D 公司
增长后的息税前利润	24 000	24 000
债务利息（利息率8%）	—	8 000
税前利润	24 000	16 000
所得税（税率25%）	6 000	4 000
净利润	18 000	12 000
每股收益	9	12
每股收益增加额	1.50	3
每股收益增长率	20%	33.33%

方法一：采用定义公式法计算。

C 公司：

$$\frac{\Delta \text{EBIT}}{\text{EBIT}} = \frac{24\ 000 - 20\ 000}{20\ 000} = 20\%$$

$$\frac{\Delta \text{EPS}}{\text{EPS}} = \frac{9 - 7.5}{7.5} = 20\%$$

$$\text{DFL} = \frac{20\%}{20\%} = 1$$

D 公司：

$$\frac{\Delta \text{EBIT}}{\text{EBIT}} = \frac{24\ 000 - 20\ 000}{20\ 000} = 20\%$$

$$\frac{\Delta \text{EPS}}{\text{EPS}} = \frac{12 - 9}{9} = 33.33\%$$

$$\text{DFL} = \frac{33.33\%}{20\%} = 1.67$$

上式计算结果表明：在 C 和 D 两个公司的息税前利润均增长 20% 的情况下，C 公司的每股收益增加 20%，而 D 公司却增加了 33.33%，这就是财务杠杆效应。

方法二：采用简化公式法计算。

C 公司：

$$\text{DFL} = \frac{20\ 000}{20\ 000} = 1$$

D 公司：

$$\text{DFL} = \frac{20\ 000}{20\ 000 - 8\ 000} = 1.67$$

上述计算反映了债务性筹资的财务杠杆现象。1.67 表明公司普通股每股收益的变动是息税前利润变动的 1.67 倍。当公司没有债务和优先股筹资时,不论息税前利润多少,财务杠杆系数总是等于1,每股收益随息税前利润同比例变动。若公司采用债务和优先股筹资,财务杠杆程度必然大于1。运用债务和优先股筹资的比例越大,公司每股收益变动的幅度越大,即财务风险越高。

(三) 财务风险和财务杠杆

从财务杠杆系数公式我们可以看到:息税前利润每变动1%,每股收益将以DFL倍数变动。因此,当公司息税前利润增长幅度较大时,可以适当地利用负债资本,发挥财务杠杆的效应,更大幅度地增加普通股每股收益,促使股票价格上涨,增加公司价值。当然,公司也要注意合理安排资本结构,使得财务杠杆的利益能够抵销财务风险提高所带来的不利影响。

财务杠杆系数与公司负债存在正相关关系,公司为取得财务杠杆利益,就要增加负债。在公司中长期负债的增加会增加财务风险。在资本总额、息税前利润相等的情况下,负债比率越高,财务杠杆系数越大,财务风险也越大,公司预期的每股收益也会越高。

三、联合杠杆利益与风险

从以上分析可知,经营杠杆是通过扩大销售规模来影响息税前利润,而财务杠杆是通过扩大息税前利润来影响每股收益。如果两个杠杆共同起作用,那么销售规模稍有变动就会使每股收益产生更大的变动,这就是联合杠杆作用。

不同的公司,联合杠杆作用的程度是不完全一致的,为此,需要对联合杠杆作用的程度进行计量。对联合杠杆进行计量的最常用指标是联合杠杆系数(DCL)。所谓联合杠杆系数,是指每股收益的变动率相当于销售量变动率的倍数。联合杠杆系数计算公式为:

$$DCL = \frac{\Delta EPS/EPS}{\Delta Q/Q} \quad (11-19)$$

$$DCL = \frac{\Delta EBIT/EBIT}{\Delta Q/Q} \times \frac{\Delta EPS/EPS}{\Delta EBIT/EBIT}$$

以上是联合杠杆系数的定义公式。联合杠杆系数的简化计算公式为

$$DCL = DOL \times DFL \quad (11-20)$$

例如,E公司的经营杠杆系数为2,财务杠杆系数为1.5,联合杠杆系数即为:

DCL = 2 × 1.5 = 3

联合杠杆系数也有两个具体计算公式:

$$DTL = \frac{Q(P-V)}{Q(P-V)-F-I-\dfrac{D}{I-T}} \quad (11-21)$$

$$DFL = \frac{EBIT+F}{EBIT-I-\dfrac{D}{I-T}} \quad (11-22)$$

联合杠杆系数可以使公司管理层在一定的成本结构与融资结构下，当营业收入变化时，能够对每股收益的影响程度作出判断，即能够估计出营业收入变动对每股收益造成的影响。

经营杠杆和财务杠杆可以按照多种方式组合以得到一个理想的联合杠杆水平和公司总风险程度。即较高经营杠杆系数的公司可以在较低的程度上使用财务杠杆；经营杠杆系数较低的公司可以在较大的程度上使用财务杠杆。从而使经营风险可以被低财务风险所抵销；高财务风险也可以被低经营风险所抵销，使公司达到一个较合适的总风险水平。在实际工作中，财务杠杆往往可以选择，而经营杠杆却不同。公司的经营杠杆主要取决于其所在的行业及规模，一般不能轻易变动；而财务杠杆却始终是一个可以选择的项目。因此，公司往往是在确定的经营杠杆下，通过调整资本结构来调节财务杠杆，进而控制公司的总风险水平。

杠杆的概念对投资者也是非常重要的。如果将某一行业的公司按照其杠杆进行分类，那么对该行业持乐观态度的投资者就会选择那些高杠杆的公司，反之亦然。但是，明确的区分固定成本和变动成本却是非常困难的。会计报表通常不需要做此分类，因此分析人员必须以自己的主观判断来进行区分，而企业的很多成本都经历一个固定、半变动、变动的变化过程，例如公司固定资产的处置、解雇终身制的员工等。因此，杠杆的作用主要是解释一种关系的本质而不是给出精确的数值。任何一个杠杆的数值都是一个大约值，而不是精确值。

第三节 资本结构决策方法

资本结构决策是企业财务决策的核心内容之一。企业的资本结构决策是结合企业有关情况，分析有关因素的影响，运用一定方法确定最佳资本结构。最佳资本结构是指企业在适度财务风险的条件下，使其预期的综合资本成本率最低，同时企业价值最大的资本结构，它应作为企业的目标资本结构。

一、资本结构决策影响因素分析

影响资本结构的因素较为复杂，大体可以分为企业的内部因素和外部因素。

（一）外部因素

（1）宏观经济环境。企业能否盈利在很大程度上受国家经济状况的影响，总体宏观经济环境决定了企业发展的机遇，国家的中长期发展规划和产业结构政策，为企业确定筹资数量及资本结构提供了政策指导。作为企业往往只能适应外部环境，充分捕捉各种信息并进行分析，积极寻找、预测外部环境变化所提供的有利的筹资与投资机会。结合企业自身长期发展的战略目标，努力探求投资需要与筹资机会相适应的可能性，提高企业效益。

（2）国家资本市场发展程度。完善的资本市场包括长期借贷市场、债券市场和股票市场。如果一个国家或者地区资本市场成熟，存在多样化的融资工具，企业就可以通过多种融资方式来优化资本结构。如果资本市场的发育不够完善，融资工具缺乏，企业的融资渠道就会遭遇阻滞，从而导致融资行为的结构性缺陷。可见，资本市场的发育情况影响着企业筹资渠道的选择途径。

不同国家金融市场的相对分离，以及各国金融市场的运行规则及状态的差异，造成了各国企业面临的融资环境的不同，从而导致不同国家的企业之间资本结构的显著差异。图11-7中各国非金融企业的负债-总价值（账面值）估计比率之间的差异就源于各国资本市场之间的差异。美国和加拿大的企业负债率显著较低，而日本企业负债率如此显著地高于其他各国，其原因也主要地在于日本社会特殊的"银企联合"。

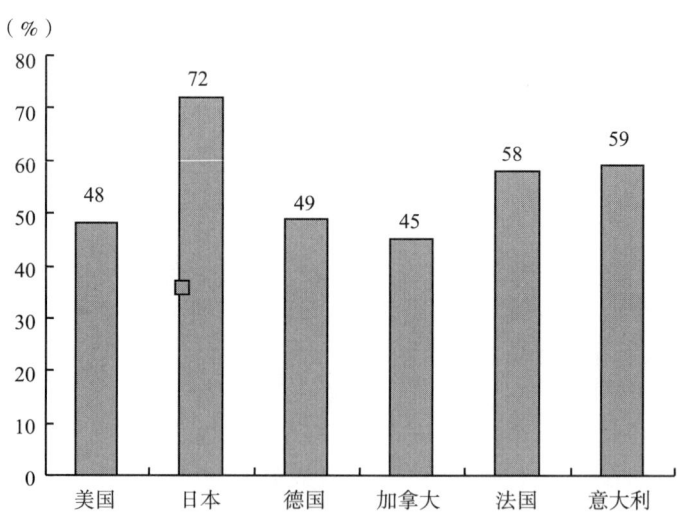

图11-7 各国非金融企业的负债-总价值（账面值）估计比率

资料来源：斯蒂芬·A. 罗斯等著，吴世农等译：《公司理财》，机械工业出版社2012年版。

（3）行业特点。不同的行业，资本结构有着很大差别。表11-11提供的是美国非金融公司的资本结构比率情况。

表 11-11　美国非金融公司的资本结构比率（中位数）（5 年平均期）

	债务占公司市价的百分比（%）
高财务杠杆	
航空运输业	57.9
建筑业	54.0
旅馆和住房	44.2
纸业	41.8
房地产运营商与出租商	40.40
低财务杠杆	
生物制品	7.8
计算机业	6.8
制药业	5.9
电子业	3.3
预先打包的电子业	1.6

注：此处债务是短期债务和长期债务的和。
资料来源：斯蒂芬·A. 罗斯等著，吴世农等译：《公司理财》，机械工业出版社 2012 年版。

①在宏观经济繁荣和衰退的经济周期中，有些行业受影响小，而另一些受影响大，行业受经济周期影响的程度影响企业的经营风险，进而影响负债经营比例的高低，使资本结构的确定带有明显的行业特征。

②不同行业各自的经营特点、风险程度和竞争状态对资本结构有很大影响。例如，从表中我们发现，有丰富未来投资机会的高增长行业如电子行业，负债比率最低，因为这一行业存在着高利润、高风险，往往需要投入大量科研经费，新产品研制的周期也比较长，同时其销售完全由市场决定，价格易波动，因此不宜过多地采用负债方式筹集资金，更倾向于股权融资，以分散风险。相反，投资机会较少而且增长缓慢、大量投资于有形资产的行业，负债比率较高，如航空运输和建筑业等，更倾向于采用高负债率。

③还需关注行业或产品的成长周期，处于种子期、成长期、成熟期、稳定期或衰退期的产品，其获利水平各不相同，企业的营销战略不同，其要求的融资方式也会呈现出巨大的差异。若行业或产品正处于上升时期，应适当提高负债比率，扩大规模，充分利用财务杠杆；反之，如果预计生产经营及效益将要下滑，则应适当减少负债，防止财务杠杆风险。因此，企业通过对行业结构、成长周期、经营特点及市场竞争程度的分析，可以发现该行业能否提供较高的持续盈利机

会，然后结合企业实际情况，选择或调整资本结构。

（4）利率水平及所得税率。债券市场和银行利率水平的变动趋势也会影响到企业的资本结构，如果企业认为利息率暂时较低，但不久的将来有可能上升的话，便可选择大量发行长期债券，从而在若干年内把利率固定在较低水平上。另外，债务利息可以在所得税前扣除，企业负债经营可以获得减税利益，因此，所得税税率高的企业负债经营的利益相对较大；反之，如果税率很低，则举债减税利益不明显。

（二）内部因素

（1）企业财务目标。企业的组织类型不同，其财务目标也不同。利润最大化目标是企业在财务活动中以获得尽可能多的利润作为总目标。在以利润最大化为企业目标的情况下，企业应当在资本结构决策中，在财务风险适当的情况下合理安排债务资本比例，尽可能地降低资本成本，以提高企业的利润水平。对于非股份制企业，由于其股权资本不具有市场价值，在资本结构决策中采用利润最大化目标是一种现实的选择。资本结构决策的资本成本比较法，实际上是以利润最大化为目标的。

股东财富最大化目标是公司在财务活动中以最大限度地提高股票的市场价值作为总目标。在以股东财富最大化为企业目标的情况下，企业应当在资本结构决策中，在财务风险适当的情况下合理安排债务资本比例，尽可能地降低综合资本成本，通过增加公司的净利润而使股票的市场价值上升。资本结构决策的每股收益分析法，在一定程度上体现了股票价值最大化目标。

公司价值最大化目标是公司在财务活动中以最大限度地提高公司的总价值作为总目标。在以公司价值最大化为企业目标的情况下，企业应当在资本结构决策中，在财务风险适当的情况下合理安排债务资本比例，尽可能提高公司总价值。资本结构决策的公司价值分析法，实际上是以公司价值最大化为目标的。

（2）企业的销售收入增长幅度。企业的销售收入对企业的资本结构具有决定性作用。在每股盈余无差别点上，无论是采用负债融资，还是权益融资，每股盈余都是相等的。但当销售额高于每股盈余无差别点时，运用负债筹资可获得较高的每股盈余；当销售额低于每股盈余无差别点时，运用权益筹资可获得较高的每股盈余。当企业的发展战略确定后，评审其销售收入能否稳定可靠地增长，对选择什么样的资本结构至关重要。

（3）企业获利能力。企业的利润水平是决定企业资本结构的重要因素。获利能力越强，抗财务风险能力也越强。资本结构的理论认为当资本利润率高于借款利率时，负债可以起到财务杠杆的作用，达到提高所有者投资报酬率之功效。获利能力是决定企业负债比例高低的基本因素。举债融资对获利能力强的企业极具吸引力。

(4) 企业管理当局对风险的态度。如果企业管理当局比较保守,对风险持厌恶的态度,则会尽可能地减少债务资本比例;如果企业管理当局比较激进,喜欢冒风险,则往往会选择高负债的资本结构。

此外,收益与现金流量波动较大的企业要比现金流量较稳定的类似企业的负债水平低;成长性好的企业因其快速发展,对外部资金需求比较大,要比成长性差的类似企业负债水平高;一般性用途资产比例高的企业因其资产作为债务抵押的可能性较大,要比具有特殊用途资产比例高的类似企业负债水平高。

二、资本成本比较法

资本成本比较法是指在适度财务风险的条件下,测算可供选择的不同资本结构或筹资组合方案的加权平均资本成本,并以此为标准相互比较,确定最佳资本结构的方法。

企业筹资可分为创立初期的初始筹资和发展过程中的追加筹资两种情况。相应地,企业的资本结构决策可分为初始筹资的资本结构决策和追加筹资的资本结构决策。

(一) 初始筹资的资本结构决策

在企业筹资实务中,企业对拟定的筹资总额可以采用多种筹资方式来筹集,每种筹资方式的筹资额亦可有不同安排,由此会形成若干预选资本结构或筹资组合方案。在资本成本比较法下,可以通过加权平均资本成本的测算及比较来做出选择。

【例 11-7】ABC 公司在初始成立时需要资本总额为 6 000 万元,有以下三种筹资方案,如表 11-12 所示。

表 11-12　　　　　　　各种筹资方案基本数据

筹资方式	方案一		方案二		方案三	
	筹资额(万元)	资本成本(%)	筹资额(万元)	资本成本(%)	筹资额(万元)	资本成本(%)
长期借款	480	6	600	6.5	960	7
公司债券	1 200	7	1 800	8	1 440	7.5
优先股	720	12	1 200	12	600	12
普通股	3 600	15	2 400	15	3 000	15
资本合计	6 000	—	6 000	—	6 000	—

注:表中债务资本成本均为税后资本成本,所得税税率为 25%。

将表 11-12 中的数据代入计算三种不同筹资方案的加权平均资本成本。

方案一：
$$WACC_1 = \frac{480}{6\,000} \times 6\% + \frac{1\,200}{6\,000} \times 7\% + \frac{720}{6\,000} \times 12\% + \frac{3\,600}{6\,000} \times 15\% = 12.32\%$$

方案二：
$$WACC_2 = \frac{600}{6\,000} \times 6.5\% + \frac{1\,800}{6\,000} \times 8\% + \frac{1\,200}{6\,000} \times 12\% + \frac{2\,400}{6\,000} \times 15\% = 11.45\%$$

方案三：
$$WACC_3 = \frac{960}{6\,000} \times 7\% + \frac{1\,440}{6\,000} \times 7.5\% + \frac{600}{6\,000} \times 12\% + \frac{3\,000}{6\,000} \times 15\% = 11.62\%$$

比较各筹资组合方案的加权平均资本成本不难发现，方案二的加权平均资本成本最低。因此，在适度的财务风险条件下，应选择筹资方案二作为最佳筹资组合方案，由此形成的资本结构可确定为最佳资本结构。

（二）追加筹资的资本结构决策

企业在持续的生产经营过程中，由于经营业务或对外投资的需要，有时会追加筹资。因追加筹资以及筹资环境的变化，企业原定的最佳资本结构未必仍是最优的，需要进行调整。因此，企业应在有关情况的不断变化中寻求最佳资本结构，实现资本结构的最优化。

企业追加投资可以有多个筹资组合的方案供选择。按照最佳资本结构的要求，在适度财务风险的前提下，企业选择追加筹资组合方案可以有两种方法：一是直接测算各备选追加筹资方案的边际资本成本率，从中比较、选择最佳筹资组合方案；二是分别将各备选追加筹资方案与原有最佳资本结构汇总，测算比较各个追加筹资方案下汇总资本结构的综合资本成本率，从中比较、选择最佳筹资组合方案。

【例 11-8】ABC 公司拟追加筹资 1 500 万元，现有两个追加筹资方案可供选择，如表 11-13 所示。

表 11-13　　　　　　　　追加筹资方案基本数据

筹资方式	方案一		方案二	
	追加筹资额（万元）	资本成本（%）	追加筹资额（万元）	资本成本（%）
长期借款	750	7	900	7.5
优先股	300	13	300	13
普通股	450	16	300	16
合计	1 500	—	1 500	—

（1）追加筹资方案的边际资本成本率比较法。

方案一：

$$r_1 = \frac{750}{1\,500} \times 7\% + \frac{300}{1\,500} \times 13\% + \frac{450}{1\,500} \times 16\% = 10.90\%$$

方案二：

$$r_2 = \frac{900}{1\,500} \times 7.5\% + \frac{300}{1\,500} \times 13\% + \frac{300}{1\,500} \times 16\% = 10.30\%$$

比较各追加筹资方案的边际资本成本不难发现，方案二的边际资本成本率低于方案一。因此，在适度财务风险的情况下，应选择方案二，由此形成 ABC 公司新的资本结构。若 ABC 公司原有资本总额为 6 000 万元，资本结构是：长期借款 600 万元，长期债券 1 800 万元，优先股 1 200 万元，普通股 2 400 万元，则追加筹资后的资本总额为 7 500 万元，资本结构是：长期借款 1 500 万元，长期债券 1 800 万元，优先股 1 500 万元，普通股 2 700 万元。

（2）备选追加筹资方案与原有资本结构汇总后的加权平均资本成本率比较法。

①汇总追加筹资方案与原有资本结构，形成备选追加筹资后的资本结构，如表 11-14 所示。

表 11-14　　　　追加筹资方案和原资本结构资料汇总表

筹资方式	原资本结构（万元）	资本成本（%）	方案一		方案二	
			追加筹资额（万元）	资本成本（%）	追加筹资额（万元）	资本成本（%）
长期借款	600	6.5	750	7	900	7.5
公司债券	1 800	8	—	—	—	—
优先股	1 200	12	300	13	300	13
普通股	2 400	15	450	16	300	16
资本合计	6 000	—	1 500	—	1 500	—

追加筹资方案一与原资本结构汇总后的加权平均资本成本为：

$$\text{WACC}'_1 = \left(\frac{600}{7\,500} \times 6.5\% + \frac{750}{7\,500} \times 7\%\right) + \left(\frac{1\,800}{7\,500} \times 8\%\right) +$$

$$\left(\frac{1\,200}{7\,500} \times 12\% + \frac{300}{7\,500} \times 13\%\right) + \left(\frac{2\,400 + 450}{7\,500} \times 16\%\right) = 11.66\%$$

追加筹资方案二与原资本结构汇总后的综合资本成本率为：

$$\text{WACC}'_2 = \left(\frac{600}{7\,500} \times 6.5\% + \frac{900}{7\,500} \times 7.5\%\right) + \left(\frac{1\,800}{7\,500} \times 8\%\right) +$$

$$\left(\frac{1\,200}{7\,500} \times 12\% + \frac{300}{7\,500} \times 13\%\right) + \left(\frac{2\,400 + 300}{7\,500} \times 16\%\right) = 11.54\%$$

在上述计算中，根据股票的同股同利原则，原有普通股应按新发行股票的资本成本率计算，即全部股票按新发行股票的资本成本率计算其总的资本成本率。

②比较两个追加筹资方案与原资本结构汇总后的综合资本成本率，方案二的综合资本成本率低于方案一，因此，在适度财务风险的前提下，追加筹资方案二优于方案一，由此形成 ABC 公司新的资本结构。

由此可见，ABC 公司追加筹资后，虽然改变了资本结构，但经过分析测算，做出正确的筹资决策，公司仍可保持资本结构的最优化。

（三）资本成本比较法评价

资本成本比较法仅以资本成本最低为选择标准，因测算过程简单，是一种比较便捷的方法，但这种方法只是比较了各种融资组合方案的资本成本，难以区别不同融资方案之间的财务风险差异，在实际计算中有时也难以确定各种融资方式的资本成本，其决策目标实际上是利润最大化而不是公司价值最大化。资本成本比较法一般适用于资本规模较小，资本结构较为简单的非股份制企业。

三、每股收益分析法

（一）每股收益分析法的含义

判断资本结构是否合理，其一般方法是分析每股收益的变化。能提高每股收益的资本结构是合理的，反之则不合理。但每股收益还要受销售水平的影响，因此可以运用每股收益分析的方法。

每股收益分析是利用每股收益的无差别点进行资本结构决策的方法。每股收益的无差别点，是指每股收益不受融资方式影响的销售水平。可以据此分析判断在什么样的销售水平下适于采用何种资本结构。

(二) 每股收益分析测算

因为每股收益（EPS）的计算公式为：

$$EPS = \frac{(S - VC - F - I)(1 - T_C)}{N} = \frac{(EBIT - I)(1 - T_C)}{N}$$

(11-23)

式中：S——销售额；

VC——变动成本总额；

F——固定成本总额；

I——债务利息；

T_C——公司所得税税率；

N——流通在外的普通股股数；

EBIT——息前税前利润。

在每股收益无差别点上，无论是采用负债融资，还是采用权益融资，每股收益都是相等的。若以 EPS_1 代表负债融资，以 EPS_2 代表权益融资，有：$EPS_1 = EPS_2$，即：

$$\frac{(S_1 - VC_1 - F_1 - I_1)(1 - T_C)}{N_1} = \frac{(S_2 - VC_2 - F_2 - I_2)(1 - T_C)}{N_2}$$

在每股收益无差别点上 $S_1 = S_2$，则：

$$\frac{(S - VC_1 - F_1 - I_1)(1 - T_C)}{N_1} = \frac{(S - VC_2 - F_2 - I_2)(1 - T_C)}{N_2}$$

能使得上述条件公式成立的销售额（S）即为每股收益无差别点销售额。

【例11-9】某公司原有资本700万元，其中债务资本200万元，每年负担利息24万元，发行普通股10万股，面值50元，金额500万元。由于扩大业务，需追加筹资300万元，其筹资方式有两种：

一是全部发行普通股：面值50元，增发6万股；

二是全部筹集长期债务：利率仍为12%，利息36万元。

公司的变动成本率为60%，固定成本为180万元，所得税税率为25%。

解：将数据代入公式，得：（两种方法每股收益相同，求销售额S）

$$\frac{(S - 0.6S - 180 - 24)(1 - 25\%)}{10 + 6} = \frac{(S - 0.6S - 180 - 24 - 36)(1 - 25\%)}{10}$$

S = 750（万元）

此时的每股收益 = $\frac{(750 - 750 \times 0.6 - 180 - 24)(1 - 25\%)}{10 + 6}$ = 4.5（元）

或：$\dfrac{(750 - 750 \times 0.6 - 180 - 24 - 36)(1 - 25\%)}{10} = 4.5$（元）

即当销售额为750万元时，增发普通股和长期债务的每股收益相等。这一分析结果还可通过图11-8来表示。

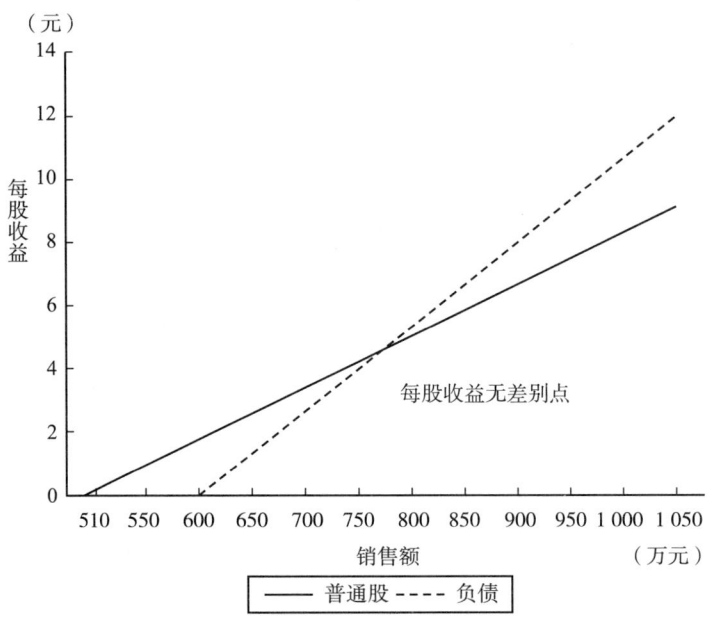

图11-8　每股收益无差别点分析示意

从图11-8中可以看出，当销售额高于750万元（每股收益的无差别点销售额）时，运用负债融资可获得较高的每股收益。当销售额低于750万元（每股收益的无差别点销售额）时，运用权益融资可获得较高的每股收益。

以每股收益的高低作为选择资本结构的标准，其优点是注重了权益资本收益的提高，但缺点是没有考虑风险因素。从根本上讲，财务管理的目标在于追求公司价值的最大化或股价的最大化。然而只有在风险不变的情况下，每股收益的增长才会导致股价上升，实际上经常是随着每股收益的增长，风险也加大。如果每股收益的增长不足以弥补风险增加所需的报酬，尽管每股收益在增加，股价仍可能下跌。所以最佳资本结构应当是可使公司的总价值最高，而不一定是每股收益最大的资本结构。同时，在公司总价值最大的资本结构下，公司的资本成本也是最低的。

四、公司价值分析法

(一) 公司价值分析法的含义

企业资本结构与资本成本关系的研究表明，随着企业负债比率的提高，企业整体的加权平均资本成本开始不断地下降，这是因为利息税盾的作用，使得负债的资本成本低于股票融资的资本成本。所以，只要企业的资产报酬率高于负债的资本成本，财务杠杆的作用对企业是有益的。在一定范围内，企业负债经营能增加每股净利润。但是随着负债比率的上升，企业的财务风险也随之增加，当负债比率增加到一定程度时，由于财务风险的加大必然会引起财务危机成本和代理成本迅速增加，从而使企业的综合加权平均资本成本迅速上升。综合上述两个方面的消长趋势，必然存在一个加权平均资本成本最小的范围或点。这个加权平均资本成本最小的范围或点就是最佳资本结构的范围或点，此时企业的价值最大。所以公司价值分析法就是通过综合考虑资本成本与企业价值来选择最优资本结构，即使得综合加权平均成本最低同时企业价值最大的资本结构。

(二) 公司价值的测算

一个公司的价值是指该公司目前的市值是多少。关于公司价值的内容和测算基础及方法，主要有三种。

(1) 公司价值等于其未来净收益按照一定的折现率折现的价值，即公司未来净收益的现值。

$$V = \frac{EAT}{r} \qquad (11-24)$$

式中：V——公司的价值，即未来净收益的现值；

EAT——公司未来年税后收益；

r——公司未来净收益的折现率。

这种测算方法有其合理性，但不易确定的因素很多，主要有两方面：一是公司未来的净收益不易确定，在上述公式中还有一个假定，即公司未来每年的净收益为年金，事实上未必都是如此；二是公司未来净收益的折现率不易确定。因此这种测算方法在实践中难以运用。

(2) 公司价值是其股票现行的市场价值。公司股票的现行市场价值可按其现行市场价格来计算，故有其客观合理性，但还存在两个问题：一是公司股票受各种因素的影响，其市场价格处于经常性波动之中，每个交易日都有不同的价格，公司的股票究竟按哪个交易日的市场价格来计算，这个问题尚未得到解决；二是公司价值的内容未必只包含股票的价值,可能还应包括长期债务的价值,而这两者之间又是相互影响的。如果公司的价值只包括股票的价值,就无须进行资本结构的决策,这种测算方法也就不能用于资本结构决策。

(3)公司价值等于其长期债务和股票的折现价值之和。这种方法的优点是,从公司价值的内容来看,它不仅包括了公司股票的价值,还包括公司长期债务的价值;从公司净权益的归属来看,它属于公司的所有者,即属于股东。

$$V = B + S \tag{11-25}$$

式中:V——公司的价值,即未来净收益的现值;
　　　B——公司长期债务的折现价值;
　　　S——公司股票的折现价值。

为计算简便,设长期债务(含长期借款和长期债券)的现值等于其面值;股票的现值等于企业未来的净收益按股东要求的报酬率折现。假设企业的经营永续,股东要求的回报率(权益资本成本)不变,则股票的市场价值为:

$$S = \frac{(EBIT - I)(1 - T_c) - PD}{r_s} \tag{11-26}$$

式中:EBIT——年息税前利润;
　　　I——长期债务年利息额;
　　　T_c——公司所得税税率;
　　　PD——优先股股息;
　　　r_s——权益资本成本。

权益的资本成本采用资本资产定价定价模型计算:

$$r_s = r_f + \beta(r_m - r_f)$$

(三)公司资本成本的测算

在公司价值测算的基础上,如果公司的全部长期资本由长期债务和普通股组成,则公司的资本成本则应采用加权平均资本成本 WACC 来表示。

$$WACC = \sum_{i=1}^{n} w_i r_i \tag{11-27}$$

式中:WACC——加权平均资本成本;
　　　w_i——第 i 种资本在长期资本中所占的权重;
　　　r_i——第 i 种资本的税后资本成本;
　　　n——公司筹集长期资本的种类。

【例 11-10】某公司息税前盈余为 500 万元,资本全部由普通股资本组成,股票账面价值 2 000 万元,该公司认为目前的资本结构不够合理,准备用发行债券购回部分股票的方法予以调整。经咨询调查,目前的债务利息和权益资本的成本情况如表 11-15 所示。

表 11-15　　　目前的债务资本成本和权益资本成本

债券市场价值 B（百万元）	税后债务资本成本 r_b	股票 β 系数	无风险收益率 r_f	股票必要收益率 r_m	权益资本成本 r_s
0	—	1.20	10	14	14.8
2	6	1.25	10	14	15.0
4	6	1.30	10	14	15.2
6	7.2	1.40	10	14	15.6
8	8.4	1.55	10	14	16.2
10	9.6	2.10	10	14	18.4

筹措不同金额债务时的公司价值和资本成本如表 11-16 所示。

表 11-16　　　筹措不同债务时的公司价值和资本成本

债券的市场价值 B（百万元）	股票的市场价值 S（百万元）	公司的市场价值 V（百万元）	税后债务资本成本 r_b	权益资本成本 r_s	加权平均资本成本 WACC
0	20.27	20.27	—	14.80	14.80
2	19.20	21.20	6	15.0	14.15
4	18.16	22.16	6	15.2	13.54
6	16.46	22.46	7.2	15.6	13.36
8	14.37	22.37	8.4	16.2	13.41
10	11.09	21.09	9.6	18.4	14.23

从表 11-16 看出,在没有债务的情况下,公司的总价值就是其原有股票的市场价值。当公司用债务资本部分地替换权益资本时,一开始公司总价值上升,加权平均资本成本下降。当债务资本达到 600 万元时,公司总价值最高,加权平均资本成本最低。当债务资本超过 600 万元时,公司总价值下降,加权平均资本成本上升。可见,债务为 600 万元时的资本结构是该公司最佳的资本结构。

这种方法充分考虑了公司的财务风险和资本成本等因素的影响,进行资本结构的决策以公司价值最大为标准,更符合公司价值最大化的财务目标;但其测算原理及测算过程较为复杂,通常用于资本规模较大的上市公司。

本 章 小 结

本章主要知识点包括：

（1）资本结构是指企业各种长期资金来源的构成及其比例关系。早期资本结构理论主要有净收益理论、净营业收益理论和传统理论。

莫迪里亚尼和米勒是现代资本结构理论的创始人，他们分别在无任何税收、只有公司所得税、公司所得税和个人所得税同时存在的情况下研究了资本结构对企业价值的影响，其理论称为 MM 理论。

在符合一定的假设条件，同时假设无任何税收的情况下，主要包括两个命题。命题Ⅰ：企业价值与资本结构无关；命题Ⅱ：股东的期望收益率随财务杠杆的增大而增大。

如果考虑公司所得税这一因素，也包括两个命题。命题Ⅰ：负债公司的价值等于相同风险等级的无负债公司的价值加上税赋节余的价值。命题Ⅱ：有负债公司的股东权益收益率随负债比率的增大而增大。

同时考虑公司所得税和个人所得税的模型称为米勒模型，它是 MM 理论的进一步发展。

权衡理论是在 MM 理论的基础上发展起来的资本结构理论。权衡理论考虑了财务困境成本和代理成本，指出财务困境成本和代理成本随着企业负债比率的增加而不断增加，因此在确定资本结构时需要对这三者之间的关系进行权衡。权衡理论认为，在企业负债数额达到某个点之前，举债的减税利益大于财务困境成本和代理成本，企业价值会上升；超过这个点，财务困境成本和代理成本带来的损失将超过减税利益，企业价值呈下降趋势；而在这个点上，企业的价值最大。

20 世纪 70 年代末以后，资本结构理论又得到了进一步地发展，形成了许多流派，最大的特点就是认识到了不对称信息在资本结构决策中所起的作用，从企业"内部因素"来展开对资本结构问题的分析，把资本结构的权衡难题转化为结构或制度设计问题。

（2）经营杠杆是指在某一固定经营成本存在的情况下，销售量变动对息税前利润产生的作用。经营杠杆的大小用经营杠杆系数衡量。经营杠杆系数（DOL）是指息税前利润变动率相对于销售量变动率的倍数。

财务杠杆是指由于固定性资本成本的存在，当公司的息税前利润有一个较小幅度的变化，而引起普通股每股收益较大幅度变化的现象。财务杠杆效应的大小通常用财务杠杆系数衡量。财务杠杆系数（DFL）是指普通股每股收益的变动率相当于息税前利润变动率的倍数。

如果两个杠杆共同起作用，那么销售规模稍有变动就会使每股收益产生更大的变动，这就是联合杠杆作用。对联合杠杆进行计量的最常用指标是联合杠杆系数（DCL）。所谓联合杠杆系数，是指每股收益的变动率相当于销售量变动率的倍数。

(3) 资本结构决策是企业财务决策的核心内容之一。企业的资本结构决策是结合企业有关情况，分析有关因素的影响，运用一定方法确定最佳资本结构。

资本成本比较法是指在适度财务风险的条件下，测算可供选择的不同资本结构或筹资组合方案的加权平均资本成本，并以此为标准相互比较，确定最佳资本结构的方法。

每股收益分析是利用每股收益的无差别点进行资本结构决策的方法。每股收益的无差别点，是指每股收益不受融资方式影响的销售水平。可以据此分析判断在什么样的销售水平下适于采用何种资本结构。

公司价值分析法就是通过综合考虑资本成本与企业价值来选择最优资本结构，即使得综合加权平均成本最低的同时企业价值最大的资本结构。

本章重要术语

资本结构
MM 理论
利息税盾
财务困境成本
代理成本
权衡理论
代理理论
经营杠杆
财务杠杆
联合杠杆
资本成本比较法
每股收益分析法
公司价值分析法

复习与思考

一、选择题

1. 根据有税的 MM 理论，当企业负债比例提高时，（　　）。
   A. 债务资本成本上升　　　　B. 加权平均资本成本上升
   C. 加权平均资本成本不变　　D. 股权资本成本上升

2. 在信息不对称和逆向选择的情况下，根据优序融资理论，选择融资方式的先后顺序应该是（　　）。
   A. 普通股、优先股、可转换债券、公司债券
   B. 普通股、可转换债券、优先股、公司债券

C. 公司债券、可转换债券、优先股、普通股
D. 公司债券、优先股、可转换债券、普通股

3. 甲公司因扩大经营规模需要筹集长期资本，有发行长期债券、发行优先股、发行普通股三种筹资方式可供选择。经过测算，发行长期债券与发行普通股的每股收益无差别点为120万元，发行优先股与发行普通股的每股收益无差别点为180万元。如果采用每股收益无差别点法进行筹资方式决策，下列说法中，正确的是（　　）。

A. 当预期的息税前利润为100万元时，甲公司应当选择发行长期债券
B. 当预期的息税前利润为150万元时，甲公司应当选择发行普通股
C. 当预期的息税前利润为180万元时，甲公司可以选择发行普通股或发行优先股
D. 当预期的息税前利润为200万元时，甲公司应当选择发行长期债券

4. 某公司年息税前利润为1 200万元，假设息税前利润可以永续，该公司永远不增发或回购股票，净利润全部作为股利发放。负债金额为800万元，平均所得税税率为25%（永远保持不变），企业的税后债务成本为6%（等于负债税后利息率），市场无风险利率为5%，市场组合收益率为10%，该公司股票的贝塔系数为1.4，年税后利息永远保持不变，权益资本成本永远保持不变，则股票的市场价值为（　　）万元。

A. 7 100　　B. 7 200　　C. 7 000　　D. 10 000

5. 根据MM理论，当企业负债的比例提高时，下列说法正确的是（　　）。

A. 权益资本成本上升　　B. 加权平均资本成本上升
C. 加权平均资本成本不变　　D. 债务资本成本上升

6. 下列关于MM理论的说法中，正确的有（　　）。

A. 在不考虑企业所得税的情况下，企业加权平均资本成本的高低与资本结构无关，仅取决于企业经营风险的大小
B. 在不考虑企业所得税的情况下，有负债企业的权益成本随负债比例的增加而增加
C. 在考虑企业所得税的情况下，企业加权平均资本成本的高低与资本结构有关，随负债比例的增加而增加
D. 一个有负债企业在有企业所得税情况下的权益资本成本要比无企业所得税情况下的权益资本成本高

7. 下列关于资本结构理论的表述中，正确的有（　　）。

A. 根据MM理论，当存在企业所得税时，企业负债比例越高，

企业价值越大

B. 根据权衡理论，平衡债务利息的抵税收益与财务困境成本是确定最优资本结构的基础

C. 根据代理理论，当负债程度较高的企业陷入财务困境时，股东通常会选择投资净现值为正的项目

D. 根据优序融资理论，当存在外部融资需求时，企业倾向于债务融资而不是股权融资

8. 下列有关财务困境及其成本的说法中正确的有（　　）。

A. 现金流与资产价值稳定程度低的企业，发生财务困境的可能性相对较大

B. 现金流稳定可靠、资本密集型的企业，发生财务困境的可能性较小

C. 高科技企业发生财务困境的成本可能会很低

D. 不动产密集性高的企业财务困境成本可能较高

9. 下列各项中，属于影响资本结构的外部因素有（　　）。

A. 成长性　　　　　　　　B. 管理层偏好

C. 资本市场　　　　　　　D. 行业特征

10. 在没有企业所得税的情况下，下列有关 MM 理论的说法正确的有（　　）。

A. 企业的资本结构与企业价值有关

B. 无论企业是否有负债，加权平均资本成本将保持不变

C. 有负债企业的加权平均资本成本＝风险等级相同的无负债企业的权益资本成本

D. 企业加权资本成本仅取决于企业的经营风险

二、思考题

1. 早期的资本结构理论有哪些内容？

2. MM 理论的基本内容是什么？如何评价 MM 理论？

3. 如何理解财务困境成本和代理成本的含义？

4. 权衡理论的基本内容是什么？权衡理论对于理财活动有哪些现实意义？

5. 优序融资理论如何解释企业在筹资中的顺序偏好？

6. 资本结构的决策方法主要有哪些？

7. 企业在选择融资方式时，应重点考虑哪些因素？

8. 某企业目前拥有资本 1 000 万元，其结构为：负债资金 20%（年利息 20 万元），普通股权益资本 80%（发行普通股 10 万股，每股面值 80 万元）。现准备追加筹资 400 万元，有两种筹资方案可供选择：增加发行普通股 5 万股，每股面值 80 元；增加长期债务，利率为 10%，利息为 40 万元；企业追加筹资后的息税前利润预计为 160

万元，所得税税率为25%。

要求：计算无差异点的息税前利润，并确定企业筹资方案。

9. 某公司今年年底的所有者权益总额为 9 000 万元，普通股 6 000 万股。目前的资本结构为长期负债占 55%，所有者权益占 45%，没有需要付息的流动负债。该公司的所得税税率为 25%。预计在继续增加长期债务后不会改变目前的 11% 的平均利率水平。董事会在讨论明年资金安排时提出：

（1）计划年度分配现金股利 0.05 元/股；

（2）拟为新的投资项目筹集 4 000 万元的资金；

（3）计划年度维持目前的资本结构，并且不增发新股，不举借短期借款。

要求：测算实现董事会上述要求所需要的息税前利润。

10. 某公司准备创办一个投资额账面价值为 2 000 万元的公司，该公司按账面价值预测的息税前收益率为 16%。由于政府对该公司有特殊政策，公司可免交公司所得税。公司的创办人正在考虑如何筹措这笔资金，已知该公司所在行业中无负债企业的权益收益率为 12%，该公司的贷款利率为 6%，假设 MM 命题成立：

（1）根据 MM 命题，该公司全部利用权益资本，其市场价值是多少？如果公司利用 1 000 万元利率为 6% 的债务资本，公司价值又是多少？

（2）该公司加权平均资本成本 WACC 和权益资本成本在债务资本为 0 和 1 000 万元时各是多少？公司财务杠杆对公司价值是否有影响？为什么？

（3）若公司除按 25% 的税率缴纳公司所得税外，其他各种条件保持不变，这时公司在债务为 0 和 1 000 万元时的价值各是多少？加权平均资本成本 WACC 和权益资本成本又各是多少？

第十二章
股 利 政 策

学习目标

通过本章的学习，了解企业利润分配的原则，掌握企业进行利润分配的顺序；理解股利政策的理论；掌握公司常用的股利政策类型，以及公司股利政策制定的影响因素，掌握股利政策的评价指标，了解股利政策制定的程序；熟悉股利支付政策和支付方式，掌握股票股利和股利分割；了解股票回购的动因，熟悉股票回购的方式和股票回购的影响。

引导案例

北京用友软件股份有限公司是中国首家软件类上市公司。经中国证监会核准，2001年5月18日，由原北京用友软件（集团）有限公司的五家股东：北京用友科技有限公司、北京用友企业管理研究所有限公司、上海用友科技咨询有限公司、南京益倍管理咨询有限公司和山东优富信息咨询有限公司作为发起人，发起认购75%的股本，向社会公开发行人民币普通股（A股）2 500万股，每股面值1元，每股发行价为36.68元，成功募集资金91 700万元，股本溢价高达88 307万元，每股净资产也由发行前的1.12元涨至9.71元。此后公司每年均向股东派发高额现金股利。2001年度实现净利润7 040万元，计提法定盈余公积金和公益金之后，实际可供股东分配的利润为6 012.6947万元，公司却将其中的6 000万元用于发放现金股利，仅留存12.6947万元作为未来发展基金；此后几乎年年均进行高额现金分红，2003年和2004年虽有所下降，但也是每股收益下降所致，而2005年更是在每股收益仅0.57元的情况下每股派发了0.66元的股利，2007年更派发了每股高达1元的现金股利，同时转增10∶10。作为一家成长性良好、资金需求旺盛的高科技企业，尤其是在中国上市公司普遍现金分红较少的情况下，如此高额持续的现金分红行为实在是让人费解。

企业获得的利润如何分配？如何制定股利政策？不同的股利政策会对企业有什么样的影响？通过本章的学习你将对上述问题有全面的了解。

股利政策是指公司对股利支付有关事项的确定，是企业融资决策不可分割的一部分。股利政策规定企业实现的税后利润多少用于支付股利，多少留存于企业进行再投资，这需要在股东"当前消费"与"未来消费"之间进行权衡；不同股利政策、股利发放时间和支付形式等都可能会对股票价格（企业价值）产生不同的影响。因此，掌握股利分配理论，并在此基础上根据股利理论实施适当的股利分配策略，是企业财务决策的重要内容之一。本章讨论股利理论及不同股利政策对公司价值的影响问题。

第一节 企业利润分配顺序

股利政策主要是研究税后利润的分配问题。因此，选择股利政策还需要了解企业利润分配的一般程序。

一、利润分配的原则

利润分配是企业一项重要工作，它关系到企业、投资者等有关各方的利益，涉及企业的生存与发展。因此，在利润分配的过程中，应遵循以下原则：

（1）依法分配原则。企业利润分配的对象是企业缴纳所得税后的净利润，这些利润是企业的权益，企业有权自主分配。国家有关法律、法规对企业利润分配的基本原则、一般次序和重大比例也做了较为明确的规定，其目的是为了保障企业利润分配的有序进行，维护企业所有者、债权人以及职工的合法权益，促使企业增加积累，增强风险防范能力。国家有关利润分配的法律和法规主要有公司法、外商投资企业法等，企业在利润分配中必须切实执行上述法律、法规。利润分配在企业内部属于重大事项，企业的章程必须在不违背国家有关规定的前提下，对本企业利润分配的原则、方法、决策程序等内容做出具体又明确的规定，企业在利润分配中也必须按规定执行。

（2）资本保全原则。资本保全是现代企业制度的基础性原则之一，企业在分配中不能侵蚀资本。利润的分配是对经营中资本增值额的分配，不是对资本金的返还。按照这一原则，一般情况下，企业如果存在尚未弥补的亏损，应首先弥补亏损，再进行其他分配。

（3）充分保护债权人利益原则。按照风险承担的顺序及其合同契约的规定，企业必须在利润分配之前偿清所有债权人到期的债务，否则不能进行利润的分配。同时，在利润分配之后，企业还应保持一定的偿债能力，以免发生财务危机，危及企业生存。此外，企业在与债权人签订某些长期债务契约的情况下，其利润分配政策还应征得债权人的同意或审核方能执行。

（4）多方及长短期利益兼顾原则。利益机制是制约机制的核心，而利润分配的合理与否是利益机制最终能否持续发挥作用的关键。利润分配涉及投资者、经营者、职工等多方面的利益，企业必须兼顾，并尽可能地保持稳定的利润分配。在企业获得稳定增长的利润后，应增加利润分配的数额或百分比。同时，由于发展及优化资本结构的需要，除依法必须留用的利润外，企业仍可以出于长远发展的考虑，合理留用利润。在积累与消费关系的处理上，企业应贯彻积累优先的原则，合理确定提取盈余公积金和分配给投资者利润的比例，使利润分配真正成为促进企业发展的有效手段。

二、利润分配的顺序

根《公司法》的规定，企业缴纳所得税后的利润，除国家另有规定的以外，应按下列程序进行分配。

（1）支付各种罚款和滞纳金。企业在缴纳所得税后，剩余的净利润应该首先补偿企业被没收的财产损失，支付各种税收滞纳金和罚款。对于企业迟缴税金加收的滞纳金和违反税法被处以罚款的支出，不通过"应交税费"科目核算，应在税后利润中列支。

（2）弥补以前年度的亏损。《企业会计准则》规定，企业发生的年度亏损可以用下一年度的税前利润等弥补，下一年度利润不足弥补的，可以在5年内连续弥补。5年内不足弥补的，可以用企业的税后利润来弥补。企业将本年税后净利润（或税后亏损）与年初未分配利润（或亏损）合并，计算出可供分配的利润。如果可供分配的利润是负数，即亏损，则不能进行后续的分配程序；如果可供分配的利润是正数，则进行后续分配程序。

（3）计提法定公积金。企业按抵减年初累计净亏损后的本年净利润计提法定盈余公积。

计提盈余公积的基数不一定是可供分配的利润，也不一定是本年的税后净利润，是净利润总额扣除上述两项后的余额。企业应按10%的比例计提盈余公积。但是当企业盈余公积的累计额达到注册资本的50%时，可不再提取。法定公积金可以用于弥补亏损，也可以用于转增资本金等，但转增资本金后的法定公积金数一般不能低于注册资本的25%。

（4）支付优先股股利。企业在弥补亏损、提取盈余公积和公益金后才能向股东分配利润。企业向股东分配利润（公司制企业为向股东分配股利），又称分配红利，是利润分配的主要阶段。而支付优先股股利是企业向股东分配利润的第一步。

（5）计提任意公积金。计提任意盈余公积的基数与计提法定盈余公积的基数相同，计提的比例由股东会根据需要决定。

（6）向股东支付股利。企业的股东会或董事会如果违反上述利润分配程序，在抵补亏损和计提法定盈余公积、公益金之前向股东支付股利的，必须将违反规定发放的股利退还给企业。

企业应以各股东持有的股份数额为依据，向股东分配股利。同时，股利分配应按照"多盈多分，少盈少分，无利不分"的原则进行。但是如果企业以前年度长期亏损而未向股东分配股利，在用盈余公积弥补亏损后，为维护其股票信誉，经股东大会特别决议，也可用盈余公积来支付股利，但是支付的数额不得超过股票票面价值的6%，支付股利后留存的盈余公积也不得低于注册资本的25%。

第二节 股利理论

股利理论研究的主要问题是：股利的支付是否能够影响股票价格（或企业价值）；如果股利政策确实具有影响力，那么是什么因素决定了最佳的股利支付水平，从而使公司价值最大化且资本成本最小？公司应该确定什么样的股利支付率？股利支付率的大小对股票价格（或企业价值）是否会产生影响，以及产生怎样的影响，目前是一个不解之谜。

股利政策对股票价格（或企业价值）影响的问题，在20世纪50~60年代是西方财务理论界研究的一个热点。许多财务学家都试图完美地解答这个问题，但是观点并不一致。目前有六种流行的理论，分别是股利无关论；在手之鸟论；信号理论；所得税差异论；客户效应理论和代理理论。

一、股利无关论

1961年，著名经济学家米勒和莫迪里亚尼发表了其著名的论文："股利政策，增长和股票价值"[①]。在这篇文章中，他们提出了股利无关论："企业的价值只依赖于其基本盈利能力和经营风险，而不依赖

---

① M. H. Miller and Franco Modigliani: "Dividend Policy, Growth and the Valuation of Share", *Journal of Business*, 34: 411-433, October 1961.

于如何将利润在留存收益和股利间进行分配。"后人把其理论称为MM理论或股利无关论。

MM理论是在无所得税、无摩擦资本市场以及其他完美性的前提下导出的。具体假设是：

（1）不存在个人所得税和企业所得税。这一条件保证公司在发行新股获得的资本收入不被征税，从而等于新股东实际支付的现金。另外，政府对股利收入不征税，可保证股东获取1元股利与公司留存1元利润是等价的，它们都将用于再投资，这样就消除了资本增值与股利的差异。

（2）股票无发行成本。这一条与第一条共同保证发行新股和留存利润一样具有相等的资本成本，即利润的分配对公司的权益成本无影响。

（3）股票无交易成本。股票的交易成本限制了股票的完全自由买卖，只有在无交易成本条件下，股东才能够按照实际价格差获取资本利得。

（4）无信息成本。企业的股东（包括潜在的股东）和企业管理当局可相同地获得未来投资机会的信息（即市场信息是充分的）。

（5）财务杠杆不影响资本成本。在上述条件下财务杠杆的大小不影响加权平均资本成本。

（6）公司资本预算政策与股利政策无关。

在这些完美假设下，MM认为：股利不会对企业价值（或股票价格）产生任何实质性的影响。其理由是：

（1）股东并不关心企业股利的分配，所以股利支付率的大小不会对企业价值产生影响。如果企业留存较多的利润用于再投资，会导致企业股票价格上升，此时，虽然股利较低，但需要现金的股东可以出售股票换取现金；如果企业发放较多的股利，股东又可以用现金再买入一些股票以扩大投资。也就是说，股东对股利和资本利得并无偏好，因此对企业价值不会产生实质性的影响。

（2）企业价值完全由企业的获利能力和经营风险决定，企业的盈利在股利和留存利润之间的分配比例并不会对企业价值产生影响。企业即使有很理想的投资机会，也不一定非要通过内部积累筹集资本来满足该投资所需要的资本不可，企业仍然可以发放高额的股利，因为企业可以通过其他方式重新筹集新的资本。

显然在现实的世界中，完备市场是不存在的。在现实生活中，影响资本市场完美的因素主要有三个：①不对称税率。在资本市场中，税率的差异是常见的，许多国家对现金股利和资本利得所征收的所得税税率是不同的。这种不对称税率不仅使投资者在股利与资本利得间产生不同的偏好，也确实对股东财富产生了不同的影响。②不对称信息。尽管资本市场中的信息传递是公开和迅速的，但信息的获得并不是完全免费的，而且对于不同的市场参与者来说，信息仍然是不对称的，例如公司的董事和经理相对于普通的投资者来说就拥有信息优势。信息的不对称会降低市场效率，也会影响到投资者对风险和报酬的判断。③交易成本。现实中的资本市场都存在交易成本，例如公开发行股票或债券要支付发行费用，证券交易要支付佣金和印花税等。不同类型的交易会产生不同的交易成本，这样就会影响人们的交易行为，也限制了市场的套利活动。

不过 MM 理论的支持者认为：经济理论就是根据一些十分简化的假设推导出来的，我们并不能根据理论假设的合理与否来判断理论的真伪，而只能根据实际的事实去验证。

二、在手之鸟论

许多传统的学者主张高股利政策，或者主张政府强迫所有公司将税后净利作为股利全部发放，认为这样会使公司价值增加。

在手之鸟（bird in hand）论认为：在股东（包括潜在的股东）心目中，企业通过运用内部积累的资本进行再投资给股东带来的资本利得的不确定性要远远高于股利支付的不确定性，股利是固定的收入，而股票价格的升降并不完全由企业决定，资本利得不如股利稳定。即资本利得的风险要高于股利收入的风险，其理由是：对于股东来说，股票的价格是随时波动的，一旦股票价格下跌，由股票价格代表的资本利得就不再存在，即使公司承诺未来支付较高的股利，但是其支付期越远，不确定性就越大，而发放股利就能够消除投资者的这种不确定感。因此这种理论也称为不确定感消除理论。受"双鸟在林，不如一鸟在手"谚语的影响，这一理论也称为"在手之鸟"论，主张采取较高的股利支付率策略，以使企业价值最大。

根据"在手之鸟"理论所体现的收益与风险的选择偏好，股东更偏好于现金股利而非资本利得，倾向于选择股利支付率高的股票。当企业股利支付率提高时，股东承担的收益风险越小，其所要求的权益资本报酬率也越低，权益资本成本相应也越低，则根据永续年金计算所得的企业权益价值（企业权益价值＝分红总额/权益资本成本）将会上升；反之，随着股利支付率的下降，股东的权益资本成本升高，企业的权益价值将会下降。这说明股利政策会对股东价值产生影响，而"在手之鸟"理论所强调的为了实现股东价值最大化的目标，企业应实行高股利分配率的股利政策。

林特纳（Lintner）和高登（Gorden）坚持"在手之鸟"理论。许多投资者也存在同样的心理，他们对 1 元股利的评价高于对 1 元留存收益的评价。现实中需要指出的是，该理论的有效性取决于投资者对再投资于本公司的风险和将收到的股利再投资于其他公司的风险的预期，只有在预期风险不相等的情况下，该理论才有效。

也有学者对这种理论提出了批评，他们指出："在手之鸟"理论混淆了投资决策和股利政策对公司风险的不利影响，认为资本利得的风险高于股利的风险是不符合实际情况的，并将这一理论称为"在手之鸟"谬论。这些批评者认为，用留存收益再投资形成的资本利得风险取决于公司的投资决策，与股利支付率高低无关，在投资决策一定的情况下，公司如何分配利润并不会改变公司的投资风险。股东在收到现金股利后，仍然可以根据自己的风险报酬偏好进行再投资，例如，他们可以用现金股利重新购买公司发行的新股来进行再投资。因此，投资者所承担的风险最终是由公司的投资决策决定的，而不会受股利政策影响。

三、信号理论

MM 的股利无关论假设不存在信息不对称，即外部投资者与内部经理人员拥有企业投资机会与收益能力的相同信息。但在现实条件下，企业经理人员比外部投资者拥有更多的企业经营状况与发展前景的信息，这说明在内部经理人员与外部投资者之间存在信息不对称。在这种情形下，可以推测分配股利可以作为一种信息传递机制，使企业股东或市场中的投资者依据股利信息对企业经营状况与发展前景作出判断。内部经理人也认为股利分配政策具有信息含量，特别是股利支付信息向市场传递了企业的盈利能力能够为其项目投资和股利分配提供充分的内源融资，特别是本期与以前期间的股利支付水平以及变化程度的信息，甚至能够使投资者从中对企业盈利持续性及增长作出合理判断。

信号理论的渊源与不确定感消除理论密切相关。该理论认为，股利给投资者传递了企业盈利能力的信号，从而股利对股票价格有一定的影响。如果企业对未来盈利能力看好，企业就会采用一定的方式把这个信息传递给投资者。企业如果在较长一段时期内一直保持一个稳定的股利支付率，而突然增大股利支付率传递给投资者的信息就是：企业预期未来盈利能力将向好的方向转变。这个信号告诉投资者，管理当局与董事会深信企业的实际情况比股价所反映的状况要好。相应地，股票价格也会随之提升。因此，股利是投资者判断企业未来业绩的指示器。

当然，增发股利是否一定向股东与投资者传递了好消息，对这一点的认识是不同的。如果考虑处于成熟期的企业，其盈利能力相对稳定，此时企业宣布增发股利特别是发放高额股利，可能意味着该企业目前没有新的前景很好的投资项目，预示着企业成长性趋缓甚至下降，此时，随着股利支付率提高，股票价格应该是下降的；而当宣布减少股利，则意味着企业需要通过增加留存收益为新增投资项目提供融资，预示着未来前景较好。显然，随着股利支付率下降，企业股票价格应该是上升的。

股利信号理论为解释股利是否具有信息含量提供了一个基本分析逻辑，鉴于股东与投资者对股利信号信息的理解不同，所作出的对企业价值的判断也不同。

四、所得税差异理论

大多数经济学家和企业研究人员承认 MM 理论是正确的，但现实世界的资本市场是不完备的。例如，股票存在发行成本和交易费用、存在个人所得税和企业所得税。因此，MM 理论在现实世界中会出现偏差。

许多国家对于股利收入和资本利得征收的所得税税率不一致。所得税差异理论认为：无论何种情况，当股利税率高于资本利得税率，投资者都会反对高股利政策，公司应该支付较低的股利，将剩余利润留存在公司内部，或者用于再投资，或者用于回购股票。税差理论说明了当股利收益税率与资本利得税率存在差异时，将使股东在继续持有股票以期取得预期资本利得与立即实现股利收益之间进行权衡。如果存在股票的交易成本，甚至当资本利得税与交易成本之和大于股利收益税时，偏好取得定期现金股利收益的股东自然会倾向于企业采取高现金股利支付率政策。

美国在 1986 年进行了税法改革，在 1986 年以前，美国税法规定，政府对股利收入征收的所得税税率最高达 50%，而对资本利得的税率最高仅为 20%，并且投资者还可以继续持有股票来延迟取得资本利得，从而推迟资本利得的纳税时间。因此，股东并不希望公司支付高股利，而是希望通过资本利得获利和避税。1986 年进行了税法改革之后，二者的税率一致了，这样该理论失去了现实基础。当然，目前还有许多国家与美国 1986 年税法改革之前的税制有相同的特点。

《中华人民共和国个人所得税税法》规定，个人取得股利的收入和转让股票取得的资本利得的所得税税率都是 20%；《中华人民共和国企业所得税法》也将企业取得股利的收入和转让股票取得的资本利得按同一税率纳税，即所得税税率不存在差异；但我国政府考虑到我国股市的实际情况和股票转让利得的特殊性，决定股票转让所得暂不征收个人所得税；且即使所得税税率不存在差异，股东如果继续持有股票，仍然可以推迟纳税。因此所得税差异理论在我国的适用性较低。

五、客户效应理论

由于税收差异的存在，股利政策可以产生客户效应。税收差别理论认为投资者可以根据偏好不同被分为不同的类型，每种类型的投资者都偏好某种特定的股利政策，并喜欢购买采用符合其偏好股利政策的公司的股票，这就是客户效应。客户效应在许多方面都有所表现，例如表现在资本结构政策上，有的投资者偏爱高杠杆政策，有的投资者偏爱低杠杆政策。顾客效应表现在股利政策上，就是有些投资者喜欢高股利支付率政策，有些投资者则喜欢低股利支付率政策。米勒和莫迪里亚尼在研究税收差异对股利政策的影响时就已注意到顾客效应的存在，他们发现低税率等级的投资者往往持有高股利公司的股票，因此，MM理论认为公司有动机采取适当的股利政策，以最大限度地减少股东税收。

产生顾客效应的一个重要原因是不同的投资者具有不同的边际税率。在美国，不同收入的投资者的个人所得税税率会有很大的差异，个人所得税的边际税率从15%到39.6%不等，年收入越高的投资者使用的所得税税率越高，而低收入的投资者适用的所得税税率较低，甚至不必缴纳所得税。正是因为投资者的边际税率等级不同，导致他们对股利政策表现出不同的偏好。大量经验数据证明，投资者根据各自不同的税率等级自然分成偏好高股利政策的顾客和偏好低股利政策的顾客。高收入的投资者希望公司少支付现金股利或不支付现金股利，而将利润作为留存收益进行再投资，以提高股票的价格，即使将来需要现金，出售股票获得的资本利得收益也比现在收到股利收入所缴的个人所得税要少；低收入的投资者以及享受免税优惠的养老金等机构投资者则喜欢公司支付较高的现金股利，一方面是因为他们可以免缴所得税或所得税税率较低，另一方面是这些投资者更希望保持较高的资本流动性，例如一些退休的投资者就希望公司支付较高而稳定的现金股利，以便他们安排日常的生活支出。

由于顾客效应的存在，因此任何股利政策都不可能满足所有投资者的要求，特定的股利政策只能吸引特定类型的投资者。采用高股利支付率政策，可以吸引低边际税率等级的投资者；采用低股利支付率政策，可以吸引高边际税率等级的投资者。当公司改变股利政策时，就会吸引喜欢这一股利政策的投资者购买其股票，而另一类不喜欢这一股利政策的投资者就会出售其股票。当购买数量大于出售数量时，公司股价就会上涨，反之就会下跌，直至市场达到均衡状态。

六、代理理论

企业中的股东、债权人、经理人员等诸多利益相关者的目标并非完全一致，在追求自身利益最大化的过程中有可能会以牺牲另一方的利益为代价，这种利益冲突关系反映在公司股利分配决策过程中表现为不同形式的代理成本：反映两类投资者之间利益冲突的是股东与债权人之间的代理关系；反映股权分散情形下内部经理人员与外部分散投资者之间利益冲突的是经理人员与股东之间的代理关系；反映股权集中情形下控制性大股东与外部中小股东之间利益冲突的是控股股东与中小股东之间的代理关系。

（1）股东与债权人之间的代理冲突。企业股东在进行投资与融资决策时，有可能为增加自身的财富而选择加大债权人风险的政策，如股东通过发行债务支付股利或为发放股利而拒绝净现值为正的投资项目。在股东与债权人之间存在代理冲突时，债权人为保护自身利益，希望企业采取低股利支付率，通过多留存少分配的股利政策以保证有较为充裕的现金留在企业以防发生债务支付困难。因此，债权人在与企业签订借款合同时，习惯于制定约束性条款对企业发放股利的水平进行制约。

（2）经理人员与股东之间的代理冲突。当企业拥有较多的自由现金流时，企业经理人员有可能把资金投资于低回报项目，或为了取得个人私利而追求额外津贴及在职消费等，因此，实施高股利支付率的股利政策有利于降低因经理人员与股东之间的代理冲突而引发的这种自由现金流的代理成本。实施多分配少留存的股利政策，既有利于抑制经理人员随意支配自由现金流的代理成本，也有利于满足股东取得股利收益的愿望。

（3）控股股东与中小股东之间的代理冲突。现代企业股权结构的一个显著特征是所有权与控制权集中于一个或少数大股东手中，企业管理层通常由大股东直接出任或直接指派，管理层与大股东的利益趋于一致。由于所有权集中使控股股东有可能也有能力通过各种手段侵害中小股东的利益，控股股东为取得控制权私利而产生的与中小股东之间的代理冲突使企业股利政策也呈现出明显的特征。当法律制度较为完善，外部投资者保护受到重视时，有效地降低了大股东的代理成本，可以促使企业实施较为合理的股利分配政策。反之，法律制度建设滞后，外部投资者保护程度较低时，如果控股股东通过利益侵占取得的控制权私利机会较多，会使其忽视基于所有权的正常股利收益分配，甚至因过多的利益侵占而缺乏可供分配的现金。因此，对处于外部投资者保护程度较弱环境的中小股东希望企业采用多分配少留存的股利政策，以防控股股东的利益侵害。正因为如此，有些企业为了向外部中小投资者表明自身盈利前景与企业治理良好的状况，则通过多分配少留存的股利政策向外界传递了声誉信息。

代理理论的分析视角为研究与解释处于特定治理环境中的企业股利分配行为提供了一个基本分析逻辑。如果在企业进行股利分配决策过程中，同时伴随着其他公司财务决策，并处于不同的公司治理机制条件下（如所有权结构、经理人员持股、董事会结构特征等），基于代理理论对股利分配政策选择的分析将是多种因素权衡的复杂过程。

以上六种股利理论代表了六种矛盾的观点。MM理论认为股利政策不会影响企业价值，因此不存在最优的股利政策，所有的股利政策都是等价的。在手之鸟论认为股利的风险小于资本利得的风险，因此企业应采取较高股利的股利政策。信号理论认为，股利给投资者传递了企业盈利能力的信号，从而股利对股票价格有一定的影响。所得税差异论则认为资本利得有推迟纳税的优势，如果资本利得税的税率高于股利税率，企业应采取低股利支付率的政策。客户效应理论认为任何股利政策都不可能满足所有投资者的要求，特定的股利政策只能吸引特定类型的投资者。代理理论主张高股利支付率政策，认为提高股利支付率水平可以降低代理成本，有利于提高公司价值。以上六种理论孰是孰非？许多财务分析家为以上六种理论都找到了"事实"依据。因此，企业应视客观经济环境和企业本身的实际经营状况而定。

第三节 股利政策

一、股利政策的设计

在公司财务管理实务中，公司股利政策的设计是以前述理论为依据，考虑各种影响股利的因素来确定自己的股利政策。公司经常采用的股利政策有如下四种。

（一）剩余股利政策（residual dividend policy）

不考虑通货膨胀，影响股利政策的外部因素主要是投资机会和资本成本。为了保持理想的资本结构，使得资本成本最低，许多公司认为股利应该是资本投资过程中的剩余利润。剩余股利政策的步骤：设定目标资本结构，在该资本结构下，企业加权平均资本成本最低；测算出目标资本结构下企业投资所需的权益资本额,先从企业的未分配利润中扣除所需增加的权益性资本;满足投资所需的权益资本后,将剩余的未分配利润作为股利分配给股东。

【例 12 – 1】 某公司本年盈余 1 000 万元,目标债务权益比为 0.5,公司计划的资本投资为 900 万元。

应用剩余股利政策的步骤为:

按照目标资本结构的要求,投资所需的权益资本额为:资本投资额是 900 万元,为了保持目标资本结构,其中有 1/3 通过债务融资,2/3 通过权益融资,需要借债务 300 万元,而公司的本年盈余 1 000 万元中的 600 万元用于资本投资。

公司的本年盈余 1 000 万元中的 600 万元用于资本投资,剩余的 400 万元(1 000 – 600)用来支付股利。

剩余股利政策的关键要点是:只有在所有正 NPV 项目的投资机会都用尽后,才能分配股利。当然,严格的剩余股利政策将会导致非常不稳定的股利支付。如果某一时期的投资机会非常多,股利就会很低,甚至为零。相反,如果下一期的投资机会很少,股利就可能会很高。

剩余股利政策的支持者认为:股东对股利和资本利得没有偏好,只要企业有好的投资项目,投资报酬率高于股东期望的报酬率,保持最佳的目标资本结构就会使企业价值达到最大。这一理论是建立在股利与企业价值无关的理论基础之上。

(二) 固定股利支付率政策

固定股利支付率政策是指企业确定一个股利占利润的比例,长期按此比例支付股利的政策。因此,企业每年所支付的股利会随着企业当年实现的利润的波动而波动,从而使股利支付额极不稳定。

该股利政策的优点是:维持固定的股利支付率,能够真正体现"多盈多分,少盈少分,无盈不分"的原则。

该股利政策的缺点是:每年的股利支付额波动较大,极不稳定,容易给投资者造成企业经营不稳定的感觉,对稳定股票价格极其不利;固定股利支付率政策不像剩余股利政策那样能保持较低的资本成本。

(三) 固定股利政策

固定股利政策是指企业将每年发放的股利固定在某一相对稳定的水平上,并在较长时间内保持不变,只有当企业认为未来盈利的增加足以使企业能够将股利维持在一个更高的水平时,企业才会提高每股股利的发放额。由于通货膨胀的存在,实行这种股利政策的企业一般都实行稳定增长股利政策。为此这类企业必须制定一个股利的目标增长率,然后再依据这一目标增长率来发放股利。

该股利政策的优点是:(1)稳定的股利向市场传递企业正常发展的信息,增强投资者对企业的信心,稳定企业的股票价格。(2)有利于股东安排收入和支出,特别是对那些对股利有着很强依赖性的股东更是如此。如果股利忽高忽低,则不会受到这类股东的欢迎,从而导致股票价格下降。(3)避免股利支付的大幅度、无序性波动,有助于预测现金流出量,便于理财和管理。

该股利政策的缺点是:(1)股利的支付与企业的盈利相脱节,当利润较低时,仍要支付固定的股利,这可能会导致企业资金紧缺,财务状况恶化;(2)固定股利政策不像剩余股利政策那样能保持较低的资本成本。

(四) 低正常股利加额外股利的政策

低正常股利加额外股利的政策是介于固定股利和稳定增长股利政策与固定股利支付率政策之间的一种折中的股利政策。在这种股利政策下每年只支付固定的、数额较低的股利;在利润较多的年份,再根据实际情况向股东发放额外的股利,但额外股利并不固定,并不意味着永久性地提高了股利。

该股利政策的优点是:(1)这种股利政策使公司具有较大的灵活性。当公司盈余较少或投资需用较多资金时,可维持设定较低的但正常的股利,股东不会有股利跌落感;而当盈余有较大幅度增加时,则可适度增发股利,把经济繁荣的部分利益分配给股东,使他们增强对公司的信心,这有利于稳定股票的价格。(2)这种股利政策可使那些依靠股利度日的股东每年至少可以得到虽然较低但比较稳定的股利收入,从而吸引住这部分股东。

在企业的利润和现金流量很不稳定时,采取这种股利政策也许是最佳的选择。

二、影响股利政策的因素

影响股利政策的因素除了股利理论外,还包括法律约束、债权人约束、股东的因素、公司内部因素及其他外部因素。

(一) 法律约束

(1)资本完整性的限制。各国法律都要求公司在支付股利时要保全资本,禁止资本损害行为。资本是股东投资形成的,如果将资本作为股利发放给股东,债权人的利益有可能受到损害。因此,美国大部分州规定，当可能导致公司的法定资本（legal capital）受到损害时，公司不得支付股利。这一限制主要是为了防止公司任意改变股东权益在资本结构中的比例，维护债权人的利益。《公司法》规定："股东会或董事会违反规定，在公司弥补亏损和提取法定公积金、法定公益金之前向股东分配利润的，必须将违反规定分配的利润还给公司。"这一条从利润分配的程序上保证了资本的完整性。

（2）企业积累的限制。为了制约公司支付股利的任意性，按照法律规定，公司税后利润必须先提取法定公积金。此外公司还需提取任意公积金，只有当提取的法定公积金达到注册资本的50%时，才可以不再提取。提取法定公积金后的利润净额才可以用于支付股利。

（3）净利润限制。各国法律都规定，公司的利润必须在弥补全部亏损之后才可发放股利。我国法律也规定公司年度累计净利润必须为正数时才可以发放股利，以前年度亏损必须足额弥补。这样的规定往往是为了鼓励公司积累资本。

（4）股票回购。股票回购后股票流通数减少，股价上涨，股东得到的是资本利得。资本利得具有避税作用。《公司法》规定，公司不得收购本公司股份。但是，有下列情形之一的除外：①减少公司注册资本；②与持有本公司股份的其他公司合并；③将股份奖励给本公司职工；④股东因对股东大会作出的公司合并、分立决议持异议，要求公司收购其股份。

（二）债权人的约束

在企业发行债券融资或向银行借款时，要签订债务合同，尤其是长期债务。债权人为防止股东、公司管理当局滥用权力，保护自身利益，常在债券与贷款合同上加入现金支付程度的限制性条款，如限制股利分配的条款，目的是为了保证企业到期偿还债务的能力。这些合同上的限制在一定程度上左右了企业的股利政策，否则企业会受到指控和法律的制裁。

（三）股东因素

（1）稳定收入或避税的要求。股东对待风险有两种态度：避免风险和倾向承担风险。具有前一种态度的投资者往往是那些靠股利维持生活的股东，他们要求公司支付稳定的股利，并且倾向于高股利支付率。具有后一种态度的投资者往往是那些有其他大笔收入来源的股东，他们偏好风险，出于避税的考虑，往往反对高股利支付率，偏好资本利得。

（2）控制权的稀释。企业支付了大量的股利，就可能在以后通过发行新股来为有利的投资机会筹资。在这种情况下，如果企业的控股股东没有或者不能认购增发的新股，发行新股就会使老股东持有股票的份额下降，稀释了老股东对公司的控制权。如果公司实施高股利支付率的股利政策，留存收益必然很少，这意味着公司发行新股筹资的可能性加大。而有些股东，尤其控制权较大的大股东不愿看到自己的控制权被稀释，这些股东偏好于低股利支付率而把盈余保留下来用于投资需求。

（四）公司内部因素

（1）盈利的稳定性。盈利是公司支付股利的前提。企业只有在有盈利的情况下才谈得上分不分股利和分配多少股利。因此企业必须以当年的盈利状况和未来的发展趋势为出发点制定适当的股利政策。

（2）资产流动性。资产的流动性是指资产的变现能力。企业的现金等流动资产，除了可用作股利外，还用作应付日常生产经营、购置固定资产、偿还债务。因此，企业在制定股利政策时，不仅要考虑企业的流动资产能否变为现金来支付股利，还要考虑其他方面对现金的需要，要通盘考虑，不能顾此失彼，影响企业的日常生产经营活动的开展、偿债能力和长期发展能力。

（3）融资能力。如果企业规模大、经营好、利润丰，其融资能力一般很强，那么在决定股利支付数额时，有较大的选择余地。但对那些规模小、新创办、风险大的企业，其融资能力有限，而为了发展又需要大量的资本，因此这类企业应尽量少支付股利，而将利润更多地留存在企业，作为内部融资。

（4）公司所处的生命周期。公司的生命周期主要包括初创阶段、成长阶段、成熟阶段和衰退阶段四个时期。在不同的发展阶段，由于公司的经营状况和经营风险不同，对资本的需求情况会有很大的差异，这必然会影响到公司股利政策的选择。公司所采取的股利政策理所当然地要符合其所处的发展阶段。表12-1列示了公司在不同发展阶段的经营活动和应选择的股利政策。

表 12-1　　　　　　　不同发展阶段的公司股利政策

	初创阶段	成长阶段	成熟阶段	衰退阶段
资本需求	受公司规模等因素限制	因为扩张的需要，资本需求量很大	公司规模基本稳定，资本需求量适中	资本需求量降低
盈利能力	没有盈利或盈利很少	盈利逐步增加	盈利能力较强，且盈利稳定	盈利减少

续表

	初创阶段	成长阶段	成熟阶段	衰退阶段
现金流量	因为进行投资，现金流量是负数	有少量现金流量产生	现金流量增加	相对于公司价值来说，现金流量较高
股利政策	不发放现金股利	不发放现金股利或采用低股利支付率政策	增加现金股利分配，采用稳定的股利支付率政策	采用特殊的股利政策，回购股票

（五）影响股利政策的其他外部因素

（1）投资机会。企业在某段时间内的投资机会在很大程度上影响着企业的股利政策。对于投资机会多的企业，为了长期利益，可以目前少分股利；如果企业没有合适的投资机会，可以采取高股利的政策。比如，在20世纪50~60年代，当IBM公司正处在高速发展的时期，投资占用了大量资金，公司支付给股东的股利很少，股票价格并不低；20世纪70年代中期之后，IBM公司的发展速度开始减慢，投资机会减少，企业利润剩余很多，因而IBM公司开始大幅度提高股利支付量，并运用股票回购的方式加大股东的资本利得。另外，现行投资项目的资金占用和现金产生能力也会影响公司的股利政策。

（2）资本成本的影响。投资项目需要大量资金，而公司的筹资渠道不外乎举债、增发股票和自我积累。与发行股票相比，留存收益具有成本低的优点。大部分公司将留存收益作为筹资的第一渠道。《公司法》也规定了法定公积金、任意公积金项目，鼓励公司进行资本积累，降低资本成本。

（3）通货膨胀。在通货膨胀的情况下，大多数公司的利润会随之提高，但大多数股东则希望公司能够提供足以抵销通货膨胀不利影响的股利政策。另外，折旧是公司重置资产的资金主要来源之一，在通货膨胀的情况下，公司折旧基金的购买力水平下降，公司甚至没有足够的资金来源重置固定资产。这时留存收益会被当作弥补资金不足的资金来源。因而通货膨胀对公司的压力较大，公司则要均衡各方面的资金需要确定恰当的股利政策。

而当一个企业面临被其他企业或个人收购的危险时，低股利支付率可能会有助于"外来者"取得控制权。外来者可以说服企业的股东使他们相信管理层不能使股东财富最大化，而他们可以做得更好，结果是面临被收购危险的企业不得不支付较高的股利以取悦其股东。

三、股利政策的评价指标

投资者在购买股票进行投资时,通常会对公司的股利政策做出评价。用来评价公司股利政策的指标主要有两个:股利支付率和股利收益率。

(一) 股利支付率

股利支付率是公司年度现金股利总额与净利润总额的比率,或者是公司年度每股股利与每股利润的比率。其计算公式表示为:

$$P_d = \frac{D}{E} \times 100\% \qquad (12-1)$$

或

$$P_d = \frac{DPS}{EPS} \times 100\% \qquad (12-2)$$

式中:P_d——股利支付率;
　　　D——年度现金股利总额;
　　　E——年度净利润总额;
　　　DPS——年度每股股利;
　　　EPS——年度每股利润。

股利支付率用来评价公司实现的净利润中有多少用于给股东分派红利。股利支付率反映了公司所采取的股利政策是高股利政策还是低股利政策。由前面的股利理论可知,股利支付率的高低并不是区分股利政策优劣的标准,公司处于不同的发展阶段,会选择不同的股利政策。一般来说,处于快速成长阶段的公司,由于资本性支出较大,需要大量的现金,通常不支付现金股利或采用较低的股利支付率政策。而处于成熟阶段的公司,有充足的现金流量,通常会采用较高的股利支付率政策。

与股利支付率相关的另一个指标是留存比率,是用来评价公司净利润用于再投资的比例。留存比率是公司留用利润与净利润的比率,等于1减去股利支付率。

(二) 股利收益率

股利收益率也称为股利报酬率,是公司年度每股股利与每股价格的比率,其计算公式表示为:

$$K_d = \frac{DPS}{P_0} \times 100\% \qquad (12-3)$$

式中:K_d——股利收益率;

DPS——年度每股股利；

P_0——每股价格。

股利收益率是投资者评价公司股利政策的一个重要指标，它反映了投资者进行股票投资所取得的红利收益，是投资者判断风险、衡量投资者收益的重要标准之一。较高的股利收益率说明公司股票具有较好的投资回报，投资者通常倾向于购买高股利收益率的股票。

四、股利政策制定的程序

股份有限公司制定股利政策时，应遵循一定的程序，不同股利政策的制定程序有所不同。下面以固定股利支付率政策为例来说明股利政策制定的基本程序。

（一）测算公司未来剩余的现金流量

公司在制定股利政策时，首先应当预测公司未来年度的盈利和现金流量，预测的期限一般应为 5 年左右，这样才能保证经营活动的长期规划得以实现，预测未来的盈利和现金流量是一项比较复杂的工作，宏观经济形势、市场变化和公司自身的经营状况都会影响盈利和现金流量预测的准确性。因此，在做公司经营预算和资本预算时，必须保持一定的弹性空间，公司要从股东的利益出发，在确保重要的经营活动和投资项目能够顺利完成的情况下，充分利用现金，提高资本利用效率。

（二）确定目标股利支付率

确定目标股利支付率是公司股利政策的一项重要内容。公司在确定股利支付率时，应考虑自身的发展阶段、经营规模、财务状况和股东构成等因素，并参照同行具有可比性公司的股利支付率。在国外，同行业的公司通常具有"习惯性的股利支付率范围"，大多数公司在确定股利支付率时都会参照同类公司的股利政策。目标股利支付率一旦确定，通常在较长时期内不宜变动太大。

（三）确定年度股利额

理论上，公司支付的现金股利额应等于投资于所有净现值为正的投资项目之后的剩余现金数量，但在实践中，考虑到投资预算的不确定性、股东的偏好、筹资的约束等因素，现金股利额应在此基础上进行适当的调整。出于谨慎性考虑，公司一般会适当地增加留用利润，以预防盈利和现金流量的不确定性。如果公司该年盈利大幅度增加，也应当参考以往年度的股利额来确定该年度支付股利数量，尽量保持股利政策的稳定性,以使投资者有稳定的预期。

(四)确定股利分派日期

我国公司大多半年或一年支付一次股利。现金股利分派会发生大量的现金流出,何时分派股利对公司财务状况会产生较大的影响。公司确定了年度股利额之后,应当根据其经营预算,投资项目进展情况和现金流量情况合理地安排股利分配的日期。

第四节 股利支付程序与方式

一、股利支付程序

(一)决策程序

上市公司股利分配的基本程序是:首先由公司董事会根据公司盈利水平和股利政策,制订股利分派方案,提交股东大会审议,通过后方能生效。然后,由董事会依股利分配方案向股东宣布,并在规定的股利发放日以约定的支付方式派发。在经过上述决策程序之后,公司方可对外发布股利分配公告、具体实施分配方案。我国股利分配决策权属于股东大会。

(二)分配信息披露

根据有关规定,股份有限公司利润分配方案、公积金转增股本方案须经股东大会批准,董事会应当在股东大会召开后两个月内完成股利派发或股份转增事项。在此期间,董事会必须对外发布股利分配公告,以确定分配的具体程序与时间安排。

股利分配公告一般在股权登记前3个工作日发布。如果公司股东较少,股票交易又不活跃,公告日可以与股利支付日在同一天。公告内容包括:

(1)利润分配方案。

(2)股利分配对象。我国上市公司股利分配对象为股权登记日当日登记在册的全体股东。

(3)股利发放方法。我国上市公司的股利分配程序应当按登记的证券交易所的具体规定进行。

此外,为提高上市公司现金分红的透明度,《关于修改上市公司现金分红若干规定的决定》要求上市公司在年度报告、半年度报告中分别披露利润分配预案、在报告期实施的利润分配方案执行情况的基础上，还要求在年度报告、半年度报告以及季度报告中分别披露现金分红政策在本报告期的执行情况。同时，要求上市公司以列表方式明确披露前 3 年现金分红的数额与净利润的比率。如果本报告期内盈利但公司年度报告中未提出现金分配预案，应详细说明未分红的原因、未用于分红的资金留存公司的用途。

（三）分配程序

以深圳证券交易所的规定为例：对于流通股份，其现金股利由上市公司于股权登记日前划入深交所账户，再由深交所于登记日后第 3 个工作日划入各托管证券经营机构账户，托管证券经营机构于登记日后第 5 个工作日划入股东资金账户。红股则于股权登记日后第 3 个工作日直接计入股东的证券账户，并自即日起开始上市交易。

（四）股利支付过程中的重要日期

（1）股利宣告日（announcement date）。股利宣告日即公司董事会将股东大会通过本年度利润分配方案的情况以及股利支付情况予以公告的日期。公告中将宣布每股派发股利、股权登记日、除息日、股利支付日以及派发对象等事项。

（2）股权登记日（record date）。股权登记日，即有权领取本期股利的股东资格登记截止日期。只有在股权登记日这一天登记在册的股东（即在此日及之前持有或买入股票的股东）才有资格领取本期股利，而在这一天之后登记在册的股东，即使是在股利支付日之前买入的股票，也无权领取本期分配的股利。此外，我国部分上市公司在进行利润分配时除了分派现金股利以外，还伴随着送股或转增股，在股权登记日这一天仍持有或买进该公司的股票投资者是可以享有此次分红、送股或转增股权利的股东，这部分股东名册由证券登记公司统计存案，届时将所应支付的现金红利、应送的红股或转增股划到这部分股东账上。

（3）除息日（ex-dividend date）。除息日也称除权日，是指股利所有权与股票本身分离的日期，将股票中含有的股利分配权利予以解除，即在除息日当日及以后买入的股票不再享有本次股利分配的权利。由于在除息日之前的股票价格中包含了本次派发的股利，而自除息日起的股票价格中则不包含本次派发的股利，我国上市公司的除息日通常安排在股权登记日的下一个交易日。除息日对股票价格有重要的影响，除息日股票价格因除权而相应下降，除息日股票的开盘参考价为前一交易日的收盘价减去每股股利。目前先进的计算机结算系统为股票的交割过户提供了快捷的手段,股票买卖交易的当天即可办理完交割过户手续,在这种交易结算条件下,除息日确定为股权登记日的下一个工作日。

(4) 股利支付日（payable date）。股利支付日是公司确定的向股东正式发放股利的日期。公司通过资金清算系统或其他方式将股利支付给股东。

【例 12-2】假设 C 公司 2017 年 5 月 24 日发布《C 公司 2016 年度利润分配方案实施公告》。公告称本公司 2016 年度利润分配方案已经于 2017 年 5 月 10 日召开的 2016 年度股东大会审议并通过。2017 年 5 月 31 日,C 公司对股东名册中登记在册的股东进行 2016 年度利润分配。按每股派送现金股利 0.6 元（含税）的比例进行分红,从 2017 年 7 月 31 日开始向符合条件的股东派发 2016 年度现金股利。

实施日期:股利宣布日为 2017 年 5 月 24 日,股权登记日为 2017 年 5 月 31 日,除息日为 2017 年 6 月 1 日,现金股利发放日为 2017 年 7 月 31 日。

在本例中,C 公司直到 2017 年 7 月 31 日才会用现金或支票向名字已列在"股权登记日股东名册"中的股东实际支付股利。

企业股利支付程序中,各个关键日期的关系可以用图 12-1 所示。

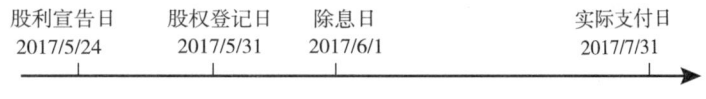

图 12-1 股利支付各个关键日期

二、股利支付方式

股利的种类和支付方式多种多样,主要有以下四种。

(一) 现金股利

现金股利是指企业以现金的方式将股利支付给股东,是支付股利的主要方式。企业支付现金股利,除了要有累积的未分配利润外,还要有足够的货币资本。因此企业在支付现金股利前,必须做好财务上的安排,以便有充足的现金支付股利。因为,企业一旦向股东宣告发放现金股利,就对股东承担了支付的责任,形成了企业的一项负债。

(二) 财产股利

财产股利是指企业以其所持有的其他单位的有价证券（如股票、债券）或者其他资产作为股利发放给股东。

2016年上市公司"土豪式"现金分红，成为市场关注的焦点。林海股份现金分红比例最高，该公司现金分红的额度是2016年净利润（193.4万元）的4.5倍，共计派发现金股利876.48万元。中国神华现金股利为590.72亿元，中信银行现金股利73.21亿元；现金股利位居前列的行业集中在采掘、非银行金融、银行、食品饮料、医药生物等五大行业。

（三）负债股利

负债股利是指企业以负债来发放股利，通常以应付票据支付，在不得已的情况下也有公司发行公司债券抵付股利。负债股利虽然可以达到延期支付的目的，使企业能在一定时期内运用这部分资本，但企业由此也承担了一项负债。

财产股利和负债股利实际上是现金股利的替代，这两种股利支付方式在我国企业中很少采用，但并非法律所禁止。

（四）股票股利

股票股利是指企业以增发股票的方式来支付股利，这种形式发放的股利称为股票股利或者红股。在发放股票股利时，公司往往给所有股东按一定比例增配股票，发放股票股利相当于把公司盈利转化为普通股股票，这样并不导致公司资产的流出或者负债的变化，更主要的是不会增加公司现金的流出量。但是股票股利会增加流通在外的普通股股票数量，引起每股盈利的下降，因而导致每股股价按比例下降。但是因为按比例发放，每位股东所持股票数占总数的份额不变。形式上股东股票数量增加，但是价值并没有增加。

三、股票股利与股票分割

（一）股票股利（stock dividend）

股票股利是指企业以发放股票的方式来支付股利，这种形式发放的股利称为股票股利或者红股。

（1）发放股票股利对资产负债表的影响。发放股票股利，只需要在公司账面上，将相应的资本公积金、盈余公积金、未分配利润转变为资本，并通过相关体系增加股东持股数量即可。对资产负债表的影响如下。

【例12-3】F公司发放股票股利之前的权益如表12-2左栏所示。假定2017年5月3日该公司宣布发放20%的股票股利，即发行500×20%=100（万股），而从留存收益中转为资本的金额为100万元，发放股票股利后股东权益的变化如表12-2右栏所示。

表 12-2　　　　　发放股票前后 F 公司股东权益　　　　　单位：万元

F 公司股东权益（发放股票股利之前）		F 公司股东权益（发放股票股利之后）	
普通股（面值1元，500万股）	500	普通股（面值1元，600万股）	600
资本公积	4 500	资本公积	4 500
留存收益	7 000	留存收益	6 900
权益合计	12 000	权益合计	12 000

（2）发放股票股利对每股收益和每股价格的影响。

支付股票股利后，由于股票数量增加，每股收益和每股价格应调整为：

$$EPS' = \frac{EPS}{1 + D_r} \quad (12-4)$$

式中：EPS'——发放股票股利之后每股收益；

EPS——发放股票股利之前每股收益；

D_r——股票股利支付率。

显然，每股收益降低了。一般地，股票价格会按照同一比例降低：

$$P' = \frac{P}{1 + D_r} \quad (12-5)$$

式中：P'——发放股票股利后的每股价格；

P——除息日股票的市场价格。

我国上市公司在实施利润分配方案时，可以是单独实施发放现金股利或股票股利的分配方案，也可以是现金股利与股票股利组合的方案，或者同时伴随着转增股本的方案。由于股票股利与转增都会增加股本数量，但每个股东持有股份的比例并未改变，结果导致每股价值被稀释，从而使股票交易价格下降。

在除权（除息）日，上市公司发放现金股利
与股票股利后的除权参考价
=（股权登记日收盘价－每股现金股利）/（1＋送股率＋转增率）

（3）股票股利的优点。发放股票股利后，由于股票流通数增加，每股收益和每股价格都同时下降；由于按照比例配送新股，股东持股数量增加，但是所占份额不变，因此，每位股东所持股票的市场价值不变；股票股利的支付并不增加公司的现金流出量，使得现金留存在公司继续使用；公司通过发放股票股利使公司的股价维持在某一有利于交易的范围内，以便于吸引小额投资者。通常管理者在公司前景看好时，才会发放股票股利，管理者拥有比外部人更多的信息，外部人把股票股利的发放视为利好信号。

（4）股票股利的缺点。有些公司在财务困境时发放股票股利留存现金,因而股票股利传递的信息不明确,有时会让股东误解,对公司价值产生不利影响。

(5) 股票股利与增股的区别。发放股票股利本质上是将资金在权益内项目间转移,不产生现金流动。而增股则是将新股东手中的资金变成权益,企业增加现金,相应地增加权益,资产负债表双方都发生变化。一般地,股票股利占股票总数的比例较小,而增发股票往往规模较大。

(二) 股票分割 (stock split)

股票分割是将面额较高的股票分割成面额较低股票的转变过程。股票分割后,面额按一定比例减小,同时股票数量按照一定比例增多。通常股票分割是在股票价格急剧上升,而公司又试图大幅度降低价格时使用的一种手段,其产生的效果与发放股票股利近似。

股票分割传递的是有利信息,因为公司股价急剧上升时才采取这种方法稳定股价,能给投资者留下企业正在健康发展的印象,特别是在股票分割后企业增加现金股利时更是如此。

股票分割时,发行在外的股数增加,使得每股面额降低。如果盈利总额和市盈率不变,则每股收益下降,但公司价值不变,股东权益总额以及股东权益内部各项目相互间的比例也不会改变。这与发放股票股利时的情况既有相同之处,又有不同之处。

【例 12-4】 F 公司 2∶1 股票分割,分割前后如表 12-3 所示。

表 12-3　　　　　F 公司股票分割前后股东权益　　　　单位:万元

F 公司股东权益(股票分割之前)		F 公司股东权益(股票分割之后)	
普通股(面额 5 元,40 万股)	200	普通股(面额 2.5 元,80 万股)	200
资本公积	100	资本公积	100
未分配利润	700	未分配利润	700
权益合计	1 000	权益合计	1 000

股票分割后每股现金股利很少保持不变,但是有可能增加股东的实际股利。承上例:假设股票分割后每股股利保持 1.2 元,而股票分割之前每股现金股利为 2 元,那么,对于一个持有 100 股股票的投资者来说,股票分割之前的现金股利是 200 元,而股票分割后的现金股利是 240 元。

例如:在 1998 年初,微软公司宣布了一项 2∶1 的股票分割。这是微软公司自从 1986 年上市以来的第 7 次股票分割。微软股票分割的理由是"要让更多群体的投资者买得起该公司的股票";同样,从

1984年起，沃尔玛的股票已经进行了4次2∶1的股票分割；戴尔电脑从1988年公开上市以来进行了1次3∶2的股票分割、5次2∶1的股票分割。

但是股票分割并不是必不可少，因为在美国机构投资者所占有的交易量相当大，他们从事的都是大买大卖，对个别股票的价格毫不关心。如由杰出的投资家沃伦·巴菲特（Warren Buffet）领导的一家备受尊敬的公司——伯克希尔-哈撒韦公司（Berkshire-Hathaway）的股票2018年5月5日的售价是每股292 600美元。

从实践效果看，由于股票分割与股票股利非常接近，所以一般要根据证券管理部门的具体规定对两者加以区分。例如，有的国家证券交易机构规定，发放25%以上的股票股利即属于股票分割。

（三）逆向分割（reverse stock split）

逆向分割又称为股票合并，是一种减少流通在外的普通股股数的反分割措施。逆向分割的原因有：

（1）逆向分割后股东的交易成本可能会更低。

（2）当股票的价格低于某一特定的价格水平之下时，往往会被认为是不体面的，它意味着投资者低估了公司的盈余、现金流量等。当公司认为自己的股票价格太低时，为提高股价，可通过股票合并来实现。

（3）证券交易所对每股价格有最低要求，逆向分割可能会提高股票价格，如在1∶3的逆向分割中，每个股东以3股老股票交换1股新股票，逆向分割之后，股票价格变成原来的3倍。

（4）公司有时候进行逆向分割，同时把那些少于某一特定股数的股东所持有的股票买下。例如：从AT&T分离出来以后，NCR有60万名股东（股东总数为100万）持有的股数少于10股。1999年初，NCR采取了一项1∶10的逆向分割计划，并用现金购买了所有少于1股的股票，从而清除了那些小股东，并节省了很多费用，特别是，在逆向分割之后仅仅1分钟，NCR又宣布了一项10∶1的分割，以恢复股票的原始成本。

【例12-5】 F公司宣布进行1∶4股票合并，股票面值5元，流通在外的股票数量是40万股。则股东每持有4股股票可以交换成1股新股。新股每股面值变成20元，流通在外的普通股数量变成了10万股，如表12-4所示。

表12-4　　　　　F公司股票合并前后股东权益　　　　　单位：万元

F公司股东权益（股票合并之前）		F公司股东权益（股票合并之后）	
普通股（面额5元，40万股）	200	普通股（面额20元，10万股）	200
资本公积	100	资本公积	100
未分配利润	700	未分配利润	700
权益合计	1 000	权益合计	1 000

与股票股利和股票分割一样，股票合并的宣告也可能产生信息或信号作用。通常这种信号是不利的，如表示企业承认自己处于财务困境。但是财务困境不是使企业采取股票合并的潜在动因。企业可能是想使自己的股票进入更高价位的交易范围，从而降低交易费用。但是，实证研究表明：股票合并宣布日前后股票价格有大幅度的下跌。

第五节　股票回购

股票回购是指企业出资重新购回其本身发行的流通在外的股票，而代替向剩余股东支付股利。一般地，股票回购使流通股数减少，相应的股价上升，股东从而获得资本利得。因而股票回购有时候可以看作是现金股利的一种替代方式。

一、股票回购的动因

股票回购可能向市场传递一种积极的信号作用，其动因主要有以下几个方面：

（一）作为现金股利的替代方法

当企业以高于股票市价的价格向股东收购股票时，出售股票的股东将收购价高于市价的差额视为企业分配给他们的现金股利；对于仍然持有股票的股东来说，因股票的市价会随之上涨，他们的预期资本利得会等于出售股票的股东获得的利得。因此，在没有个人所得税和交易成本的条件下，出售股票的股东和仍然持有股票的股东会获得等额的股利。

例如：美国在1997年，有1 283家公司宣布了总计接近2 000亿美元的股票回购计划。实际上美国的净权益发售在很多年份都是负值，如表12-5美国1990~1999年的融资模式中所示。

表 12-5　　　　　美国 1990~1999 年融资模式　　　　　单位：%

	1990年	1991年	1992年	1993年	1994年	1995年	1996年	1997年	1998年	1999年
资金来源										
内部融资	77	97	86	84	72	67	87	79	81	70
外部融资	23	3	14	16	28	33	13	21	19	30
其中：新债	36	-1	9	12	34	42	23	35	51	47
新股	-13	4	5	4	-6	-9	-10	-14	-32	-17

资料来源：Board of Governors of the Federal Reserve System, Flows of Funds Accounts.

【例 12-6】F 公司普通股的每股收益、每股市价等资料如表 12-6 所示。

表 12-6　　　　　F 公司普通股资料表

税后利润	4 000 000 元
流通股数	1 000 000 股
每股收益（4 000 000/1 000 000）	4 元
每股市价	40 元
市盈率（40/4）	10

假定公司准备从盈利中拨出 1 000 000 元发放现金股利，每股可得股利为 1 元（1 000 000/1000 000），那么每股市价将为 41 元（原市价 40 元 + 预期股利 1 元）。

若公司改为用 1 000 000 元以每股 41 元的价格回购股票，可购得 24 390 股（1 000 000/41），那么每股收益将为：

EPS = 4 000 000/(1 000 000 - 24 390) = 4.1（元）

如果市盈率仍为 10，股票回购后的每股市价将为 41 元（4.1 × 10）。这与支付现金股利之后的每股市价相同。可见，公司不论采用支付现金股利的方式还是股票回购的方式，分配给股东的每股现金都是 1 元。

股票回购作为现金股利的替代的另一个原因是股票回购和现金股利在会计处理上的差异，特别是纳税处理上。在美国股票回购比现金股利具有明显的税收优势。在现金股利中，股东无法选择是否接受该股利，因此其股利收入都必须作为普通收入征收个人所得税。而在股票回购中，只有当股东真正选择出售股票，而且出售股票后股东产生资本利得时，股东才必须纳税。

因为纳税上的处理，股票回购是股利的一个替代方案，每隔一段时间进行一次股票回购是提供稳定的现金股利的一个十分有用的手段。当然，作为股利替代的股票回购会受到美国 IRS 的监督。

(二) 传递股价被低估信号的动机

由于外部投资者与公司管理层之间存在信息不对称，二者对股票价值的认识可能会存在较大差异，当资本市场低迷时，公司的股价就有可能被低估。如果管理层认为本公司股票被严重低估，公司就可以通过股票回购行为传递这种信号，从而促使股票价格上涨。实际上，公司的股票回购公告发布后，通常会令股票价格上涨。

(三) 维持最佳资本结构

企业只有在其资本结构处于黄金分割点时，才能使其加权平均资本成本最低，企业价值最大。企业可以采取一方面增发债券筹集资本；另一方面用此资本回购股票的办法，直接改变负债与股东权益的比例，提高资产负债率。在这种情况下，股票回购被视为带有调整资本结构或股利政策目的的一种融资决策，因为它并非用来支付股利。只有在企业的现金有多余时，股票回购才被视为股利政策的一部分。

(四) 用于企业兼并或收购

在兼并或收购的场合，产权交换的交易方式无非为现金购买或以股票换股票两种。如果企业有库藏股票，即可使用本企业的库藏股票来换取被兼并企业的股票；如果没有现成的库藏股票，企业可以先向其股东回购股票，然后再进行企业兼并或收购。

(五) 将富余的资本用于本企业的投资

当企业的股票价格偏低，又处于经济萧条时期，企业的投资机会很少，这时企业将富余的资本用于本企业被低估的股票的投资，是一种理想的选择。然而库藏的本企业股票不像其他投资项目那样能提高预期收益。任何一个企业都不能只靠投资于本企业的股票生存下去。因此只有当企业目前或可预见的未来时期内缺乏合适的投资机会时，为了充分利用多余的资本和将这些资本分配给股东，才会作出回购股票的决策。

(六) 满足可转换条款和有助于认股权的行使

在企业发行可转换证券或附认股权证证券的情况下，企业通过回购股票，即用库藏股票来满足认股权证持有人以特定的价格认购股票，以及可转换证券持有人转换成普通股的要求，而不必另行发行新股票。

(七) 其他动因

企业回购股票还可能基于其他动因，例如为了消除潜在的被控股的威胁；为了提高每股盈余和股票价格；为了在不增发股票的情况下，给企业的职员以本企业股票的奖励。

二、股票回购的方式

股票回购的方式主要有投标出价、在公开市场上购买、与大股东协议回购和转换回购四种。

（一）投标出价

投标出价是以高于股票市场价格的价格向股东收购本企业的股票。企业在采用这一方式时，首先向股东正式开价收购一定数量的股票，这一价格通常为高于当时市场价格的某一固定价格；股东有权决定按该价格出售股票还是继续持有股票。股票回购期一般为2~3周。

如果股东想要出售的股票超过企业原定收购的股票数，企业可以酌情收购超额股票的全部或一部分。

一般来说，企业向股东收购股票的交易成本要比在公开市场上购买股票的交易成本要高得多，主要原因是要向投资银行支付管理费并向代理商支付佣金。

（二）在公开市场上购买股票

这是股票回购的主要方式。但是这种回购行为受到很多限制。比如在美国，证券交易委员会规定从公开市场上买进已经发行股票不能用私下谈判的方式进行；再比如，回购时不能发行新股，因为回购股票伴随着股票价格上涨，此时发行新股有可能损害投资者利益。还有，回购时，购回的股票不能超过公司已经发行的股票总额的一定比例，因为过多回购，公司会过多支付现金，将现金以过多的资本利得转移给股东，有可能损害债权人的利益。

在公开市场上购买股票需要通过经纪人，通常经纪人的费用是由双方协商决定的。

（三）大股东协议回购

大股东协议回购是指企业以议价为基础，直接向一个或一个以上的大股东购买股票。用这种方式进行交易时应注意保持公正合理的回购价格，以避免损害剩余股东的利益。股票协商回购方式在企业兼并与反兼并的争斗中经常使用。

无论采用何种方式实现股票回购,企业在着手购入股票之前,应将企业的意图原原本本地告诉各位股东。企业在采用以高于市价的价格向股东收购股票时,向股东开价收购股票这一行动本身就表示了企业的意图,然而,即使在这种情况下,企业的管理当局也不应该隐瞒有关企业的其他信息。

当企业在公开市场上购买股票时,股东特别需要了解企业重新购入股票的真正意图。股东掌握了关于企业准备购入股票的总额和目的的全部信息后,如果他愿意的话,就可以放心出售自己的股票了。

当企业采用议价购买实现股票回购的方式下,企业同样必须披露其股票回购的目的、数量等信息;并使其他股东相信,企业的购买价格是公平的,以及他们的利益和机会都未受到侵害。

(四) 转换回购

转换回购是指公司用债券或者优先股代替现金回购普通股的股票回购方式,采取转换回购方式,公司不必支付大量的现金,对于现金流量并不充足的公司而言,这是一种可选择的回购方式,而且采用这种回购方式还可以起到调整资本结构的作用。但是,由于债券或优先股的流动性比普通股要差,因而采用转换回购方式,可能需要支付一定的溢价,因而提高了股票回购成本。

三、股票回购的影响

对于股东来说,股东在股票回购中处于主动地位,拥有出售或者不出售的选择权。当部分股东满意招标价格或者协议价格出售股票时,他们获得了资本利得;而剩余股票也会因为流通股数量减少而股价上涨,剩余股东同样可以获得资本利得。在这一过程中,关键在于出价问题上。公司出价过高,会使剩余股东利益受损;而公司出价过低则交易不能成功。另外,价格的波动往往使剩余股东利益不稳定。

当公司权益资本过高时,可以通过回购股票减少权益资本调整资本结构,同时财务杠杆的增大以及股数的减少使得每股收益增加,在一定程度上使股东受益。另外,回购股票对公司的兼并、防止某些股东的恶性控股或反恶性兼并都有一定好处。

通过股票回购的库藏股可以作为公司的储备金。当现金不足时,公司可以抛售库藏股来获取现金。在西方国家出售库藏股一般不必经过股东认可,也不一定让老股东认购。

股票回购虽然能实现企业的某些目的,但也存在较大的缺点。

(1) 通常股东对股利和资本利得两种收益的感觉存在着较大的差异。股票回购造成的股票价格提高给股东带来的收益未必比直接支付现金股利少,但是许多股东还是认为现金股利比资本利得更为可靠。因此,往往相当一部分股东不欢迎股票回购。

(2) 出售股票的股东可能没有正确理解企业股票回购的意图,或可能没有充分了解有关企业现在和未来业务活动的信息,从而蒙受了损失,使投资者产生对企业的不满情绪。

(3) 实证研究表明,大量股票回购的企业比没有股票回购的企业的增长率低,投资机会少。如果投资者认为企业股票回购意味着低增长率或没有可行的投资项目时,企业的声誉和股票的价格都会受到不利影响。如果股票回购传递这样的信息的话,回购行为将对公司价值产生不利影响。

(4) 从法律角度看,如果政府认为企业的股票回购是为了帮助股东逃税,公司会受到惩罚性税收。

总之,股票回购存在着缺陷,企业在确定是否进行股票回购时,应权衡利弊,以确保企业目标的实现。

尽管股票回购存在着种种缺陷,但是在很多公司已经进行了成功的股票回购。例如:1996年1月,麦当劳公司宣布计划在3年内回购价值20亿美元的股票。1998年8月,麦当劳宣布它已经成功的提前完成了这一计划。在过去的10年中,该公司已经花了大约48亿美元回购了大约1.52亿股普通股。1998年9月,麦当劳又宣布了一项股票回购计划,在2001年底之前回购价值35亿美元的普通股股票,这一回购大约占当时麦当劳市场价值的9%。股票回购给投资者提供了纳税节约。但是并不是所有的回购计划都能够完成,实际上回购了多少也很难取得准确数据,但是估计实际完成的回购大约只能占到1/3。据美国的研究表明:1985~1991年宣告的回购计划中,38%的宣告公司在随后的5年中根本就没有回购任何股份,同时还有2/3的公司没有回购所有额定的股份。

本 章 小 结

本章主要知识点包括:

(1) 根据《公司法》的规定,企业缴纳所得税后的利润,除国家另有规定的以外,应按下列程序进行分配:支付各种罚款和滞纳金、弥补以前年度的亏损、计提法定公积金、支付优先股股利、计提任意公积金、向股东支付股利。

(2) 目前有六种流行的股利分配理论,他们分别是股利无关论、在手之鸟论、信号理论、所得税差异理论、顾客效应理论和代理理论。

股利无关论认为企业的价值只依赖于其基本盈利能力和经营风险,而不依赖于如何将利润在留存收益和股利间进行分配。

在手之鸟论认为股利的风险小于资本利得的风险,因此企业应采取较高股利的股利政策。

信号理论认为，股利给投资者传递了企业盈利能力的信号，从而股利对股票价格有一定的影响。

所得税差异理论则认为资本利得有推迟纳税的优势，如果资本利得税的税率低于股利税率，企业应采取低股利支付率的政策。

客户效应理论认为任何股利政策都不可能满足所有投资者的要求，特定的股利政策只能吸引特定类型的投资者。

代理理论主张高股利支付率政策，认为提高股利支付率水平可以降低代理成本，有利于提高公司价值。

（3）股利政策是企业融资决策不可分割的一部分。股利政策规定企业实现的税后利润多少用于支付股利，多少留存于企业进行再投资，这实际上是权衡股东的"当前消费"与股东的"未来消费"问题。

在进行股利分配的实务中，企业经常采用如下股利政策：剩余股利政策、固定股利支付率政策、固定股利和稳定增长股利政策、低正常股利加额外股利政策。

（4）企业向股东分配股利前后有一定的过程，主要包括股利宣告日、除权日、股权登记日和股利支付日。企业必须正确理解和运用这一程序，避免产生不必要的混乱和误解。

（5）股票股利是指企业以增发股票的方式来支付股利。股票分割是将面额较高的股票分割成面额较低股票的转变过程。股票回购是指企业购回其本身发行的流通在外的股票。

本章重要术语

股利无关论

在手之鸟理论

信号理论

所得税差异理论

客户效益理论

代理理论

固定股利政策

固定股利支付率政策

固定股利和稳定增长股利政策

低正常股利加额外股利的政策

股利支付率

股利报酬率

股票股利

股票回购

股票分割

复习与思考

一、选择题

1. 某公司存在年初累计亏损 500 万元，其中 100 万元为 5 年前的亏损导致的，公司本年实现的净利润为 800 万元，法律规定的法定公积金计提比率为 10%，则本年计提的法定公积金为（　　）万元。
   A. 80　　　　B. 50　　　　C. 40　　　　D. 30

2. 如果上市公司以其所拥有的其他公司的股票作为股利支付给股东，则这种股利的方式称为（　　）。
   A. 现金股利　　　　　　B. 股票股利
   C. 财产股利　　　　　　D. 负债股利

3. 甲上市公司 2018 年度的利润分配方案是每 10 股派发现金股利 12 元，预计公司股利可以 10% 的速度稳定增长，股东要求的收益率为 12%。于股权登记日的甲公司股票的预期价格为（　　）元。
   A. 60　　　　B. 61.2　　　　C. 66　　　　D. 67.2

4. 下列关于股利分配理论的说法中，错误的是（　　）。
   A. 税差理论认为，当股票资本利得税与股票交易成本之和大于股利收益税时，应采用高现金股利支付率政策
   B. 客户效应理论认为，对于高收入阶层和风险偏好投资者，应采用高现金股利支付率政策
   C. "一鸟在手"理论认为，由于股东偏好当期股利收益胜过未来预期资本利得，应采用高现金股利支付率政策
   D. 代理理论认为，为解决控股股东和中小股东之间的代理冲突，应采用高现金股利支付率政策

5. 甲公司 2018 年实现税后利润 1 000 万元，2018 年初未分配利润为 200 万元。公司按 10% 提取法定盈余公积。预计 2019 年需要新增投资资本 500 万元。目标资本结构（债务/权益）为 4/6。公司执行剩余股利分配政策，2018 年可分配现金股利（　　）万元。
   A. 700　　　　B. 800　　　　C. 900　　　　D. 600

6. 某公司采用剩余股利政策分配股利，董事会正在制订 2018 年度的股利分配方案。在计算股利分配额时，不需要考虑的因素是（　　）。
   A. 公司的目标资本结构　　　B. 2018 年末的货币资金
   C. 2018 年实现的净利润　　　D. 2019 年需要的投资资本

7. 甲公司是一家上市公司，2017 年的利润分配方案如下：每 10 股送 2 股并派发现金红利 10 元（含税），资本公积每 10 股转增 3 股。如果股权登记日的股票收盘价为每股 25 元，除权（息）日的股票参考价格为（　　）元。

A. 10　　　　B. 15　　　　C. 16　　　　D. 16.67

8. 在净利润和市盈率不变的情况下，公司实行股票反分割导致的结果是（　　）。

　　A. 每股收益上升　　　　　　B. 每股面额下降
　　C. 每股市价下降　　　　　　D. 每股净资产不变

9. 下列有关表述中正确的有（　　）。

　　A. 在除息日之前，股利权从属于股票
　　B. 从除息日开始，新购入股票的人不能享有本次已宣告发放的股利
　　C. 在股权登记日当天买入股票的股东没有资格领取本期股利
　　D. 自除息日起的股票价格中不包含本次派发的股利

10. 以下关于剩余股利分配政策的表述中，错误的有（　　）。

　　A. 主要依靠股利维持生活的股东和养老基金管理人会不太赞同剩余股利分配政策
　　B. 采用剩余股利政策时，公司的资产负债率要保持不变
　　C. 所谓剩余股利政策，就是在公司有着良好的投资机会时，公司的盈余首先应满足投资方案的需要。在满足投资方案需要后，如果还有剩余，再进行股利分配
　　D. 采用剩余股利政策时，公司不能动用以前年度的未分配利润

11. 公司基于不同的考虑会采用不同的股利分配政策。采用剩余股利政策的公司会更多地关注（　　）。

　　A. 盈余的稳定性　　　　　　B. 公司的流动性
　　C. 投资机会　　　　　　　　D. 资本成本

12. 从下列哪些因素考虑股东往往希望公司提高股利支付率？（　　）

　　A. 规避风险　　　　　　　　B. 稳定股利收入
　　C. 防止公司控制权旁落　　　D. 避税

13. 下列情形中会使企业减少股利分配的有（　　）。

　　A. 市场竞争加剧，企业收益的稳定性减弱
　　B. 市场销售不畅，企业库存量持续增加
　　C. 经济增长速度减慢，企业缺乏良好的投资机会
　　D. 为保证企业的发展，需要扩大筹资规模

14. 下列关于股利分配政策的表述中，错误的有（　　）。

　　A. 处于衰退期的企业在制定收益分配政策时，应当优先考虑企业积累
　　B. 金融市场利率走势下降时，公司一般不应采用高现金股利政策
　　C. 基于控制权的考虑，股东会倾向于较高的股利支付水平
　　D. 债权人不会影响公司的股利分配政策

15. 甲公司盈利稳定，有多余现金，拟进行股票回购用于将来奖励本公司职工，在其他条件不变的情况下，股票回购产生的影响有（   ）。

    A. 每股收益提高　　　　　　B. 每股面额下降
    C. 资本结构变化　　　　　　D. 自由现金流减少

二、思考题

1. 简要说明利润分配的程序和股利支付程序。
2. 简要说明股利的种类和支付方式。
3. 什么是股票分割？股票分割与股票股利有什么区别与联系？
4. 严格的剩余股利政策的主要缺点是什么？为什么它会成为一个问题？
5. 一家公司采取剩余股利政策。0.8 的债务权益比是公司的目标资本结构，本期的盈余是 600 万元，已经宣布了 350 万元的股利，那么，公司新的负债是多少？总的资本投资额是多少？
6. LV 公司执行严格的剩余股利政策，其目标资本结构即债务权益比是 3。

  （1）如果公司年度盈利是 10 万元，在没有新权益下，资本投资的最大可能额是多少？

  （2）如果下年度计划中的资本投资支出是 55 万元，该公司是否会支付股利？如果会，股利支付额是多少？

  （3）该公司会保持一个固定的股利支付率吗？为什么？

7. 作为公司的财务主管，你将建议董事会采取每股支付稳定的股利还是稳定的股利支付率政策？每种政策的不利之处是什么？
8. 简要说明影响股利分配的因素。
9. IB 公司流通在外的股票数量为 10 000 股，权益总额为 150 000 元，假设 IB 公司宣布要回购 3 000 股的股票，这个交易对公司权益会产生什么影响？股票回购后每股价格是多少？不考虑税收，股票回购和现金股利是否是一回事？
10. 股票回购对公司负债比率有什么影响？它是公司有多余现金的一种用途吗？还是公司的股利政策，请说明你的理由。
11. 作为一个投资者，你希望公司以投标出价方式还是以公开市场购买方式回购股票？为什么？
12. 某公司已发行普通股 9 000 万股，现拟发行 1 350 万股的股票股利。已知原普通股每股净利润为 3 元，计算发放股票股利后的每股净利润。
13. 针对以下公司，你希望它有一个低水平还是高水平的股利支付率？请解释原因。

  （1）内部股权占大多数，且股东都是高收入者的公司；

(2) 有很多较好投资机会的成长型公司；

(3) 流动性好且拥有很多未利用的举债能力、成长缓慢的公司。

14. 某公司已发行普通股 2 亿股，拟发放 10% 的股票股利，并按发放股票股利后的股数支付了 1.1 亿元的现金股利，若该股票当时市价为 22 元，本年净利润为 2.64 亿元。要求：计算股票获利率。

15. 某公司的产品供不应求，因此拟投资 3.6 亿元，扩大生产能力 70%。该公司想要维持目前 40% 的负债比率，并想继续执行 10% 的固定股利支付率政策。该公司在 2017 年的税后利润为 1.5 亿元，那么该公司 2018 年为扩充上述生产能力必须从外部筹措多少权益资本？

16. 某公司 2017 年全年实现净利润为 6 000 万元，年末在分配股利前的股东权益账户余额如下：

该公司股东权益	金额（万元）
股本（面值 1 元/股）	3 000
资本公积	6 000
盈余公积	1 500
未分配利润	7 500
合计	18 000

若公司决定发放 10% 的股票股利，并按发放股票股利后的股数支付现金股利 0.3 元/股，该公司股票目前市价为 30 元/股。

要求：

(1) 若预计 2018 年净利润将增长 5%，若保持 10% 的股票股利比率与稳定的股利支付率，则 2005 年发放多少现金股利？

(2) 若预计 2018 年净利润将增长 5%，且年底将要有一个大型项目上马，该项目需要资金 12 000 万元，若要保持负债率占 40% 的目标资本结构，当年能否发放现金股利？

17. 某公司股东权益账户如下：

该公司股东权益	金额（万元）
普通股（面值 8 元/股）	200
资本公积	160
未分配利润	840
合计	1 200

股票现行市价是 60 元。在下列情况下,股东权益及流通在外的普通股数量将发生什么变化?

(1) 10% 股票股利;

(2) 2∶1 股票分割;

(3) 1∶2 股票合并;

(4) 发放 10% 的股票股利后,普通股的市价是多少?

18. 某公司现有流通在外的股票数量 200 000 股,每股售价 50 元。假设市场是完美的,不存在税收,在发生下列四种情形下,每股价格和流通在外的股票数量将是多少?

(1) 该公司实行 5∶3 的股票分割;

(2) 该公司发放 15% 的股票股利;

(3) 该公司发放 42.5% 的股票股利;

(4) 该公司实行 4∶5 的逆向股票分割。

案例分析

公司如何决策发放股利:苹果电脑公司案例

在股利政策中,最重要的股利决策应该是何时发放首次股利和一旦开始发放股利又何时停发股利。研究苹果电脑公司(apple computer inc)案例,或许能给大家某些启发:公司为什么发放股利以及后来为什么又停发。

1976 年,两个年轻人——Stephen Wozniak 和 Steven Jobs 在位于北加利福尼亚的"硅谷"Steven 家的仓库里研制了苹果 I 代电脑,并成立了苹果电脑有限公司。他们研制和销售的第一台电脑既没有显示器,也没有键盘。苹果 II 代电脑于 1972 年推入市场,并定位为教育和家用个人电脑。苹果 II 代非常成功,到 1980 年已经销售了 130 000 多台,销售收入达到 1.17 亿美元。1980 年,苹果公司以首次公开发行(IPO)普通股形式上市。Stephen 离开了苹果,公司从百事公司聘用 Scully 为总裁。苹果公司的 Lisa(1983)和苹果第 III 代产品都不是很成功,而 Macintosh(1984)则是一次重大的出击——特别是在教育和家用个人电脑市场。1985 年,在与 Scully 进行了公开的权力斗争后,Steven 也离开了苹果,另外成立了一家 Next 电脑公司。

1986 年是苹果公司的分水岭。这一年年底,苹果公司的收入为 19 亿美元,净利润为 1.54 亿美元。从 1980~1986 年,苹果公司净利润的年增长率达到 53%。1986 年,苹果公司与 Mac Ptus 公司携手,集中精力向办公用电脑市场(其主要竞争对手 IBM 的领地)渗透。但是,苹果公司的未来前景未必是光辉灿烂的,这主要取决于苹果公司在商业市场上的能力。1987 年的早期,竞争是非常激烈的,太阳微系统公司(sun microsystem)大幅削减其最昂贵的计算机站价格,以阻止 Apple Mac 的入侵。但是,苹果 1987 年第四季度的高额利润和 Macintosh 电脑销售收入增长 42% 的骄人业绩,令所有人都大吃一惊。

为了证明其对未来的信心，强调其最近在 Mac 电脑上的成功和吸引更多的机构投资者，苹果在1987年4月23日宣布了它的首次季度股利：每股0.12美元，同时宣布进行2:1的股票拆细。股票市场对苹果公司首次股利的反应非常强烈，股利宣布当天，股价上升了1.75美元，在四个交易日里股价上涨了约8%。

首次股利看来是良好开始的预兆。接下来的4年是苹果公司的繁荣时期。到1990年底，苹果公司的收入、利润和资本支出都达到了创纪录的高水平（如下表所示）。

苹果公司财务信息概要

	1986年	1990年	1986~1990年增长率	1997年	1990~1997年增长率
收入（百万美元）	1 902	5 558	31%	7 081	4%
净利润（百万美元）	154	475	33%	-379	NA
资本支出（百万美元）	66	223	36%	63	-16%
股价（美元）	20	48	24%	24	-10%
长期负债（百万美元）	0	0	0	950	NA
每股股利（美元）	0	0.45		0	-100%

为什么像苹果这样的公司决定发放股利呢？原因是多方面的。对于苹果公司的案例来说，其中一个答案是苹果公司试图向市场传递一种关于公司潜在的成长性和渗透到办公用电脑市场的美好前景的信号。发放股利也可能是对良好经营业绩的证实，苹果公司的首次季度股利使得市场确信公司的成功不是暂时的。

为什么苹果公司在宣布首次季度股利的同时宣布2:1的股票拆细呢？人们普遍觉得没有现金股利的股票拆细就好比用两张5美元的票子换取股东一张10美元的票子。钱包感觉厚实了，但实际情况并无改善。然而，伴随着现金股利的股票拆细可以强化正的信号，传递更多的信息。此外，有时公司进行股票拆细是因为他们认为低股价可以吸引更多的个人投资者，从而提高股票的流动性。不过，实证结果并未清楚地证明这一点。有的公司，例如 Berkshire Hathaway 公司甚至不屑于股票拆细（其股价最近达到每股67 000美元）。

发放股利的有利之处：

(1) 现金股利能够证实经营情况良好，为股价提供支持；

(2) 发放股利可以吸引那些喜爱股利形式报酬的机构投资者。个人投资者和机构投资者的同时存在可使公司以较低的成本筹集资金，因为公司可以广泛接触市场；

(3) 宣布新的股利或增加股利通常会使股价上升；

(4) 股利吸收了企业的声誉现金流量，并能降低因所有者与经营者之间冲突而产生的代理成本。

发放股利的不利之处：

(1) 鼓励要按普通收入征税；

(2) 发放股利减少了公司内部融资金额，迫使企业放弃净现值大于零的项目或转而寻求代价昂贵的权益融资；

(3) 一旦股利政策确立了，股利的削减会给股票价格带来负面影响。

发行首次股利是苹果公司的最佳决策吗？这可能是一个无法回答的问题。不过，市场的积极反应和苹果公司以后的经营成果证实了它是一个好的决策。不幸的是，1990年以后苹果公司步入困难期。由于从高质高价的个人电脑生产商转为价格竞争更为激烈的办公电脑生产商的困难，其收入增长一般，利润下降。公司在1996年和1997年都出现亏损。由于软件开发商更注重于能够在英特尔上运行的产品，苹果本来就很小的市场份额变得问题更加严重。

1997年底，苹果的股价是每股24美元，远低于1990年的水平。苹果公司1981～1997年的每股收益和每股股利如下图所示。从中可以看出，股利变化滞后于利润的变化。1992年，当每股收益从3.74美元增长到4.33美元时，股利并无变化。1993年，每股收益降至2.45美元，苹果亦没有改变其每股股利。但是，1996年，苹果的股利完全消失了。

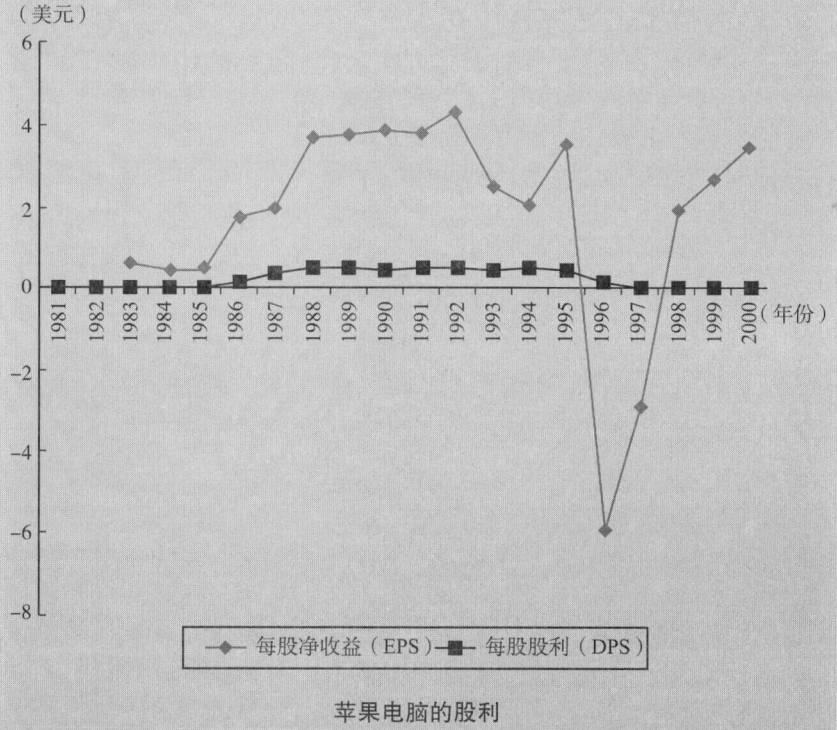

苹果电脑的股利

现在，我们提出另一个问题：苹果公司为什么在1996年停发了股利？由于经受了多次市场失败，公司被迫重新考虑其颇为先进的"卡龙宁"战略。作为战略重大转移的一部分，苹果开始授权其他制造商生产其Mac作业系统。然而，这一政策不仅没有吸引新的买者，反而侵蚀了其自身基础，销售大幅滑坡。结果,1996 年苹果公司的经营亏损达 7.42 亿美元,1997 年亏损达 3.79 亿美元。

从图中可以看出在整个期间内,苹果公司的股利比其盈利更为稳定。这也是多数公司典型的股利政策模式。当公司遭受巨大经营性亏损时,稳定的股利不可能永远坚持下去,如果亏损持续下去,大多数公司最终会停发股利。

尽管苹果公司的每股收益在 2000 年回升到 3.45 美元,但苹果公司目前还未恢复其股利发放。苹果公司的股利最近达到了每股 109 美元。销售情况,特别是 iMac 产品的销售情况良好,市场对其 iBook 和 Power Book 手提电脑的反应也很好。与 Earthlink 的交易使得苹果公司成为 Macs 的独家网络供应商。那么,现在的问题是:苹果公司是否应恢复股利……

(资料来源:吴世农、沈艺峰、王志强等译:《公司理财》,机械工业出版社 2005 年版,第 374 页)

财务附表

附表1　　复利终值系数表：$FVIF_{r,n} = (1+r)^n$

期数	1%	2%	3%	4%	5%	6%	7%	8%	9%	10%
1	1.0100	1.0200	1.0300	1.0400	1.0500	1.0600	1.0700	1.0800	1.0900	1.1000
2	1.0201	1.0404	1.0609	1.0816	1.1025	1.1236	1.1449	1.1664	1.1881	1.2100
3	1.0303	1.0612	1.0927	1.1249	1.1576	1.1910	1.2250	1.2597	1.2950	1.3310
4	1.0406	1.0824	1.1255	1.1699	1.2155	1.2625	1.3108	1.3605	1.4116	1.4641
5	1.0510	1.1041	1.1593	1.2167	1.2763	1.3382	1.4026	1.4693	1.5386	1.6105
6	1.0615	1.1262	1.1941	1.2653	1.3401	1.4185	1.5007	1.5869	1.6771	1.7716
7	1.0721	1.1487	1.2299	1.3159	1.4071	1.5036	1.6058	1.7138	1.8280	1.9487
8	1.0829	1.1717	1.2668	1.3686	1.4775	1.5938	1.7182	1.8509	1.9926	2.1436
9	1.0937	1.1951	1.3048	1.4233	1.5513	1.6895	1.8385	1.9990	2.1719	2.3579
10	1.1046	1.2190	1.3439	1.4802	1.6289	1.7908	1.9672	2.1589	2.3674	2.5937
11	1.1157	1.2434	1.3824	1.5395	1.7103	1.8983	2.1049	2.3316	2.5804	2.8531
12	1.1268	1.2682	1.4258	1.6010	1.7959	2.0122	2.2522	2.5182	2.8127	3.1384
13	1.1381	1.2936	1.4685	1.6651	1.8856	2.1329	2.4098	2.7196	3.0658	3.4523
14	1.1495	1.3195	1.5126	1.7317	1.9799	2.2609	2.5785	2.9372	3.3417	3.7975
15	1.1610	1.3459	1.5580	1.8009	2.0789	2.3966	2.7590	3.1722	3.6425	4.1772
16	1.1726	1.3728	1.6047	1.8730	2.1829	2.5404	2.9522	3.4259	3.9703	4.5950
17	1.1843	1.4002	1.6528	1.9479	2.2920	2.6928	3.1588	3.7000	4.3276	5.0545
18	1.1961	1.4282	1.7024	2.0258	2.4066	2.8543	3.3799	3.9960	4.7171	5.5599
19	1.2081	1.4568	1.7535	2.1068	2.5270	3.0256	3.6165	4.3157	5.1417	6.1159
20	1.2202	1.4859	1.8061	2.1911	2.6533	3.2071	3.8697	4.6610	5.6044	6.7275
21	1.2324	1.5157	1.8603	2.2788	2.7860	3.3996	4.1406	5.0338	6.1088	7.4002
22	1.2447	1.5460	1.9161	2.3699	2.9253	3.6035	4.4304	5.4365	6.6586	8.1403
23	1.2572	1.5769	1.9736	2.4647	3.0715	3.8197	4.7405	5.8715	7.2579	8.9543
24	1.2697	1.6084	2.0328	2.5633	3.2251	4.0489	5.0724	6.3412	7.9111	9.8497
25	1.2824	1.6406	2.0938	2.6658	3.3864	4.2919	5.4274	6.8485	8.6231	10.835
26	1.2953	1.6734	2.1566	2.7725	3.5557	4.5494	5.8074	7.3964	9.3992	11.918
27	1.3082	1.7069	2.2213	2.8834	3.7335	4.8223	6.2139	7.9881	10.245	13.110
28	1.3213	1.7410	2.2879	2.9987	3.9201	5.1117	6.6488	8.6271	11.167	14.421
29	1.3345	1.7758	2.3566	3.1187	4.1161	5.4184	7.1143	9.3173	12.172	15.863
30	1.3478	1.8114	2.4273	3.2434	4.3219	5.7435	7.6123	10.063	13.268	17.449
40	1.4889	2.2080	3.2620	4.8010	7.0400	10.286	14.794	21.725	31.409	45.259
50	1.6446	2.6916	4.3839	7.1067	11.467	18.420	29.457	46.902	74.358	117.39
60	1.8167	3.2810	5.8916	10.520	18.679	32.988	57.946	101.26	176.03	304.48

续表

期数	12%	14%	15%	16%	18%	20%	24%	28%	32%	36%
1	1.1200	1.1400	1.1500	1.1600	1.1800	1.2000	1.2400	1.2800	1.3200	1.3600
2	1.2544	1.2996	1.3225	1.3456	1.3924	1.4400	1.5376	1.6384	1.7424	1.8496
3	1.4049	1.4815	1.5209	1.5609	1.6430	1.7280	1.9066	2.0972	2.3000	2.5155
4	1.5735	1.6890	1.7490	1.8106	1.9388	2.0736	2.3642	2.6844	3.0360	3.4210
5	1.7623	1.9254	2.0114	2.1003	2.2878	2.4883	2.9316	3.4360	4.0075	4.6526
6	1.9738	2.1950	2.3131	2.4364	2.6996	2.9860	3.6352	4.3980	5.2899	6.3275
7	2.2107	2.5023	2.6600	2.8262	3.1855	3.5832	4.5077	5.6295	6.9826	8.6054
8	2.4760	2.8526	3.0590	3.2784	3.7589	4.2998	5.5895	7.2058	9.2170	11.703
9	2.7731	3.2519	3.5179	3.8030	4.4355	5.1598	6.9310	9.2234	12.166	15.917
10	3.1058	3.7072	4.0456	4.4114	5.2338	6.1917	8.5944	11.806	16.060	21.647
11	3.4785	4.2262	4.6524	5.1173	6.1759	7.4301	10.657	15.112	21.119	29.439
12	3.8960	4.8179	5.3503	5.9360	7.2876	8.9161	13.215	19.343	27.983	40.037
13	4.3635	5.4924	6.1528	6.8858	8.5994	10.699	16.386	24.759	36.937	54.451
14	4.8871	6.2613	7.0757	7.9875	10.147	12.839	20.319	31.691	48.757	74.053
15	5.4736	7.1379	8.1371	9.2655	11.974	15.407	25.196	40.565	64.395	100.71
16	6.1304	8.1372	9.3576	10.748	14.129	18.448	31.243	51.923	84.954	136.97
17	6.8660	9.2765	10.761	12.468	16.672	22.186	38.741	66.461	112.14	186.28
18	7.6900	10.575	12.375	14.463	19.673	26.623	48.039	86.071	148.02	253.34
19	8.6128	12.056	14.232	16.777	23.214	31.948	59.568	108.89	195.39	344.54
20	9.6463	13.743	16.367	19.461	27.393	38.338	73.864	139.38	257.92	468.57
21	10.804	15.668	18.822	22.574	32.324	46.005	91.592	178.41	340.45	637.26
22	12.100	17.861	21.645	26.186	38.142	55.206	113.57	228.36	449.39	866.67
23	13.552	20.362	24.891	30.376	45.008	66.247	140.83	292.30	593.20	1 178.7
24	15.179	23.212	28.625	35.236	53.109	79.497	174.63	374.14	783.02	1 603.0
25	17.000	26.462	32.919	40.874	62.669	95.396	216.54	478.90	1 033.6	2 180.1
26	19.040	30.167	37.857	47.414	73.949	114.48	268.51	613.00	1 364.3	2 964.9
27	21.325	34.390	43.535	55.000	87.260	137.37	332.95	784.64	1 800.9	4 032.3
28	23.884	39.204	50.006	63.800	102.97	164.84	412.86	1 004.3	2 377.2	5 483.9
29	26.750	44.693	57.575	74.009	121.50	197.81	511.95	1 285.6	3 137.9	7 458.1
30	29.960	50.950	66.212	85.850	143.37	237.38	634.82	1 645.5	4 142.1	10 143
40	93.051	188.83	267.86	378.72	750.38	1 469.8	5 455.9	19 427	66 521	*
50	289.00	700.23	1 083.7	1 670.7	3 927.4	9 100.4	46 890	*	*	*
60	897.60	2 595.9	4 384.0	7 370.2	20 555	56 348	*	*	*	*
	* > 99 999									

附表2　　　复利现值系数表：$PVIF_{r,n} = \dfrac{1}{(1+r)^n}$

期数	1%	2%	3%	4%	5%	6%	7%	8%	9%	10%
1	0.9901	0.9804	0.9709	0.9615	0.9524	0.9434	0.9346	0.9259	0.9174	0.9091
2	0.9803	0.9612	0.9426	0.9246	0.9070	0.8900	0.8734	0.8573	0.8417	0.8264
3	0.9706	0.9423	0.9151	0.8890	0.8638	0.8396	0.8163	0.7938	0.7722	0.7513
4	0.9610	0.9238	0.8885	0.8548	0.8227	0.7921	0.7629	0.7350	0.7084	0.6830
5	0.9515	0.9057	0.8626	0.8219	0.7835	0.7473	0.7130	0.6806	0.6499	0.6209
6	0.9420	0.8880	0.8375	0.7903	0.7462	0.7050	0.6663	0.6302	0.5963	0.5645
7	0.9327	0.8706	0.8131	0.7599	0.7107	0.6651	0.6227	0.5835	0.5470	0.5132
8	0.9235	0.8535	0.7894	0.7307	0.6768	0.6274	0.5820	0.5403	0.5019	0.4665
9	0.9143	0.8368	0.7664	0.7026	0.6446	0.5919	0.5439	0.5002	0.4604	0.4241
10	0.9053	0.8203	0.7441	0.6756	0.6139	0.5584	0.5083	0.4632	0.4224	0.3855
11	0.8963	0.8043	0.7224	0.6496	0.5847	0.5268	0.4751	0.4289	0.3875	0.3505
12	0.8874	0.7885	0.7014	0.6246	0.5568	0.4970	0.4440	0.3971	0.3555	0.3186
13	0.8787	0.7730	0.6810	0.6006	0.5303	0.4688	0.4150	0.3677	0.3262	0.2897
14	0.8700	0.7579	0.6611	0.5775	0.5051	0.4423	0.3878	0.3405	0.2992	0.2633
15	0.8613	0.7430	0.6419	0.5553	0.4810	0.4173	0.3624	0.3152	0.2745	0.2394
16	0.8528	0.7284	0.6232	0.5339	0.4581	0.3936	0.3387	0.2919	0.2519	0.2176
17	0.8444	0.7142	0.6050	0.5134	0.4363	0.3714	0.3166	0.2703	0.2311	0.1978
18	0.8360	0.7002	0.5874	0.4936	0.4155	0.3503	0.2959	0.2502	0.2120	0.1799
19	0.8277	0.6864	0.5703	0.4746	0.3957	0.3305	0.2765	0.2317	0.1945	0.1635
20	0.8195	0.6730	0.5537	0.4564	0.3769	0.3118	0.2584	0.2145	0.1784	0.1486
21	0.8114	0.6598	0.5375	0.4388	0.3589	0.2942	0.2415	0.1987	0.1637	0.1351
22	0.8034	0.6468	0.5219	0.4220	0.3418	0.2775	0.2257	0.1839	0.1502	0.1228
23	0.7954	0.6342	0.5067	0.4057	0.3256	0.2618	0.2109	0.1703	0.1378	0.1117
24	0.7876	0.6217	0.4919	0.3901	0.3101	0.2470	0.1971	0.1577	0.1264	0.1015
25	0.7798	0.6095	0.4776	0.3751	0.2953	0.2330	0.1842	0.1460	0.1160	0.0923
26	0.7720	0.5976	0.4637	0.3607	0.2812	0.2198	0.1722	0.1352	0.1064	0.0839
27	0.7644	0.5859	0.4502	0.3468	0.2678	0.2074	0.1609	0.1252	0.0976	0.0763
28	0.7568	0.5744	0.4371	0.3335	0.2551	0.1956	0.1504	0.1159	0.0895	0.0693
29	0.7493	0.5631	0.4243	0.3207	0.2429	0.1846	0.1406	0.1073	0.0822	0.0630
30	0.7419	0.5521	0.4120	0.3083	0.2314	0.1741	0.1314	0.0994	0.0754	0.0573
35	0.7059	0.5000	0.3554	0.2534	0.1813	0.1301	0.0937	0.0676	0.0490	0.0356
40	0.6717	0.4529	0.3066	0.2083	0.1420	0.0972	0.0668	0.0460	0.0318	0.0221
45	0.6391	0.4102	0.2644	0.1712	0.1113	0.0727	0.0476	0.0313	0.0207	0.0137
50	0.6080	0.3715	0.2281	0.1407	0.0872	0.0543	0.0339	0.0213	0.0134	0.0085
55	0.5785	0.3365	0.1968	0.1157	0.0683	0.0406	0.0242	0.0145	0.0087	0.0053

续表

期数	12%	14%	15%	16%	18%	20%	24%	28%	32%	36%
1	0.8929	0.8772	0.8696	0.8621	0.8475	0.8333	0.8065	0.7813	0.7576	0.7353
2	0.7972	0.7695	0.7561	0.7432	0.7182	0.6944	0.6504	0.6104	0.5739	0.5407
3	0.7118	0.6750	0.6575	0.6407	0.6086	0.5787	0.5245	0.4768	0.4348	0.3975
4	0.6355	0.5921	0.5718	0.5523	0.5158	0.4823	0.4230	0.3725	0.3294	0.2923
5	0.5674	0.5194	0.4972	0.4761	0.4371	0.4019	0.3411	0.2910	0.2495	0.2149
6	0.5066	0.4556	0.4323	0.4104	0.3704	0.3349	0.2751	0.2274	0.1890	0.1580
7	0.4523	0.3996	0.3759	0.3538	0.3139	0.2791	0.2218	0.1776	0.1432	0.1162
8	0.4039	0.3506	0.3269	0.3050	0.2660	0.2326	0.1789	0.1388	0.1085	0.0854
9	0.3606	0.3075	0.2843	0.2630	0.2255	0.1938	0.1443	0.1084	0.0822	0.0628
10	0.3220	0.2697	0.2472	0.2267	0.1911	0.1615	0.1164	0.0847	0.0623	0.0462
11	0.2875	0.2366	0.2149	0.1954	0.1619	0.1346	0.0938	0.0662	0.0472	0.0340
12	0.2567	0.2076	0.1869	0.1685	0.1372	0.1122	0.0757	0.0517	0.0357	0.0250
13	0.2292	0.1821	0.1625	0.1452	0.1163	0.0935	0.0610	0.0404	0.0271	0.0184
14	0.2046	0.1597	0.1413	0.1252	0.0985	0.0779	0.0492	0.0316	0.0205	0.0135
15	0.1827	0.1401	0.1229	0.1079	0.0835	0.0649	0.0397	0.0247	0.0155	0.0099
16	0.1631	0.1229	0.1069	0.0930	0.0780	0.0541	0.0320	0.0193	0.0118	0.0073
17	0.1456	0.1078	0.0929	0.0802	0.0600	0.0451	0.0258	0.0150	0.0089	0.0054
18	0.1300	0.0946	0.0808	0.0691	0.0508	0.0376	0.0208	0.0118	0.0068	0.0039
19	0.1161	0.0829	0.0703	0.0596	0.0431	0.0313	0.0168	0.0092	0.0051	0.0029
20	0.1037	0.0728	0.0611	0.0514	0.0365	0.0261	0.0135	0.0072	0.0039	0.0021
21	0.0926	0.0638	0.0531	0.0443	0.0309	0.0217	0.0109	0.0056	0.0029	0.0016
22	0.0826	0.0560	0.0462	0.0382	0.0262	0.0181	0.0088	0.0044	0.0022	0.0012
23	0.0738	0.0491	0.0402	0.0329	0.0222	0.0151	0.0071	0.0034	0.0017	0.0008
24	0.0659	0.0431	0.0349	0.0284	0.0188	0.0126	0.0057	0.0027	0.0013	0.0006
25	0.0588	0.0378	0.0304	0.0245	0.0160	0.0105	0.0046	0.0021	0.0010	0.0005
26	0.0525	0.0331	0.0264	0.0211	0.0135	0.0087	0.0037	0.0016	0.0007	0.0003
27	0.0469	0.0291	0.0230	0.0182	0.0115	0.0073	0.0030	0.0013	0.0006	0.0002
28	0.0419	0.0255	0.0200	0.0157	0.0097	0.0061	0.0024	0.0010	0.0004	0.0002
29	0.0374	0.0224	0.0174	0.0135	0.0082	0.0051	0.0020	0.0008	0.0003	0.0001
30	0.0334	0.0196	0.0151	0.0116	0.0070	0.0042	0.0016	0.0006	0.0002	0.0001
35	0.0189	0.0102	0.0075	0.0055	0.0030	0.0017	0.0005	0.0002	0.0001	*
40	0.0107	0.0053	0.0037	0.0026	0.0013	0.0007	0.0002	0.0001	*	*
45	0.0061	0.0027	0.0019	0.0013	0.0006	0.0003	0.0001	*	*	*
50	0.0035	0.0014	0.0009	0.0006	0.0003	0.0001	*	*	*	*
55	0.0020	0.0007	0.0005	0.0003	0.0001	*	*	*	*	*
	*<0001									

附表 3　　年金终值系数表：$FVIFA = \dfrac{(1+r)^n - 1}{r}$

期数	1%	2%	3%	4%	5%	6%	7%	8%	9%	10%
1	1.0000	1.0000	1.0000	1.0000	1.0000	1.0000	1.0000	1.0000	1.0000	1.0000
2	2.0100	2.0200	2.0300	2.0400	2.0500	2.0600	2.0700	2.0800	2.0900	2.1000
3	3.0301	3.0604	3.0909	3.1216	3.1525	3.1836	3.2149	3.2464	3.2781	3.3100
4	4.0604	4.1216	4.1836	4.2465	4.3101	4.3746	4.4399	4.5061	4.5731	4.6410
5	5.1010	5.2040	5.3091	5.4163	5.5256	5.6371	5.7507	5.8666	5.9847	6.1051
6	6.1520	6.3081	6.4684	6.6330	6.8019	6.9753	7.1533	7.3359	7.5233	7.7156
7	7.2135	7.4343	7.6625	7.8983	8.1420	8.3938	8.6540	8.9228	9.2004	9.4872
8	8.2857	8.5830	8.8923	9.2142	9.5491	9.8975	10.260	10.637	11.028	11.436
9	9.3685	9.7546	10.159	10.583	11.027	11.491	11.978	12.488	13.021	13.579
10	10.462	10.950	11.464	12.006	12.578	13.181	13.816	14.487	15.193	15.937
11	11.567	12.169	12.808	13.486	14.207	14.972	15.784	16.645	17.560	18.531
12	12.683	13.412	14.192	15.026	15.917	16.870	17.888	18.977	20.141	21.384
13	13.809	14.680	15.618	16.627	17.713	18.882	20.141	21.495	22.953	24.523
14	14.947	15.974	17.086	18.292	19.599	21.015	22.550	24.215	26.019	27.975
15	16.097	17.293	18.599	20.024	21.579	23.276	25.129	27.152	29.361	31.772
16	17.258	18.639	20.157	21.825	23.657	25.673	27.888	30.324	33.003	35.950
17	18.430	20.012	21.762	23.698	25.840	28.213	30.840	33.750	36.974	40.545
18	19.615	21.412	23.414	25.645	28.132	30.906	33.999	37.450	41.301	45.599
19	20.811	22.841	25.117	27.671	30.539	33.760	37.379	41.446	46.018	51.159
20	22.019	24.297	26.870	29.778	33.066	36.786	40.955	45.752	51.160	57.275
21	23.239	25.783	28.676	31.969	35.719	39.993	44.865	50.423	56.765	64.002
22	24.472	27.299	30.537	34.248	38.505	43.392	49.006	55.457	62.873	71.403
23	25.716	28.845	32.453	36.618	41.430	46.996	53.436	60.893	69.532	79.543
24	26.973	30.422	34.426	39.083	44.502	50.816	58.177	66.765	76.790	88.497
25	28.243	32.030	36.459	41.646	47.727	54.865	63.294	73.106	84.701	98.347
26	29.526	33.671	38.553	44.312	51.113	59.156	68.676	79.954	93.324	109.18
27	30.821	35.344	40.710	47.084	54.669	63.706	74.484	87.351	102.72	121.10
28	32.129	37.051	42.931	49.968	58.403	68.528	80.698	95.339	112.97	134.21
29	33.450	38.792	45.219	52.966	62.323	73.640	87.347	103.97	124.14	148.63
30	34.785	40.568	47.575	56.085	66.439	79.058	94.461	113.28	136.31	164.49
40	48.886	60.402	75.401	95.026	120.80	154.76	199.64	259.06	337.88	442.59
50	64.463	84.579	112.80	152.67	209.35	290.34	406.53	573.77	815.08	1 163.9
60	81.670	114.05	163.05	237.99	353.58	533.13	813.52	1 253.2	1 944.8	3 034.8

续表

期数	12%	14%	15%	16%	18%	20%	24%	28%	32%	36%
1	1.0000	1.0000	1.0000	1.0000	1.0000	1.0000	1.0000	1.0000	1.0000	1.0000
2	2.1200	2.1400	2.1500	2.1600	2.1800	2.2000	2.2400	2.2800	2.3200	2.3600
3	3.3744	3.4396	3.4725	3.5056	3.5724	3.6400	3.7776	3.9184	3.0624	3.2096
4	4.7793	4.9211	4.9934	5.0665	5.2154	5.3680	5.6842	6.0156	6.3624	6.7251
5	6.3528	6.6101	6.7424	6.8771	7.1542	7.4416	8.0484	8.6999	9.3983	10.146
6	8.1152	8.5355	8.7537	8.9775	9.4420	9.9299	10.980	12.136	13.406	14.799
7	10.089	10.730	11.067	11.414	12.142	12.916	14.615	16.534	18.696	21.126
8	12.300	13.233	13.727	14.240	15.327	16.499	19.123	22.163	25.678	29.732
9	14.776	16.085	16.786	17.519	19.086	20.799	24.712	29.369	34.895	41.435
10	17.549	19.337	20.304	21.321	23.521	25.959	31.643	38.593	47.062	57.352
11	20.655	23.045	24.349	25.733	28.755	32.150	40.238	50.398	63.122	78.988
12	24.133	27.271	29.002	30.850	34.931	39.581	50.895	65.510	84.320	108.44
13	28.029	32.089	34.352	36.786	42.219	48.497	64.110	84.853	112.30	148.47
14	32.393	37.581	40.505	43.672	50.818	59.196	80.496	109.61	149.24	202.93
15	37.280	43.842	47.580	51.660	60.965	72.035	100.82	141.30	198.00	276.98
16	42.753	50.980	55.717	60.925	72.939	87.442	126.01	181.87	262.36	377.69
17	48.884	59.118	65.075	71.673	87.068	105.93	157.25	233.79	347.31	514.66
18	55.750	68.394	75.836	84.141	103.74	128.12	195.99	300.25	459.45	770.94
19	63.440	78.969	88.212	98.603	123.41	154.74	244.03	385.32	607.47	954.28
20	72.052	91.025	102.44	115.38	146.63	186.69	303.60	494.21	802.86	1 298.8
21	81.699	104.77	118.81	134.84	174.02	225.03	377.46	633.59	1 060.8	1 767.4
22	92.503	120.44	137.63	157.41	206.34	271.03	469.06	812.00	1 401.2	2 404.7
23	104.60	138.30	159.28	183.60	244.49	326.24	582.63	1 040.4	1 850.6	3 271.3
24	118.16	185.66	184.17	213.98	289.49	392.48	723.46	1 332.7	2 443.8	4 450.0
25	133.33	181.87	212.79	249.21	342.60	471.98	898.09	1 706.8	3 226.8	6 053.0
26	150.33	208.33	245.71	290.09	405.27	567.38	1 114.6	2 185.7	4 260.4	8 233.1
27	169.37	238.50	283.57	337.50	479.22	681.85	1 383.1	2 798.7	5 624.8	11 198.0
28	190.70	272.89	327.10	392.50	566.48	819.22	1 716.1	3 583.3	7 425.7	15 230
29	214.58	312.09	377.17	456.30	669.45	984.07	2 129.0	4 587.7	9 802.9	20 714
30	241.33	356.79	434.75	530.31	790.95	1 181.9	2 640.9	5 873.2	12 941	28 172
40	767.09	1 342.03	1 779.09	2 360.8	4 163.2	7 343.2	27 290	69 377	*	*
50	2 400.0	4 994.5	7 217.7	10 436	21 813	45 497	*	*	*	*
60	7 471.6	18 535	29 220	46 058	*	*	*	*	*	*
	* > 99 999									

附表4 年金现值系数表：$PVIFA_{r,n} = \dfrac{1}{r}\left[1 - \dfrac{1}{(1+r)^n}\right]$

期数	1%	2%	3%	4%	5%	6%	7%	8%	9%	10%
1	0.9901	0.9804	0.9709	0.9615	0.9524	0.9434	0.9346	0.9259	0.9174	0.9091
2	1.9704	1.9416	1.9135	1.8861	1.8594	1.8334	1.8080	1.7833	1.7591	1.7355
3	2.9410	2.8839	2.8286	2.7751	2.7232	2.6730	2.6243	2.5771	2.5313	2.4869
4	3.9020	3.8077	3.7171	3.6299	3.5460	3.4651	3.3872	3.3121	3.2397	3.1699
5	4.8534	4.7135	4.5797	4.4518	4.3295	4.2124	4.1002	3.9927	3.8897	4.7908
6	5.7955	5.6014	5.4172	5.2421	5.0757	4.9173	4.7665	4.6229	4.4859	4.3553
7	6.7282	6.4720	6.2303	6.0021	5.7864	5.5824	5.3893	5.2064	5.0330	4.8684
8	7.6517	7.3255	7.0197	6.7327	6.4632	6.2098	5.9713	5.7466	5.5348	5.3349
9	8.5660	8.1622	7.7861	7.4353	7.1078	6.8017	6.5152	6.2469	5.9952	5.7590
10	9.4713	8.9826	8.5302	8.1109	7.7217	7.3601	7.0236	6.7101	6.4177	6.1446
11	10.3676	9.7868	9.2526	8.7605	8.3064	7.8869	7.4987	7.1390	6.8052	6.4951
12	11.2551	10.5753	9.9540	9.3851	8.8633	8.3838	7.9427	7.5361	7.1607	6.8137
13	12.1337	11.3484	10.6350	9.9856	9.3936	8.8527	8.3577	7.9038	7.4869	7.1034
14	13.0037	12.1062	11.2961	10.5631	9.8986	9.2950	8.7455	8.2442	7.7862	7.3667
15	13.8651	12.8493	11.9379	11.1184	10.3797	9.7122	9.1079	8.5595	8.0607	7.6061
16	14.7179	13.5777	12.5611	11.6523	10.8378	10.1059	9.4466	8.8514	8.3126	7.8237
17	15.5623	14.2919	13.1661	12.1657	11.2741	10.4773	9.7632	9.1216	8.5436	8.0216
18	16.3983	14.9920	13.7535	12.6593	11.6896	10.8276	10.0591	9.3719	8.7556	8.2014
19	17.2260	15.6785	14.3238	13.1339	12.0853	11.1581	10.3356	9.6036	8.9501	8.3649
20	18.0456	16.3514	14.8775	13.5903	12.4622	11.4699	10.5940	9.8181	9.1285	8.5136
21	18.8570	17.0112	15.4150	14.0292	12.8212	11.7641	10.8355	10.0168	9.2922	8.6487
22	19.6604	17.6580	15.9369	14.4511	13.1630	12.0416	11.0612	10.2007	9.4424	8.7715
23	20.4558	18.2922	16.4436	14.8568	13.4886	12.3034	11.2722	10.3711	9.5802	8.8832
24	21.2434	18.9139	16.9355	15.2470	13.7986	12.5504	11.4693	10.5288	9.7066	8.9847
25	22.0232	19.5235	17.4131	15.6221	14.0939	12.7834	11.6536	10.6748	9.8226	9.0770
26	22.7952	20.1210	17.8768	15.9828	14.3752	13.0032	11.8258	10.8100	9.9290	9.1609
27	23.5596	20.7069	18.3270	16.3296	14.6430	13.2105	11.9867	10.9352	10.0266	9.2372
28	24.3164	21.2813	18.7641	16.6631	14.8981	13.4062	12.1371	11.0511	10.1161	9.3066
29	25.0658	21.8444	19.1885	16.9837	15.1411	13.5907	12.2777	11.1584	10.1983	9.3696
30	25.8077	22.3965	19.6004	17.2920	15.3725	13.7648	12.4090	11.2578	10.2737	9.4269
35	29.4086	24.9986	21.4872	18.6646	16.3742	14.4982	12.9477	11.6546	10.5668	9.6442
40	32.8347	27.3555	23.1148	19.7928	17.1591	15.0463	13.3317	11.9246	10.7574	9.7791
45	36.0945	29.4902	24.5187	20.7200	17.7741	15.4558	13.6055	12.1084	10.8812	9.8628
50	39.1961	31.4236	25.7298	21.4822	18.2559	15.7619	13.8007	12.2335	10.9617	9.9148
55	42.1472	33.1748	26.7744	22.1086	18.6335	15.9905	13.9399	12.3186	11.0140	9.9471

续表

期数	12%	14%	15%	16%	18%	20%	24%	28%	32%	36%
1	0.8929	0.8772	0.8696	0.8621	0.8475	0.8333	0.8065	0.7813	0.7576	0.7353
2	1.6901	1.6467	1.6257	1.6052	1.5656	1.5278	1.4568	1.3916	1.3315	1.2760
3	2.4018	2.3216	2.2832	2.2459	2.1743	2.1065	1.9813	1.8684	1.7663	1.6735
4	3.0373	2.9137	2.8550	2.7982	2.6901	2.5887	2.4043	2.2410	2.0957	1.9658
5	3.6048	3.4331	3.3522	3.2743	3.1272	2.9906	2.7454	2.5320	2.3452	2.1807
6	4.1114	3.8887	3.7845	3.6847	3.4976	3.3255	3.0205	2.7594	2.5342	2.3388
7	4.5638	4.2883	4.1604	4.0386	3.8115	3.6046	3.2423	2.9370	2.6775	2.4550
8	4.9676	4.6389	4.4873	4.3436	4.0776	3.8372	3.4212	3.0758	2.7860	2.5404
9	5.3282	4.9464	4.7716	4.6065	4.3030	4.0310	3.5655	3.1842	2.8681	2.6033
10	5.6502	5.2161	5.0188	4.8332	4.4941	4.1925	3.6819	3.2689	2.9304	2.6495
11	5.9377	5.4527	5.2337	5.0286	4.6560	4.3271	3.7757	3.3351	2.9776	2.6834
12	6.1944	5.6603	5.4206	5.1971	4.7932	4.4392	3.8514	3.3868	3.0133	2.7084
13	6.4235	5.8424	5.5831	5.3423	4.9095	4.5327	3.9124	3.4272	3.0404	2.7268
14	6.6282	6.0021	5.7245	5.4675	5.0081	4.6106	3.9616	3.4587	3.0609	2.7403
15	6.8109	6.1422	5.8474	5.5755	5.0916	4.6755	4.0013	3.4834	3.0764	2.7502
16	6.9740	6.2651	5.9542	5.6685	5.1624	4.7296	4.0333	3.5026	3.0882	2.7575
17	7.1196	6.3729	6.0472	5.7487	5.2223	4.7746	4.0591	3.5177	3.0971	2.7629
18	7.2497	6.4674	6.1280	5.8178	5.2732	4.8122	4.0799	3.5294	3.1039	2.7668
19	7.3658	6.5504	6.1982	5.8775	5.3162	4.8435	4.0967	3.5386	3.1090	2.7697
20	7.4694	6.6231	6.2593	5.9288	5.3527	4.8696	4.1103	3.5458	3.1129	2.7718
21	7.5620	6.6870	6.3125	5.9731	5.3837	4.8913	4.1212	3.5514	3.1158	2.7734
22	7.6446	6.7429	6.3587	6.0113	5.4099	4.9094	4.1300	3.5558	3.1180	2.7746
23	7.7184	6.7921	6.3988	6.0442	5.4321	4.9245	4.1371	3.5592	3.1197	2.7754
24	7.7843	6.8351	6.4338	6.0726	5.4509	4.9371	4.1428	3.5619	3.1210	2.7760
25	7.8431	6.8729	6.4641	6.0971	5.4669	4.9476	4.1474	3.5640	3.1220	2.7765
26	7.8957	6.9061	6.4906	6.1182	5.4804	4.9563	4.1511	3.5656	3.1227	2.7768
27	7.9426	6.9352	6.5135	6.1364	5.4919	4.9636	4.1542	3.5669	3.1233	2.7771
28	7.9844	6.9607	6.5335	6.1520	5.5016	4.9697	4.1566	3.5679	3.1237	2.7773
29	8.0218	6.9830	6.5509	6.1656	5.5098	4.9747	4.1585	3.5687	3.1240	2.7774
30	8.0552	7.0027	6.5660	6.1772	5.5168	4.9789	4.1601	3.5693	3.1242	2.7775
35	8.1755	7.0700	6.6166	6.2153	5.5386	4.9915	1.1644	3.5708	3.1248	2.7777
40	8.2438	7.1050	6.6418	6.2335	5.5482	4.9966	4.1659	3.5712	3.1250	2.7778
45	8.2825	7.1232	6.6543	6.2421	5.5523	4.9986	4.1664	3.5714	3.1250	2.7778
50	8.3045	7.1327	6.6605	6.2463	5.5541	4.9995	4.1666	3.5714	3.1250	2.7778
55	8.3170	7.1376	6.6636	6.2482	5.5549	4.9998	4.1666	3.5714	3.1250	2.7778

附表 5   连续型复利的终值表：$FV = e^{nr}$

T	1%	2%	3%	4%	5%	6%	7%	8%	9%	10%
1	1.0101	1.0202	1.0305	1.0408	1.0513	1.0618	1.0725	1.0833	1.0942	1.1052
2	1.0202	1.0408	1.0618	1.0833	1.1052	1.1275	1.1503	1.1735	1.1972	1.2214
3	1.0305	1.0618	1.0942	1.1275	1.1618	1.1972	1.2337	1.2712	1.3100	1.3499
4	1.0408	1.0833	1.1275	1.1735	1.2214	1.2712	1.3231	1.3771	1.4333	1.4918
5	1.0513	1.1052	1.1618	1.2214	1.2840	1.3499	1.4191	1.4918	1.5683	1.6487
6	1.0618	1.1275	1.1972	1.2712	1.3499	1.4333	1.5220	1.6161	1.7160	1.8221
7	1.0725	1.1503	1.2337	1.3231	1.4191	1.5220	1.6323	1.7507	1.8776	2.0138
8	1.0833	1.1735	1.2712	1.3771	1.4918	1.6161	1.7507	1.8965	2.0544	2.2255
9	1.0942	1.1972	1.3100	1.4333	1.5683	1.7160	1.8776	2.0544	2.2479	2.4596
10	1.1052	1.2214	1.3499	1.4918	1.6487	1.8221	2.0138	2.2255	2.4596	2.7183
11	1.1163	1.2461	1.3910	1.5527	1.7333	1.9348	2.1598	2.4109	2.6912	3.0042
12	1.1275	1.2712	1.4333	1.6161	1.8221	2.0544	2.3164	2.6117	2.9447	3.3201
13	1.1388	1.2969	1.4770	1.6820	1.9155	2.1815	2.4843	2.8292	3.2220	3.6693
14	1.1503	1.3231	1.5220	1.7507	2.0138	2.3164	2.6645	3.0649	3.5254	4.0552
15	1.1618	1.3499	1.5683	1.8221	2.1170	2.4596	2.8577	3.3201	3.8574	4.4817
16	1.1735	1.3771	1.6161	1.8965	2.2255	2.6117	3.0649	3.5966	4.2207	4.9530
17	1.1853	1.4049	1.6653	1.9739	2.3396	2.7732	3.2871	3.8962	4.6182	5.4739
18	1.1972	1.4333	1.7160	2.0544	2.4596	2.9447	3.5254	4.2207	5.0531	6.0496
19	1.2092	1.4623	1.7683	2.1383	2.5857	3.1268	3.7810	4.5722	5.5290	6.6859
20	1.2214	1.4918	1.8221	2.2255	2.7183	3.3201	4.0552	4.9530	6.0496	7.3891
21	1.2337	1.5220	1.8776	2.3164	2.8577	3.5254	4.3492	5.3656	6.6194	8.1662
22	1.2461	1.5527	1.9348	2.4109	3.0042	3.7434	4.6646	5.8124	7.2427	9.0250
23	1.2586	1.5841	1.9937	2.5093	3.1582	3.9749	5.0028	6.2965	7.9248	9.9742
24	1.2712	1.6161	2.0544	2.6117	3.3201	4.2207	5.3656	6.8210	8.6711	11.0232
25	1.2840	1.6487	2.1170	2.7183	3.4903	4.4817	5.7546	7.3891	9.4877	12.1825
30	1.3499	1.8221	2.4596	3.3204	4.4817	6.0496	8.1662	11.0232	14.8797	20.0855
35	1.4191	2.0138	2.8577	4.0552	5.7546	8.1662	11.5883	16.4446	23.3361	33.1155
40	1.4918	2.2255	3.3201	4.9530	7.3891	11.0232	16.4446	24.5235	36.5982	54.5982
45	1.5683	2.4596	3.8574	6.0496	9.4877	14.8797	23.3361	36.5982	57.3975	90.0171
50	1.6487	2.7183	4.4817	7.3891	12.1825	20.0855	33.1155	54.5982	90.0171	148.4132
55	1.7333	3.0042	5.2070	9.0250	15.6426	27.1126	46.9931	81.4509	141.1750	244.6919
60	1.8221	3.3201	6.0496	11.0232	20.0855	36.5982	66.6863	121.5104	221.4064	403.4288

续表

T	11%	12%	13%	14%	15%	16%	17%	18%	19%
1	1.1163	1.1275	1.1388	1.1503	1.1618	1.1735	1.1853	1.1972	1.2092
2	1.2461	1.2712	1.2969	1.3231	1.3499	1.3771	1.4049	1.4333	1.4623
3	1.3910	1.4333	1.4770	1.5220	1.5683	1.6161	1.6653	1.7160	1.7683
4	1.5527	1.6161	1.6820	1.7507	1.8221	1.8965	1.9739	2.0544	2.1383
5	1.7333	1.8221	1.9155	2.0138	2.1170	2.2255	2.3396	2.4596	2.5857
6	1.9348	2.0544	2.1815	2.3164	2.4596	2.6117	2.7732	2.9447	3.1268
7	2.1598	2.3164	2.4843	2.6645	2.8577	3.0649	3.2871	3.5254	3.7810
8	2.4109	2.6117	2.8292	3.0649	3.3201	3.5966	3.8962	4.2207	4.5722
9	2.6912	2.9447	3.2220	3.5254	3.8574	4.2207	4.6182	5.0531	5.5290
10	3.0042	3.3201	3.6693	4.0552	4.4817	4.9530	5.4739	6.0496	6.6859
11	3.3535	3.7434	4.1787	4.6646	5.2070	5.8124	6.4883	7.2427	8.0849
12	3.7434	4.2207	4.7588	5.3656	6.0496	6.8210	7.6906	8.6711	9.7767
13	4.1787	4.7588	5.4195	6.1719	7.0287	8.0045	9.1157	10.3812	11.8224
14	4.6646	5.3656	6.1719	7.0993	8.1662	9.3933	10.8049	12.4286	14.2963
15	5.2070	6.0496	7.0287	8.1662	9.4877	11.0232	12.0871	14.8797	17.2878
16	5.8124	6.8210	8.0045	9.3933	11.0232	12.9358	15.1803	17.8143	20.9052
17	6.4883	7.6906	9.1157	10.8049	12.8071	15.1803	17.9933	21.3276	25.2797
18	7.2427	8.6711	10.3812	12.4286	14.8797	17.8143	21.3276	25.5337	30.5694
19	8.0849	9.7767	11.8224	14.2963	17.2878	20.9052	25.2797	30.5694	36.9661
20	9.0250	11.0232	13.4637	16.4446	20.0855	24.5325	29.9641	36.5982	44.7012
21	10.0744	12.4286	15.3329	18.9158	23.3361	28.7892	35.5166	43.8160	54.0549
22	11.2459	14.0132	17.4615	21.7584	27.1126	33.7844	42.0980	52.4573	65.3659
23	12.5535	15.7998	19.8857	25.0281	31.5004	39.6464	49.8990	62.8028	79.0436
24	14.0132	17.8143	22.6464	28.7892	36.5982	46.5255	59.1455	75.1886	95.5835
25	15.6426	20.0855	25.7903	33.1155	42.5211	54.5982	70.1054	90.0171	115.5843
30	27.1126	36.5982	49.4024	66.6863	90.0171	121.5104	164.0219	221.4064	298.8674
35	46.9931	66.6863	94.6324	134.2898	190.5663	270.4264	383.7533	544.5719	772.7843
40	81.4509	121.5104	181.2722	270.4264	403.4288	601.8450	897.8473	1 339.431	1 998.196
45	141.1750	221.4064	347.2344	544.5719	854.0588	1 339.431	2 100.646	3 294.468	5 166.754
50	244.6919	403.4288	665.1416	1 096.633	1 808.042	2 980.958	4 914.769	8 103.084	13 359.73
55	424.1130	735.0952	1 274.106	2 208.348	3 827.626	6 634.244	11 498.82	19 930.37	34 544.37
60	735.0952	1 339.431	2 440.602	4 447.067	8 103.084	14 764.78	26 903.19	49 020.80	89 321.72

续表

T	20%	21%	22%	23%	24%	25%	26%	27%	28%
1	1.2214	1.2337	1.2461	1.2586	1.2712	1.2840	1.2969	1.3100	1.3231
2	1.4918	1.5220	1.5527	1.5841	1.6161	1.6487	1.6820	1.7160	1.7507
3	1.8221	1.8776	1.9348	1.9937	2.0544	2.1170	2.1815	2.2479	2.3164
4	2.2255	2.3164	2.4109	2.5093	2.6117	2.7183	2.8292	2.9447	3.0649
5	2.7183	2.8577	3.0042	3.1582	3.3201	3.4903	3.6693	3.8574	4.0552
6	3.3201	3.5254	3.7434	3.9749	4.2207	4.4817	4.7588	5.0351	5.3656
7	4.0552	4.3492	4.6646	5.0028	5.3656	5.7546	6.1719	6.6194	7.0993
8	4.9530	5.3656	5.8124	6.2965	6.8210	7.3891	8.0045	8.6711	9.3933
9	6.0496	6.6194	7.2427	7.9248	8.6711	9.4877	10.3812	11.3589	12.4286
10	7.3891	8.1662	9.0250	9.9742	11.0232	12.1825	13.4637	14.8797	16.4446
11	9.0250	10.0744	11.2459	12.5535	14.0132	15.6426	17.4615	19.4919	21.7584
12	11.0232	12.4286	14.0132	15.7998	17.8143	20.0855	22.6464	25.5337	28.7892
13	13.4637	15.3329	17.4615	19.8857	22.6464	25.7903	29.3708	33.4483	38.0918
14	16.4446	18.9158	21.7584	25.0281	28.7892	33.1155	38.0918	43.8160	50.4004
15	20.0855	23.3361	27.1126	31.5004	36.5982	42.5211	49.4024	57.3975	66.6863
16	24.5325	28.7892	33.7844	39.6464	46.5255	54.5982	64.0715	75.1886	88.2347
17	29.9641	35.5166	42.0980	49.8990	59.1455	70.1054	83.0963	98.4944	116.7459
18	36.5982	43.8160	52.4573	62.8028	75.1886	90.0171	107.7701	129.0242	154.4700
19	44.7012	54.0549	65.3659	79.0436	95.5835	115.5843	139.7702	169.0171	204.3839
20	54.5982	66.6863	81.4509	99.4843	121.5104	148.4132	181.2722	221.4064	270.4264
21	66.6863	82.2695	101.4940	125.2110	154.4700	190.5663	235.0974	290.0345	357.8092
22	81.4509	101.4940	126.4694	157.5905	196.3699	244.6919	304.9049	379.9349	473.4281
23	99.4843	125.2110	157.5905	198.3434	249.6350	314.1907	395.4404	497.7013	626.4068
24	121.5104	154.4700	196.3699	249.6350	317.3483	403.4288	512.8585	651.9709	828.8175
25	148.4132	190.5663	244.6919	314.1907	403.4288	518.0128	665.1416	854.0588	1 096.633
30	403.4288	544.5719	735.0952	992.2747	1 339.431	1 808.042	2 440.602	3 294.468	4 447.067
35	1 096.633	1 556.197	2 208.348	3 133.795	4 447.067	6 310.688	8 955.293	12 708.17	18 033.74
40	2 980.958	4 447.067	6 634.244	9 897.129	14 764.78	22 026.47	32 859.63	49 020.80	73 130.44
45	8 103.084	12 708.17	19 930.37	31 257.04	49 020.80	76 879.92	120 571.7	189 094.1	296 558.6
50	22 026.47	36 315.50	59 874.14	98 715.77	162 754.8	268 337.3	442 413.4	729 416.4	1 202 604
55	59 874.14	103 777.0	179 871.9	311 763.4	540 364.9	936 589.2	1 623 346	2 813 669	4 876 801
60	162 754.8	296 558.6	540 364.9	984 609.1	1 794 075	3 269 017	5 956 538	10 853 520	19 776 403

附表6　　　　标准正态分布表

Z	0.00	0.01	0.02	0.03	0.04	0.05	0.06	0.07	0.08	0.09
0.00	0.0	0.0040	0.0080	0.0120	0.0160	0.0199	0.0239	0.0279	0.0319	0.0359
0.10	0.0398	0.0438	0.0478	0.0517	0.0557	0.0596	0.0636	0.0675	0.0714	0.0753
0.20	0.0793	0.0832	0.0871	0.0910	0.0948	0.0987	0.1026	0.1064	0.1103	0.1141
0.30	0.1179	0.1217	0.1255	0.1293	0.1331	0.1368	0.1406	0.1443	0.1480	0.1517
0.40	0.1554	0.1591	0.1628	0.1664	0.1700	0.1736	0.1772	0.1808	0.1844	0.1879
0.50	0.1915	0.1950	0.1985	0.2019	0.2054	0.2088	0.2123	0.2157	0.2190	0.2224
0.60	0.2257	0.2291	0.2324	0.2357	0.2389	0.2422	0.2454	0.2486	0.2517	0.2549
0.70	0.2580	0.2611	0.2642	0.2673	0.2704	0.2734	0.2764	0.2794	0.2823	0.2852
0.80	0.2881	0.2910	0.2939	0.2967	0.2995	0.3023	0.3051	0.3078	0.3106	0.3133
0.90	0.3159	0.3186	0.3212	0.3238	0.3264	0.3289	0.3315	0.3340	0.3365	0.3389
1.00	0.3413	0.3438	0.3461	0.3485	0.3508	0.3531	0.3554	0.3577	0.3599	0.3621
1.10	0.3643	0.3665	0.3686	0.3708	0.3729	0.3749	0.3770	0.3790	0.3810	0.3830
1.20	0.3849	0.3869	0.3888	0.3907	0.3925	0.3944	0.3962	0.3980	0.3997	0.4015
1.30	0.4032	0.4049	0.4066	0.4082	0.4099	0.4115	0.4131	0.4147	0.4162	0.4177
1.40	0.4192	0.4207	0.4222	0.4236	0.4251	0.4265	0.4279	0.4292	0.4306	0.4319
1.50	0.4332	0.4345	0.4357	0.4370	0.4382	0.4394	0.4406	0.4418	0.4429	0.4441
1.60	0.4452	0.4463	0.4474	0.4484	0.4495	0.4505	0.4515	0.4525	0.4535	0.4545
1.70	0.4554	0.4564	0.4573	0.4582	0.4591	0.4599	0.4608	0.4616	0.4625	0.4633
1.80	0.4641	0.4649	0.4656	0.4664	0.4671	0.4678	0.4686	0.4693	0.4699	0.4706
1.90	0.4713	0.4719	0.4726	0.4732	0.4738	0.4744	0.4750	0.4756	0.4761	0.4767
2.00	0.4772	0.4778	0.4783	0.4788	0.4793	0.4798	0.4803	0.4808	0.4812	0.4817
2.10	0.4821	0.4826	0.4830	0.4834	0.4838	0.4842	0.4846	0.4850	0.4854	0.4857
2.20	0.4861	0.4864	0.4868	0.4871	0.4875	0.4878	0.4881	0.4884	0.4887	0.4890
2.30	0.4893	0.4896	0.4898	0.4901	0.4904	0.4906	0.4909	0.4911	0.4913	0.4916
2.40	0.4918	0.4920	0.4922	0.4925	0.4927	0.4929	0.4931	0.4932	0.4934	0.4936
2.50	0.4938	0.4940	0.4941	0.4943	0.4945	0.4946	0.4948	0.4949	0.4951	0.4952
2.60	0.4953	0.4955	0.4956	0.4957	0.4959	0.4960	0.4961	0.4962	0.4963	0.4964
2.70	0.4965	0.4966	0.4967	0.4968	0.4969	0.4970	0.4971	0.4972	0.4973	0.4974
2.80	0.4974	0.4975	0.4976	0.4977	0.4977	0.4978	0.4979	0.4979	0.4980	0.4981
2.90	0.4981	0.4982	0.4982	0.4983	0.4984	0.4984	0.4985	0.4985	0.4986	0.4986
3.00	0.4987	0.4987	0.4987	0.4988	0.4988	0.4989	0.4989	0.4989	0.4990	0.4990
3.10	0.4990	0.4991	0.4991	0.4991	0.4992	0.4992	0.4992	0.4992	0.4993	0.4993
3.20	0.4993	0.4993	0.4994	0.4994	0.4994	0.4994	0.4994	0.4995	0.4995	0.4995

续表

Z	0.00	0.01	0.02	0.03	0.04	0.05	0.06	0.07	0.08	0.09
3.30	0.4995	0.4995	0.4995	0.4996	0.4996	0.4996	0.4996	0.4996	0.4996	0.4997
3.40	0.4997	0.4997	0.4997	0.4997	0.4997	0.4997	0.4997	0.4997	0.4997	0.4998
3.50	0.4998	0.4998	0.4998	0.4998	0.4998	0.4998	0.4998	0.4998	0.4998	0.4998
3.60	0.4998	0.4998	0.4999	0.4999	0.4999	0.4999	0.4999	0.4999	0.4999	0.4999
3.70	0.4999	0.4999	0.4999	0.4999	0.4999	0.4999	0.4999	0.4999	0.4999	0.4999
3.80	0.4999	0.4999	0.4999	0.4999	0.4999	0.4999	0.4999	0.4999	0.4999	0.4999
3.90	0.5000	0.5000	0.5000	0.5000	0.5000	0.5000	0.5000	0.5000	0.5000	0.5000

注：Z 为标准差的个数，表中数据是平均数和 Z 个标准之间的那部分正态分布曲线下的总面积。

参 考 文 献

1. 财政部注册会计师全国考试委员会办公室：《财务成本管理》，经济科学出版社2018年版。
2. 荆新、王化成、刘俊彦：《财务管理学》（第8版），中国人民大学出版社2018年版。
3. 马忠：《公司财务管理》（第2版），机械工业出版社2015年版。
4. 张立达：《财务管理学》（第5版），经济科学出版社2016年版。
5. 斯蒂芬·A. 罗斯等，方红星译：《公司理财基础》，东北财经大学出版社2004年版。
6. 斯蒂芬·A. 罗斯等，吴世农等译：《公司理财》（第11版），机械工业出版社2017年版。
7. 斯蒂芬·A. 罗斯等：《公司理财精要》（亚洲版），机械工业出版社2017年版。
8. 斯科特·贝斯利、尤金·F. 布里格姆，刘爱娟等译：《财务管理精要》（第12版），机械工业出版社2006年版。
9. James C. Van Horne, John M. Wachowicz Jr.：《财务管理基础》（第13版），清华大学出版社2011年版。
10. 张涛：《财务管理学》（第3版），经济科学出版社2015年版。